本书是广东省哲学社会科学"十二五"规划
地方历史文化特色项目（项目编号：GD14DL03）成果

潮汕文祠文化

谢若秋　黄玮　著

华南理工大学出版社
·广州·

图书在版编目（CIP）数据

潮汕女祠文化 / 谢若秋，黄玮著. —广州：华南理工大学出版社，2021.12
　ISBN 978-7-5623-6835-9

　Ⅰ.①潮…　Ⅱ.①谢…②黄…　Ⅲ.①祠堂-文化研究-潮汕地区　Ⅳ.①K928.75

中国版本图书馆CIP数据核字（2021）第181235号

Chaoshan Nüci Wenhua

潮汕女祠文化

谢若秋　黄　玮　著

出 版 人：卢家明

出版发行：华南理工大学出版社
　　　　　（广州五山华南理工大学17号楼，邮编510640）
　　　　　http://hg.cb.scut.edu.cn　E-mail：scutc13@scut.edu.cn
　　　　　营销部电话：020-87113487　87111048（传真）

责任编辑：黄冰莹
责任校对：周　秦　梁晓艾
印 刷 者：广州市新怡印务股份有限公司
开　　本：787mm×1092mm　1/16　印张：18.5　字数：363千
版　　次：2021年12月第1版　2021年12月第1次印刷
定　　价：129.00元

版权所有　盗版必究　印装差错　负责调换

序言一
Preface

近日，揭阳市的谢若秋、黄玮两位老师所著《潮汕女祠文化》书稿拟出版，来电请我写一篇序言。我是做语言学研究的，对潮汕地方文史了解不多。女性祠堂从字面上来看，比较接近民俗学。当然，民俗里面也有语言的元素，也可以做语言文化方面的研究。但总体而言，民俗学不是我所长，让我为这部专著作序，真的有点惶惶然！既然应承下来，总得说点什么。因此，抱着学习的态度，前些天将书稿认真地看了两三遍，还挺有收获的。

收获之一是，《潮汕女祠文化》让我领略了潮汕地区特有的祠堂文化。中华文化历来有慎终追远的传统，这就给传统祠堂的产生奠定了坚实的思想文化基础。我国各地或多或少都有祠堂，用来祭祀祖先、名贤，商议族务等，明清以来南方地区的宗族祠堂尤为发达，祠堂文化处于繁荣期，这可能跟以下的原因有关：南方的汉人大多是从北方迁徙而来的，多少带有点"客"（不是客家人的"客"）的移民身份，更能感念祖先不远千里迁徙来到新的生活地，千辛万苦开拓了新的土地，给后人带来新的生机，不断开枝散叶，慢慢地成了这片土地的新主人。在旧时自然条件恶劣、谋生不易的情况下，人对自然、对先辈总是带着感恩和祈福的心态——崇祖报德成为重要的民俗文化和活动。潮汕女祠，特别是婆祠之所以能够产生，与潮汕民系的这种文化心态是密不可分的。潮汕地区的强势方言是闽语（比较接近闽南话），旧俗主要受闽南地区影响，从闽南地区男女的社会地位来看，偏向于男性主导，女性居于从属地位，但旧时潮汕地区偏偏出现了许多闽南地区少见的女祠，这背后有许许多多值得挖掘的独特地方历史人文，尤其是当地明末名宦和乡贤对"庶文化"的申倡等，读后令人感叹。

收获之二是，《潮汕女祠文化》带领读者进入了一个多姿多彩的女祠匾额文化世界，具体而言：祖姑祠匾额、节孝祠匾额、婆祠匾额等形式多样的匾额，既反映了当时占据主流的宗法礼制的约束，也呈现了潮汕地区独特的地方历史人文——粤东毕竟距离中原地区遥远，某些不为主流礼制认可的做法在这里或可"大行其道",如"坤芳鼎峙""蕙叶腾青"等女祠祠匾的出现。而许氏庶祖祠等生祠的建造,则体现了报本思想中的"生孝"等历史人文特点,从社会或家庭的角度来看,是有其值得肯定、传承之处的。正如作者在书中所说:"女祠文化的繁荣也象征着明代以后潮汕地区女性的社会地位出现了某些嬗变。"这样的"嬗变"可以做进一步的探究。潮汕地区素有悠久的书画传统,匾额多为地方名人书写,《潮汕女祠文化》中的匾额文化也使得读者有机会欣赏到潮汕书法文化深厚的历史底蕴。感兴趣的读者,可以慢慢品味书中各具特色的匾额书法和作者从汉语文化词语方面所做的很好的例析说明。

收获之三是,《潮汕女祠文化》通过对相关潮汕俗语的解读,讲述了许多女祠背后不为人知的故事,重新激活了俗语的文化内涵,值得充分肯定。谢若秋老师当年(2005—2008年)在暨南大学广东省高校教师硕士班攻读硕士学位时,就对古汉语有浓厚的兴趣并关注方言文化,毕业后又加入了暨南大学汉语方言研究中心的校外研究团队,对潮汕地区尤其是揭阳一带的方言俗语有深入的了解,这就为其潮汕女祠文化的研究提供了独特的视角和良好的研究功底。比如,作者基于俗语"潮州好婆房"视角充分地阐释了潮汕庶系祠祭文化产生的历史背景、婆祠文化的意义等,对于现今新农村建设视阈下传统文化的继承与创新,不无参考价值;通过俗语"别人家神(主)"来彰显明清时期潮汕地区几位女先贤自强自立、自我牺牲、甘于奉献的懿德淑行,对于教育后人很有启发意义。类似的俗语书中还有一些,如"赤脚(阿婆)孬入祠""囊团坐槛一次定""茜过百丈埔"等,几乎每一类潮汕女祠都有与其相对应的俗语故事,对传统祠堂的研究"镶嵌"上俗语等地方历史人文元素,更增强了书稿的生动性和可读性。

"潮汕女祠文化研究"是广东省哲学社会科学"十二五"规划2014年度项目,属于田野调查性质的地方历史文化科研课题,与方言研究有共通之处。作者在书中"后记"提到:"痴迷此务者必为'老实人'和'戆人'无疑,游走于乡村之中有类苦行僧,一步步走过,留下无数的足迹。"我深有同感,至于是否"傻笨",各有感知。

是为序。

甘于恩

暨南大学汉语方言研究中心主任,教授、博士生导师

序言二
Preface

　　党和政府重视对中华优秀传统文化的弘扬及传承。特别是改革开放以来，城乡经济社会持续发展，潮汕地区城乡星罗棋布、历史长短不等的祠堂建筑很多先后得到了修缮复原。以祠堂为平台，祭拜祖先，慎终追远，弘扬孝道美德等民俗文化活动之风也悄然兴起。

　　一些潮汕历史文化研究学者对潮汕祠堂文化也越来越关注，纷纷撰写研究文章，认为"潮汕祠堂建筑、石刻、木雕、嵌瓷等工艺精湛，蕴含着极高的传统工艺水平"；"与祠堂息息相关的家族史、家谱等资料，蕴含着丰富的历史文化内涵"；"祠堂活动，多数以弘扬正能量为主题，凝聚人心、维护稳定，引导推动社会进步"；"潮汕祠堂，是海内外数千万潮人记住乡愁的心灵圣地，是一种非常独特的文化现象，完全可以打造成为一个独具特色、充满人文魅力的文化品牌，并在广东文化建设、基层社会治理，乃至国家对外交往中发挥重要的作用"。多处潮汕祠堂被各级政府列为文物保护单位，有的学者甚至在探讨潮汕祠堂申报世界文化遗产的可能性。

　　对潮汕历史文化情有独钟的谢若秋、黄玮两位老师，近年来对潮汕祠堂文化的研究也多有着墨并深有所得。更可喜的是，他们对此没有仅满足于泛泛而论，而是以其难得的慧眼，独辟蹊径，选取目前未引起潮汕祠堂文化研究者注意的"潮汕女祠"这一文化载体，进行深入发掘和研究，经过几年的努力，终于撰成洋洋数十万字的《潮汕女祠文化》一书。对此，我向两位作者表示衷心的祝贺！

　　《潮汕女祠文化》，从通论中国和潮汕祠堂文化入手，集中论述了潮汕女祠的成因、特点，将作者了解到的女祠做了明确的分类，逐一介绍了节孝祠、婆祠、祖姑祠、女贤祠、祖嫲祠等各类潮汕女祠。其中，对每座女祠的肇建年代、时代背景、肇建原委、祠主生平事迹、建筑概貌和景观、匾额特色、祭祀习俗、有文物价值的建筑构件以及保存完好程度等，均做了详尽的叙述，并深入发掘其历史文化内涵、价值，剖析其人文意义。细读全书，会发现每一座女祠背后都有一个动人的故事。作者通过娓娓道来的故事，展现活生生的人物、感人的情节，让读者在领略古代男尊女卑的礼教氛围中，感受潮汕人对有道德、有情操、有贡献妇女的尊重和对传统孝道美德的弘扬。

本书作者在介绍潮汕女祠文化时，依托各类女祠的实例，运用自己深入调查研究的大量田野资料及其所掌握的地方志史料，在与国内其他省份如徽州女祠等的对比中，凭借自身的史识和丰富的学识，在探讨潮汕这类祠堂的人文价值时，融历史学、民俗学、古建筑学、方言学、文化地理学等知识于一炉，让本书兼具学术性、知识性和可读性。读了这份书稿，我从中学习了不少中国祠堂文化、潮汕祠堂文化和女祠文化的知识，开拓了自己的视野。相信本书出版之后，一定能为潮汕历史文化研究者、爱好者和读者所欢迎。

我非常赞赏本书作者之一谢若秋老师的治学态度。他毕业于华南师范大学中文系，后赴暨南大学攻读硕士学位，潜心于古代汉语研究。到揭阳职业技术学院任教之后，对家乡潮汕历史文化产生了强烈的兴趣，在潮汕方言和俗语研究方面尤其有所成就，经常见其有这方面的文章发表于有关报刊。近些年来，在专书著述方面也做出了一些不俗成绩。继2014年出版了28万字的《谢翱诗文与研究》之后，他与夫人黄玮女士合著的力作《潮汕女祠文化》也即将问世，可谓成果喜人。

谢若秋老师治学态度严谨、科学、认真，《潮汕女祠文化》一书和前述《谢翱诗文与研究》一样，均是严谨、科学、认真的治学态度的必然产物。我相信他们这一新著，必能获得潮汕历史文化研究学界的普遍认可。

我对潮汕祠堂文化特别是女祠文化没有专门研究，谢若秋老师却出于对我的信任和厚爱，要我为本书作序，实在让我有些勉为其难。又因却之不恭，我只得将阅读书稿后一些不成熟的心得和想法概述如上，以就教于谢若秋和黄玮两位老师。权当为序。

陈作宏

原揭阳市文化局局长、潮汕历史文化研究中心特约研究员

前 言
Preface

《潮汕女祠文化》一书是广东省哲学社会科学"十二五"规划地方历史文化特色项目"潮汕女祠文化研究"（项目编号：GD14DL03）结项成果（2020年9月结项，等级为良好），这一课题是首个对潮汕女祠的专题研究，研究对象为潮汕地区（汕头、潮州和揭阳三市）与男性祠堂相对的女性祠堂（前者简称"男祠"，后者简称"女祠"，下同）。谈起这个课题的调研，得先说一说有关缘起。

首先是笔者自己的陈年往事：三十多年前，本人在读高中时所听到的有关明嘉靖年间潮阳先贤萧端蒙（嘉靖辛丑科进士，官至江西监察御史）的民间传说：一是一棒打死江西王，不畏权势，为民除害；二是巧计奉生母神主（牌位）入祖祠，挑战礼俗，孝道可嘉！前者听过之后印象非常深刻，后者则起初记忆较为模糊，只记得故事中萧端蒙为身份是侍妾的生母（名字叫"鹅嫩"）在祖祠神龛争取到一个什么"牌位"①。大约在2010年，笔者在教学之余开始关注潮汕祠堂文化之后才明白关于先贤萧端蒙的故事与潮汕俗语"赤脚（阿婆）亦好入（祠）"有关，这是一个有关祠堂祭祀礼俗的潮汕俗语，故事中萧端蒙巧奉生母神主入祀祖祠的人文意义在于对传统祠祭"妣以嫡配"的挑战和突破。

其次，2012年2月笔者为自己家乡揭阳市榕城区砲台镇桃山村建于明成化年间（1465—1487年）的祖祠谢氏家庙（永思堂）整理族史资料时，发现本族开基祖慈惠石氏太祖婆的神主在明嘉靖初期就已入祀祖祠的正龛上座中，这叫作"阿婆入祠"，为旧时潮汕地区所罕见。因此，笔者开始关注旧时潮汕地区庶系女性（侍妾，有子女者称为"阿婆"，裔孙俗称"婆房"）的祠祭问题，逐渐发现在潮汕地区广大的城乡中除了存在大量专祀这类庶系女性的"婆厅"之外，还有较为少见的女祠建筑——婆

---

① 2016年9月29日潮阳棉城萧氏祖祠（四序堂）族老萧秉豪先生根据萧氏族史向笔者介绍，明代潮阳先贤萧端蒙乃萧与成嫡长子，俗语"赤脚（阿婆）亦好入祠"相关民间传说中奉母神主入祠者为萧端蒙胞弟萧端贲侍妾谭氏的裔孙，并非萧端蒙。专祠非萧氏宗祠，而是20世纪90年代已拆除的婆祠（俗称谭氏祖婆祠）。

祠（专祀侍妾这一类庶祖的祠堂）。进一步调查之后，又发现潮汕地区还存在私立节孝祠、祖姑祠、祖嫲祠等女祠次类，并且学界对此尚未开展专题或综合的研究。据估算，潮汕地区现存的传统祠堂超过15 000座，绝大多数为男祠，与之相对的女祠数量极少，可谓凤毛麟角。也许因为女祠数量极少，才没有引起学界的关注。在我国宗法社会里为什么会出现女祠呢？如果尝试进行深入调研，是不是可以对其"庐山真面目"有所揭示呢？于是，大约在2013年暑假期间笔者就萌生了探究潮汕女祠文化这一计划并开始初步的调研，当年在揭阳市榕城区就找到4座：西门许氏庶祖祠（追远堂）、东门婆祠郭氏祖祠（重光堂）、中山路的曾母陈氏节孝祠坊和揭阳学宫节孝祠，真是喜出望外。彼时笔者心想：榕城存在女祠，各个县区的乡镇肯定也有，如果有足够的数量，与上述相关潮汕俗语等结合起来进行综合探究，它们的故事应该更有"看头"。初尝到了甜头，笔者调研的信心就更坚定了！

2014年9月，笔者向广东省社科规划办提请立项研究申请，同年11月获得批准，于是开始正式的调研工作。到目前为止，关于潮汕女祠研究的论著甚少，且非专书专题形式，只是个案简单介绍或个案资料汇编。如《市头婆祠》（见《龙湖寨文化史谭：潮安文史专辑》，2005年潮安县政协文史委编）、金利明主编的《潮汕金氏祖姑祠》（2010年1月香港天马出版有限公司）、黄素龙的《七夕漫话潮汕女祠文化》（载《潮商》2012年第4期）等，这些论著中对潮汕女祠个案如婆祠或祖姑祠进行了一些描写或简单的论述，有的对女祠出现的意义等也做了很中肯的论述，但因为调查不足等原因，有些论著和报刊文章对潮汕女祠的论述还存在着一些误解，如把潮州龙湖寨婆祠（俗称阔嘴祠）界定为"本地区唯一的女祠"[1]，与认为徽州女祠清懿堂是"中国唯一女祠"[2]的结论一样有失偏颇；有的则未明"专祠"性质而将汕头市金平区蓬洲社区的男性祠堂翁氏家庙（永锡堂）列为"中国封建史上罕见的女祠"[3]，称其为祖姑祠则是不明女祠性质；有的则将婆房所建的男性祠堂也称为"婆祠"，如潮州浮洋仙埕村的因序公祠被当地人称为"西门婆祠"；至于民间将"婆厅"和"婆祠"混为一谈，以厅充祠的现象也并不少见；有的婆祠近年重修后入祀祠主的丈夫及正妻（阿娘）等祖先神主，以致不少青年族人已分不清男祠和女祠的礼制差别；等等。这些认识或多或少带有"硬伤"，甚至存在错误的解读。所以，开展潮汕女祠专题调研，对这一类地方特色文化进行充分的考察并开展地方历史文化社科普及宣传，

---

[1] 《龙湖古寨》，星空网·景点古迹，2016年4月25日。
[2] 《中国唯一女祠》，人民网，2017年3月9日。
[3] 《中国封建史上罕见的女祠》，搜狐网，2016年3月16日。

使人们更好地认识这一独特的传统祠堂文化，是很有必要的。

女祠是我国宗法社会中与男祠相对的传统祠堂，它是我国明代中期以后祠堂文化进入繁荣期应运而生的另类祠堂，包括婆祠、祖姑祠、节孝祠和祖嫲祠等多个次类。我国宗法社会以男性为中心，男性祠堂长期一统天下，占据垄断地位。祠祭文化中男性是主角，女性只是配角，实行"妣以嫡配"的礼制，庶系女性祖先更是被排斥于祠祭之外。但潮汕地区至少从明代中期就已存在与男祠相对的女祠，如潮州市饶平县百丈埔祀宋末抗元女寓贤的许夫人祠（娘娘庙），明清时期出现的有婆祠（庶祖祠）、祖姑祠、节孝祠、祖嫲祠等，与男祠分庭受礼，并列存在，成为潮汕传统祠堂百花园中的奇葩。在我国宗法社会中，男祠广为人知，而女祠却罕见少闻，潮汕女祠的出现为潮汕传统祠堂文化乃至地方历史文化注入了独特的人文内涵。对这些另类祠堂进行调查研究，避"同"（硬件建设）求"异"（软件人文），从历史人文角度进行考察，结合地方史志和相关族谱等文献加以聚焦，挖掘女祠各个次类背后与男祠相异的软件人文，以便探究和揭示潮汕女祠在这些方面的特点等，是潮汕地方历史文化研究的一个新尝试。基于这些方面的考虑和设想，虽然缺乏普查的条件，但课题调研注意对潮汕女祠进行较为全面考察的同时，着重选取女祠与男祠相异的方面进行探究，主要揭示潮汕女祠产生和发展的历史原因，描述其独特的匾额文化等特点，对明清两代乃至民国时期我国女性社会地位的嬗变情况，尤其是宗法社会中的侍妾、祖姑等这些特殊女性在祠祭文化中的地位所发生的变化进行描写和分析，这就是课题所探求的"异"。课题研究正是抓住潮汕传统祠堂中如今人们仍较为陌生的女祠，从上述特定的视角切入进行探究，运用综述概说和个案解说相结合的方法。同时，笔者也注意到方言是地方文化的重要载体，在揭示潮汕女祠这一另类传统祠堂时，注意挖掘潮汕地区另一类地方文化——潮汕俗语，努力搜集与祠堂文化尤其是与女祠相关的俗语文化进行考察，使论述的内容更加具有区域地方特色，更能反映地方人文内涵。实际上，潮汕祠堂与俗语文化存在很多交集，因为"俗语这种民俗语言的语言系统，与民俗文化如同鱼水，有着天然之缘"[①]。潮汕女祠主要次类如婆祠、节孝祠等在产生和发展过程中存在不少自己的故事，这些故事被人们浓缩概括成为俗语等方言文化并长期保存下来，但现在很多人却只知其一不知其二，或只知其然而不知其所以然。因此，在考察潮汕女祠时将相关的潮汕俗语结合起来进行探析，尽可能地揭示两者的历史之"缘"（人文关系），这也是本书重点关注的"异"之一。

---

① 曲彦斌. 语言民俗学概要[M]. 郑州：大象出版社，2015：154.

虽然信心满怀，但是调研期间还是出现一些困难，使课题立项设计及执行情况出现过一些变化。原来计划到2017年12月，用大约3年的时间完成课题的调研工作，并形成专著书稿《潮汕女祠文化》1部和相关论文1篇作为预期结项成果提交审核。本来，课题立项前一年已开始关注潮汕女祠，所以立项后能很快开展调研工作，初期的调研工作开展很顺利。至2017年初，已取得将近30个调查对象的图文资料，当调研工作接近尾声，因为笔者身体原因，加上女祠个别次类调查难度远大于预期，如课题组连续几次深入到饶平县寻找婆祠，却都一无所获，与当地基层文化站联系后也没能获得有效的女祠信息，在原潮阳县辖域内调查也出现类似的情况，甚至个别林姓乡村将所在姑母宫（妈祖宫）当作祖姑祠而打电话告知笔者，让笔者空跑了好几趟。鉴于这样的原因，笔者认为在2017年底按时提交资料申请结项的话，课题预期成果的质量将受到影响，需要申请延期，继续做一些调研，在上述"盲区"中继续寻找，争取能发现新对象、新个案，以充实已有的调研资料。于是，向省社科规划办提出申请，将结项时间延缓一年六个月并得到批准。对此，本课题调研做了一些相应的调整，同时抓紧做好后期资料整理工作。后期调研中，虽然只在上述"盲区"中的饶平县发现1座祖嬷祠（厅），却在揭阳市的普宁、揭东、揭西等地新发现了4个调查对象（均为婆祠），进一步充实和丰富了潮汕女祠中这个次类的个案资料。大约在2019年2月结束调研工作，进入全面汇编资料阶段。

课题通过综合运用田野调查法、文献参证法和个案剖析法等对潮汕三市的女祠从形制、建造背景、家族史、成因以及匾额文化等方面进行调查研究，重点探究每一座女祠背后的人文故事并与有关的地方历史文化相结合进行分析，至2020年8月，研究成果总共汇编成一部约30多万字的潮汕地方历史文化专著书稿《潮汕女祠文化》。书稿主体内容分四部分：第一章"通论蔽语"（潮汕女祠文化综述）、第二章"个案絮语"（潮汕女祠个案例说）、第三章"散论逸语"（潮汕祠堂文化杂论）和附录"特色词语"（相关特色文化词语例释）。

本书主要观点为：一是，潮汕女祠是潮汕传统祠堂文化进入繁荣期应运而生的另类祠堂，其数量和类型比潮汕域外的徽州等地区不但多，而且种类齐全，具有自身独特的人文特点。二是，潮汕女祠与男祠一样，其产生的原因除了同为我国崇尚孝道的人文传统、明嘉靖年间礼制的许可，以及明中期以后潮汕地区社会发展的影响外，还有其自身特有的原因，即明末潮汕地区名宦和先贤对"庶文化"的申倡，这是潮汕女祠尤其是婆祠产生和繁荣的独特历史动因。三是，潮汕女祠匾额具有多模态特点，即题匾文字形式多样，是我国宗法礼制和汉语文化的有机结合，这一特点也可以用来阐释潮汕"祠堂十八样"这一传统说法。四是，在潮汕女祠中，婆祠占多数且人文故事独特，因我国旧时长期存在"一夫多偶"制婚姻，嫡庶贵贱分明又存在"妣以嫡配"宗法礼制，婆祠的出现彰显了旧时"婆房"在祠祭上对封建宗法礼俗的挑战和突破，是潮汕俗语"潮州好婆房"的最好写照和佐证。

对于本书研究成果的学术价值、实践意义和社会影响，笔者认为，本书内容综合考察了潮汕传统祠堂中目前学界少有关注的女性祠堂，考察视角独特，避"同"（祠堂的硬件建设）趋"异"（女祠的独特人文），首次揭示了潮汕女祠（婆房）产生的历史动因——明末潮汕名宦和先贤对"庶文化"的申倡；其次是从宗法礼制和汉语词汇文化角度阐述了潮汕女祠匾额的多模态特点；其他发表于报纸杂志的文章则各有所述，杂而有论，是对第一章的内容进行补充和具体叙述。又注意结合相关的潮汕俗语等地方人文进行探析，是潮汕祠堂与俗语文化相结合的一次很好的"聚焦"。课题在调研期间颇受当地关注，已发表与课题相关的多篇文章与第一章等章节相结合构成一个整体内容，在考察潮汕女祠的"软件"文化，综述有所侧重，个案资料具体、独特，叙述内容丰富、新颖，揭示了潮汕女祠这一另类祠堂文化的不少人文内涵，研究成果可以作为潮汕地方特色文化尤其是传统祠堂专题文化的重要组成部分，并填补潮汕地区乃至我国女祠文化研究上的一些空白，具有文物调查研究、地方史志研究和旅游资源开发等学术价值和现实意义，对当前潮汕地区传统文化的研究和保护工作尤其是传统祠堂这一宗族文化名片具有一定的参考价值。

笔者在调研中发现，不少传统祠堂在重修上并没有遵循"修故如故"的要求，而是"各逞其力"，以致其中的礼制建筑饰件等文物被弄得面目全非，不少文物本身的历史信息受到严重破坏，难以准确进行人文历史"定位"。有的地方对有特色的、有价值的女祠仍未加以保护和研究，如揭阳市榕城区建于清乾隆年间的私立节孝祠——曾母陈氏节孝祠坊这种祠与坊合一而建的独特女祠，其同类孤例唯一性的文物价值尚未引起当地有关部门的重视。不少祠堂在重修工作上只重视"硬件"建设而忽视"软件"文化，空有"好架子"而缺乏人文功能。因而建议对潮汕传统祠堂进行深入的调研并加大保护力度，注意其"软件"人文方面的宣传和建设，做好保护和开发工作，发掘并激活更多正能量的潮汕历史人文，有所拓展和创新，在新时代更好发挥祠堂这一传统文化的功能，更好地弘扬中华优秀文化。

当然，本书研究成果存在一些不足或欠缺。由于缺乏广泛普查的条件，再加上文献不足以及笔者学力水平的局限，笔者认为可能还有个别潮汕女祠没有被发现，以致对潮汕女祠的综合考察、肇创的年代未能做出更加具体、准确的界定和说明，尤其是女祠肇创年代成为盲点，是本书内容的一个遗憾；对"庶文化"的阐述因囿于文献和调查对象的不足和欠缺，主要以揭阳市及其相关文献和榕城许氏庶祖祠、砲台桃山谢氏族史等为主要考察对象,而未能搜集到潮汕其他县区更多相关的历史文献等信息,从而影响了潮汕女祠产生的地方人文动因的说明力度;田野调查中常常要面对"口耳相传"存在混误的困惑,材料真实性的甄别给调研资料分析也造成了很多的不便,等等。本书是笔者首次在地方文化方面的综合研究和专题探析的尝试,这一工作因笔者学力水平的不足而影响了研究内容的质量,书中肤浅、错误的描述在所难免,敬请方家多多批评指正!

谢若秋

2021年7月于榕城东湖中阳园

目录 Contents

《第一章》 通论蔽语

第一节　潮汕女祠综述 / 002
一、中国祠堂文化 / 002
二、潮汕祠堂文化 / 004
三、潮汕女祠文化 / 008

第二节　潮汕女祠成因 / 013
一、崇贤尚孝文化传统催生了潮汕祠堂文化 / 013
二、明代中期以后潮汕社会经济发展促进了女祠文化的发展 / 015
三、明代后期揭阳先贤名宦对庶文化的申倡，开启了潮汕的婆祠文化 / 019

第三节　潮汕女祠的特点 / 034
一、潮汕女祠的规模形制 / 035
二、潮汕女祠在宗族祠堂中的地位 / 037
三、潮汕女祠与徽州女祠的比较 / 039

目录 Contents

第四节　　潮汕女祠匾额文化　/ 046

一、潮汕祠堂匾额文化概述　/ 046

二、潮汕女祠匾额的多模态　/ 047

《第二章》　个案絮语

第一节　　节孝祠　/ 058

一、节孝祠概述　/ 058

二、节孝祠典例　/ 064

第二节　　婆祠　/ 072

一、婆祠概述　/ 072

二、婆祠典例　/ 077

第三节　　祖姑祠　/ 149

一、祖姑祠概述　/ 149

二、祖姑祠典例　/ 153

第四节　　女贤祠　/ 172

一、女贤祠概述　/ 172

二、女贤祠典例　/ 176

第五节　　祖嫲祠　/ 190
　　　一、祖嫲祠概述　/ 190
　　　二、祖嫲祠典例　/ 190

〖第三章〗　散论逸语

　　　一、旧时潮汕庶系的女祠文化——基于俗语"潮州好婆房"视角　/ 196
　　　二、桃山谢氏祠堂与明清揭阳祠堂文化　/ 203
　　　三、旧时潮汕地区庶系祠祭文化摭谈　/ 206
　　　四、俗语"阿婆孬入祠"与潮汕婆祠　/ 208
　　　五、宋末至清初潮汕地区女寓贤述略　/ 211
　　　六、从潮汕女寓贤到普宁流沙冯族庶祖母——潮汕地区月容夫人的民间形象　/ 213
　　　七、俗语"别人家神（屎）"与潮汕祖姑祠　/ 216
　　　八、俗语"囊囝坐槛一次定"与潮汕节孝祠（坊）　/ 218
　　　九、榕城节孝祠（坊）概说　/ 221
　　　十、称谓语"大娘姑"演化初探——以明清以来闽南、粤东两地闽语为例　/ 226
　　　十一、明清揭阳生祠文化摭谈　/ 232

结语　/ 235

参考文献　/ 237

附录　特色词语　/ 238

跋　/ 276

第一章

通论
蔽语

《第一节》 潮汕女祠综述

通论蔽语,是两个同义连用的词语。"通论"即总论、概述。"蔽语"则借自《论语·为政》:"诗三百,一言以蔽之,曰:'思无邪。'"①"蔽"原义为覆盖;遮挡。在此引申为概括。这里借"蔽语"用同"通论",义为概述、综论,连用为本章的主要名称——潮汕女祠文化综述。本章主要内容为中国祠堂文化简史,从中国祠堂谈起,由整体到局部介绍潮汕祠堂,最后重点介绍潮汕女祠,把潮汕女祠放在中国祠堂发展史的时间轴上进行"聚焦"和"定位",力争给读者带来新认识、新感受。

一、中国祠堂文化

谈论潮汕女祠,得先从中国祠堂文化说起。中国祠堂具有五千年历史,是中华文化的重要组成部分。王鹤鸣等认为,"中国祠堂源于原始氏族社会的自然崇拜和祖先崇拜……随着生产力的发展,到了商代,原始崇拜自然、祖先的观念和祭祀行为有了发展,祠庙祭祀的活动非常盛行,并形成了初步的宗庙制度和祭祀规则,但商代的祭祀礼仪尚未形成定制。"②潮汕祠堂文化则肇创于宋咸平年间(998—1003年)潮州府治官立韩文公祠之设,③自明嘉靖年间(1522—1566年)至清代和民国时期进入繁荣期,距今已超过1000年。按照祠主性别划分,分男性祠堂和女性祠堂两类(以下简称"男祠"和"女祠")。女祠在潮汕祠堂中是后来者,数量少,远不及男祠,却是潮汕祠堂中的另类和奇葩,具有独特的历史人文内涵。

祠堂,又称宗庙、祠庙、宗祠、享堂等,是用于祭祀祖先或先贤神灵的礼制建筑。我国古代的社会组织以血缘氏族关系为中心,"慎终追远"是汉民族的一个重要文化传统。据载,我国早在原始社会晚期,就已经有了祭祀祖先的场所,夏商时期祭

---

① 杨伯峻. 论语译注 [M]. 北京:中华书局,2004:11.
② 王鹤鸣,王澄. 中国祠堂通论 [M]. 上海:上海古籍出版社,2014:24.
③ 《永乐大典》卷5343"潮"字之"祠庙",潮州市地方志办公室、韩山师范学院图书馆印印,第87页。

祀祖先的宗庙已有一定的规模。周代宗庙的礼制更加系统完善，从而奠定了后世宗族祠堂的基础。①东汉许慎《说文解字》载："庙，尊先祖貌也。"说文段注："尊其先祖而以是仪貌之，故曰宗庙……古者，庙以祀先祖，凡神不为庙也。为神立庙者，始三代以后。"《国语·鲁语上》载："夫宗庙之有昭穆也，以次世之长幼，而等胄之亲疏也。"《礼记·祭法》载："庙以依神。"神即神主（牌位）。东汉郑玄认为，庙是存放祖先神主、遗物的地方，是祭祀祖先的主要场所。如《诗经·周颂·清庙序》"清庙，祀文王也。"清乾隆《揭阳县志》载："庙者，貌也，所以象生之有朝也。古之人思其人而爱其树，尊其人则敬其位。"②《礼记·王制》载天子七庙，诸侯五庙，大夫三庙，士一庙，庶人无庙，只能在家中寝室（正屋）祭祀祖先。庙的建筑形制摹仿宫室，呈"前朝后寝"布局。祠，本为祭名，指春祭。《诗经·小雅·天保》："礿祠烝尝。"《毛传》："春曰祠，夏曰礿，秋曰尝，冬曰烝。"《尔雅·释天》："春祭曰祠。""祠"用作"祠堂"，汉代已经出现。如西汉桓宽《盐铁论·散不足》载："今富者积土成山，列树成林，台榭连阁，集观增楼；中者祠堂屏阁，垣阙罘罳。"又东汉班固《汉书·循吏传·文翁》载："文翁终于蜀，吏民为立祠堂，岁时祭祀不绝。"据载，在殷商时期，已经存在一种类似后世墓祠的建筑——宗，即"一种是只有一个庙主的单独的先王与先妣、母宗庙"的建于墓茔上的享堂，③且有的具有女性专祠的性质，如商王武丁正妻妇好墓的享堂为"母辛宗"（"辛"为妇好的庙号），这座享堂可以看作是我国有历史记载的最早的女性祠堂之一。春秋战国时期，虽然以周天子为首的宗法统治逐渐式微，礼乐崩坏，但庙祭仍然存在，并未废弃。如《战国策·齐策四》载："冯谖诚孟尝君曰：'愿请先王之祭器，立宗庙于薛。'"冯谖建议孟尝君向齐王提请在自己的封邑（薛）建造齐国公室的宗庙，旨在提高孟尝君的政治地位。可见，当时的庙祭仍然受到重视。至秦代，尊君抑臣，除君主外，官员均不得立宗庙祀祖先。于是，墓祭开始出现。东汉应劭《汉官仪》载："古不墓祭，秦始皇起寝于墓侧，汉因而不改。"墓祭之风至汉代为盛，民间墓祠随之出现。清代赵翼《陔余丛考·墓祭》载："盖三代以上本无墓祭，故辛有见被发祭野者而以为异。"汉代的祠堂，主要指墓祠。"到汉代，'祠堂'称呼已很普遍，但这时的祠堂主要是建立在坟墓旁边，即所谓'墓祠'。"④在当时，祠堂

---

① 王鹤鸣、王澄、梁红. 中国寺庙通论［M］. 上海：上海古籍出版社，2016：96.
② （清）刘业勤纂修，乾隆《揭阳县志·庙宇》卷之二，民国二十六年重刊本，第1页.
③ 王鹤鸣、王澄. 中国祠堂通论［M］. 上海：上海古籍出版社，2014：42.
④ 王鹤鸣、王澄、梁红. 中国寺庙通论［M］. 上海：上海古籍出版社，2016：18.

成为官僚贵族炫耀身份地位、祭祀祖先、表现孝思、敦睦宗族的标志性建筑。魏晋南北朝时期，战乱频繁，民不聊生，祠堂文化式微。至唐代，朝廷诏令高级官员在京都建造的祭祀祖先的场所，称为"家庙"，并且由朝廷立法对庙祭作了相关规定，作为官员地位显赫的标志。进入宋代，官员可在自己的家乡建造祠堂，称之为"家祠"。北宋司马光在《文潞公家庙碑》中对宋代以前祠堂的沿革做了这样的描述："先王之制，自天子至于官师皆有庙。君子将营宫室，宗庙为先，居室为后。及秦，非笑圣人，荡灭典礼，务尊君卑臣，于是天子之外，无敢营宗庙者。汉世公卿贵人多建祠堂于墓所，在都邑则鲜焉。魏晋以降，渐复庙制。其后遂著于令，以官品为所祀世数之差。唐侍中王珪不立私庙，为执法所纠，太宗命有司为之营构以耻之，是以唐世贵臣皆有庙。及五代荡析，士民求生有所未遑，礼颓教陵，庙制遂绝。宋兴，夷乱苏疲，久而未讲。仁宗皇帝悯群臣贵极公相，而祖祢祀于寝，侪于庶人。庆历元年，因郊祀赦，听文武官依旧式立家庙。"① 宋庆历元年（1041年）诏允文武官员按照"旧式"营造祠堂祭祖，恢复品官的家庙制。这个时期的祠堂不再是有品位限制且建于京城的"家庙"，而是建于官员家乡住宅附近，故称"家祠堂"，简称"家祠"。但"家庙"之称依旧通行，如宋末诗人谢翱《南平王归朝》诗（四之一）有："勋阶邑食及隶人，移镇徐戎作家庙。"② 明清时期官宦人家建造的祠堂多称"家庙"，如揭阳市榕城区仙桥街道办事处篮兜村郑氏建于明嘉靖年间的宗祠郑氏家庙（存著堂）和支祠御史家庙（世德堂）等。"从宋代开始特别是在元代，祠堂则与居室相连或辟地另建，一般立于故乡……兴建祭及四世祖先的宗族祠堂也在增多，还出现了独立的祭及始祖的大宗祠，这在南方的浙、赣、闽、皖南等地均有发现。"③ 随着我国封建社会后期经济和文化等方面的发展，尤其是明嘉靖十五年（1536年）礼制的"松绑"，允许民间联宗建祠祀始祖，至清代和民国时期，中国祠堂文化进入繁荣时期。

二、潮汕祠堂文化

潮汕祠堂文化始于宋咸平二年（999年）潮州府治韩文公祠之设。据《永乐大典》载："州之有祠堂，自昌黎韩公始也。公刺潮凡八月，就有袁州之除，德泽在人，久而不磨。于是邦人祠之，亦畏垒之，民俎豆尸祝，庚桑楚之意。宋咸平二年，

---

① 李文泽，霞绍晖. 宋·司马光《司马光集》[M]. 成都：四川大学出版社，2010：1602.
② 谢若秋，谢伯开. 谢翱诗文与研究[M]. 汕头：汕头大学出版社，2014：12.
③ 王鹤鸣，王澄. 中国祠堂通论[M]. 上海：上海古籍出版社，2014：124.

陈文惠公倅潮，立公祠于州治之后。元丰七年，诏封昌黎伯。元祐五年，王侯涤乃立庙于州城之南，榜曰'昌黎伯庙'，则以庙易祠矣。继是，邦人或因守倅之美政足以感人心，寓公之高行足以激流俗，皆为立祠，以为后劝云。"①韩文公祠为公立的名宦祠堂，其后宋元时期的潮汕地区，零星出现官宦人家建造的祠堂，如建于宋庆元二年（1196年）揭阳县鮀浦都蓬洲（今属汕头市金平区）的翁氏家庙（永锡堂，俗称祖姑祠）、宋嘉定七年（1214年）的揭阳渔湖港口村南港林氏的士耸公祠（世德堂）、元至元年间（1335—1340年）揭阳渔湖长美村（古称"阳潮里"）的袁氏家庙（崇礼堂）等，这些祠堂一般以"×氏家庙"或"×××公祠"等题额。至明嘉靖十五年（1536年）采纳礼部尚书夏言的上疏，诏许天下臣民联宗建祠祀始祖，于是大宗小宗，竞建祠堂，此风延至民国时期，遂使宗族祠堂遍布天下，成为潮汕祠堂文化发展的繁荣期。

潮汕祠堂是在传统民居"四点金"的基础上进行改造而成的礼制建筑，讲究面堂开阔，一般都有一"外埕"（祠前小广场），如果空间条件允许的话，有的还在外

▲ 潮州韩文公祠牌坊（仪门）

---

① 《永乐大典》卷5343"潮"字之"祠庙"，潮州市地方志办公室、韩山师范学院图书馆编印．第87页。

▲ 潮州韩文公祠

埕前面挖一池塘，外埕两侧植有榕树等乔木。潮汕地区有聚族而居的传统，多形成单一姓氏的村落乡寨，一族之所聚居，如果建造宗祠，必置于村落中显要的位置，倾力营建，精细构筑，成为概领全族的建筑，特别是清乾隆年间（1736—1795年）以后更注重木雕、嵌瓷等装饰工艺的应用，故而祠第有"潮州厝，皇宫起"的夸饰之称。而各地族姓的大宗小宗，倾力所营建的祠堂，又催生了祠堂各种不同的规模形制和匾额等，民间遂有"祠堂十八样"的说法。虽然如此，但潮汕祠堂大致可以说是传统民居"四点金"的变体，学者钟庆财指出，"'下山虎'形制十分古老，在广州出土的汉代明器和北京故宫博物院藏的相传为隋代展子虔所作《游春图》中可见其前身，其布局与云南白族的'一颗印'住宅也颇为相似。如在下山虎的前面再加前座，就成了四角上各有一房压角的四合院'四点金'……王国维在《明堂寝庙通考》中言宗庙、明堂、宫寝皆为四屋相对，中涵一庭或一室，指的就是这种布局。"①潮汕形制各异的祠堂有最基本的三种形式：一是两进式（二厅夹一天井。进，同"厅"，潮汕地区又

---

① 钟庆财. 易经·和谐人居[M]. 南昌：江西人民出版社，2009：304.

称"落",多面阔三间或五间),二是三进式(三厅夹二天井),三是单进式(一厅一天井)的简式格局(俗称"祠堂囝")。潮汕祠堂的男祠以上述前两种格局为主,开单门或三山门。潮汕女祠则为两进式或单进式格局,两进式以开单门为主,单进式的一般开左右门(俗称龙虎门),偶有大形制的三进式,这或许是出于避免僭越礼制——女祠形制上不超过男祠的考虑。这些不同形制(规模)祠堂通过对两进式(潮汕传统民居的"四点金"的变体)因地制宜、有所改变而形成。有的是在外部作横向发展,如在两进式和三进式的基础上可增加两边的排屋(巷厝)和火巷,称"双背剑",带一排屋者则称"单背剑";若左右各添二火巷和排屋(即一座"双背剑"四点金民居),则成为"驷马拖车"格局;若地域空间允许,则可以进一步扩大,或为"九龙吐珠"(即主体两侧各四座另加后包一座,共九座共同烘托主体祠堂),甚至还有"百鸟朝凤"(如揭阳市榕城区丁氏光禄公祠、普宁市洪阳的德安里建筑)等居祀型建筑。单进式的"祠堂囝"则未见带"双背剑"。有的是纵向发展,如在两进式的基础上增加一天井和厅堂,成为三进夹二庭格局,或后厅檐廊与相邻天井处增加一拜亭,拜亭刚好与祠堂的厅堂及正门同处于祠堂的中轴线上。如果所在天井的空间有限,则在祭厅檐廊顶部中段巧设垂脊(又称戗脊),除了廊顶稍增饰件外,纵向空间虽未能增加什么结构,但视角能产生有拜亭存在的感觉。祠堂前厅的外载为"凹肚门楼",内载为左右库房夹一前后敞开的前厅(常于前厅与檐廊间设一屏门,平时关闭,有祭祀等活动时才开启)。前厅檐廊两端与祠堂外墙相连处各开一小侧门,作为平时族众进出的通道,俗称"子孙门"。祠堂的厅与厅之间有天井及左右两侧通廊相连接(将原民居"四点金"的左右厢房拆去改易而成)。三进式祠堂的中厅则是处理族务的场所。后厅为祭厅,陈设祖先牌位,是祠堂最为重要的地方,为敞开的三间,中间两侧上端梁架多饰为"三载五木瓜"("载"指横梁。"木瓜"指美饰为木瓜状的梁上短柱"棳"),中间正中横梁悬挂祠堂堂号木匾,堂匾与天井及祠堂正门要处于同一中轴线上。后厅内后端设有供奉本族列祖列宗牌位的神龛(如果是某位先祖的专祠则可用神椟)及香案。民间讲究,祠堂"过白"要大小适度,正是从这里观察其前面的天井前檐与后檐之间所见到的天空面积大小要"中和":不能太多,也不能太少;过白太多则阳气太盛,太少则阴气有余,均不妥,宜阴阳适宜平衡。

  祠堂最重要的功能是祭祀祖先,也是族人聚会、议事、协调族人矛盾等的场所。历史上,各个族姓通过祠堂这一礼制建筑,祭祀祖先,慎终追远,强调同姓族人同宗共祖的"一本"认同意识,继承和巩固崇祖报德的传统孝道观念,形成宗族内部的凝聚力。学者赵新良认为这追求的就是对同宗文化的认同和自觉传承,使宗族成员有血浓于水、同根相生的自豪感,维系宗族血缘亲情关系,加强宗族的同心力、向心力,为本家族的发展壮大做出贡献。① 近二十多年来,潮汕地区和全国其他地区一样出现了祠堂文化复兴的现象。在潮汕地区,"潮人的祖宗崇拜,既有追念'祖功宗德'的纪念意义和'怜生恤死'的同情心,但也包含着浓重的迷信成分和维护宗法伦理制度的封建残余意识。近些年来,有些地方掀起复旧之风,负面效应显而易见。有些地方政府明令禁止,有些地方予以引导。"② 新时代如何激活传统祠堂的时代功能,传承优秀历史文化,同时注入时代人文内涵,继续发扬祠堂文化,展现祠堂新风采,成为人们越来越关注的话题。

三、潮汕女祠文化

潮汕女祠是潮汕传统祠堂中的另类和奇葩。据清乾隆《潮州府志》载,其时"望族营建屋庐,必立家庙"。清嘉庆《澄海县志》亦载"大宗小宗,竞建祠堂",所载为清中期以前潮汕祠堂文化。究竟潮汕地区有多少传统祠堂,目前尚未普查统计。但据不完全统计,揭阳市约有2600个自然村,共有祠堂不下6000座,以此估算,整个潮汕地区现存的祠堂大概超过15 000座。在潮汕祠堂文化繁荣期,女祠也应运而兴,除了较早的建于明嘉靖以前的女贤祠许夫人祠外,随后的祖姑祠、婆祠和节孝祠等纷纷闪亮登场,活跃在潮汕祠堂文化的"百花园"中。据笔者调研,潮汕女祠中,有女贤祠1座,祖姑祠3座(另有祖姑厅2座),婆祠26座(婆厅数量更多,不在本次调查之列),节孝祠2座(官立和私立各1座),老嬷祠2座(老嬷,为潮汕方言词,义同曾祖母)。我国的陕西、安徽、浙江、江西、福建等省份也有女祠,如陕西省榆林市相传建于宋代以前的女贤祠——贞女祠(今名孟姜女庙)、安徽省黄山市祁门芦溪村相传建于宋咸平年间的婆祠衍正堂、浙江省宁波市镇海区建于清光绪七年(1881年)的郑氏十七房女祠(洽礼堂)、安徽省歙县棠樾村建于清嘉庆年间(1796—1820年)的女祠清懿堂(当地宣传为"全国唯一的女祠",其实当地也有婆祠——祁门县渚口倪氏宗族"庶母祠")、江西赣县白鹭村钟族建于清道光四年(1824年)的婆祠——王太夫人祠,等等。上述芦溪村的婆祠衍正堂建造年代相传是宋咸平年间,其时潮汕地区的祠堂文化处于肇始之际(宋咸平二年潮州府治创建韩文公祠),与潮汕地区及其他省份女祠的建造时间相比起来,芦溪村的婆祠"衍正堂"的确历史悠久,堪称中国女祠中婆祠的元老级建筑,但它建造的年份记载是否确切,则未考其详。宁波市镇

---

① 赵新良. 中华名祠:先祖崇拜的文化解读[M]. 沈阳:辽宁人民出版社,2013:308.
② 马风著. 潮人的祖宗崇拜对象及其风俗——《潮学研究》(六)[M]. 汕头:汕头大学出版社,1997:227.

海区的郑氏十七房女祠则是旧时当地女性为自己专门建造的女祠，这体现了古代女性在祠祭文化中的自觉和自立，实在难能可贵，但它又是建于郑氏宗祠内后院空地，是"男祠内的女祠"而非独立的建筑，则又是"美中不足"。其他的女祠主要是婆祠（庶祖祠），而祖姑祠、私立节孝祠和祖嫔祠等在当地则未见文献提及。或许因为是当地调研上的欠缺，上述域外地区的女祠在数量和类型上明显不及潮汕地区同类的女祠。有论者认为，"真正具有'岁时合族以祭'意义上的徽州女祠则出现在清代"，又称"'清懿堂'女祠的建成，成为徽州历史上最早与男祠分庭合礼的女祠"①。相对于上述芦溪村衍正堂的描述，这或许是较为客观的评论：作为庶祖祠（婆祠），衍正堂产生的时间一般不会早于明嘉靖年间礼制许可之前。

　　据笔者调研，潮汕女祠首见于明嘉靖三年（1524年）已经存在的今潮州市饶平县百丈埔女贤祠——娘娘庙（又称许夫人祠，祠主为宋末抗元护宋巾帼英雄、福建东石人许夫人陈淑贞，祠宇于嘉靖三年被广东学政副使魏校以淫祠毁去②，近年重建，形制有类小神庙），最早出现的祖姑祠或为汕头市澄海区隆都镇后溪村相传建于明万历年间（1573—1620年）的金氏宗祠（孝思堂），现存最早的婆祠是揭阳市榕城区西门建于明代崇祯十年（1637年）的许氏庶祖祠（追远堂），最年轻的女祠是今揭阳市揭东区白塔镇桐坑村建于1949年的婆祠——从发庶祖祠（未竣工）。与上述域外省份的女祠相比，潮汕女祠中的家族祠堂——祖姑祠和婆祠等，数量更多，甚至历史更久。其中，建于民国初期的揭阳榕城的居祀型婆祠——延庆第，其祭厅就是女祠主翁顺修出资为自己建造的，祠堂内匾"钱塘阃范"的落款有"翁氏祖婆自建己厅"字样，祭厅堂号为"聚德堂"，这种建筑形制也称为"祠宅合一"的"从厝式"民居。③这与徽州早期女祠的"雏形"——则内（宗祠内另设专祀祖妣神位的灵堂）的自建式、附属式有点相似，这座组合式宅厅内不但有专用的祭厅（聚德堂），整座建筑大门的内匾还特意用"钱塘阃范"申明女祖懿德。其他的潮汕女祠，除了女贤祠是民间公众所立外，有的虽然是生祠，但均为祠主（或其兄弟）的裔孙所建，未见祠主自建的记载或传说。有学者论及上述郑氏十七房女祠时认为，"这些专门为女人而建的祠堂其实算不上真正的女祠，因为，无论这些女祠之间的文化内涵有何差异，有一点却是相同的，即它们都是男人为女人而建的祠堂，是从男人的视角出发，为表彰妇女贞孝节烈

---

① 郑刚. 明清时期徽州女祠的文化现象，黄山法院网·法苑文化，2019年3月5日。
② （清）金一凤纂修，康熙《海阳县志》，潮州市地方志办公室印，第113页。
③ 钟庆财. 易经·和谐人居［M］.南昌：江西人民出版社，2009：304.

而在女人死后为其所建的"①。虽然如此,但女祠的出现,与男祠分庭受礼,打破了我国祠祭历史上男祠长期一统独尊的局面,说明我国传统祠祭文化在一些地区产生了某些嬗变,值得人们对其进行关注和探究。

目前,对潮汕女祠的研究尚未引起学界的重视,仅偶见文章进行个案描述,尚未见专题或专书研究,尤其是"软件"(人文历史)方面更是存在研究上的空白。潮汕女祠的出现,是旧时潮汕地区祠堂文化进入繁荣期,崇贤和孝道文化与宗法礼制产生冲突的产物,是与男祠分庭受礼的另类祠堂,其产生的原因和匾额文化等历史人文,颇具特色,丰富了潮汕传统祠堂文化,为中国祠堂文化增添了一道独特的人文风景线。对潮汕女祠这一另类祠堂的研究,在当今祠堂文化的复兴运动中,可以避同就异,努力挖掘和发现女祠文化中与男祠不同的故事,加以描写和分析,揭示其独特的人文内涵,为传统祠堂文化的研究增添新的内容。

已调查的潮汕女祠列表

地区及类属	序号	祠堂名称及堂号	形制及坐向	建造时间
揭阳婆祠	1	榕城西门许氏庶祖祠(追远堂)	两进式、南向	明崇祯十年
	2	榕城东门郭氏祖祠(重光堂)	两进式,南向	清光绪六年
	3	榕城陈泰兴婆祠——延庆第(聚德堂)	居祀型、两进式,西向	清末民初
	4	榕城区登岗西淇村婆祠——坤芳鼎峙(堂号失考)	两进式、北向	清乾隆年间
	5	榕城区登岗沟内村婆祠——蕳叶腾青(绥福堂)	两进式、南向	清嘉庆八年
	6	揭东云路中厦村婆祠林氏家祠(淑贤堂)	居祀型、两进式、南向	清咸丰八年
	7	揭东曲溪路篦村婆祠顺敬祖祠(孝思堂)	两进式、南向	清末
	8	揭东曲溪旧坑(坑美)村婆祠慈富祖祠(永锡堂)	两进式、南向	清光绪二十九年
	9	揭东区白塔镇桐坑村林族克成婆祠(堂号失考)	两进式、南向	清末民初
	10	揭东区白塔镇桐坑村从发庶祖祠(未晋主)	两进式、南向	1949年肇建未竣
	11	揭东霖磐德桥凤来婆祠(景德堂)	一进一天井、南向	1935年
	12	揭西县金和山湖村杨氏副祖祠(堂号失考)	两进式、南向	清嘉庆年间

---

① 黄胜涛,郭学勤. 走进郑氏十七房[M]. 宁波:宁波出版社,2009:83.

（续表）

地区及类属	序号	祠堂名称及堂号	形制及坐向	建造时间
揭阳婆祠	13	揭西钱坑芦萋埔村仁怀副妣祠（毓德堂）	两进式、南向	清末
	14	揭西钱坑钱南村副祖妣祠（堂号失考）	两进式、南向	清末
	15	揭西凤湖村清德祖祠（兆兰堂）	两进式、南向	1947年12月
	16	普宁流沙和美邻婆祠冯氏祖祠（继述堂）	两进式、南向	清乾隆年间
	17	普宁大南山镇灰寨村黄族黄氏祖婆祠（敬爱堂）	一进一天井、南向	清咸丰年间
	18	普宁里湖布美村士祖副妣房祠（如在堂）	两进式、南向	清末
	19	普宁里湖和平村如祖妣祠（堂号失考）	两进式、南向	清后期
	20	普宁流沙平湖黄氏祖婆祠（本仁堂）	两进式、东向	清末
	21	普宁流沙平湖黄氏副妣祠（亲爱堂）	一进一天井、南向	清末
	22	普宁洪阳镇婆祠方氏家庙（堂号失考，未晋主）	居祀型、两进式、南向	清末
	23	惠来县惠城婆祠方氏家祠（继承堂）	两进式、东向	清康熙年间
附		普宁南溪镇南溪村道南斋（懿文堂，俗称婆楼）	一进一天井、南向	清代末期
汕头婆祠	1	潮阳区棉城萧氏的潭婆祠（承懿堂，祠匾失考，已拆）	两进式，南向	明嘉靖后期
	2	潮阳铜盂镇新桥村林氏祖祠（孝思堂）	三进式、西向	清中期
	3	澄海区上华渡头村曾氏宗祠（滋德堂）	一进一天井、西向	清乾隆年间
潮州婆祠	1	龙湖古寨婆祠——椒实蕃枝（堂号失考）	两进式，东向	清康熙年间
	2	湘桥区磷溪镇古溪村萧族婆祠萧氏祖祠（思远堂）	两进式、南向	清后期
揭阳祖姑祠	1	揭东玉湖祖姑祠——贞义姑寝室（堂号失考）	两进式、南向	清同治三年
汕头祖姑祠	1	澄海隆都后溪村祖姑祠——金氏宗祠（孝思堂）	两进式、孝思堂、南向	明后期
附		金平区鮀浦蓬洲翁氏家庙（永锡堂，俗称祖姑祠）	两进式、南向	宋庆元二年
附		潮阳区西垆镇海田村蔡氏祖姑的贞姑厅及牌坊"抚孤有成"	一进一天井	清末民初
潮州祖姑祠	1	凤塘后陇村苏氏祖姑祠——盛户祖祠（报德堂）	一进一天井、南向	明后期
揭阳节孝祠	1	官立榕城学宫节孝祠（堂号失考）	两进式、南向	清雍正三年

（续表）

地区及类属	序号	祠堂名称及堂号	形制及坐向	建造时间
揭阳节孝祠	2	私立榕城中山路曾母陈氏节孝祠坊（堂号失考，俗称曾厝祠）	两进式、南向	清乾隆二年
潮州女贤祠	1	饶平高堂镇百丈埔女贤祠——许夫人祠（堂号失考，俗称娘娘庙）	原形制失考，今重建为单厅式庙宇	明嘉靖三年以前
附		潮州市区王姑庵（原祀明末周王姑，已毁）	失考	明末
附		揭阳榕城二圣古庙（俗称姑母宫，相传入祀明末朱圣姑母即周王姑）	两进式，东向	明末
附		揭阳榕城黄岐山侣云寺（祀明末"扬州才女"黄月容）	两进式、南向	明崇祯三年
汕头祖嫲祠	1	澄海区上华渡头村外老嫲祠（成志堂）	一进一天井，南向	清末
附		潮州饶平黄岗镇霞绕村祖嫲祠（追享堂）	两进式、南向	失考

《第二节》 潮汕女祠成因

明清时期潮汕祠堂文化之所以能迅速发展并进入繁荣期,使女祠文化应运而兴,而且在数量和种类上胜于域外的徽州等地区,主要是由于潮汕地区人们崇尚孝道文化传统、国家礼制许可、地方社会经济发展和明代贤达申倡等因素共同促成。

一、崇贤尚孝文化传统催生了潮汕祠堂文化

我国祠堂文化是先民崇尚传统孝道,即祖先崇拜的产物。但潮汕祠堂文化的产生却是肇创于崇尚名宦贤达文化——宋咸平二年潮州府治韩文公祠的建造,是为感念唐元和年间(806—820年)刺潮名宦韩愈而建造的公立祠堂。尚贤文化源于祖先崇拜,苏轼在《潮州韩文公庙碑》中称颂韩愈"文起八代之衰,道济天下之溺"。韩文公祠也是潮汕地区首座名宦祠,而后来在南宋和元代开始零星出现的则是民间祠堂(家祠),至明清两代进入繁荣期的宗族祠堂,则是崇尚传统孝道文化的产物。

我国先民特别重视祭祀活动,先秦时期即有申倡孝道的传统,慎终追远等孝道观念在当时已经流行于社会。春秋时期儒家强调"孝弟也者,其为仁之本与"。[1]《庄子·天道》载:"宗庙尚亲,朝廷尚尊,乡党尚齿,行事尚贤,大道之序也。"[2] 强调宗庙祭祀讲究血缘亲疏的礼仪。祭祀祖先属于祖灵崇拜,古时认为人死后魂灵是不灭的,称之为"鬼",只是"神升于天,魄降于地"[3]而已。对于"鬼",东汉许慎《说文解字》释之为"人所归为鬼"。《左传·成公十三年》载:"国之大事,在祀与戎。"[4]祭祀活动是先秦时期社会生活的重要组成部分,故而《礼记·祭统》云:

---

[1] 杨伯峻. 论语译注[M]. 北京:中华书局,2004:2.
[2] 张耿光. 庄子译注[M]. 贵阳:贵州人民出版社,1982:224–225.
[3] (明)蒋孟育撰,万历年间揭阳县《明登仕郎谢公圹志》(现收藏于揭阳市博物馆)。
[4] (战国)左丘明. 左传(上)[M]. 上海:上海古籍出版社,1997:722.

"凡治人之道，莫急于礼。礼有五经，莫重于祭。"①汉武帝时，朝廷采纳董仲舒的建议，独尊儒术，使儒学成为统治思想，也使孝道被提升到一个新的高度，并在荐举制中首创孝廉科，弘扬孝治思想。受儒家文化长期的影响，汉族的崇祖报德、敦宗睦族的观念源远流长，并且最终发展成为祖先崇拜的文化。在这种祖先崇拜的祭祀文化中，古人崇尚"报本之礼，祠祀为大"②，即在践行孝道的各种做法中，建造祠堂祭祀祖先是最大的举措，故而推动了祠堂文化的发展。

潮汕地区历来很重视孝道文化，在祠祭方面可谓不遗余力，如清嘉庆《澄海县志·风俗》卷六载："大宗小宗，竞建祠堂，争夸壮丽，不惜贵费。""竞建"指不同的村落和族姓在祠祭上不甘落后，互相攀比，如果落后则"无脸"（丢脸、没面子），相比他族不够"行孝"。潮汕俗语有"无脸当死父"，虽然是概说礼俗，并非专指祠祭方面，但在祠祭上如果落后于他族，的确是一件很大的憾事。"行孝"一词本指遵行孝道，在潮汕方言中又可指有孝行，用作形容词。如"伊（他）对父母好（非常）行孝！" 这一词语至今仍常见于潮汕人的口头用语中。相反，潮汕地区有"清明念修山，做忌粉神主"的说法，是一个讽刺不"行孝"、忘宗悖礼的临急应付行为的俗语。所以，修建祠堂是民间纪念先祖的一种普遍的、规格最高的形式。在潮汕地区，几乎村村有祠堂，有的村落族姓不止一座祠堂，如普宁市大长陇村陈氏有宗祠、支祠和房祠等大小祠堂多达50座，榕城区地都镇邹堂村郑氏祠堂也多达30座。由于规模形制和匾额等各有差异，故而潮汕地区历来有"祠堂十八样"的说法。

报本之礼，祠祀为大。就婆祠而言，从笔者调研所得的有关"祠记"中可以了解到建祠者崇祖报德的深挚孝思。如揭阳市榕城区东门婆祠郭氏祖祠（重光堂）的建祠者乃清光绪年间（1875—1908年）揭阳县教谕郭春华，他在该婆祠"祠记"中指出其父（郭学埏）生前就有建祠报本的夙愿，"思其所自出，屡议肇禋崇祀，式奉尊灵，嗣以中年捐馆，厥志未成。长男于谨、次男春华、三男于钿仰体先府君之意，即以报先祖暨先祖妣之德于无穷"。建祠长祀祖先，被认为是"报先祖暨先祖妣之德于无穷"之举，所以父死子继，建祠报本。揭阳市榕城区登岗镇沟内村杨氏于清嘉庆年间所建婆祠——蒚叶腾青（绥福堂），建造者杨爱盛对其身为侍妾的生母百年之后神主不能入祖祠奉祀而深感不安，在祠记中载："窃思历代考妣神灵各有所栖，而生母陈氏今日既未载名以顾其身，后日复无专庙以安其主，罔极之谓何？何其忝所生也！"为此，时为监生的杨爱盛特意为其仍健在的生母建造了专祠蒚叶腾青——既是婆祠又

---

① 俞天鹏. 礼记新编［M］. 成都：成都大学出版社. 2015：177.
② 王鹤鸣. 中国祠堂通论［M］. 上海：上海古籍出版社. 2014：300.

是生祠的绥福堂，以表达对生母的恩报。建祠被认为是最大的报本之举，而立生祠则是最大的"生孝"。上述这两座婆祠的建造者一为教谕，一为监生，均属于旧时的"有力之家"（有钱有势的人家）。至于平民百姓，有的也有不遗余力的表现，如揭阳市揭东玉湖祖姑祠"贞义姑寝室"和潮州凤塘后陇的"盛户祖祠"，都是所在族姓的祖姑去世后历经一百多年之后才建造的，体现了这两位祖姑的父族裔孙世代毋忘祖姑恩德。而揭阳市揭东区曲溪街道路篦吴氏建于清道光八年（1828年）的婆祠顺敬祖祠（孝思堂）则是当时婆房所在的平民裔孙建造的一座"争气祠"，他们并非"有力之家"，而最终也实现这种"祠祭为大"的孝思，难能可贵，在旧时的潮汕地区极为少见。

潮汕民俗学者马风认为"祖灵崇拜最隆重其事"。又指出旧志所说的潮人"营宫室必先祠堂，明宗法、继绝嗣、崇配食、重祀田"中的"先祠堂""重祀田"就是"潮人营造祖宗崇拜的'硬件'"①。祠堂是体现后代孝道的物化代言，最能彰显裔孙报本的"硬件"建设，故古人称"报本之礼，祠祭为大"。现代潮汕学者陈礼颂指出："宗族村落社区最重要的礼俗，莫如祖先崇拜和鬼神迷信。村人之所以固守着祖先崇拜，唯一的原因就是受了传统的孝的伦理观念所影响，结果便使到做孙儿的对祭祀都不敢有所轻忽。于是莫怪人们对于宗祠、家祠都极为重视的了。"②正是因为崇拜祖先和崇尚"祠祭为大"等传统孝道文化的影响，所以中国祠堂文化源远流长，成为中华传统文化的重要组成部分。潮汕祠堂文化已有1000多年的历史，虽然女祠文化稍短，大约有四五百年的时间，却承载着厚重的崇祖报德等历史人文，是祠堂这一传统文化中的新秀和奇葩。

二、明代中期以后潮汕社会经济发展促进了女祠文化的发展

（一）明清时期潮汕地区社会经济发展是祠堂文化繁荣的必要"硬件"

潮汕祠堂文化的繁荣始于明嘉靖年间礼制的"松绑"（许可），女祠（女贤祠除外）则在这一时期应运而生。明嘉靖十五年，皇帝接受礼部尚书夏言奏请，允许民间联宗建祠祀始祖，从而开启了我国宗族祠堂建设的大门，明清时期潮州府县志书等有关文献遂有当地"宗祠遍布天下"的描述，但祠堂是礼制建筑，是祭拜祖宗的重要宗法场所，需要充裕的物质条件作为硬件支撑才能实现。所以，祠堂文化在潮汕民间

---

① 马风. 潮人的祖宗崇拜对象及其风俗——《潮学研究》之六. 汕头：汕头大学出版社，1997：222.
② 陈礼颂. 一九四九前潮州宗族村落社区的研究［M］. 上海：上海古籍出版社，1995：222.

的发展并不平衡,有的族姓在明代已建造了宗祠,有的则在清乾隆以后才实现;有的村落族姓只有一座祠堂,有的则拥有多达几十座的祠堂。对于古代潮汕地区社会经济的发展变化,明嘉靖《潮州府志》载:"潮界八闽……旧志称其自昌黎刺郡,以诗书礼乐为教,始知学。明兴,文运弘开,士渐明知理学,风俗丕变,冠昏丧祭多用文公家礼,故曰海滨邹鲁……然营造宫室,必先祠堂、明宗法、继绝嗣、重祀田,比屋诗书弦颂之声相闻,彬彬乎文物甲于岭表。"①说明自明嘉靖年间开始潮汕地区已经"彬彬乎文物甲于岭表",且很重视祠堂文化。学者黄赞发指出,"在两宋以至元代开发的基础上,明代潮州的经济得到了长足发展。元代至明初,全潮仅有三阳和程乡四县,至明崇祯六年(1633年),增至十一县。社会经济发展的一个直接后果,就是促进了文教事业的兴旺发达。"②明代潮汕地区社会经济的发展推动了文教事业的发展,进一步促进了祠堂文化的繁荣。学者黄桂指出,"万历后贬潮者也为潮州文化发展、社会进步做出积极贡献。使得潮州自北宋以来,一直保持着学校的建设,人们的文化水平,处于广南前列。诚如明兵部尚书揭阳翁万达所说:'岭外唯广、潮、惠、琼人士,咸彬彬于文学。体谊兴行,荐绅拔起,邻于上州。'"③学者沈定平也认为,"明中叶以后的潮州社会,实际上正经历着两个深刻的经济变化。一个是在国际和国内贸易促进下,潮州的农业、手工业和商业呈现出欣欣向荣的景象。另一个则是在经济高涨的推动下,文化教育领域改变了落后的面貌,出现了俊彦辈出,社会彬彬于文学的风象。潮州人世代向往的'海滨邹鲁'的盛况,至此已在一定程度上得到了实现。"④宋元时期潮汕民间祠堂(家祠堂)只呈零星出现的状态,到明嘉靖中期以后,则有雨后春笋之势,而这种"雨",除了崇尚孝道文化传统和明代礼制"松绑"这两个大的"软件"外,潮汕社会经济的发展则是一个不可或缺的"硬件"。

但实际上,礼制许可之后潮汕不少村城乡族姓要建造祠堂并非是一蹴而就之事,因为虽然朝廷"推恩"、礼制"松绑"了,但城乡不少宗族还是心有余而力不足——存在财力不足的问题。虽然从明万历年间开始有进一步的改观,但自明中叶起,我国东南沿海地区经历了长期的社会动荡,开始为倭寇之患,继而为明末清初的战乱、迁海和平藩等,导致大量人员流落、伤亡和宗族祠宇被毁。这个时期潮汕祠堂文化受到了很大的冲击。祠堂是礼制建筑,又是民间宗法场所,自然成为各个宗族在当地政

---

① (明)郭春震编纂,嘉靖《潮州府志·附风俗考》卷之八,第287页。
② 黄赞发. 潮汕先民与先贤[M]. 汕头:汕头大学出版社,2001:159.
③ 黄桂. 潮州的社会传统与经济发展[M]. 南昌:江西人民出版社,2002:55.
④ 沈定平. 论明中叶后潮州经济和文化的发展——《潮学研究》第3辑[M]. 汕头:汕头大学出版社,1995:25.

治实力和经济实力的一种象征，各个宗族需要准备丰足的经济积累，才能真正将"先祠堂"之设付诸实践，以彰显孝道。清乾隆《揭阳县志·风尚》卷七载："旧志云，'士笃于文行。'文学之士彬彬辈出，后先相望，遂有海滨邹鲁之称。"地方经济和文化的发展促使各个宗族努力践行"报本之礼，祠祀为大"的孝思而竞相建祠。粗略统计，在潮汕地区，多数传统祠堂是在清康熙后期才如雨后春笋般出现的，主要原因是，在这一时期潮汕地区的经济进入迅速发展期，为宗族祠堂的建设（包括新建、重修和拓建等）提供了充分的物质基础，本地区建造祠堂进入高峰期，女祠也在这个时期随着男祠的繁荣应运而生：从明代后期零星出现的祖姑祠和婆祠（庶祖祠）到清乾隆年间开始出现较多的婆祠，女祠得到进一步的发展。如相传建于明万历年间的祖姑祠——潮州后陇村苏氏盛户祖祠（报德堂）和澄海后溪村金氏宗祠（孝思堂），明崇祯十年揭阳榕城西门的许氏庶祖祠（源远堂），清康熙年间（1662—1722年）潮州龙湖寨婆祠"椒实蕃枝"（俗称"阔嘴祠"，堂号失考）和今惠来县惠城镇婆祠方氏家祠（继承堂）等，至于节孝祠则主要产生于清雍正年间（1723—1735年），而数量占多数的婆祠则多为清乾隆至民国时期建造。可以说，作为潮汕宗族祠堂（女贤祠和公立节孝祠除外）的一部分，潮汕女祠与宗族祠堂中的男祠在发展上虽然并不同步，但在地方社会经济发展这一动因上却与男祠是相同的，它（女祠）主要是在潮汕祠堂文化繁荣期中真正发展起来的。

（二）潮汕女祠文化的繁荣离不开明清时期潮汕地区宗族的发展

地方宗族是地方社会的重要组成部分，地方宗族的发展推动了祠堂文化的建设。在人们的观念中，祠堂不但是宗族成员聚会的公共场所，是子孙后代祭拜祖先的地方，更是人们心目中宗族的神圣殿堂。所以，祠堂的建设反映了宗族的发展，也是宗族存在和发展的重要标志。何谓宗族？《尔雅·释亲》载："父之党为宗族。"在以男权为中心的我国封建社会中，宗族制以血缘亲疏来辨别同宗子孙的尊卑等级关系，藉以维系宗族的团结。因此，它十分强调慎终追远和尊祖敬宗的原则，从而与祠堂文化的建设和发展密切相连。学者陈树良研究潮州东凤旧时宗族发展后指出，"在一个具体社区的历史场景中，以血缘原则建构起来的宗族讨论和以地缘关系为纽带的庙宇活动是可以互相整合的。就东凤而言，离开宗族讨论庙宇，或离开庙宇讨论宗族，都是不可想象的。"[1]在"报本之礼，祠祀为大"等孝思观念的影响下，修建宗祠成为

---

[1] 陈树良. 祠堂、庙宇与社会整合：潮州东凤乡陈氏宗族的研究[M]. 汕头：汕头大学出版社，1995：153.

民间纪念先祖一种普遍的形式。宗祠起源于祭祀祖先的神庙，起初只有统治阶级才能立庙祭祖，朱熹《朱文公家礼·正衡》（卷一）载："庶人不敢言庙，则立影堂"，影堂即龛。直到明中期之后，祠堂制度进一步强化，朝廷允许庶民建宗祠，而民间宗族建设也几乎同时得到加强和发展。清代实行传统的"以孝治天下"的方针，提倡建造家庙，借助地方宗族的力量协助国家治理，以求天下大治。清康熙九年（1670年）颁布了《上谕十六条》，接着清雍正二年（1724年）又颁布《圣谕广训》，号召民间加强宗族建设，祭祀祖先，敦宗睦族。所以，学者史革新认为，"宋明时期的宗族以族长为核心，以父系血统为纽带，由民间自发组织而成。清代时，作为社会血缘群体组织形式的宗族，无论在制度上，还是在观念上，都已经达到了相当成熟的程度。"①因此，明清两代礼制的许可推动了潮汕地区宗族的建设和发展，从而使潮汕祠堂文化进入繁荣期。学者马风指出，"潮人的祖宗崇拜，既有追念'祖功宗德'的纪念意义和'怜生恤死'的同情心，但也包含着浓重的迷信成分和维护宗法伦理制度的封建意识。"②在明嘉靖中期以后的潮汕地区，人们甚至将同一州府内不同县域的同姓异宗的族群通过建祠联宗作为自成一族的标志，但这类宗族只是观念上的宗族并非实体的宗族。如明万历末年，潮州府海阳、揭阳和惠来三县的谢氏联宗并为二派，且在今潮州市潮安区凤塘镇玉窖村建造谢氏大宗祠（文恩堂）作为三县谢氏二派的标志，共祀宋末郡马谢升一（号壶山）为该宗入潮始祖。至清乾隆初期再度联宗，谢壶山裔孙增至四派，并新建或重修多座谢氏宗族支祠，从而进一步加强了谢氏一族在潮州府的影响力，蔚为望族著姓。明代中后期，随着礼制的许可，潮汕民间不但出现同姓同宗的族姓纷纷加强联系、联宗立祠祭祖的现象，甚至为了加强宗族的力量，出现同姓异宗的族姓奉祖造祖（虚设祖先）并立祠共祀的现象，从而使不少地方宗族从涣散走向整合，宗族建设得到进一步的加强，也推动了祠堂文化的发展。

　　明清时期潮汕民间宗族建设除了联宗和祠堂文化外，还可以从族谱、族产等外在的物化形式得到充分的反映。如明嘉靖初期揭阳榕城先贤谢玙（号玉川，贡生，仕四川梁山知县）倡修揭阳谢氏族谱，通过修谱活动加强了揭阳桃山和翔龙谢氏这两个派系的联系，壮大了宗族力量，进而在揭阳玉滘翔龙村倡建揭阳谢氏宗祠（永思堂）并购置祀田，谢玙同时也在自己的居住地（榕城城隍庙右侧）建造谢氏支祠（展礼堂）并购置祀田。谢玙所在的桃山谢氏在明成化年间（1465—1487年）已建造了谢氏祠堂（永思堂），他的上述举措丰富了揭阳谢氏的祠堂文化。明代潮阳先贤周光镐〔今潮

---

① 史革新. 中国社会通史·晚清卷［M］. 太原：山西教育出版社，1996：126.
② 马风. 潮人的祖宗崇拜对象及其风俗［M］. 汕头：汕头大学出版社，1997：227.

南区峡山镇桃溪村人，明隆庆五年（1571年）进士，官至宁夏巡抚］自其祖父周图溪在明嘉靖前期已建有周氏祠堂，周光镐显达之后又进一步加强宗族建设。黄挺等指出，"到周光镐，宗族的建构已成为一种自觉。万历二十四年（1596年），周光镐以病乞归田。甫抵家乡，'夙夜孜孜惟以尊祖敬宗为念，以故先修族谱，既拓修大宗祠'，又倡建小宗祠堂（家庙），并捐出建祠的大部分经费。"①到明万历后期，潮阳这个周氏宗族已成为潮州府著姓望族之一。明清时期潮汕地区各地的宗族建设类似的举措不乏其例。可见，宗族力量的壮大和加强推动了祠堂等文化的发展。

　　清代后期商人捐资建祠，为宗族文化增添一抹纷华的色彩。这个时期的突出特点是商人资本与宗法文化相结合，有的商业资本流向土地，不用于扩大工商业，而是用来加强宗族文化建设。如今揭阳市揭东区云路镇中厦（坎下）村林姓建于清咸丰年间（1851—1861年）的大型婆祠林氏家祠（淑贤堂，居祀型，面阔五间），由商贾身份的子孙所建，建祠报本、光宗耀祖的色彩浓厚。肇建于清同治九年（1870年）的潮州潮安彩塘斜角头村知名的从熙公祠，则是当时旅居马来西亚的侨领陈旭年所建的，花费巨大。揭阳市揭东区曲溪办事处路篦社区吴氏有建于清代的宗族祠堂12座，其中有一半以上的支祠或房祠（己祠）就是吴氏中的商贾族人所建，如位于坑美村的婆祠慈富祖祠（永锡堂），建祠者已有宗祠和支祠，仍不遗余力建造这座婆祠（房祠）专祀自己的生母。清末揭阳县钱坑南芦蕉埔村（今属揭西县）的林广利，经营红糖、木材等而成为富商，大约在清光绪十九年（1893年）开始为自己建造生祠"建猷公祠"（裕德堂），其子孙有的也建造房祠，其中就包括林广利的两名侍妾的合祠——仁怀副姒祠（毓德堂，位于建猷公祠右侧）。不惜花巨资广建祠宇，既实现传统报本孝思，又彰显时下家族荣耀，这是清代后期商业资本流向的一个显著特征。

　　可见，明清时期潮汕地区社会经济的发展和宗族建设上，祠堂文化建设是其最突出的成就之一，而女祠文化尤其是婆祠正是得益于这两种文化建设而得到进一步发展的。

三、明代后期揭阳先贤名宦对庶文化的申倡，开启了潮汕的婆祠文化

　　在潮汕地区有一句俗语"潮州好婆房"，是对旧时庶系（婆房）崇祖报本孝思和奋发图强改变自身命运等行为的写照，尤其是为报本而敢于挑战和突破宗法礼俗方面，可以说形成了一种独特的"庶文化"。据笔者调查，明嘉靖年间，揭阳县桃山都

---

① 黄挺，陈占山. 潮汕史（上册）［M］. 广州：广东人民出版社，2001：525.

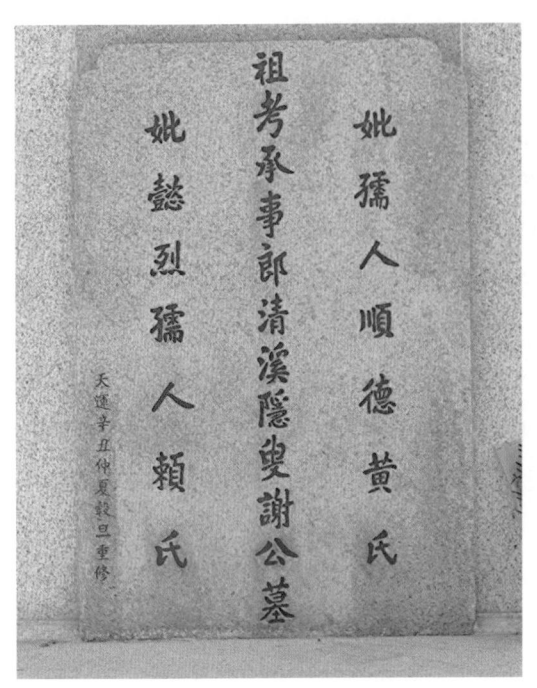

▲ 明代隆庆年间揭阳先贤谢信（号清溪）及其妻妾并穴合葬墓碑

桃山村（今属砲台镇）谢氏祖祠［永思堂，清康熙五十九年（1720年）拓建改称"谢氏家庙"］建成后不久就奉祀其有功于族的太祖婆石慈惠的神主（石氏为桃山谢氏一世祖谢宗文的庶母），突破了"妣以嫡附"的宗法礼俗。明隆庆二年（1568年）该村谢氏第四世谢信（号清溪，貤赠承事郎，一妻五妾）一侍妾赖氏（谥号懿烈）去世时，因其时二孙男（谢光秋、谢光积为嘉靖丙午科同榜举人、均出任知县）显贵，不但可以获得谥号（懿烈）入载族谱，而且还可以与谢信的正妻顺德黄氏一同随夫并穴合葬（墓碑如左图）。相传，赖氏去世前夕其子孙已为她在家乡后侧的山岭（后径山，俗称马山陵）择得吉地（喝形"搭壁燕"），因"娘房"当时没有显贵者，"婆房"裔孙主持家族事务，遂做出大胆僭越之举，为副祖妣赖氏争得了随夫合葬的"荣耀"，"搭壁燕"一地于是改为赖氏的衣冠冢，这在明清庶系女性的丧葬礼俗（不能随夫并葬）中是极为少见的，或许可以看作是潮汕先贤申倡"庶文化"的先声之一。

明末，揭阳名宦、县令冯元飚［字尔弢，浙江慈溪人，明天启二年（1622年）进士，天启六年（1626年）任揭阳令］和揭阳先贤郭之奇等继而又申倡"庶文化"，先贤许国佐开启了潮汕婆祠文化。其时先贤郭之奇、许国佐与冯元飚相交甚笃，这两位先贤自身均有不同程度的"庶文化"背景，与县令冯元飚在对待其侍妾黄月容遭遇上多有"交集"，或者说存在共同的"庶文化"情结，从而促使他们站在明代末期揭阳的历史时空上聚焦这一非主流文化：冯元飚为遇害的侍妾黄月容立墓、建庵、铸钟铭；郭之奇撰写《侣云庵记》《月容夫人传》《林外祖母黄孺人七一初度序》《先母太安人徽齐林氏行略》等文章对多位相关的庶系女性进行立传和称颂，乃至许国佐为其亲祖母余贞勉（身份为侍妾）建造许氏庶祖祠（追远堂）等，在嫡庶尊卑有别、贵贱分明的宗法时代，他们从不同角度对潮汕地区罕见涉猎的庶文化进行聚焦和宣倡，对其中优秀的庶系女性进行褒扬，彰显其懿德嘉行，对潮汕地区的婆祠文化产生了深远的影响。

（一）月容夫人信俗对潮汕女祠文化的影响

月容夫人信俗在潮汕地区已有近400年的历史，可谓家喻户晓，但这一信俗对潮汕女祠文化产生的影响在学界却未有所述。

明末揭阳名宦、邑令冯元飙与其侍妾黄月容的故事传说，在揭阳乃至潮汕其他地区可谓家喻户晓。旧时的揭阳地区，从明崇祯年间（1628—1644年）开始出现了一个源自本土的民间信仰——月容夫人信仰。笔者认为，这一信仰对潮汕女祠中婆祠的产生不无影响。榕城北侧的黄岐山侣云寺（原名侣云庵），乃明天启年间（1621—1627年）揭阳名宦冯元飙为被嫡妻苏氏所害的侍妾黄月容所建。冯邑令时称"东南健令"①，黄氏伴随四载相助，案无留牍，人称"扬州才女"，后世称其为明末揭阳女寓贤。黄月容年仅18岁却被冯邑令的嫡妻苏氏妒忌而遭毒杀，这是冯元飙离任揭阳的前一年即明崇祯二年（1629年）的事，冯邑令悲痛至极，在黄岐山南麓卜地埋葬黄月容，在墓茔后侧建造侣云庵，供奉她的牌位，并撰铭铸钟以寄哀思。据传，黄月容的牌位也是冯邑令亲手题写（今存侣云寺中），正面为"皇明奉佛信女扬州黄氏夫人之位"，背面为"夫主揭阳令慈溪尔弢冯元飙亲记"等文字。黄月容是冯元飙的侍妾，即如夫人、侧室，并非正妻（夫人），但在其牌位上，冯元飙自己却直接将她称为"夫人"，可见他对黄月容的看重。黄月容乃扬州人氏，明代扬州籍之妾多为"扬州瘦马"②，即当时扬州出现了大量经过专门培训、预备嫁予官宦、富商作小妾的年轻女子，而这些女子以瘦为美，个个苗条清瘦，因此被称为"扬州瘦马"。但在揭阳民间传说中，月容夫人却是扬州一药店老板之女而非"扬州瘦马"，这或许是民间出于敬重冯邑令而"为尊者讳"。月容夫人是不幸的，年十八岁而遭大妇妒害，与冯邑令阴阳两隔；月容夫人又是幸运的，虽为冯邑令侍妾，或为"扬州瘦马"，却有"扬州才女"美誉，逝后至今庙食于揭，并发展成为对她敬祀的本土信俗，这种信俗对潮汕女祠（婆祠）文化产生了深远的影响。

冯邑令所撰写的《侣云庵钟铭》为：

扬州黄氏，名曰月容，度岭相随，四岁而殁，自生及死，方十八年。此十八年，如梦如影，无男可婚，无女可嫁，无善可赞，无恶可忏。生天入地，两俱茫茫。葬于黄岐，竺冈之麓，有庵一楹，有田一区。岁供丹荔，任满将去，为铸斯钟，记其姓名，及其岁月，生死南北，呜呼已矣！情与铁坚，缘从响断，千春万祀，觌视钟者，知有冯生，尚其勿毁！

---

① （清）刘业勤修纂，乾隆《揭阳县志·艺文上"记"》卷之八，民国二十六年重刊本，第36页。
② 郭立诚. 中国妇女生活史［M］. 天津：百花文艺出版社，2005：43.

并作七言感旧悼亡诗二首,如下:

其一
春山去去远如眉,郫水同归已负期。
云巘数峰迷白鹤,越栏三尺冷乌丝。
只将泪碧留芳草,谁伴云香有荔枝。
岁月泉鸣幽涧外,可堪长作玉琴疑!

其二
罗裙渐褪旧时香,不尽春流似客肠。
官阁梅残愁水部,江南枫落倩巫阳。
玉床空使惊蝴蝶,金辖谁当网凤凰?
冢色青青犹未了,长凭白雪慰粼光。①

冯元飚与黄月容的关系,名分上为夫主与婢妾,但从《侣云庵钟铭》和这二首感旧诗表达的情感看,却寄托了冯邑令对黄月容的深切怀念——充满真挚的感情和无限的感伤,钟铭中的"情与铁坚,缘从响绝",更是给人一种丈夫哀思亡妻的感觉。在尊卑分明、贵贱有别的宗法时代,名宦冯邑令这种对待庶系女性(侍妾黄月容)的"僭越"举措,对其后潮汕地区人们对待庶文化的态度不能说没有深远影响。当时,揭阳先贤郭之奇和澄海先贤谢宗鍹〔字儒美,号莱屿,明崇祯十二年(1639年)解元,仕建昌府通判〕均赋诗(二首)以和之。先贤谢宗鍹《和揭阳冯明府感旧诗》二首,表达了对冯邑令不幸遭遇的同情和对黄月容夫人的哀悼。如下:

其一
黛螺销尽殒蛾眉,油壁青骢岂再期。
只道千金人似玉,翻怜一缕命如丝。
王家无复迎桃叶,白传真成别柳枝。
应忆巫峰何处是,春灯夜雨梦还疑。

---

① (清)刘业勤修纂,乾隆《揭阳县志·艺文下"论"》卷之八,民国二十六年重刊本,第23页。

其二
返魂无讣觅残香，泉路人间总断肠。
夜月珠归迷合浦，春风花落恼河阳。
玉钗化后空留燕，瑶瑟无声冷泣凰。
去住因缘俱没问，空花看换眼前光。①

据载，宋代大文豪苏轼原有数妾（家妓），宋绍圣元年（1094年）被贬惠州前夕夫人王氏刚去世不久，数妾相继离去，唯一妾王朝云相伴谪迁惠州，苏轼视其为红颜知己，"子瞻甚怜爱之"并赠诗称王朝云为"天女维摩"②。但在惠州的第三个年头，王朝云却因染瘟病去世，苏轼将其葬于惠州西湖孤山，并亲撰墓志铭，赞誉王朝云"敏而好义，事先生（苏轼自称）忠敬若一"③，撰《悼朝云》、筑"六如亭"等予以追思。冯邑令与月容夫人的故事跟宋贤苏轼与王朝云的爱情故事本来谈不上有什么"交集"，但在明代礼制禁锢的历史时代，为亡妾立庵撰钟铭这样的事并不常见，为非主流之举，倘若放在普通人身上，或者会被当作风流韵事而成为人们茶余饭后的谈资甚至遭到抵制。如明崇祯十四年（1641年），江南名士钱谦益以大礼婚娶"秦淮八艳"之一的柳如是为妾，时称"悖礼娶姬"，舆论哗然，简直到了人神共愤的地步。而黄月容罹难后，冯邑令的撰铭、筑庵等举措在当时不但没有引起当地士庶的共愤，相反出现时人名士的挽悼、历代的诗文咏赞乃至信俗的产生。究其缘由，与当地士庶对名宦冯邑令的敬重、对黄月容贤慧的称肯及其不幸遭遇的悲悯等心理是密切相关的。当地士庶后来还将其事迹演绎升华为纯洁的爱情故事——潮州歌册《月容歌》，不断传颂，使之与明代前期的苏六娘传说共同成为揭阳两个重要的本土传统爱情题材。近400年来，潮汕地区通过诗歌、歌册、戏剧（潮剧）、小说（《月照侣云寺》）等艺术形式，不断地演绎传播，可谓家喻户晓，影响深远。对此，揭阳学者郭笃士在《重修侣云寺及月容墓即事并序》一文称："明末冯元飚来官我县，其小星月容，喜翰墨，精案牍，主冯怜慕。大妇妒鸠，兰桂萎折。冯为厝于黄岐山麓，营寺铸钟以维香火。先仲常太史为冯记之，拟之东坡之悼朝云。太史官至东阁大学士，为永历孤臣。冯为吾县贤宦，月容则才女也。"此文不但指出人们将冯邑令与月容夫人故事"拟之东坡之悼朝云"，还概说了月容夫人信俗中的名宦、名贤和才女因素。

---

① （清）刘业勤修纂，乾隆《揭阳县志·艺文下"论"》卷之八，民国二十六年重刊本，第24页。
② 刘季子. 分类写实恋爱词选[M]. 南京：南京书社，1933：108.
③ 邹永祥，吴定贤. 惠州文物志. 广东省惠州市文化局编印，第32页。

侣云寺中月容夫人神位虽属附祀之例，原其本则是"主客反串"之设——冯邑令为保黄月容能庙食千年而易祠为庙，以黄月容为奉佛信女附祀于庵中右廊殿，但人们对该庵寺的记忆，却是只知祀月容夫人而未明所奉何佛。当初若设为月容夫人专祠而不设菩萨坛位，则或许祠宇早已圮坏久矣。由此可知冯邑令真爱月容夫人而用心良苦，乃为之计久远也。如今，祭拜月容夫人已成为揭阳地区本土三大信俗之一（另外两种是三山国王信仰和风雨圣者信仰）。不仅如此，笔者在女祠调研中发现，今普宁市流沙街道办事处和美邻社区冯氏有一座建于清乾隆年间的冯氏祖祠（继述堂），乃冯元飚的裔孙清代前期迁创于普宁的一支所建，该祠堂专祀冯族二夫人（庶祖母）黄月容，祠祭日即黄月容忌日（农历三月二十七日），祠祭前一天由族老带领一队族人前往黄岐山月容墓祭扫并"赞香火"。至此，侣云庵因缘起于祀明末揭阳名宦冯元飚之妾"扬州才女"黄月容而设，已成这一信俗的道场，而普宁冯氏祖祠则是当地冯族奉祀庶祖母黄月容而建的婆祠，月容夫人至今不止庙食揭阳民间，又蒸尝于普宁冯族。这样的民间祭祀文化对潮汕婆祠文化的影响必然是深远的。

（二）明末潮汕先贤对"庶文化"的申倡

有关对月容夫人的咏赞，明末揭阳先贤郭之奇有《侣云庵记》（载于郭之奇《宛在堂文集》卷二十五第1页、清乾隆《揭阳县志·艺文上"记"》卷八第38页）和《月容传》（载于清乾隆《揭阳县志·艺文下"传"》卷八第25页）等，这些文章与郭之奇《宛在堂文集》中相关文章对其身份为侍妾的外祖母及母亲的立传褒颂，因其名贤的特殊身份而影响深远，这与先贤许国佐建造许氏庶祖祠的举措，在明末潮汕的历史时空上共同申倡了"庶文化"，开启了潮汕女祠（婆祠）文化建设的先河。

郭之奇（1607—1662年），字仲常，一字菽子，号正夫，别号若菽、玉溪子，自号三士道人，揭阳榕城人，明崇祯元年（1628年）进士，历任翰林院庶吉士、福建提学参议、詹事府詹事，南明时追随桂王及永历帝跋涉于粤桂南交一带，坚持抗清护明，累官至礼部、兵部尚书、太子太保、武英殿大学士。明永历十六年[即清康熙元年（1662年）]殉难，清乾隆四十一年（1776年）赐谥"忠节"。郭之奇著有《宛在堂文集》等诗文集，为明代潮汕地区存世诗作最多的先贤，崇祯年间受邑令冯元飚所聘修纂《揭阳县志》。著名国学大师饶宗颐对他的气节、才华予以很高的评价。对于月容夫人的遭遇，郭之奇与好友谢宗镐[崇祯辛未年（1631年），郭之奇曾为谢宗镐作《谢儒美御冷斋诗序》，称"余与儒美，披沥交也"]均甚为同情。郭之奇的身份很特别，他自己是庶出，母亲林徽齐也是庶出，身份为郭父侍妾，他所撰《先母太安人徽齐林氏行略》中，称述其母有"迹母生平，所以为人妇则扶苦茹辛，当大事于门衰祚薄之日；为人妻则鸡鸣杂佩，持户牖于羽谯音晓之余；为人母则贵贱不渝，贫富不二，推诸子之所当者。于亲疏上下之际，尚有所谓孝睦媔任，温恭且惠者，母有焉。盖母幼秉家训，于内则若夙娴，母之母亦中年而寡，舅氏之母他适，慈舅氏而子之，零丁孤苦，以至于成立。外祖母之能翼舅氏也，母之力居多焉。十五而嫔，每以事嫡大母及先大父之日浅为恨，故事今之陈大母必勤必恪。"又称其母"于内外族属、邻里乡党莫不称所谓'郭太母'者"①。叙述颇详，称颂母德。他的外祖母身份也是侍妾，在其《林外祖母黄孺人七一初度序》一文中，称"届庚午秋，博罗韩宗伯自文寿予两尊人中所称'丹山丙穴，基厚源长'，盖因予母而及予之外王母黄孺人也。其言曰：'庆历间（此处"庆历"为"万历"之误——笔者注）榕邑一名家子有二滕，其一弃其子他适，其一止育一女，并其遗孤育之，竟延残绪，节最奇，则林夫人之母。'噫，是言也，非独为予两尊人寿，并予母之母而寿之！非独寿予母之母，并予母之母。其幽嫕隐节，最大最难最不可及者，而节略纪之，以播于维桑，昭于乘史……昔吾乡薛司谏以谏毙于杖，其妻从焉，贰室林氏抚其嫡之子而子之。岳祖林司农表于当道，上其事，树之风声表厥宅里。以视吾外王母，其所遭所矢实同，而孤苦或过之。"②文中称颂其外祖母懿德而及母德，并以自己岳祖林熙春〔字志和，号仰晋，海阳龙溪人，明万历十一年（1583年）进士，官至户部左侍郎〕上表所请旌的嘉靖前期揭阳先贤薛宗铠因谏事受廷杖而死后，其妾林氏扶榇南归、抚嫡子如己出等嘉行③作类比，称颂其外祖母。相传，先贤林熙春乃庶出，是其父晚年时与身份为侍婢的母亲所生，出生后不久双亲即亡故，由兄嫂抚养长大。先贤林熙春为薛宗铠之妾上表请旌，既有封建伦理教化上的考虑，而对薛宗铠之妾林氏的旌表，通过彰显其懿德，不言而喻，也有提高庶系女性社会地位的考量。

可以说，先贤郭之奇与其岳祖一样有"庶文化"情结。郭之奇有妻也有妾，对亡妻的哀悼，《宛在堂文集》（卷十八）载有《悼内二绝》：

其一
潘壁庄盆事未殊，人间哀乐总须史。
情知汝去终无憾，频道归泉得侍姑。

---

① 郭之奇．《宛在堂文集》卷二十七"志铭"（全四册影印本）．第12—13页、14页。
② 郭之奇．《宛在堂文集》卷二十四"序"（全四册影印本）．第21—25页。
③ （清）刘业勤修纂，乾隆《揭阳县志·列女》卷之六，民国二十六年重刊本，第3页。

其二

回头似得再来身，生死迷关自转轮。

未免钟情惟一事，停眸犹嘱看儿频。

（儿女情深，宜矣。仍临革不乱，似有道者，亦所难也）

据载，郭之奇有三妻三妾（清乾隆《揭阳县志·孝义》卷之六载其次子郭天提有"事前后三母均能孝"），元配林氏（林熙春孙女）和继室周氏卒年均未详，三妾谢贞静、侯贞良和陈贞思均卒于明永历六年〔即清顺治九年（1652年）〕，继室张氏卒于明永历九年（1655年）八月九日①。诗中流溢的虽为淡淡之哀思，附注中则予以称许，为点题之笔。此二绝未详所悼何氏，冯邑令悲妾，郭贤悼妻，时间相近，所悼者嫡庶身份虽异，但为情之文，情真意挚。

郭之奇这一时期所写文章中出现指称"侍妾"的多个不同的庶文化词语。如"姬"（见《侣云庵记》）、"媵"、"贰室"（见《林外祖母黄孺人七一初度序》）、"嫔"（见《先母太安人徽齐林氏行略》）、"侧室"、"小星"（见《月容传》）等，这是其"庶文化"情结在汉语词汇上的表现。与其后清雍正年间普宁县令蓝鼎元《鹿洲初集》中的卢烈姬、清乾隆《揭阳县志》所载先贤薛宗铠的侍妾林氏、乾隆年间澄海县渡头村婆祠曾氏宗祠（滋德堂）"祠记"中所载的祠主怡然余氏、清末民初揭阳先贤姚秋园《觉庵丛稿》中身份为侍妾的亲祖母等庶系女性，以及明崇祯十年榕城西门许氏婆祠祠匾"许氏庶祖祠"、清乾隆年间揭阳县桃山都西淇村陈族婆祠祠匾"坤芳鼎峙"、清嘉庆年间桃山都沟内村杨族婆祠祠匾"蕌叶腾青"、清光绪年间榕城东门婆祠郭氏祖祠"祠记"中所用的"篷室"等特色文化词语，成为彰显宗法时代潮汕庶文化重要组成元素。其中有的主角虽身份卑微却德行秀美，像先贤郭之奇对其外祖母和生母一样，故特意"节略纪之，以播于维桑，昭于乘史"②。除此之外，揭阳先贤郭之奇还对烈女林九娘〔古揭阳霖田都人，明崇祯三年（1630年）二月某日在家乡遇贼袭劫，不屈而罹难，年十七〕吊以诗赞："比年贼寇乱村烟，赢得偷生问节全。里妇惊传刀下语，狂奴许杀未容怜。一杯香散陌头馨，三载春风宿草冥。贞冢无心催恨色，年来空作断肠青。古来烈女死犹生，不爱身前重后名。纵使贞魂依雪影，岂无彤管树风声？"③此诗载于清乾隆《揭阳县志》中，而诗中的末句"岂无彤管树

---

① 黄蓬钊，郑少鸾. 揭阳古代名人：郭之奇［M］. 香港：文化走廊出版社，2012：78-79.

② （明）郭之奇，《宛在堂文集》卷二十四"序"（全四册影印本），第21页。

③ （清）刘业勤修撰，乾隆《揭阳县志·列女》卷之六，民国二十六年重刊本，第7页。

风声",是否流露出先贤郭之奇申倡烈女等女性人文的一种文化自觉?

可以说,明末揭阳先贤郭之奇唱响了潮汕婆祠文化的舆论先声。笔者认为,根据上述郭之奇个人的身份背景,他身上的确印有深深的"庶文化"情结。他与揭阳邑令冯元飚交游甚笃。所以,当冯元飚的爱妾黄月容被大妇苏氏妒杀后,郭之奇为之悲悯而赋诗撰文以挽悼。这是好友之常,更是一位具有庶文化情结的先贤与当事者名宦冯邑令在特定事件上的"共鸣"与文化自觉。

郭之奇称冯邑令与黄月容的事迹有"岭南滨海,绝少情事。独是鹤峰芳冢,无论识与不识,咸皆咨嗟吊慕,悽惋愦伤,此可不谓千载一大情谱乎?""情事"一语,本指事实、情况,又可指情意。如宋代孙光宪《浣溪沙》词有:"醉后爱称娇姐姐,夜来留得好哥哥,不知情事久长么?"郭文中所指当属后者并有所引申,岭南并非"绝少情事",早在北宋之际,苏轼与侍妾朝云的故事已是岭南一大情事,而流传于潮汕地区的宋末陈三和黄五娘爱情故事、明初的苏六娘传说,不亦是潮属之"情事"吗?且后两者在明万历年间已有潮调戏文刻本传世,广为人知。冯邑令"情事"中的主角与苏轼在惠州所历有相似之处,一个是健令名宦,一个是贤淑才女;一个以贤达而为人所景仰,一个以悽惋而为人所悲悯,从而成为"千载一大情谱",表达了郭之奇对冯邑令与姬妾黄月容两人感情遭遇的同情和称肯。近400年来历代咏赞不已,并非黄月容"红颜多薄命,不薄命不足成其红颜也"。可以说,这是贤文化与庶文化两种文化在特定历史时空的交汇而引人聚焦和咏赞,所建构的庶文化成了揭岭一道独特的人文风景线,推动了潮汕女祠(婆祠)的产生和发展。

其时与名宦冯邑令和先贤郭之奇等共同建构明末揭阳乃至潮汕婆祠文化的还有一个重要的历史人物——明末先贤、榕城人许国佐。据笔者调研,潮汕女祠中数量最多者为婆祠,而目前发现现存建造时间最早的婆祠是建于明崇祯十年的榕城西门许氏庶祖祠(追远堂),其建造者即为许国佐,为揭阳婆祠建造史上的肇创者[另有潮阳棉城萧族所载相传建于明嘉靖年间的谭氏祖婆专祠(承懿堂),肇建年代存疑,已毁,原址已改建为商住楼]①。

许国佐(1605—1646年),字班王,一字钦翼,号旧庵。明崇祯四年(1631年)进士,授富顺知县,累官至兵部郎中。遭戍,乞归养。明隆武二年[即清顺治三年(1646年)],"九军"破揭阳榕城,许母江氏被拘,许国佐自缚前往,请以身代。"九军"首领刘公显并系之,拷掠无完肤。许国佐厉声大骂而遭难,时人称许为"死

---

① 棉城萧氏族老回复笔者的信函中称该婆祠堂号为"承懿堂",相传建于明嘉靖后期,详见本书第138页书影。

孝",有《蜀弦集》《百洲堂集》等诗文集存世。许国佐与邑令冯元飚和乡贤郭之奇交好,明崇祯三年夏冯元飚为许国佐作《百洲堂集序》称:"蔡人镜作《剧谱》……谱中数及班王。吾友许班王也。"郭之奇曾为许国佐诗文集作序《许班王稿序》并于文中称"丙寅岁,斋于班王年友家。"①可见,他们的交游并不浅。许班王对冯邑令侍妾黄月容罹难一事,揭阳地方志书和民间传说未见其赋文咏悼的记载,没有加入申倡庶文化的舆论之列,但他在月容夫人事件之后的崇祯十年为身份是侍妾且还健在的亲祖母余贞勉建造一座专祠——许氏庶祖祠(追远堂,生祠),体现了旧时在"报本之礼,祠祀为大"上的"生孝",在潮汕庶文化的建构上迈出了"硬件"建设的重要一步。

许氏庶祖祠是许国佐为其亲祖母贞勉余氏建造的专祠,属于潮汕女祠早期的婆祠建筑。祠匾"许氏庶祖祠"五字阳刻行书,相传为许国佐所题。余氏乃许国佐祖父许公望(揭阳榕城先贤许守愚长子,举人,仕湖广祁县、福建顺昌知县)侧室,故其专祠称为"许氏庶祖祠"(裔孙俗称"婆祠")。余氏原为许公望侍婢(潮汕地区旧时俗称"赤脚""走鬼"),金陵人氏,因在许家一次危难变故中能倾力救护许公望嫡子(许公望之妻卢氏育有六子),使其转危为安,深受许公望赞赏而被收纳为侧室(余氏育有二子,家中排行第七、八。长子许有壐,即许国佐之父,号万石,庠生,许氏谱书载其过继许公望无子息的五弟许公期为嗣男;次子许有宣,号旭石),余氏的裔孙称她为祖婆。许国佐在当地以孝名著称,其父许有壐为庶出,但已过继,名分上已属许公期派下裔孙。但显达后的许国佐与父亲修葺好许氏宗祠(源远堂)之后,深感亲祖母余氏百年之后不能入祀宗祠,庙祭无分,遂于宗祠左后侧为余氏建造一座两进式的专祠——许氏庶祖祠。据笔者调研,许氏庶祖祠是目前潮汕地区尚存的唯一一座建造于明代的婆祠。许氏庶祖祠也属于另一类型的祠堂——生祠,它是许国佐在亲祖母贞勉余氏还健在时就为她建造的专祠〔余氏卒于崇祯十五年(1642年)〕。在古代宗法文化中,人们崇尚"报本之礼,祠祀为大",建造祠堂祭祀祖先属于尊祖敬宗的重大举措,是为"死孝";而为健在的父祖辈建造生祠的报本之举,则是"生孝"。先贤许国佐显达不忘报本而修葺宗祠,出身"婆房"重水源木本之思而建生祠的做法,更是彰显孝道之举,演绎的是崇祖报德的孝思。此举进一步强化了揭阳名宦冯元飚和先贤郭之奇所申倡的庶文化,冯元飚为侍妾黄月容是建庵附祀,许国佐为祖母余氏则是建祠专祀,在这庶文化的"硬件"建设上迈出了实质性的一步,或许可以

---

① (明)郭之奇,《宛在堂文集》卷二十三"序"(全四册影印本),第8页。

说，此举开启了旧时揭阳及至潮州府婆祠建设的序幕。

概言之，潮汕地区的女祠文化是在上述"二大"和"二小"文化的影响下形成和发展起来的。"二大"即我国崇尚传统孝道文化和明嘉靖初期礼制的许可，"二小"即明代中期以后潮汕地区社会经济发展和明末当地（揭阳）名宦和先贤对"庶文化"的申倡。当然，可能还有其他的原因，如明清时期阳明心学、潮州歌册的传播以及"过番"文化等的影响，这些因素对当时人们孝道的影响、对女性的思想意识乃至其社会地位的嬗变及提高，都有待进行诸多探究。

附一

侣云庵

侣云庵，在黄岐山竺冈岩右。崇正二年，知县冯元飙葬妾月容黄氏于山前，因建庵四栋，内悬铁钟一座，招僧主持。另买山下沙港上埔后等处田三十三亩，租五十三石七斗四升，每年给庵僧谷二十四石，余为完粮及祭祀之费。

——摘自清·刘业勤修纂乾隆《揭阳县志》卷之二"庙宇"第6页

◀ 侣云寺右廊殿——月容夫人殿

▼ 黄岐山侣云寺前视图

附 二

侣云庵记

明·郭之奇

天地之情不可见，其回薄于人间者，气而已。气之所凝不得一物焉，以上下其间，则天地亦枯槁孤危而莫与为侣。故凡风雨露雷霜雪霞雾霰雹雰霓之类，罔非气之所呵。然而昼夜或递司其权，寒暑或错行其候。其事或关于常变，其征或系于咎休，要莫能自见其情，以见天地之情。如是，故终无以为天地之侣，求夫能自见其情，以见天地之情者，必归诸云。云也者，纭也，雯也。地日散其精而拚拚以贡于上，故纭乎其靡息也。天日下其彩而容容以施于下，故雯乎其有章也。于是扶朝暾以陆离，回夕照而婉晚。淡缀月仙之饰，轻组帝子之帨。倏而腾封姨以骖騑乎四空，倏而从神女以窈深乎一室。由斯而谈，则天地之气通而天地之情见矣，天地之情见而天地之侣立矣。侣乎天地者，人又安得而侣之？虽然，人之不可以为侣者，大抵神阁意昏、资顽质鄙之伦，没没尘土，生而颠倒无知，死则与草木同朽腐耳。有能自见其情于天地之间，则虽一人情缘，皆上下气机所绸缪呵护，而终古不可磨灭者也。岭南滨海，绝少情事，独是鹤峰芳冢，无论识与不识，咸皆咨嗟吊慕，悽惋惨伤，此可不谓千载一大情谱乎？

邑令冯侯及姬月容聿来兹土甫四周，而姬已觅朝云之游，维时侯怆甚，莫能为情，爰卜地于岐山之阴（"阴"为"阳"之误，月容墓在黄岐山南麓——笔者注），坏土残香，莫能已也。而庵以龛之，榜之曰"侣云"，未已也。而祀大士其中，俾之为佛弟子，捐资置租，岁时供荐，未已也。而命余言以记之，余尝与侯祈祷，午憩此庵。侯怅然有怀，作《感旧》二律曰：

春山去去远如眉，郭水同归已负期。
云鬓数峰迷白鹤，越栏三尺冷乌丝。
只将泪碧留芳草，谁伴云香有荔枝。
岁月泉鸣幽涧外，可堪长作玉琴疑。

罗裙渐褪旧时香，不尽春流似客肠。
官阁梅残愁水部，江南枫落倩巫阳。
玉床空使惊蝴蝶，金辖谁当网凤凰？
冢色青青方未了，长凭白雪慰燐光。

余亦步韵而成曰：

空有青山守恨眉，泉幽涧冷若相期。
一杯香散新残粉，百丈愁牵不断丝。
须信魂迷江北水，可堪泪染岭南枝。
翻怜官阁旧芳冢，同向春风起愁疑。

娇魂此地落余香，一度愁吟一断肠。
分钿谁人传海上，留裙何处觅昭阳？
只怜人去空悲燕，长恨箫吹莫引凰。
为问使君仙帐里，姗姗可识旧容光？

噫嘻，凡此皆侯之情也。而余以为皆姬之能自见其情而令侯终不忍忘情也。余无以知姬也，但闻宋朝云生平事佛甚谨，临终念佛而逝，姬之终始，大抵仿佛。故侯以"侣云"名庵，复使之朝夕大士之右，其庶几慧性日聪，凤灵益悟，以脱形四大之外，以栖神八垓之表，安在乎云之不可以侣也？或曰："子之所言，情耳。佛则忘情，而为佛弟子且若何？"余谓："天地间有情者，惟佛。佛之最多情者，惟慈悲大士。大士惟日见其情，普渡一世，而人不见其所为情。故作佛弟子者，亦惟自见其情而使人终不忍忘情。凡此政所谓一日情缘，即上下气机绸缪阿护，终古不可磨灭事也。"因为之类推其说而广及之，俾俗人毋徒谓情缘仅儿女子谱也。

崇祯三年中秋日记
——摘自清乾隆《揭阳县志·艺文上"记"》卷之八第38—40页

附三

月容传

明·郭之奇

月容姓黄氏，江南扬州人，年十四为慈溪进士冯元飚侧室，殊姿窈窕，秉性幽闲，冯甚宠之。嫡妻苏，性妒悍，容奉侍惟谨，苏忌益炽，常思谋害。崇正戊辰秋，冯受揭阳县令，容颇谙刀笔，与参案牍多合律。一日语冯曰："妾荷君宠过浓，主母在堂，须加恩遇，以其余逮妾可矣。若一意于妾，将弗堪。往往常见主母怒，妾辄长跪终日，仍不怜恤。妾思命实不犹，故降心相就，终恐主母无樛木小星之德，虞人瓯之及于妾也。"冯曰："有我在，何患？"容泣曰："君主外，嫡主内。君倘觐天子之光，揖上台之座，妾时伶仃，谁侣主母不我爱？实窃自危！"冯曰：

▲ 黄岐山月容夫人墓

"俟余作区处，使尔远害全身，慎勿忧心如惔。"言未毕，忽报提学临潮，冯往参谒。容泣送之，曰："嗟乎，君见妾送君之出也，未必见妾迎君之入也。"冯私谓之曰："昨日密遣堂吏筑小室于衙舍之傍，为子之居，已命翠英小娥二婢子、小武一苍童奉侍，庶得避妒忌之难，余亦稠密周旋也。"适仆从外篯至，促装上道。私语之言，婢闻，已鸣之主母矣。主母曰："噫，男子变心已成，夫有所甚爱者，必有所甚憎，将置予何地？"于是，置药于酒，邀容，觞之曰："主君已往凤城，惟我与尔寂守深闺，凄凉之况倍伤人也。今夜明月如昼，已准备蔬芹，与子共乐，亦曰'酌彼金罍，惟以不永怀耳。'"容思主母素狠悍，兹乃如此，或者悔心之萌，不作亡秦之续欤。徐对曰："妾荷四年爱育，自揣詈尤山积，今蒙覆载为量，使妾得奉侍终身，妾之幸也。既承宠召，敢不拜嘉。"遂畅怀对饮。未几，药从中发，容疾呼曰："河东狮子！不意妾罹其凶，岂真妲己之苗裔欤？何罪恶之盈也！"越日疾甚，仰天叹曰："妾今殂矣，悠悠苍天，何为使妾生居人下而遭荼毒？母居江南，夫往潮郡，今贸贸终身不得悉陈冤状，死难瞑目，惟祈化游魂诉昊天，扑杀此贼，庶消恨耳。"冯闻，昏倒于地，死而复苏，遂辞提学还揭，所有珍珠玩好之物尽置容柩，下葬于黄岐山岩之右，筑室以祀，并置田募僧守之，题其岩曰"竺岗岩"，名其室曰"侣魂菴"。菴内有钟，镌其记于钟上，太史氏曰："世人见月容如此，莫不为月容伤，我独为月容幸。假令月容终于耄耋之年，齿危发白，台背驼形，将前日之月貌花容变为皮枯骨立，冯亦何至唏嘘不置？即后之人，闻其风者，亦无事吊古悲怆矣。若王昭君、虞姬、戚姬、赵飞燕、杨太真、潘夫人之流，往往以芳年早殁，故千载之下，披故迹以流连，恨佳人之不再，长言短什，一往情深，良非无故而然也！故曰：'红颜多薄命，不薄命不足成其红颜也。'"

——摘自清乾隆《揭阳县志·艺文下"传"》卷之八第25—26页

第三节　潮汕女祠的特点

"女祠"即女性祠堂的简称，是与男性祠堂相对的一类传统祠堂。据笔者调研，潮汕女祠主要包括祖姑祠、婆祠、节孝祠、祖嬷祠（嬷，潮汕方言，用同"祖母"）和女贤祠等五类。

祖姑祠是女祠主父族兄弟的裔孙为感谢祖姑的恩德而建造的女祠。这类祠堂的建造多表现为：女祠主及其胞弟幼年时双亲亡故之后，其时姐姐（女祠主）担负起双亲的职责，对年幼的弟弟鞠养教诲不懈，助弟长大成人，以致耽误自己的终身大事，成为老姑娘终老于家，潮汕民俗称这类女性为"老姑婆"（即没出嫁而终老于家的女性）。后来，这类祖姑的弟弟的裔孙为感恩而建造专祠永祀纪念，这类祠堂称为"祖姑祠"（潮汕客家地区又称"姑婆祠"），是潮汕女祠中较早出现的一个类型，但数量甚少。

婆祠，又称庶祖祠、副妣祠等，是我国宗法社会中嫡庶文化冲突的产物，是祠堂文化中的一个另类。"婆"指"阿婆""庶母"，多是旧时被男主人收纳为侍妾的婢女（潮汕地区俗称为"赤脚婢""走鬼""花仔"等）或直接买来的，即纳妾。娶妻需要明媒正聘即父母之命、媒妁之言，受礼俗约束，纳妾则凭财力。于是，有的富贵人家可以一妻多妾：妻为正室，属于嫡；妾为侧室（偏房），属于庶。侍妾因为属于庶系女性，死后神主依礼制不能进入宗祠随夫配祀，因此旧时潮汕地区有俗语"阿婆（赤脚婢妾）孬入祠"。但庶系的裔孙如果显达，有的就会给自己的庶母、庶祖母建造专祠，这类祠堂泛称为"婆祠"。因为我国封建社会婚姻制度中"一夫一妻多妾"即"一夫多偶"制的长期存在，所以在祠堂文化进入繁荣期中，婆祠的建造便应运而生。据笔者调研，在潮汕地区，婆祠的数量比其他类型的女祠多，占绝对优势，是女祠中的"大户之家"。

节孝祠是我国封建时代为旌表节孝烈女而建造的女祠，有公立和私立两类：公立节孝祠是清雍正初期各地府县奉文而建的。作为合祀节妇的礼制建筑，公立节孝祠的建造减少了各地节孝牌坊建造所造成的经济压力和负担。潮汕地区今存公立节孝祠有清代揭阳县孔庙中的节孝祠（系重建，在今榕城孔庙右侧）。有私立的节孝祠（节妇受旌表后其裔孙为其建于自家宅第界内的祠坊合一建筑），如揭阳榕城中山路的曾母陈氏节孝祠坊（堂号失考，俗称"曾厝祠"）。节孝祠的祠主是节孝妇女，私立节孝祠的建造与普通宗族祠堂不同，它应当是节妇受到朝廷旌表，取得建造节孝坊的资格之后与私家祠堂合一而建的，这样的礼制建筑合称为"节孝祠坊"。这样的建筑潮汕地区今存一例，而以朝廷赐银而建的节孝牌坊（潮汕地区俗称节妇亭）为常见。

女贤祠是旧时民间为纪念有功于当地的女性而建造的专祠。如潮州市饶平县百丈埔奉祀宋末抗元护宋的许夫人祠（娘娘庙），清康熙《饶平县志》载："夫人率步兵沿海为援，在于百丈埔阵亡，土人义而祀之，此祠当与三忠庙并传香火"[①]。"土人"指当地民间人士。所以，许夫人祠为民间公立祠堂（非官方所立），也非某个族姓所立，祠主为域外莅潮的女寓贤。今潮州市区有类似女贤祠的"王姑庵"（遗址，原祀明末周藩王之女周王姑）[②]，可与揭阳榕城黄岐山附祀女寓贤"扬州才女"的侣云庵相参照。潮汕地区旧县志如明隆庆《潮阳县志·列女传》（卷十三）、清雍正《揭阳县志·节烈》（卷六）均有载元末明初郭贞顺等为本地女贤，但未见祠主为潮汕本地人氏的女贤祠。潮汕祖姑祠祠主在地方史志中有的也被列入与女贤郭贞顺同列，但祖姑祠的建造者是祠主祖姑的兄弟的裔孙，其性质属于宗族祠堂，并非民间公立祠堂。

祖嫲祠是裔孙为纪念父族或母族的女性祖先而建造的专祠，如汕头市澄海区上华镇渡头村的"外老嫲祠"——外曾祖母祠（志成堂）、潮州市饶平县黄冈镇霞绕村的祖嫲祠（追享堂）等，前者为特意建祠祀女外祖，是潮汕地区独特的"祀外祖"现象。

作为礼制建筑，潮汕女祠与男祠相比在形制上是大同小异，与域外的徽州等地区的女祠相比，具有自身的特点，尤其是匾额文化颇具特色（另见本章第四节）。它的出现，丰富了潮汕传统祠堂文化。

一、潮汕女祠的规模形制

潮汕传统祠堂在规模形制等方面历来有"祠堂十八样"的美称。潮汕女祠属于传统祠堂，与男性祠堂相比，在规模形制等诸多方面大同小异。宋儒朱熹《家礼》（卷一）有云："祠堂之制，三间，外为中门，中门外为两阶，皆三级……凡屋之制，不问何向背，但以前为南、后为北、左为东、右为西。"清乾隆《揭阳县志·风尚》（卷七）载："旧志云：'士族重丧祭，营宫室先立祠堂，置祭田以供祀事。'……吾

---

① （清）刘抃纂修，康熙《饶平县志·艺文》（卷二十一），潮州市地方志办公室编印，2002：216.
② （清）丘逢甲. 岭云海日楼诗抄［M］. 上海：上海古籍出版社，1982：57.

揭阳悉遵《家礼》与《孝慈录》举行。"这里虽然讲的只是清代揭阳县的"风尚",但作为礼制建筑和家族宗法场所,潮汕女祠与男祠一样,都有共同遵循的礼制,一般来说,全族共同的宗祠(总祠),规模形制最大,各支系的小宗祠或房祠(家祠)则次之,在其他方面或可各逞其能。如今揭阳市揭东区曲溪街道路篦社区建于清代后期吴族的婆祠顺敬祖祠(孝思堂)和慈富祖祠(永锡堂),前者为祠主的平民裔孙所建的单式两进格局(两侧不带巷厝),后者则是祠主的富商裔孙所建的"双背剑"两进式(两侧各带一巷厝),而普宁流沙平湖村的黄氏副妣祠,因地处祖祠后侧,受空间狭小所限,只能建成一进一天井格局的小形制(俗称"祠堂囝")。据笔者调研,潮汕女祠在规模形制上,以两进式为主,少数为单进一天井格局;潮汕男性祠堂以两进式占多数外,三进式的宗族祠堂也并不少见,而单进一天井格局的男祠在普宁、揭西等地区较为多见,且多以"××公室"题额。如揭西县金和镇山湖村的"和祖公室"等,普宁市军埠镇大长陇村陈族有50多座传统祠堂,其中将近1/4为"公室"形制。潮汕民间认为这是"公厅"的变体,因其独立于居室之外,为单进式祭堂小三间敞开格局,是各有堂号的专用祭祀场所,可以看作小型祠堂建构。潮汕女祠中的祖姑祠和婆祠,一般属于村落宗族支系的祠堂,所以在规模形制上不会僭越全族所在的宗祠(总祠),这既有礼制等级上的考虑,也有建祠者经济实力等因素的制约。如榕城西门许氏庶祖祠(追远堂)是两进式,其右前侧有许族的宗祠——许氏宗祠(源远堂),为三进式;潮州市潮安区凤塘镇后陇村祖姑祠盛户祖祠(报德堂),为单进一天井格局,其前端的小宗祠——甲一公祠,则是两进式。不过,笔者在调研中也发现,潮州市龙湖寨有潮汕地区建造时间较早的婆祠——椒实蕃枝(堂号失考,两进式,占地500多平方米,俗称"阔嘴祠",建于清康熙年间),建筑规模竟然比位于当地龙湖寨直街斜对面建祠者所在族姓的黄氏宗祠还要大约1/4,这在支祠与宗祠的规模形制关系上是一个很特殊的女祠个案,而支祠与宗祠形制规模相同则不乏其例。

潮汕女祠中,两进式形制的基本只开一个大门(前门),仅见位于揭阳市揭西县钱坑镇钱南村的婆祠——仁怀副妣祠(毓德堂),为三山门形制,祠主丈夫林广利的专祠——建猷公祠(裕德堂),同为三山门,与之并列而立,但后者则是三进式格局。有多座婆祠和祖姑祠为单进一天井格局,这是民居"下山虎"(又称"爬狮")的变体,俗称"祠堂囝"。如果这类小型祠堂的前面有足够的空间,则可开一大门,如汕头市澄海区上华镇渡头村的外老嬷祠(即外曾祖母祠,志成堂,祠匾失考,天井前墙开一墙门为祠堂大门);如果空间不够,则改为天井两侧开左右侧门(俗称龙虎门),如潮州市潮安区凤塘镇后陇村祖姑祠盛户祖祠(报德堂)和普宁流沙西平湖婆祠黄氏副妣祠(亲爱堂)等;另有澄海区上华镇渡头村婆祠曾氏宗祠,因受前天井前侧和右侧空间所限，则只开天井左侧门（龙门），规模狭小，形制颇为独特。

潮汕女祠在规模形制上，与男性祠堂是同中有异，共同彰显了潮汕"祠堂十八样"的特点。

二、潮汕女祠在宗族祠堂中的地位

自明嘉靖十五年皇帝采纳大学士夏言的建议，允许民间皆得联宗立庙祀始祖，于是真正意义的宗族祠堂开始出现。王鹤鸣等认为"宗族祠堂是具有血缘关系的宗族祭祀祖先、议论族中事务的场所"[1]。宗族祠堂是一个总概念，"宗族祠堂是分等级的，一般宗族祠堂分宗祠、支祠和家祠三个等级"[2]。宗族建造祠堂时，一般是依照房系大小等宗法观念来营建不同类型的宗族祠堂，这些祠堂大体可以分为上述王鹤鸣等所主张的三个类型。宗祠是指同一宗族全体族人用来祭祀始迁祖的祠堂，即总祠；支祠主要指祭祀本支系族人先祖的祠堂，又称小宗祠；家祠指用来祭祀本房先祖的祠堂，又称"己祠"，潮汕地区又称"房祠"。宋代的"家祠"（家祠堂）在潮汕地区属于早期的民间祠堂，早期具有房祠的性质，但随着家族的分衍发展，有的支系后来建造了本支的祠堂，这样的"家祠"后来演变为具有宗祠的性质。虽然宋代民间祠堂未见匾额"家祠"用例而多用"××公祠"，但本书在此用"房祠"代称上述引文中民间祠堂的一个次类——"家祠"（己祠），以示区别。潮汕传统村落具有聚族而居的特点，在宗法时代，受宗族人口的繁衍、科第功名的获得和宗族经济的发展等因素影响，在"大宗小宗，竞建祠堂"历史背景下，各个城乡村落的族姓所建造的祠堂，今存不下15 000座，它们既有各族姓全族的总祠，又有各支系的支祠乃至房祠。

据笔者调研，潮汕地区已发现的近40座女祠，受宗法社会以男权为中心的思想的影响，尚未发现女祠作为所在地区族姓的宗祠之例，个别为支祠，更多的是房祠（家祠）。如汕头市澄海区隆都镇后溪村相传建于明万历年间的祖姑祠——金氏宗祠（孝思堂），虽然题匾为"宗祠"（该村有4座匾额相同的支祠），但该村有金氏的总祠（宗祠）——金氏大宗（孝享堂），则可说明两者具有类属关系。潮汕地区这些女祠是否属于支祠或房祠，可按照上述三个等级的标准，并结合祠主所在房系在其宗族世系中的发展状况等情况进行大致考察。

婆祠在宗族祠堂体系中个别属于宗祠的下类——支祠（小宗祠），更多的是支祠

---

[1] 王鹤鸣，王澄. 中国祠堂通论［M］. 上海：上海古籍出版社，2014：96.
[2] 王鹤鸣，王澄. 中国祠堂通论［M］. 上海：上海古籍出版社，2014：205.

的下类——房祠。如潮汕地区目前发现现存建造时间最早的婆祠——揭阳榕城西门许氏庶祖祠（追远堂），与其右前侧的许氏宗祠（源远堂）相比，就属于家族支祠。而汕头市澄海区土华镇渡头村的婆祠曾氏宗祠（滋德堂），虽然祠匾为"曾氏宗祠"，实际上是所在村族的一座房祠（家祠）而已，因为这个婆祠族姓另有大宗祠和支祠存在；普宁市里湖镇布美村李氏的婆祠——士祖副妣房祠，则直接用"房祠"标明属于这个祠堂次类，该村李氏有一座大宗祠和多座支祠；建于民国后期的今揭西县凤江镇凤湖村的婆祠清德祖祠（兆兰堂）也属于房祠，因该村有杨氏总祠〔追远堂，清康熙五十一年（1712年）建，祀该村始迁祖杨梅轩〕，清德祖祠祠主林清德的丈夫、杨氏十五世杨昌舜有专祠舜祖公祠，为杨昌舜的娘房和婆房子孙所共有，是为支祠（小宗祠），清德祖祠建造年代较晚又是杨昌舜派下婆房的祠堂，则具有房祠性质；揭阳市榕城区东门婆祠郭氏祖祠（重光堂），建祠者当地郭氏十四世郭春华（贡生，清光绪初期任揭阳县教谕）等有位于东门直街的大宗祠郭氏宗祠（鼎象堂，俗称郭厝祠）和东门后溪墘的原小宗祠郭氏家庙（迪光堂，建祠者是郭氏祖祠女祠主林顺贤的丈夫郭氏十二世郭创垂，已拆除），故而婆祠郭氏祖祠也属于当地郭氏的一座房祠。婆祠作为宗族祠堂的一个类型，受宗法社会礼制及其族姓世序和建造年代早晚等因素所限，不具备宗祠（总祠）的性质，而且大多属于房祠（家祠）。

　　祖姑祠是祠主兄弟的裔孙所建的家族祠堂，在宗族祠堂的类型和地位上，它属于宗祠的次类——支祠或房祠。民俗学者叶春生指出，"潮汕农村多以宗祠为中心构筑……这些村寨多为一寨一姓的，也有一寨多姓的，但建筑上还是各据一方，以宗祠为群落，体现了浓重的宗族观念"①。"以宗祠为中心构筑"村落崇尚"一本"（同宗共祖）的观念，所以明嘉靖《潮州府志》所载"然营宫室，必先祠堂，明宗法"②，指的是优先建造宗祠，而非支祠或房祠。如汕头市澄海区隆都镇后溪村金氏长房的祖姑祠金氏宗祠（孝思堂，相传建于明万历年间），本为专祠，因该村已有总祠"金氏大宗"（孝享堂），虽然金氏宗祠（孝思堂）后来合祀祠主祖姑的父辈及其所在支系显达裔孙的神主而称"金氏宗祠"，但它与建于明末清初的另外三座祠匾同为"金氏宗祠"的祠堂，只是宗族祠堂的支祠而已。潮州市潮安区凤塘镇后陇村祖姑祠（盛户祖祠）和揭阳市玉湖镇浦龙村祖姑祠（贞义姑寝室），因为祠主特殊的身份，没有直系裔孙，不能列入上述支祠进行考察，可以看作是宗族祠堂中的特例和另类房祠。汕头市澄海区上华镇渡头村的外老嬷祠（志成堂）所祀为女性外祖，则更是

---

① 叶春生. 岭南民俗文化［M］. 广州：广东高等教育出版社，2013：84—85.
② （明）郭春震修纂，嘉靖《潮州府志·风俗考》卷八，第14页。

女祠中宗族祠堂的又一另类，也可作房祠看待。

至于揭阳市榕城区中山路的私立节孝祠——曾母陈氏节孝祠坊（堂号失考），因祠主陈氏并非当地曾族的开基祖嬷，又有受旌表的性质等原因，祠堂的专祠色彩特别明显。曾氏是从揭阳西部（今五经富）分创于榕城，祖源地有曾氏祖祠，在榕城并没有其他宗族祠堂，且在同一县之内，曾厝祠一族应看作是（五经富）曾氏的一支（明嘉靖前期礼制许可，允许民间联宗建祠祀始祖，其时潮州府所属各县同一族姓联宗，更是不受县界所限，宗祠与支祠并不限于同一县内）。所以，这座祠堂不具有宗祠（总祠）的性质，其类型归属可看作是祀女祖的支祠，也是宗族祠堂中的另类。而潮汕女祠中的公立节孝祠和女贤祠均属于"公所"——公立祠堂，当然与宗族祠堂无缘。

三、潮汕女祠与徽州女祠的比较

据笔者调查，揭阳市榕城区西门许氏庶祖祠（追远堂，建于明崇祯十年）是目前潮汕地区发现现存建造时间最早的婆祠，产生于明嘉靖十五年礼制许可之后，而饶平县百丈埔的许夫人祠（娘娘庙）虽然肇建于明嘉靖之前（具体时间失考），嘉靖三年被拆毁以后民间重建，今之规模形制有类小神庙。所以，可以这样说，潮汕女祠（婆祠）大致肇创于明中期。其后历经晚明、清两代，终于民国时期，是潮汕祠堂文化繁荣期的产物。目前，笔者已发现作为宗族祠堂的潮汕女祠超过30例。而域外的徽州、赣南、闽南等地区也有零星的女祠。其中，安徽省黄山市歙县棠樾村的清懿堂、江西省赣州市赣县区白鹭村钟族的婆祠——王太夫人祠（两进二层牌坊式）、福建省漳州市南靖县书洋镇长教官洋村简族建于清康熙年间的婆祠——奎文祠、福建省诏安县西谭乡山河村沈族建于清嘉庆十五年（1810年）的婆祠叶太恭人祠等，而潮汕地区以外的女祠文化以徽州地区尤为突出。在此，主要将潮汕和徽州这两个地区的女祠略做比较，以说明潮汕女祠文化之独特与丰富。

▲ 棠樾鲍氏的女祠清懿堂

在女祠产生的时间问题上。有论者认为，我国较早的女祠是宋咸平年间安徽省黄山市祁门县芦溪村进士汪仁谅为其身份为侍妾的生母所建的专祠衍正堂（两进式，相传明代重建，清代重修，今存）。王鹤鸣等认为，徽州宗族祠堂兴起于明中期，宋元时期兴建祠堂只是个别现象。①这种"个别现象"与潮汕地区传统祠堂在宋元时期呈零星出现的情况同类，即属于早期官宦人家的祠堂——家祠（与唐代高级官吏建于京城的"家庙"相对的"家祠堂"），"衍正堂"属于这个时期的"家祠"。毕民智认为，"徽州女祠出现于明末清初，是中国封建社会末期政治松散、徽商兴盛和中国传统文化尊老爱幼思想的产物。"②据此，将上述芦溪村"衍正堂"界定为婆祠或有"早产"或"穿越"之嫌。在潮汕地区，宋咸平二年则是当地（男性）祠堂文化的肇创之年，而安徽的祁门芦溪村已经有女祠（婆祠）文化，这与安徽等省区的女祠乃至全国的男祠历史做比较，衍正堂作为女祠，其建造时间的确有些超前，以男祠而论之，则较为切合中国祠堂文化发展的大潮，以婆祠论之则值得商榷，或许其族史记载有讹误，需要进一步稽考。

在女祠的种类方面。今安徽省黄山市徽州区呈坎村建于明弘治年间（1488—1505年）的罗氏宗祠女祠，靠近宗祠享堂南山墙，名为"则内"（内室），是用来安放罗氏家族女性祖先牌位的建筑，兼祀宗族庶系女性祖先，坐南朝北，没有正门，面积不及男祠的十分之一。徽州祠堂这类"则内"——祠中祠，即宗祠里有专祀女性的厅堂，这是徽州女祠的"雏形"，实质上是祠中堂，并非祠中祠。后来，又有清康熙年间的歙县潭渡黄氏的享妣专祠、清嘉庆年间棠樾鲍氏的女祠清懿堂等，供奉的对象不止嫡系女性祖先，这类合祀嫡庶女性的祠室在潮汕地区尚未发现。徽州为何会出现这类女祠？原因在于个别"宗祠之内，只供祖考神主，'而不及妣'。"③裔孙出于孝道而增设。旧时宗法时代宗族祠堂为男性祠堂，男性神主是主角，清乾隆《清朝通典》（卷50）和《清史稿》（卷87）所载祭礼均有"妣以嫡配"④的礼制规定，即使是嫡系女祖也只处于附祀地位，充当配角，庶系女祖则被拒于宗祠之外，这在旧时潮汕地区和徽州等地区均为通例。如潮汕地区有俗语"阿婆（赤脚）孬入祠"就是这种礼俗的反映，而徽州族谱则沿用朱熹《家礼》申明"庶母不可入祠堂"⑤。然而，据笔者调研，在揭阳市榕城区砲台镇桃山村谢氏总祠谢氏家庙（永思堂，明成化年间

---

① 王鹤鸣，王澄. 中国祠堂通论［M］. 上海：上海古籍出版社，2014：147.
② 毕民智. 徽州女祠初考［J］. 安徽大学学报，1996（2）：62.
③ 王鹤鸣，王澄. 中国祠堂通论［M］. 上海：上海古籍出版社，2014：150.
④ 赵尔巽等.《清史稿》（卷87）［M］. 北京：中华书局，2014：2611.
⑤ （清）吴翟辑. 茗洲吴氏家典［M］. 刘梦芙点校. 合肥：黄山书社，2006：32.

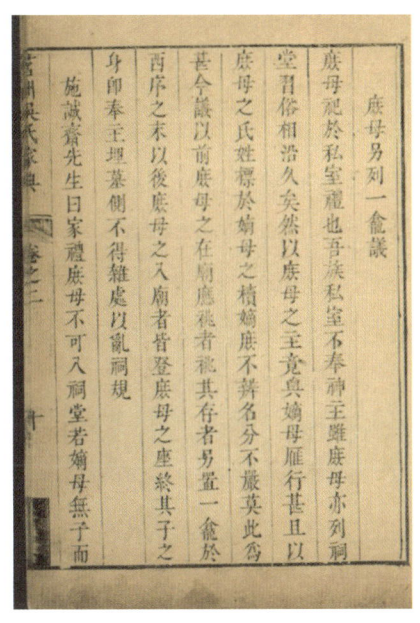
▲（清吴翟辑撰）《茗洲吴氏家典》卷之二（影印件）

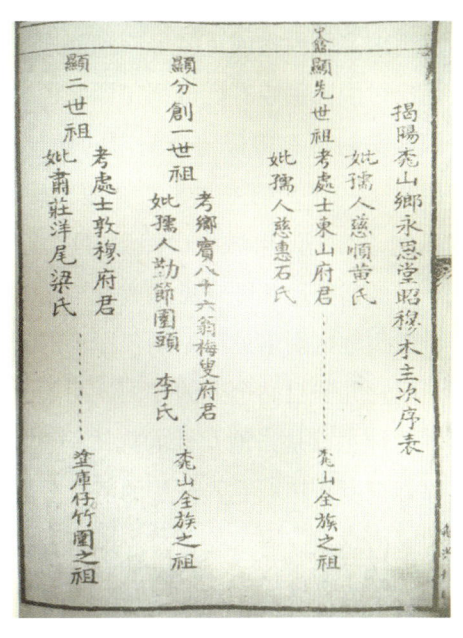
▲ 民国广东揭阳炮台桃山《谢氏宗谱》（全四卷）（卷二）影印件

建），相传明嘉靖年间已改写"阿婆（赤脚）孬入祠"的礼俗，将有功本族的开基太祖婆慈惠石氏的神主入祀祠堂（如上右图谢氏家庙龛谱）。①清乾隆年间，与桃山村相隔不远的西淇村陈氏家庙（永思堂）也有两个祖婆入祀宗祠的族史，入祀原因相传为其时陈族娘房乏嗣，由婆房子孙主持宗族事务而得以顺利完成此举。前例是为报祖德而突破礼俗樊篱，后例则与徽州《茗洲吴氏家典》（卷二）所言"若嫡母无子，而庶母之子主宗祀，亦当祔嫡母之侧"②的变通做法相同。汕头市澄海区上华镇渡头村建于清乾隆年间的婆祠曾氏宗祠（滋德堂），则是祠堂竣建后，婆房子孙禀承祠主祖婆遗训，将裔孙人口稀少鲜薄的嫡祖母神主也奉入祠敬祀——附祀，这一做法彰显了旧时少见的嫡庶和睦之谊，在礼制上却是一种对"妣以嫡配"通例的突破。但在旧时严苛的礼制下，这样的例子在旧时潮汕地区是极少见的。潮汕地区目前发现现存建造时间最早的婆祠是揭阳市榕城区西门建于明崇祯十年的许氏庶祖祠（追远堂），是女祠主余贞勉的专祠，作为婆祠肇建时都必须具有专祠这个性质特点，其他入祀的神主必须是后来附祀，否则另当别论。而建于居祀型民居中的婆厅（专祀庶系女祖的正屋）则几乎遍及各个城镇村落，是旧时婆房（庶系）宅居中专门用来祭祀本房庶系女

---

① （民国）谢德勋.《谢氏宗谱》（四套本）卷二. 民国二十年印本，第12页。
② （清）吴翟辑. 茗洲吴氏家典［M］. 刘梦芙点校. 合肥：黄山书社，2006：32。

祖的"则内"（内室或正屋）。潮汕地区目前发现的婆祠约有30座，安徽省徽州市祁门县渚口村倪氏宗族有庶母祠（即婆祠，建造时间未考）等几座女祠。汕头市澄海区上华镇渡头村另有曾氏建于清末的外曾祖母祠（志成堂，俗称"外老嬷祠"，老嬷即曾祖母）一座，祠主并非所在地族姓的女性，这座祠堂应属于潮汕女祠中所有次类的孤例，与揭阳榕城中山路曾母陈氏节孝祠坊（曾厝祠）一样具有同类孤例唯一性特点，徽州等地区则未见这类女祠建筑。潮汕地区已发现3座祖姑祠（另有2座祖姑厅），徽州地区则未见祖姑祠（厅）的记载。棠樾鲍氏清懿堂虽入祀该族未嫁祖姑的神主，但它并非祖姑个人的专祠，而是合祀本族多类女性（包括未嫁祖姑、节妇、烈女等）的神主，是当地女性的集体祠堂，可以称为女性的"合祠"①。潮汕地区旧时各县除合祀所在辖域受旌节妇的清代公立节孝祠、揭西钱坑南林族合祀双婆的仁怀副妣祠（毓德堂）、揭东德桥村（凤来）合祀四婆的婆祠（景德堂）为专祀同类女性的女祠外，像清懿堂这种合祀同族不同类型女性神主的祠堂则尚未发现。

  在女祠坐向方面。据笔者调研，潮汕女祠的坐向并没有统一划一的规定，而是注重因地制宜。在这一方面与徽州女祠可谓大同小异。但毕民智认为"徽州女祠一色坐南朝北或坐东朝西，与宗祠、男祠坐北朝南或坐西朝东相对，取男乾女坤、阴阳相悖之意。这种观念始于《易经》，经男权统治制度的倡导在中国传统思想文化中约定俗成，根深蒂固。"②又指出，"由徽州女祠之坐南朝北的取向亦可知，兴建者仍颂母恩母德。《诗经·卫风·伯兮》篇：'焉得萱草，言树之背。'此'背'指北，北堂正是古人称母亲居住的地方。"③据调查，徽州女祠的坐向并非一定如此。赵华富指出："（黄山市）休宁县黄村黄氏宗族女祠与男祠并列一处，男祠居右，女祠居左，两祠俱坐西向东；祁门县渚口倪氏宗祠'庶母祠'与规模宏大、装饰精美的贞一堂（倪氏宗族支祠）并列一处，两祠俱坐北向南。事实证明，认为徽州女祠'一色坐南朝北或坐东朝西'的说法，是错误的。"又指出"事实证明，徽州宗族祠堂（包括宗祠、支祠、男祠、女祠等）的朝向绝大多数与男阳女阴、男乾女坤、男尊女卑无关。我们认为，徽州宗族祠堂的朝向虽然与中国传统文化不无关系，但是，最重要的是受祠堂所在村落的朝向、布局、地势、环境和在村落中所处的位置所制约。"④就潮汕地区祠堂而言，赵新良认为，"岭南祠堂选址非常讲究风水好，以方便族人的管

---

① 王鹤鸣. 中国祠堂通论［M］. 上海：上海古籍出版社，201：230.
② 毕民智. 徽州女祠初考［J］. 合肥：安徽大学学报，1996（2）：62.
③ 毕民智. 徽州女祠初考［J］合肥：安徽大学学报，1996（2）：64.
④ 赵华富. 徽州宗族研究［M］. 合肥：安徽大学出版社，2004：165-166.

理与祭祀，祈求祖先保佑家族兴旺发达。建筑平面布局一般都是坐北朝南，门前有一大的风水塘，以聚财气。"①朱熹在《家礼》中规定祠堂坐向为坐北朝南，虽然清乾隆《揭阳县志·风尚》（卷七）载："旧志云：'朱子之学有传。'自郭叔云亲受业朱子之门，讲明格致之学，推重礼教，遵守文公家礼如蓍龟，虽妇女亦晓所谓朱文公者。至于士，学必求渊源，不专事口耳矣。"但据调研，潮汕祠堂的坐向实际上如赵新良所论，是讲究风水和因地制宜的，并非都囿于朱熹《家礼》一法。因为我国地处北半球，潮汕地区又处于亚欧大陆东南端，太平洋西岸，濒临南中国海，冬季常吹偏北风，夏季常吹偏南风或东南风，属于亚热带季风气候。潮汕俗语有"向西厝，焅过火；向北厝，食西北风。""西照日，曝亘亘。"（焅，潮汕方言词，义为烘干。亘亘，潮汕方言词，义为通透、完全）前一句俗语指的是潮汕地区朝西和朝北的宅居夏季不宜迎纳南风、冬季不利避寒。所以宅宇祠第基本采用坐北朝南或坐西朝东格局，但也有其他因地制宜的做法。潮汕地区现存建造时间最早的婆祠榕城西门许氏庶祖祠（追远堂，坐北朝南，建于明崇祯十年）与建于明万历年间的总祠许氏宗祠（源远堂，坐北朝南）同向，只不过位于许氏宗祠的左后侧。今揭西县凤江镇凤湖村婆祠清德祖祠（兆兰堂）与祠主丈夫的舜祖公祠大致并列，位于舜祖公祠的右侧。仁怀副妣祖祠（毓德堂，南向，两进式三山门）与建猷公祠（裕德堂，三进三山门，婆祠祠主的丈夫林广利的专祠）并列同向，居右。潮州龙湖寨建于清康熙年间的婆祠椒实蕃枝（堂号失考，坐西向东）则与其宗祠黄氏宗祠（坐东向西）相背，揭阳市榕城区登岗镇西淇村陈氏建于清乾隆年间的婆祠坤芳鼎峙（堂号失考，坐南向北，双背剑）也与其建于清雍正年间的宗祠陈氏家庙（永思堂，坐北向南）相背。婆祠坤芳鼎峙背后有民居聚落，前为溪流，此坐向或许是从"风水"上考虑，即有因地制宜的因素。揭阳市惠来县惠城镇建于清康熙年间的婆祠方氏家祠（继承堂），坐向原为坐东向西，后因祠堂前面有他姓建筑相继建成，影响祠堂"面堂"，遂于1929年改建为今制（坐西向东），不能说没有"风水"上的考虑。概言之，潮汕女祠与徽州女祠在坐向选择上是大同小异，注重的是因地制宜，未见单一统一的规制，这种情况与赵华富先生上述调研徽州女祠所得结论基本一致。

在女祠教化作用上。学者秦红岭认为徽州女祠的教化作用明显，指出"明清时期，徽州数目繁多的祠堂便是女性重要的教化与控制性空间……在徽州，以祠堂为物质手段对女性控制与教化，更具特色的是出现于明末清初专门供奉女主的祭祀祠

---

① 赵新良. 中华名祠：先祖崇拜的文化解读[M]. 沈阳：辽宁人民出版社，2013：306.

堂——女祠……女祠的出现，并不表明当时女性的社会地位有所提高，反倒可解读为男权至上的宗族社会中给女性的教化空间，是一种变相鼓励女人多做节妇烈女，或是为了更有效地规训妇德而采取的一种怀柔手段。"①这里所指似乎应针对节孝祠坊才较为妥帖，因为节孝祠这类礼制建筑的教化作用是具有普遍性和同一性的。然而，对于潮汕地区的祖姑祠和婆祠建筑而论，秦红岭所持的观点并不适用，因为潮汕女祠中的这两种次类是从家族角度出于孝道和报恩而建造的，这可以从相关的建祠祠记和家族文化中得到很充分的解读，建祠者的意图在于祠主的"庙祀血食"问题，即崇尚"报本之礼，祠祀为大"这一传统观念，与上述秦红岭所持的"教化"观念并没有什么交集，并非出于这一特定层面的考虑。可见，潮汕女祠文化中的"性别伦理"较徽州女祠更加淡化，而显示出开放和包容，除公立节孝祠外，侧重的是崇尚孝道、报恩和尚贤文化。

在生祠建筑的归属方面。我国的生祠建筑首现于汉代，是指为健在的人建造的祠堂，肇建时立祠主的长生禄位。潮汕祠堂中的宗祠因是裔孙为祀始迁祖而建的，故未发现有属于生祠建筑的，只有个别宗族的支祠、房祠或恩人祠堂具有生祠的性质。如属于男祠的揭西县凤江镇凤湖村的舜祖公祠［咸丰五年（1855年）建］、揭阳市榕城区砲台镇桃山村谢氏的吴公祠、西淇村陈氏的姚公祠等属于少见的民间生祠。潮汕女祠属于生祠的比男祠所占比例高，如榕城区西门的许氏庶祖祠（追远堂）、揭西县钱坑的仁怀副妣祖祠（毓德堂）、榕城区登岗镇沟内的婆祠蒉叶腾青（绥福堂）和榕城区中山路节孝祠曾母陈氏节孝祠（曾厝祠）等4座，均属于生祠，约占已调查女祠的1/4。潮汕以外的浙江省宁波市镇海区的郑氏十七房女祠，是清代当地女性在世时为自己建造的女祠，属于生祠。上述潮汕女祠中的生祠，均为祠主的子孙所建，未见祠主为自己建造的记载或传说（揭阳市榕城区陈泰兴婆祠的祭厅"聚德堂"是祠主翁氏顺修自己出钱所建，但未考在建时翁氏是否健在）。有论者从生祠的角度考察郑氏十七房女祠后指出，潮汕地区及其他域外的"这些专门为女人而建的祠堂其实是算不上真正的女祠的，因为，无论这些女祠之间的文化内涵有何差异，有一点却是相同的，即它们都是男人为女人而建的祠堂，是从男人的视角出发，为表彰妇女贞孝节烈而在女人死后为其所建的"②。笔者认为，郑氏十七房女祠是女性自觉为自己建造的祠堂，是女祠中的生祠，是女性的自觉自为，的确难能可贵！在中国古代祠祭史上，男性祠堂一统天下，只有嫡系女性可充当配角，处于附祀地位，而女性在祠祭上拥有

---

① 秦红岭. 中国传统建筑文化中的性别伦理［J］. 唐都学刊，2013（5）：20-21.
② 黄胜涛、郭学勤. 走进郑氏十七房［M］. 宁波：宁波出版社，2009：183.

自己的专祠，甚至自建生祠的这种自觉行为更加具有挑战封建宗法礼制的色彩，但如果仅以节孝祠为标准而否定其他类型女祠具有与男祠"分庭受礼"等人文意义，则未免失之偏颇。

  祠堂和牌坊都是旧时的礼制建筑，牌坊需要由朝廷恩赐才可建立，坊与祠各自独立存在为常见，而两者可以"同框"——合一而建，成为一个整体的节孝祠坊，则极为少见。潮汕现存的节孝坊不少，现存最早的节孝坊或为普宁市南溪镇下尾王村建于清康熙四十五年（1706年）的旌表节孝坊，存在于各个城镇村落的节孝坊均为清代建筑。潮汕地区的节孝祠符合这种祠与坊合一建制的，只有揭阳市榕城区中山路建于清乾隆二年（1737年）的私立节孝祠——曾母陈氏节孝祠坊（曾厝祠），采用祠坊合一而建。清雍正年间各府县奉文而建的公立节孝祠，有的前面立一节孝坊作为仪门，其形制多为前设节孝坊为仪门（多采用四柱三门三层石制，潮汕地区今已无遗存，后设节孝祠为寝堂，作为受旌节妇的集体祠堂）。牌坊作为古代一种礼制建筑，清代雍正以后常与节孝祠同时建造，出现在民间。据《清会典·礼部十》载，清代在各省、府、州、县各建节孝祠一所，祠中建大坊，凡节孝妇女由官府奏准旌表的都入祀其中，春秋致祭。如清雍正《惠来县志·秩祀》（卷之九）载该县节孝祠："在忠义孝弟祠西，雍正四年丙午建，正厅三间，大门亭坊一座。"安徽棠樾鲍氏清懿堂因入祀有受旌表的节孝列女，故其前阳埕左右两侧均各立一座牌坊。江西省赣南市赣县区白鹭村钟氏的婆祠王太夫人祠的门楼为贴墙式（上述榕城曾厝祠则为门洞式），形似大门和牌坊合一而建的建筑，颇为独特。

  女祠是我国古代祠堂中的特殊类型，是传统祠堂中的另类。潮汕女祠中的婆祠、节孝祠、祖姑祠、祖嬷祠和女贤祠等构成了潮汕传统祠堂文化中独特而丰富的女祠文化，是当地一种弥足珍贵的区域传统文化，它们具有与传统男祠相同的特点，但又同中有异，与域外不同地区的女祠相比，也有自身的特点，值得人们关注和研究。目前，对潮汕女祠文化尚未引起重视和研究。当今祠堂文化的复兴中，对潮汕女祠这一另类祠堂进行探究，可以避同就异，努力挖掘和发现女祠文化中与男性祠堂不同的历史人文，加以描写和分析，揭示其独特的内涵，可为传统祠堂文化的研究填补新内容。

第四节　潮汕女祠匾额文化

潮汕传统祠堂数量丰富，今存多达15 000座，形制和匾额多样，有"祠堂十八样"的说法。这些传统祠堂以男性祠堂为主，遍布各个城乡，是所属族姓神圣的宗法场所和礼制建筑。据笔者调研，潮汕地区的一些城乡也存在女祠，数量超过30座，是传统祠堂中的另类，本节以潮汕女祠祠匾（特指祠堂名称的用语）为例，对其进行描写和分析，以期管窥潮汕祠堂在这一方面的人文特点。

一、潮汕祠堂匾额文化概述

传统的匾额是以文字形式标记建筑物性质或表示颂扬、期许等的长方形石木灰建筑装饰构件。东汉许慎《说文解字》记载："扁，署也，从户册。户册者，署门户之文也。""扁"为"匾"的古字。"额"，本指人的眉上发下的部位，引申为物体上首接近顶端的部分。两者合称"匾额"，简称为"匾"或"额"等。南朝宋羊欣《笔阵图》有："前汉萧何善篆籀，为前殿成，覃思三月，以题其额，观者如流。"所载即为西汉题写匾额旧事。匾额在构造上分两大类：一是用于建筑外檐和内檐的悬挂式木质匾额。另一类是用于砖石灰建筑物的墙体墩台上的嵌入式石质匾额。匾额是中华民族独特的民俗文化精品，两千多年来，它把中国传统文化中的诗文、书法、建筑等艺术融为一体，集字、印、雕之大成，以其凝练的文字、精美的书法、深远的寓意，标示属性、寄情抒怀、评述人物，成为中华传统文化百花园中的一朵奇葩。故而有学者称匾额为"中国建筑的'眼神'。"[1]

祠堂的匾额主要包括祠匾和堂匾。祠匾又分外匾和内匾，外匾（本书称"祠匾"）为嵌入式石匾，用于标识祠堂性质名称。潮汕祠堂的祠匾多为"×氏祖祠""×氏宗祠""×氏家庙（祠）""××（祠主之号或官衔）公祠""××（祠主之号

---

[1]　谢德萍. 书法十美［M］. 西安：陕西人民出版社，2001：94.

祖祠"等。内匾（祠匾内侧）用于刻写祠记、训语、别名等，或者留空。如揭阳市榕城区东门郭氏婆祠（重光堂），外匾为"郭氏祖祠"，内匾为建祠缘起的"祠记"；榕城区砲台镇桃山村谢氏祠堂（永思堂）外匾为"谢氏家庙"，内匾为训语"见位闻声"；榕城区仙桥街道蓝兜村祀明代先贤郑一初（号紫坡）的专祠，外匾为"御史家庙"，内匾用别名"坡公享所"附注。祠堂的堂号为悬挂式木匾，特指祠堂祭厅的专名，或可用作所在祠堂的别称。如上述桃山村谢氏家庙的堂号为永思堂，榕城区登岗镇沟内村婆祠蕴叶腾青的堂号为"绥福堂"。祠匾与堂号的作用：前者标识建筑物功能性质和名称；后者寄寓崇祖报德和期许等人文内涵。祠匾相同（不同地区，甚至相同地区的同一姓氏的祠堂可以祠匾相同）的祠堂，用不同的堂号来区别，或用相关名称俗称，如清代榕城泰兴商行的陈氏家庙，俗称"泰兴祠堂"，榕城祜记商行的林氏家庙，俗称"祜记祠堂"。也有祠匾不同而堂号相同的，如明嘉靖初期建于今揭东玉滘镇翔龙村揭阳谢氏的总祠谢氏宗祠和上述桃山村谢氏建于明成化年间的支祠谢氏家庙，谢氏玉滘西河系清康熙年间分衍至潮阳金灶玉路村的一支，乾隆年间所建的谢氏宗祠，这三座同宗族姓的祠堂堂号，均为"永思堂"，等等。

潮汕传统祠堂按祠主性别划分，有男祠和女祠两大类。男祠祠匾除了上述常制外，还有其他样式，如汕头市澄海区隆都镇后溪村建于明万历年间的金氏大宗（孝享堂）、金平区鮀浦蓬洲明代先贤翁万达的大司马家庙、潮州市潮安区浮洋镇仙埕村方氏建于清代的侍御宗派、揭阳市榕城区砲台镇塘边村明代的名贤宗祠等，不一而足。潮汕女祠的出现，其祠匾多与男祠迥异，形式多样，用字独特，具有多模态特点，富含人文，为潮汕祠堂文化增添了不少新内涵。

二、潮汕女祠匾额的多模态

旧时孝道文化崇尚"报本之礼，祠祀为大。"传统祠堂是祖先崇拜的产物，但在以男权为中心的宗法社会中，女性没有话语权。在祠祭中，男性是主角，嫡系女性处于附祀地位，而庶系女性是被排除其外，女祠的出现属于祠祭的另类现象。潮汕女祠以女贤祠最先出现，如明嘉靖三年以前今潮州市饶平县百丈埔已建有专祀宋末抗元女寓贤的许夫人祠（娘娘庙）[①]。随着儒家长期对孝道的申倡，大约在明万历年间的潮汕地区，个别有功于父族的女性"未嫁姑"被其兄弟的裔孙立祠专祀而出现祖姑祠，

---

① （清）刘抃纂修，康熙《饶平县志》卷二十三"艺文"，第12页。

其匾额各具特色。明代后期出现的婆祠则是宗法礼制、一夫多偶制①和祠祭文化长期存在"妣以嫡配"②等冲突而造成的历史产物。这类女祠多产生于明代末期，至清代为盛，民国时期则零星出现，数量上居潮汕女祠之最，其匾额也形式多样。清雍正初期，皇帝诏令各府县建造节孝祠合祀受旌表的节妇，于是公立节孝祠应运而生，匾额名称划一类同。女祠是潮汕传统祠堂中的后来者，肇起的具体年代失考（其中的女贤祠"许夫人祠"出现最早，但肇建时间失考），终于1949年前后（揭东区白塔镇桐坑村林氏的"从发庶祖祠"肇建于1949年，至"土改"开始而停工），在旧时代演绎着传统的尚贤和孝道文化。以下按照潮汕女祠的主要次类，对其匾额的多模态特点进行描写和分析。

（一）祖姑祠匾额——花开一树，三枝各表

祖姑祠是祠主父族的兄弟裔孙为感恩有功于本族的未嫁祖姑（潮汕俗称祖姑为"老姑"）而建造的专祠，是女祠中出现较早的一个类型。据笔者初步调研，潮汕祖姑祠约出现在明代万历年间。在以父权为中心的旧时代，女儿只是家庭的"过客"，潮汕俗语"别人家神主（屎）"所指的正是"女儿"终究要出嫁为人妇、终老夫家的，婚嫁是其人生的"必修课"，否则视为不幸。终老父族的未嫁姑，世俗往往视之为不祥，成为父族的累赘，但个别能被父族兄弟的裔孙建造专祠长祀，则是一种挑战宗法礼俗的罕见的非常之举，其缘起在于这类祠主"未嫁姑"有功于族，恩重如山，所在族姓后来成为"有力之家"或经济条件许可才成为可能，建造专祠以感其恩。传统祠祭的宗旨为报本，祖姑祠的祠主并非传统祠祭意义上的"本"——直系祖先，它的建造重在感恩报德，即在于义，孝则次之。笔者调研发现，潮汕地区有三座明清时期的祖姑祠：一是相传建于明万历年间的潮州市潮安区凤塘镇后陇村苏氏的盛户祖祠（报德堂），二是相传建于万历年间的汕头市澄海区隆都镇后溪村的金氏宗祠（孝思堂），三是建于清咸丰年间的揭阳市揭东区玉湖镇浦龙村黄氏的贞义姑寝室（贞义流芳）。另有汕头市潮阳区西胪镇海田村蔡氏清代祖姑厅及其祖姑牌坊"抚孤有成"等相关建筑，而汕头市金平区蓬洲的翁氏家庙（永锡堂），则入祀其第五世祖姑翁贞慧，祠匾左侧立有"孝烈垂芳"，虽为男祠，却俗称祖姑祠，它是所在族姓的祖祠，并非其翁贞慧祖姑的专祠。上述三座真正意义的祖姑祠，其祠匾各异，各具特点。

后陇村苏氏祖姑祠的祠匾为"盛户祖祠"，这座祠堂位于该村苏氏支祠甲一公

---

① 邵伏先. 中国的婚姻与家庭［M］. 北京：人民出版社，1989：127.
② 赵尔巽等. 清史稿（卷87）［M］. 北京：中华书局，2014：2611.

祠后侧（北侧），为单进式（一进一天井）开龙虎门形制（俗称祠堂囝），祠主苏资淑。其建祠缘由为：明正德年间（1506—1521年），苏资淑父母双亡，她便以姐抚幼弟成立，错过了婚嫁的时光，牺牲了自己的婚姻，成为当时俗称的"大娘姑"①，即未嫁姑。明万历年间，其弟裔孙显达，为感念祖姑恩德而建专祠永祀。其匾额特点：因祖姑祠建造者已有本房派支祠——甲一公祠，遂以族人所居住片区的名称"盛户"加上"祖祠"为祖姑祠题匾。这样题匾没有直接标识女祠性质，但缩小了祠堂所属裔孙的界域（旧时乡村族姓多聚族而居、汇房而住），示人以房祠（支祠的下类），指称明白，不会引发同村其他族亲异议。这种命名方式在潮汕地区的男祠也有用例，但并不多见。如揭阳市榕城区炮台镇桃山新明村谢氏建于清光绪二十一年（1895年）的东社祖祠（光裕堂，"东社"是指新明村是旧时主村桃山东部谢氏一支）。潮汕女祠中未见有相同用例，颇为独特。

后溪村金氏祖姑祠（孝思堂）匾额为"金氏宗祠"，该祠堂为两进式，祠主金端洁，生于明正统年间（1436—1449年）。相传金端洁婚嫁当日，因男方讥笑其脸上长有胎记，遂愤而悔婚不嫁，终老父族。但她自主创业，兴旺有成，又能惠及亲邻，受人爱戴。相传万历年间其兄弟的裔孙为感恩这位"老姑"而建造专祠奉祀。有趣的是，祠匾"金氏宗祠"与同村其他4座男性支祠名称相同。该村共有14座祠堂，总祠为"金氏大宗"（孝享堂），祖姑祠作为女祠能与其他4座男祠同样题匾为"金氏宗祠"。一方面是因为这座祠堂后来合祀祖姑的伯父和父亲等神主，不再是祖姑的专祠；一方面又体现金氏族人对祠主祖姑的尊敬和对这种题匾文化的礼俗认同。这种支祠用"宗祠"题匾，实为总祠（宗祠）的下类。据笔者调研，汕头市澄海区上华镇渡头村建于清乾隆三十三年（1768年）的婆祠曾氏宗祠（滋德堂，原祀该族三世祖婆余怡然），这也是该村的一座房祠而已（该村另有总祠和支祠二世祖祠），这种现象或许与潮汕地区祠堂文化繁荣时同一村落中"大宗小宗，竞建祠堂"在题写祠匾上出现冲突有关，在旧时潮汕地区很少见。

浦龙村黄氏祖姑祠（所在地为客家人聚居区，俗称"姑婆祠"）的匾额为"贞义姑寝室"，该祠堂为两进式，祠主黄贞义。明末，黄贞义的父母罹遭贼难亡故后，她与四岁幼弟相依为命。据其族人介绍，黄贞义"少许字游氏"，入清后出嫁之日，坐于花轿中见年幼的胞弟跌倒后孤零无助，遂"于归改辙"（悔婚不嫁），立志鞠弟成立，成为不嫁姑。至清同治三年（1864年），其弟裔孙建祠报恩（清

---

① 谢若秋. 称谓语"大娘姑"演变情况初探[J]. 南方语言学，2018（14）：10.

光绪《揭阳县续志》载黄贞义"年八十余无疾而终,游家亦迎回合葬。弟感其恩,建祠岁祀以报之"。①县志所载建祠者及年份与该族所载有异,黄贞义与弟为明末清初人,至同治年间已历近二百年,建祠者不应是其弟),匾额特点:祠主名号+寝室,将贞义祖姑的名号题写在其祠匾上。"贞义"为祠主黄氏之号,上述旧县志载其为"贞义女"。"寝室"本常指正屋、厅房,作为祠宇的一部分,与专用的礼制建筑"祠堂"相比,是整体与局部的关系。如前所述,黄贞义去世后归葬夫家受祀,已属"别人家神主",其父族兄弟裔孙立祠奉祀,则有孔子所说的"非其鬼而祭之,谄也"②之嫌。但黄贞义祖姑有功于父族,恩义深重,其胞弟裔孙建祖姑祠则属"'礼以义起''礼因人情而立教'"③之举。《礼记·王制》载:"庶人祭于寝。"黄氏祖姑祠有祠堂之实而以"寝室"题额,称祭厅而不称祠堂,或许是因黄贞义去世后已归葬入祀夫家,弟族裔孙出于对祖姑夫家的尊重,在祭祀规格上避免喧宾夺主而特意为之。所以,以"贞义姑寝室"题额,命名专祠为寝室,有祠堂之实而不用祠堂之名,可以看作是一种低调谦卑的礼仪式选择。

上述三座祖姑祠是潮汕传统祠堂中的奇葩,其祠匾各不相同,三枝各表,各有自身题额上的人文特色,但同为祖姑祠,是花开一树,反映了旧时个别族姓为了感恩报德而对所谓"别人家神主"这一礼俗的抵制和反叛,礼以义起,祠祭为大,用民间最高规格的礼制建筑——祠堂这一神圣宗法场所专祀祖姑,彰显了崇祖报德、感恩追思的传统美德,为潮汕祠堂文化增添了独特的人文内涵。

(二)节孝祠匾额——特立独行,落落寡欢

据调研,潮汕地区的节孝祠,目前仅存揭阳市榕城区学宫内清代揭阳县节孝祠(重建)和中山路建于清代乾隆年间的私立节孝祠——曾母陈氏节孝祠坊(曾厝祠)。前者今已另辟为他用(为揭阳市传统文化教育基地),后者则未加修复。曾厝祠,两进式,为祠堂与节孝坊合一而建形制,其祭厅神龛为全石结构:三块长方体石板,正面齐平,同高约2.8米,总宽2.9米,中间石板厚0.44米,两侧石板厚均为0.3米,居中一块阴刻祠主神牌(长生禄位),形制极为罕见。其匾额特点:祠匾即坊匾,标明祠性(节孝祠)、指示旌表(节孝坊),同时标识族姓和祠主(曾母陈氏);字体为小篆,与潮汕传统祠堂匾额常见的行楷字体不同;有趣的是,潮汕祠堂

---

① (清)王崧修纂,光绪《揭阳县续志·列女》(卷三),第79页。
② 杨伯峻. 论语译注[M]. 北京:中华书局,2004:22.
③ 常建华. 明代宗族研究[M]. 上海:上海人民出版社,2005:353.

匾额字数最少（三字）为"节孝祠"，而曾厝祠的匾额字数竟多达8个，可谓居潮汕祠堂匾额之最。祠匾上端立石刻祠记，前后同文，样式无异，叙述祠主受旌缘起，撰写者乃海阳人（今潮州市潮安枫溪人）清乾隆元年八十八岁进士、翰林侍读的刘起振。据载，曾厝祠于乾隆二年竣工时，女祠主曾母陈氏尚健在，其家翁、丈夫和儿子三代均为监生（祠堂大门左内侧石刻有载）。因此，这座节孝祠也是当时一座"有力之家"彰显孝思的生祠，故其石制神椟中所刻为祠主的长生禄位而非神主。据调研，曾厝祠的祠坊合一和石制神椟等建筑的人文特点十分独特，在潮汕乃至广东省等地区具有现存同类建筑唯一孤例性，具有极高的文物价值和研究价值。

节孝祠是清雍正年间奉文而建的礼制建筑。目前，旧时潮州府各县的公立节孝祠并没有得到很好保护，仅有古揭阳县孔庙节孝祠于2009年重建，并改置为揭阳学宫传统文化展区的一部分。上述曾厝祠作为私立节孝祠，其主体基本完好，个别构件已陈旧残破，未加修复，长期借为他用，其独特祠堂构件基本仍处于"冷藏"状态，未能开放。这与其所具有的唯一孤例性文物价值等相比，显得特立独行又郁郁寡欢。这在当今潮汕祠堂文化复兴的热潮中，显得有些不协调。如果对这一重要文物进行"解冻"，开放展览，开展相关的宣传、保护和研究，不啻是当地文史工作的一件好事。

（三）婆祠匾额——囿于礼制，异彩纷呈

婆祠是宗法时代庶系裔孙为奉祀身份为侍妾的女性祖先而建造的女祠。据笔者调研，潮汕婆祠或肇始于明代后期，终于1949年前后，是囿于礼制约束，脱颖而出的一类女祠。

传统祠堂是象征我国男权为中心的宗法社会礼制建筑。进入封建社会后，儒家礼教等传统文化对女性社会地位进行了细致的规范，规定了女性对男性的服从和依附关系，男尊女卑的现象长期存在。我国长期存在"一夫多偶"婚姻制度，嫡庶贵贱有别。在旧时潮汕地区也如此，妻为嫡，其子孙俗称"娘房"；妾为庶，其子孙俗称"婆房"。宗法时代祠祭上长期存在"妣以嫡配"的严格规定。明代中期，潮汕祠堂文化进入繁荣期，婆房开始挑战宗法礼教，力建专祠奉祀庶祖，婆祠由是应运而生，在女祠中后来居上。据笔者调研，潮汕地区迄今发现现存最早的婆祠是榕城西门建于明崇祯十年的许氏庶祖祠（追远堂）。明崇祯二年，揭阳县令、名宦冯元飚的爱妾黄月容罹遭大妇苏氏毒害而死，冯邑令悲痛欲绝，将其葬于黄岐山南麓并建造侣云庵长祀、撰铭铸钟表达真挚的追思。在当时，身为夫主的冯邑令对侍妾黄月容的"身后事"如此厚待而僭越常规的举措，为前代所罕见。自明末至今，历代人士对黄月容的咏赞不断，诗文达300多篇。自清代以来，揭阳民间形成了"拜月容"的信俗，黄月容庙食于斯。另有明末揭阳先贤郭之奇等对庶文化的申倡等，这些地方历史人文推动了潮汕地区建造婆祠之风，许氏庶祖祠正是在黄月容事件发生之后不久建造的。清乾隆年间，冯元飚裔孙的一支在今普宁流沙和美邻村建造冯氏祖祠（继述堂），黄月容被奉为祠主，一年一度的祠祭日为黄月容的忌日，是继榕城黄岐山侣云庵之后一座奉祀黄月容的祠堂建筑（婆祠）。至清代和民国时期，潮汕婆祠蔚为可观，成为当地数量最多的女祠。旧时潮汕有俗语"潮州好婆房"，也是对"婆房"挑战和突破宗法礼制、力建婆祠以慎终追远、崇祖报德这一举措的赞许。

潮汕婆祠是旧时代婆房专祀庶系女祖的祠堂，是传统祠堂中的一朵奇葩，大大丰富了潮汕传统祠堂文化。其祠匾大多与男性祠堂迥异，彰显着汉语词汇丰富灵活的表达魅力，表现出囿于礼制而异彩纷呈的特点。

1. 堂而皇之，类同常例

潮汕祠堂祠匾一般采用"×氏祖祠""×氏宗祠""×氏家庙（祠）"或"××公祠""××房祠"等常例制式，随着女祠的出现，个别婆祠的祠匾也采用这些通例（除"××公祠"外）。

调研发现，潮汕婆祠个别祠匾也冠以"××家祠""×氏祖祠""×氏宗祠""×氏家庙（祠）"等形式，祠匾与男性祠堂常例无异。如建于清康熙年间的惠来县惠城婆祠方氏家祠（继承堂）、建于清乾隆年间的澄海区上华镇渡头村的婆祠曾氏宗祠（滋德堂）、建于清光绪年间的榕城东门婆祠郭氏祖祠（重光堂）和普宁市洪阳镇婆祠方氏家庙（堂号失考）等。虽然这类婆祠匾额与男祠相同，但一般有内匾"祠记"或"碑记"等为附注，阐明建祠的缘起，对婆祠的性质加以说明。如榕城东门郭氏祖祠有内匾"祠记"指出该祠堂是建祠者郭春华（清光绪年间任揭阳县教谕）的祖母林氏的专祠，祠主身份为簉室，即侍妾。另有婆祠曾氏宗祠（滋德堂）也有立于大门内左侧墙壁上的石刻"祠记"加以说明。当然，这样题额的婆祠有的因与男祠匾额常制无异、如此"堂而皇之"而产生房宗的争议、嫡庶兄弟"阋墙"，结果导致晋祠或晋主受阻。如上述洪阳镇婆祠方氏家庙，是清末广东水师提督方耀的亲子方廷珍（方十三）独自为其身份为侍妾的生母建造的婆祠，因方耀的正妻无嗣，除方廷珍外，其他儿子均为方耀各个侍妾的养子，婆祠用"方氏家庙"题匾与洪阳德安里老寨奉祀方耀之父的方氏家庙（燕诒堂）同名，在指称上未能得到方十三各位兄弟的认同，加上其他原因，遂因争端难息而导致婆祠虽竣工却未能晋主。又如普宁市里湖镇富美村李氏的婆祠士祖副妣房祠，为该村李礼学（号高士）的婆房所建，作为该村的一座房祠，开始祠匾题为"士祖房祠"，但李礼学的娘房认为这样的祠匾也指称娘房而极力反对。经过争执之后，婆房作了妥协，选取在原祠匾中间增加"副妣"二字（字体比其他四字小，竖写。副妣，即侧室、侍妾），用以指称婆祠，才消除了嫡庶之间的争执。潮汕俗语"潮州无好兄弟山"说的就是旧时家族内部兄弟"阋墙"的陋习，其中不乏嫡庶的矛盾和纠纷。据此，可以看出，在宗法社会中，如果家族内部出现异议和矛盾，这种"类同常例"的婆祠祠匾有的是无法"堂而皇之"地使用，而需另作选择。

2. "祖祠"题额，谥号前定

潮汕祠堂中有相当一类以"××祖祠"题匾，这类祠堂既有男性祠堂，也有女性祠堂（婆祠），如建于清咸丰年间的榕城名丰埕的王氏辅祖祠（男祠）等，今揭西县凤江镇凤湖村杨氏建于清咸丰年间的婆祠清德祖祠（兆兰堂）等。这类祠堂的"祖祠"前面二字为祠主的谥号，但人们从祠匾上一般难以明辨祠堂性质是男祠还是女祠。笔者调研发现，"××公祠"是潮汕传统祠堂中较早使用的男祠祠匾之一，如榕城区渔湖港口村建于宋嘉定七年的士耸公祠（世德堂）等。随着匾额为"××祖祠"的婆祠的出现（如建于清光绪年间的揭东曲溪镇路篦村吴氏的顺敬祖祠、慈富祖祠等），或许是出于区别男女祠堂的考虑，更多作为宗族支祠或房祠的男性祠堂多以"××公祠"题匾，如揭阳市榕城区砲台镇新丰村谢氏清代的位贤公祠、潮安区浮洋镇仙埕村清代的因序公祠等，而"××（祠主谥号）+祖祠"的祠匾则多用于婆祠，如上述揭西凤湖村婆祠清德祖祠，祠主的丈夫杨昌舜也有专祠，祠匾为"舜祖公祠"。关于女性的谥号，据砲台镇桃山村谢氏族史载，其居于揭阳玉滘翔龙的远祖谢东山之妾石氏，因元末护育嫡子谢宗文和立籍桃山村创业有功，明初去世后谢宗文赠以私谥"慈惠"。该村谢氏第四世谢信（号清溪）有多妾，其一为赖氏，卒于明隆庆二年（1568年），她的子孙中有两名举人，一名贡生，三名县令，其墓碑和该村民国时期谢氏族谱均载其谥号为"懿烈"。可见，在明代，有功于族或裔孙显贵的侍妾去世后可以与正妻一样拥有自己的谥号。这样的称谓在清代至民国期间的潮汕地区，可被用于庶系裔孙（婆房）建造的婆祠祠匾上，即加于"祖祠"二字之前，直接用来指称所在祠堂为××（谥号）女性祖先的专祠，成为婆祠祠匾的一个类型，如上所述的清德祖祠（兆兰堂）等。

3. 殊途同归，名正言顺

笔者在调研中发现，揭东区白塔镇桐坑村林氏有从发庶祖祠、克成婆祠，揭西县钱坑镇钱南村林氏有仁怀副妣祠、钱西村林氏有副妣祖祠，普宁市流沙平湖有黄氏祖婆祠、黄氏副妣祠，普宁里湖镇平在村潘氏有如祖妣祠等，这类女祠均性质类属一样，同为婆祠，其匾额中的"庶祖""（祖）婆""副妣""如祖妣"等均为我国宗法文化词语，虽然词形不同，但均为同义或近义词，指称相同的对象——庶系女性祖先，这些词语与"祠（堂）"一词搭配，语义均指向女祠中的婆祠，构成名称各异但指标相同的婆祠称谓。这类祠匾名称不同的婆祠，主要分布在揭阳市的榕城、揭东、揭西和普宁等地区，潮州市和汕头市则未发现。

潮汕婆祠是旧时代庶系挑战宗法礼制的产物，特立独行，颇为另类。在女祠中，婆祠数量最多，有的婆祠在题匾上特立独行，祠匾既要指称相同，有的又追求与众不同——既能标识婆祠性质，祠匾又能匠心独运，则汉语词汇中的相关特色文化词语便纷纷"上镜"，登匾亮相了。如里湖镇平在村潘氏的"如祖妣祠"，其中的"如"字并非祠主之号，其语义源自"如夫人"一语。如夫人原意为"同于夫人"，后指称侍妾，侍妾又称簉室、副室。这类庶系女性的子女称呼生母为"阿婆"、孙辈则称"祖婆""庶祖"，已故者被子辈称为"副妣"，孙辈称其为"副祖妣"。"阿婆"一词是中古汉语称谓语"支婆"（即庶母）一词的变称。婆，本义为母；支，与宗相关，宗为正，支为次、分，故支婆义同庶母。这些词语如今看似眼花缭乱，但它们均是同义的宗法文化词语，与"祠（堂）"一词搭配，就可构成形式多样的婆祠祠匾。语言学家黄金贵指出："文化词语特点之一是名物性，故语言与文化的关系在词语上往往反映为名与物的对应关系……一物多名，即异称"①。语言学家申小龙认为："在古代中国人对世界语义的阐释中，同义现象的汇通与辨析成为一种独特的方式。汉民族有机整体的宇宙观使古人认识到事象之间你中有我，我中有你，相互联系，相互转化的辩证关系。这种认识渗透在语言的'世界图景'中，就是丰富的同义词之间的聚散离合。"②潮汕婆祠这类匾额正是运用汉语的这种"同义的汇通"实现名物性上的异称，异形同义，指称相同，殊途同归，又名正言顺，彰显了汉语词汇灵活丰富的表达魅力。

4. 另类祠匾，各有奇葩

祠匾的功用一般是直接用来标识祠堂的性质和名称的，明白易懂地起到"点名"的作用，但笔者调研发现，潮汕婆祠有的祠匾并没有直接用"祠（堂）"来标识"点名"，而是用固定的四字结构，委婉寄寓特定的人文内涵，在使用上显得更加另类。其例如下。

潮州市龙湖寨黄氏建于清康熙年间的婆祠——椒实蕃枝（堂号失考），两进式，大凹肚门楼，俗称阔嘴祠。匾额"椒实蕃枝"典出《诗经·唐风·椒聊》："椒聊之实，蕃衍盈升。"寄寓千子万孙之意。建祠的背景：清康熙年间，当地富户黄作雨捐巨资修葺黄氏宗祠后，请求族人让自己身份为侍妾的已故生母的神主入祀宗祠而遭到

---

① 黄金贵. 古代文化词语考论［M］. 杭州：浙江大学出版社，2002：7-9.
② 申小龙. 汉语与中国文化［M］. 上海：复旦大学出版社，2003：117.

族人坚拒，遂愤而为生母建造这座专祠。这座婆祠不但形制上比建祠者的宗祠大，而且匾额没有直接冠上"××祠"字来标示名称，而是用吉言嘉语来表达建祠者的美好愿望或特定的褒扬情感，在题匾上别出心裁，与常制迥异，是为另类，堪称奇葩。据笔者调研，阔嘴祠（椒实蕃枝）是迄今为止在潮汕地区发现的最早使用这种另类祠匾的婆祠。

揭阳市榕城区登岗镇西淇村陈族建于清乾隆年间的婆祠——坤芳鼎峙（堂号失考），"双背剑"两进式，女祠主彭氏。建祠背景：陈族阿婆彭氏上一代有两位祖婆因娘房无嗣而能打破"阿婆（赤脚）孬入祠"常规入祠宗祠陈氏家庙（永思堂），彭氏有三子均为县学廪生（秀才），彭氏去世后，其子孙要沿用本族上代阿婆可以入祠的先例，但遭到同辈娘房抗拒而建此婆祠，并以另类祠匾"坤芳鼎峙"歌颂母德。祠匾中的"坤芳"即女德、母德，对祠堂的女祠（婆祠）性质做了说明，标识独特。另外，"鼎峙"即三足并立，一是喻指祠主彭氏教子有方，可与上代两位祖婆比德齐辉；二是指祠主所育三子均为生员，同登科第。祠匾四字寄寓着西淇村陈族特定的族史和家族荣耀，由其时潮州府海阳（今属潮安区）陈雄思〔清乾隆五十一年（1786年）解元〕撰写，是有一定文物价值的匾额。

登岗镇沟内村杨氏建于清嘉庆年间（1796—1820年）的婆祠——藟叶腾青（绥福堂），"单背剑"两进式，祠匾和堂号均典出《诗经·周南·樛木》第一章："南有樛木，葛藟累之。乐只君子，福履绥之。"此诗本为上古男婚女嫁的祝福歌。"藟"为藤蔓草名，也称葛藟、千岁藟，常以缠绕树木而向上生长。东汉许慎《说文解字》释"藟"为葛藟之省称。"藟"又可通"蕾"，祠匾"藟叶腾青"（同"蕾叶腾青"）喻寄子孙后代兴旺发达。可见，此处用典是一种化用。另外，祠主陈桂香的身份为侍妾，与其夫杨德信的正妻是嫡庶关系，结合"南有樛木，葛藟累之"中的"累"可释之为缠绕、依附，以"嫡—庶"与"樛木—葛藟"相对应，而嫡庶尊卑贵贱有别——嫡为主，庶为次，或许又可以将祠匾"藟叶腾青"解读为有暗示祠堂性质为婆祠和期许庶系裔孙（婆房）兴旺发达的双重含义。据这座婆祠的内匾（祠记）介绍，该婆祠肇建时是一座生祠，竣工时祠主陈桂香仍健在，未有谥号而在祠匾上别出心裁。在这种情况下营建专祠，又有上述潮州龙湖寨建于康熙年间的婆祠椒实蕃枝和登岗镇西淇村建于乾隆年间的婆祠坤芳鼎峙可供借鉴（这三座祠堂所在地相隔不远），题匾同样新异、另类，可谓鼎峙而立。

上述三座婆祠的匾额其实可以分为两类：一是椒实蕃枝不标识建筑物的性质，只寓寄托和期许；二是坤芳鼎峙和藟叶腾青巧用修辞，委婉指称祠堂性质又各有寄寓。这类祠匾，堪称是潮汕女祠中的另类祠匾，奇葩溢美。

（四）女祠的其他类型——女贤祠、祖嬷祠

笔者调研发现，潮汕女祠中还有两种数量较少的类型：一是女贤祠，二是祖嬷祠。女贤祠为潮州市饶平县百丈埔原许夫人祠（娘娘庙），肇建的具体时间和祠匾失考。明嘉靖三年广东学政副使魏校以淫祠毁去，20世纪80年代被当地人士重建，形制却类同小神庙，祠主经历了从女寓贤到地方神的民间形象建构，今已失其祠堂本真。祖嬷祠（追享堂，祀创村始祖母）位于饶平县黄冈镇霞绕村，形制为宅第中的厅堂，当地林氏俗称"祖嬷祠"，女祠主身份为嫡妻，元末明初携二子来此创村，其丈夫不知何故没有同行，立祠时也缺祀。汕头市澄海区上华镇渡头村曾氏有建于清末的外老嬷祠（志成堂，外老嬷是潮汕方言词，义同外曾祖母），祠主为建祠者的外曾祖母，非祠堂所在地族姓人氏，肇建于清末，祠匾失考，这座祠堂是另类的"祀外祖"现象（潮汕地区通常所说的"祀外祖"是指外孙男过继给外祖父为嗣孙男这一礼俗）。这些女祠均为潮汕地区罕见的另类祠堂，如果能获得更多有关这类祠堂的历史信息，或许其祠匾文化也别有一番景致。

潮汕传统祠堂出现"祠堂十八样"，而祠堂匾额的多模态，则体现了汉语文化博大精深和礼制规范的有机融合，正如孔子所说"名不正则言不顺，言不顺则事不成，事不成则礼乐不兴。"①潮汕女祠是另类祠堂，它的出现虽有礼制上的"僭越"以及匾额类型的多样化，既顺乎孝道又合乎汉语文化，并没有导致"名不正"和"言不顺"，而是使这些有别于男祠的另类祠堂入流合俗，不但总体上没有影响历代信众的信仰或裔孙祭祀的礼乐活动，相反却获得"潮州好婆房"等的概评点赞。它们用独特的祠堂文化在以男权为中心的宗法社会中注入了一股有别于徽州女祠而别具"女性话语"色彩的新鲜人文气息。从某种意义上讲，潮汕女祠文化的繁荣也象征着明代后期潮汕地区女性的社会地位出现了某些嬗变，至少在祠祭这一"报本之礼"上有的女性开始与男性分庭受礼，不再是置之"礼"外默默无闻等新现象，这是一个值得人们进一步探究的人文问题。

---

① 杨伯峻. 论语译注[M]. 北京：中华书局，2004：134.

第二章

个案
絮语

贰

第一节　节孝祠

一、节孝祠概述

节孝祠是中国封建社会为表彰节烈女子而建的礼制建筑，属于女祠的一个次类。

什么是"节烈"呢？节烈是贞节刚烈的省称。封建礼教把青年时代丈夫去世后不改嫁而坚持守寡的女性称为节妇；把在危难时期重义轻生或为保持节操而自杀的女子称为烈妇或贞女。"寡妇"一词则出自《诗·小雅·大田》："彼有遗秉，此有滞穗，伊寡妇之利。"本书所论述的对象为节孝祠，故所指为节妇。在封建礼教的束缚下，一女不嫁二夫，寡妇不再嫁才是节妇。寡妇改嫁，旧时称"再醮"，意思是再举行一次婚宴请客。男权社会要求妇女"从一而终"，潮汕俗语"囊团坐槛一次定"（囊团，指旧时女性出嫁时的梳妆盒。槛，潮汕方言词，音shèng，指一种竹制或木制的大礼盒。定，潮汕方言，范围副词，用于句末，词义为只、才）正是对这种封建礼教和习俗的形象说明和讽刺。

在中国历史上，历代王朝为节妇、烈女歌功颂德，树碑立传的事例数不胜数并逐步制度化。节孝这种制度萌芽于先秦，形成于汉，完善于隋唐，集成于两宋，到明清时期达到顶峰亦随之走向了僵化。①据载，秦统一中国后，秦始皇就开始提及妇女贞节问题。《史记·货殖列传》载，秦代巴郡（今重庆市涪陵区）的寡妇——巴寡妇清，善于经营，又能以财自卫，秦始皇闻而为其筑"怀清台"，劝导贞节，予以表彰。《史记·秦本纪》载，泰山石刻有"贵贱分明，男女礼顺，慎遵职事。昭隔内外，靡不清净，施于后嗣。"会稽石刻有"饰省宣义，有子而嫁，倍死不贞。防隔内外，禁止淫佚，男女洁诚。"汉代《礼记·郊特牲》载："一与之齐，终身不改，故夫死不嫁。"这是在伦理道德上较早反对妇女改嫁的文献记载。有学者认为，

---

① 韩帅. 以孝励人：孝与古代旌表制度［M］. 北京：中国国际广播出版社，2014：7.

"汉承秦制，西汉一代是贞节观念提倡、宣传、扩散有效的时代。"①在汉代，除了用法律劝导贞节，还动用物质鼓励的形式。如汉神爵四年（前58年），朝廷"诏赐贞妇顺女帛。"这是秦汉时期又一次褒奖贞节的记载。西汉学者刘向作《列女传》，分"母仪""贤明""仁智""贞顺""节义""辩通""孽嬖"等七卷，书中选取的故事体现了当时儒家对妇女的看法，主旨在宣传封建社会道德纲常。但刘向在当时男尊女卑的时代能为妇女立传，具有一定进步意义，又开启后代志书为妇女写史立传之风。如清光绪《揭阳县续志·凡例》载："《列女传》做自刘向"（《康熙字典》注"做"："通作'仿'"）。东汉班昭作《女诫》七篇，则系统地陈述了"卑弱""夫妇""敬顺""妇行""专心""曲从"和"叔妹"，宣传封建时代妇女"三从四德"的伦理道德教条，影响久远。但秦汉时期人们的贞节观念其实还是很淡薄的，如汉武帝之母王太后悔婚入宫、汉武帝之姐平阳公主在丈夫曹寿去世后嫁给自己的马奴卫青、蔡文姬有三次婚史、汉末乐府民歌《孔雀东南飞》（《古诗为焦仲卿妻作》）中刘兰芝被焦母休回娘家后达官贵人纷纷上门求婚的描写，这些人物形象并无以"改嫁"为讳；潮汕揭阳榕城地区有一句指刁蛮失德女性的詈语——崔氏，这个人物相传是西汉中期政治人物朱买臣的元配，她是因嫌夫贫而主动提出离婚然后再嫁的女性。可以说，汉代是贞节观念由宽逐渐向严过渡的时期，那个时代女性的人格或婚姻自由等还没有真正被封建礼教禁锢和摧残。

汉末到魏晋南北朝，人们的贞节观念甚至因社会长期的动荡而淡漠，流于松弛。中国现代著名教育史学家陈东原认为，"魏晋南北朝三百多年间，战乱相寻，几无宁岁，妇女生活，多被蹂躏，但因为纷乱的缘故，遂不暇作儒术的提倡。"②总的来说，在唐代以前不以改嫁为非礼，礼制对妇女在这个特殊的婚姻问题上的约束还是相对宽松的。但是，妇女改嫁毕竟会在传嗣、继位、承财等方面带来相应的问题，故而唐宣宗曾下诏书："夫妇，教化之端。其公主、县主有子而寡，不得复嫁。"这是我国历史上较早对寡妇改嫁做出具体的政令限制。所以，在唐代后期以节烈自誓的妇女往往会受到旌表，当时的诗人也乐于用诗歌吟咏这类节烈妇女的"美德"。如唐代诗人孟郊有乐府诗《烈女操》："梧桐相待老，鸳鸯会双死。贞妇贵殉夫，舍生亦如此！波澜誓不惊，妾心古井水！"不过，真正把妇女改嫁视为非礼，乃至罪孽，则是宋代以后的事。

宋代是理学形成、发展和繁荣的时期，也是极力强调贞节的时代。理学家程颐和

---

① 刘士圣. 中国古代妇女史[M]. 青岛：青岛出版社，1991：86.
② 陈东原. 中国妇女生活史[M]. 北京：商务印书馆，1990：62.

程颢认为"男女有尊卑之序，夫妇有倡随之礼，此常礼也。"①朱熹则在二程学说的基础上提出"存天理，遏人欲"②的理论，进一步强化了封建社会的道德伦理准则，从而使贞节观比以往更有理论上的依据。但即使是在宋代，当时妇女改嫁的现象并不少见，妇女丧偶改嫁时，甚至有权带走子女，元代以后这种权利才丧失。

  到了元代，理学思想的统治地位正式奠定。从此，历代王朝对寡妇守节加以提倡和奖励，致使寡妇守节之风愈演愈烈。《元典章》规定："今后举节妇者，若三十以前亡夫守志、五十以后晚节不移、贞节著名者，听各处邻佑社长明具实迹，重甘保结申复。"③杨民认为"明清时期，对男尊女卑观的强化出现了宗教化倾向，此时对于女子的卑弱观念的引导，不仅凭借礼的规范来制约，而且还以种种表彰、奖励的手段来诱惑。"④《明会典》（卷七十九）载，洪武元年（1368年）朱元璋下诏："民间寡妇，三十以前亡夫守志、五十以后不改节者，旌表门闾，除免本家差役。"⑤明建文元年（1399年）下诏"夫节妇、孝子、顺孙，有司旌其间。"如此重奖寡妇守节的措施，是前代所没有的。因为寡妇守节不但可以使本人获得旌表的荣耀，而且可以免除本家的差役。在这样的名利驱使下，使其时的节妇深受其害，执迷不悟而引以为荣。如清乾隆《揭阳县志》载明嘉靖前期揭阳先贤薛宗铠的侍妾林氏："林氏，渔湖人，给谏薛宗铠箧室。嘉靖初，宗铠上封事劾权宰汪鋐，下狱死，妻丁氏哀毁不能起，诸孤环泣。姑颓然哭子，且为媳哭，抚诸孙又哭。氏时年十八，绝粒数日。既而曰：'惧矣，吾恶乎死？'乃起侍汤药奉姑携幼，间关万里扶榇南归抵家。而丁氏殁，未几姑继殁。经理三丧，以次毕婚嫁，井井有条，子若女不知为嫡出也。一女十九孀守，一女二十一孀守，均能不负姆教"⑥。先贤薛宗铠一妾二女先后守寡，成为节妇，实为婚姻上的不幸，世俗对其二女接连守节不是寄予同情，却以"均能不负姆教"（女师的教诲）加以褒扬，在今天看来实在荒唐可笑。至清代则对寡妇、贞女一并旌表。《清律》规定："守节十五载以上，逾四十而身故者"则"一律旌表"。而对再嫁之妇，清代规定不得因夫或子贵而请求封爵。《大清会典》中还明确规定："民间贞女，未婚闻讣，矢志守节，绝食自尽，照例旌表。"要求妇女贞操、节烈。清初著名史学家万斯同说："尝考《诗》美共姜，《春秋》纪伯姬，此外则寥寥焉。

---

① 刘象彬. 二程理学基本范畴研究［M］. 郑州：河南大学出版社，1987：204.
② 刘象彬. 二程理学基本范畴研究［M］. 郑州：河南大学出版社，1987：204.
③ 盛义. 中国婚俗文化［M］. 上海：上海文艺出版社，1994：362.
④ 杨民. 女性学与女子教育研究［M］. 大连：辽宁师范大学出版社，2009：36.
⑤ 汪汾玲. 中国婚姻史［M］. 武汉：武汉大学出版社，2001：325.
⑥ （清）刘业勤纂，乾隆《揭阳县志·列女》卷之六，民国二十六年重刊本，第3页.

当是时，先王之风未坠也，而胡以若是，毋乃太史或失职欤？自《汉书》至五代传记，烈女半列才艺，而王凝妻断臂一事，欧阳修仅载之冯道传中。若是乎，贞烈之风未易覯也。明兴，崇尚节义，直省巡按督学御史岁上其事，烈女节妇被旌表者不下万余人。下逮末季，通都大邑穷乡僻壤遭逢残掠，皎然不污死于盗贼者，所在都有。呜乎！何其盛耶！"[1]据载，仅清代前期八十年间贞妇烈女即达12 000余人[2]。我国社会长期存在"男主外、女主内"的传统思想，女性中年前丧夫，潮汕民间有"半路折批担（扁担）"的说法，民间又认为"母亲是桶箍"，喻指母亲在家庭中的凝聚作用。的确，一个失去父亲的小家庭，如果寡母改嫁，没有这只"桶箍"的维护，往往难以为继，常常会像陷于潮汕俗语"散作一把枋"所说的境地。可见，历史上守寡女性做出的种种牺牲，却保存和传衍了很多个家庭，使不少家族得以繁衍生存。但由于竞尚节烈，再醮妇为人所不耻，这种"从一而终""烈女不嫁二夫"的枷锁更加牢牢地禁锢人们的思想，多少年来迫使千百万妇女夜伴孤灯，凄凉寂寞度过一生。所以，鲁迅先生在《朝花夕拾》一文中就指出，"一问节烈是否道德？道德这事，必须普遍，人人应有，人人能行，又于自他两利，都有存在的价值。现在所谓节烈，不特除开男子，绝不相干……所以决不能认为道德，当作法式。"封建宗法中男权至上，男尊女卑，礼制以男性为中心，在中国文明的累积过程中，女性虽然同样参与了男权历史的构建，但只是扮演"配角"而已，她们长期没有话语权，只充当附属者和受害者，难怪叶圣陶先生戏谑说要是"周婆制礼，定可补偏救弊"[3]，才能使妇女能获得应有的自由和平等，惜乎这样的时代来得有些迟缓。

潮汕地区旧时有"省尾国角"之称，虽说山高皇帝远，但这里的妇女也同样长期受到封建礼教的束缚和残害。在辛亥革命以前，寡妇一般都没有再嫁，守寡终身成俗。旧时潮州府所属各县城及个别乡村，受旌表的节妇有的建有节孝坊，俗称节妇亭（见本书第62页潮剧《苏六娘》截图）。这种节孝坊是花岗岩砌成的石牌坊，高达两三丈以上，下面通常为四支大石柱隔成三道石门，称"三山门"。有的横在街路上，人行马往要从这三道门通过；有的形制较小则建在街路旁边，如榕城区仙桥办事处篮兜村郑氏的"天褒节孝坊"为二柱单门格局。节孝坊上面正中有横匾，刻写着"天褒节孝"之类的大字，称坊额或坊题。牌坊的最上面也是由大石刻成的脊顶，像屋子顶上的脊檐一样，但厚而狭小。所以潮剧《苏六娘》中的乳娘说"欲呾是门哩无厝……

---

[1] （清）万斯同撰. 明史·烈女上 [M]. 卷三百九十四, 上海：上海古籍出版社，2008（1）：257.
[2] 刘士圣. 中国古代妇女史 [M]. 青岛：青岛出版社，1991：353.
[3] （民国）《女子人格问题》，载于《新潮》. 1919年1月第一卷第2号。

欲呾是雨亭哩孬闪雨"（要说是门却没有房间……要说是雨亭却不能避雨）。这些牌坊，都是旧时的"有力之家"为其亲人请旌兴建的。如建于清康熙四十五年的普宁市南溪镇下尾王村的"天褒节孝坊"、建于清雍正十三年（1735年）的榕城区西门"节孝流芳坊"（在今榕江中学内）等。明清时寡妇受旌还可以减免家庭的多种赋税，这样，这种由大石砌成的贞节牌坊，就恰似大枷锁，把旧时妇女的思想紧紧锁

▲ 潮剧《苏六娘》视频截图（图中字幕"节妇亭"为潮汕地区对节孝坊的俗称）

住，把年青寡妇的改嫁躁动情绪紧紧制压和消敛，使寡妇不再嫁成为一种社会风俗，一直遗留至辛亥革命之后的民国初期才结束"其历史使命"。

　　节孝祠是女祠中的一类。节孝祠的建造，是封建伦理教化进一步强化的表现。赵新良认为，"在中国历史上，为节孝烈女歌功颂德、树碑立传的事例数不胜数，有的地方甚至单独建有女祠。这是忠孝伦理文化在祠堂祭祀的独特表达，是在约束妇女的伦理信条里，将'忠孝'进一步演化成'节烈'，以程朱理学深化儒家伦理道德对于女性身心自由的约束、婚姻自由的禁锢、身份名节观念的强化，借以维护封建社会秩序。"①据说，我国建造节孝祠（坊）的历史始于汉代，当时朝廷对有至孝、贞节等高尚品德的女性，给予旌表，为之立匾、建坊或建祠，还将她们的姓名和事迹记入地方志书的《列女传》中，使她们能流芳于世。我国现存的节孝祠（坊）多建于清雍正之后，但现在多已毁弃，只有极少数被保存下来，成为地方重要的历史文物。据笔者调研，古代潮汕地区的节孝祠始建于清雍正年间，保存下来的仅有位于揭阳市榕城区中山路的"曾母陈氏节孝祠坊"（曾厝祠），建于清乾隆二年，它是岭南地区建筑形制独特的清代私人节孝祠坊。清代各地公立的节孝祠建于所在的孔庙附近，其形制多为前设节孝坊（仪门）、后设节孝祠为寝室，是当时为节省在各地建造节孝坊的费用而集体合祀受旌节妇的一种礼制建筑。据《清会典·礼部十》载，清代在各省、府、州、县各建节孝祠一所，祠中建大坊，凡节孝妇女由官府奏准旌表的都入祀其中，春秋致祭。清雍正《惠来县志》载其节孝祠有："在忠义孝弟祠西，雍正四年丙午建，正

---

① 赵新良. 中华名祠：先祖崇拜的文化解读[M]. 沈阳：辽宁人民出版社，2013：223.

厅三间，大门亭坊一座。"①光绪《揭阳县续志·凡例》载："凡妇女循分守节，姓氏勒碑，其节烈著异者设位祀节孝祠，此部行通例也。"公立节孝祠在清代作为一种宗法场所，属于女性祠堂，是地方政府奉文所建，今已大多拆毁未重建。

据载，清代潮州府各县（今属潮汕三市所辖者）均有节孝祠：

海阳县节孝祠，在潮城北门内。［见翁辉东《海阳乡土志》，光绪三十四年（1908年），第27页）］

潮阳县节孝祠，"在太平门街，雍正三年（1725年）知县魏燕超建"。

揭阳县节孝祠，雍正三年知县李景运奉文建。又"节孝祠"条末载"六年奉文动项，与忠义孝弟祠并建"。（清乾隆《揭阳县志·坛祠》卷之二）

普宁县节孝祠，"在文昌阁左"，城隍庙旁。

饶平县节孝祠，缺载未考。

澄海县节孝祠，"在海防馆侧，雍正二年甲辰知县刘奇龄建"。

惠来县节孝祠，"雍正四年（1726年）丙午，知县王人杰奉文司库领银，建节孝祠一所于忠义孝弟祠之西"。［清雍正九年（1731年）张珽美纂《惠来县志·建置沿革》卷之一］

▲ 揭东区磐东棉浦清代乾隆年间节孝坊

台湾学者陈瑛珣认为，"明清时期被称为社会集体制造烈女节妇机制成熟时期，社会上要求每一个女性生活在一个内在、自我克制的理性空间，使欲望不致于超越集体利益，社会秩序可以在自我的情欲上发生控制效果……民间妇女在历史书写上属于绝对弱势的一群，自身无法留下生活纪录，丧失历史诠释权的第一顺位。"②节孝祠坊虽然具有浓厚的封建色彩，但其建筑形制、楹联诗文和饰件雕刻等，都展现了独特的中华传统文化，具有丰富的历史人文研究价值。旧时潮汕地区的公立节孝祠坊在中华人民共和国成立之初大多毁弃无存，个别已在近年重建，如

---

① （清）张珽美修纂，雍正《惠来县志·秩祀》卷之九，第13页。
② 陈瑛珣. 清代民间妇女生活史料的发掘与运用［M］. 天津：天津古籍出版社，2010：5.

清代揭阳县孔庙节孝祠（今揭阳市区榕城学宫节孝祠），于2009年重建，并辟为学宫传统文化教育基地的一部分——孝道文化展区，这在传承特定历史人文和发挥传统特色建筑的人文功能上，不失为一种值得借鉴的举措。

二、节孝祠典例

（一）岭南地区独特的节孝祠——曾母陈氏节孝祠坊

曾母陈氏节孝祠坊（堂号失考）位于揭阳市榕城区中山路南市巷，俗称曾厝祠，坐北朝南，建于清乾隆二年，是潮汕地区传统两进式祠堂与节孝坊建筑的结合体。它不是普通的传统祠堂，而是古代女祠中的节孝祠。在岭南地区，曾厝祠是现今唯一尚存的建筑形制独特的古代节孝祠坊。

曾厝祠的独特之处首先表现在其前厅门与节孝坊融为一体，其名称中的"祠坊"称谓即缘于此。祠堂面阔三间，第一进（前厅）前截立"凹肚门楼"，主要为花岗石建筑结构，以坊亭明间为大门：大门由牌坊下两层组成，为四柱三门结构（只开正门，两侧门封闭，各砌立一巨型石板），四立柱正面阴刻有内外两副楹联，内楹联为"节本性成，××××××矢志争光日月；孝×××，××××××德音永著乾坤。"将坊名"节孝垂芳"的"节孝"二字镶嵌其中。外楹联为"彤管扬休，节孝

▲ 榕城中山路南段曾厝祠——曾母陈氏节孝祠坊

▲ 曾厝祠门厅屋脊上节孝坊前匾——节孝垂芳

▲ 曾厝祠门厅屋脊上节孝坊后匾——贞顺扬休

×××××；纶音锡宠，闺闱生色焕千秋。"两副楹联虽然残缺不全，但褒颂朝廷恩宠和祠主节孝美德的内涵依然约略可见（彤管：本指古代女史所用的赤管笔，后喻女子史传；休：指美德。纶音：喻皇帝的诏书、制令；锡：音义通"赐"）。立柱背面也有两副楹联，已残损难辨。侧门立石正面为孝义福寿题材的石雕图案，制作精美，保存较好。侧门背面是祠主之子曾学思追思父祖辈的两篇碑文，仅开篇首句清晰可辨。坊门上端为祠堂扁长石刻门匾，阳刻篆书"曾母陈氏节孝祠坊"八字，字体偏小，不及普通祠堂门匾字体大小的四分之一。祠匾这种形制有类我国目前记载最早的、且具有女性专祠的性质的商王武丁正妻妇好墓的享堂——"母辛宗"（"辛"为妇好的庙号，"宗"为享堂、祭堂）①。门匾之上立一与大门等宽的石框，其内横置一旌表石，旌表石正面和背面均阴刻内容相同的楷书"祠坊记"，乃清乾隆元年（1736年）进士翰林院侍读海阳县（今属潮州市）人刘起振题赠（全文内容见本书第66页）。石框的左右立柱正面阴刻对联："坊卓尧恩重，祠成坤德享。"（尧恩：圣恩。坤德：妇德）牌坊的第二层建筑则位于祠堂前厅屋脊上。从屋顶看，坊亭以门厅石雕屋脊为基座，以门厅中间两主柱向上各伸展约一米，立亭置坊（坊上端第三层为常制"圣旨"石龛，已失），其中设坊匾，正面阳刻"节孝垂芳"四字楷书，笔致遒劲；背面阳刻"贞顺扬休"四字楷书，稳健端庄。坊匾正面有上下落款，内容记载曾厝祠（节孝坊）乃"潮州府揭阳县知县杜兆观、潮州府揭阳县知县加一级纪录三次张薰、潮州府揭阳县儒学教谕黎伟光、潮州府揭阳县儒学训导尹文润奉旨为节孝曾门陈氏立。"据清乾隆《揭阳县志》及相关方志载，杜兆观为直隶正定人，清雍正十二年至十三年（1734—1735年）任揭阳县令（在任期间已呈报陈氏节孝一事）。张薰为河南祥符人，清乾隆元年至八年（1736—1743年）任揭阳县令。黎伟光为顺德人，清雍正六年至乾隆五年（1728—1740年）任揭阳县教谕。训导尹文润，上述县志则记载乏缺。这些款识也是揭阳史志难得的人文信息资料。

祠堂前厅两侧厅房各一，原前厅中间设两立柱置一屏门（已移除）正对祠堂大门，两立柱东西向与两前厅门墙齐平。祠堂的天井其东西两侧为通廊，通廊与前厅厅房相接的东西外墙上均开侧门，这是潮汕传统祠堂建筑的常式。祠堂第二进为享堂（祭厅），但其建筑形制也与众不同：普通祠堂的享堂是单厅（或加一"拜亭"相连），曾厝祠的享堂则由一前小厅和后大厅两厅前后并接合抱而成，后大厅采用传统的"三载五木瓜"梁架，前小厅规模略小，可看作是由常见的"拜亭"向两侧外墙拓

---

① 王鹤鸣、王澄. 中国祠堂通论［M］. 上海：上海古籍出版社，2013：42.

▲ 曾厝祠匾额及祠坊记

展连接而成，这样使整个享堂在空间和采光上更符合祠堂"过白"的讲究和需要。这种大小两厅并接的享堂结构在潮汕祠堂建筑中极少见。但曾厝祠中还有更令人称奇的独特建筑——享堂后部（北部）并立着由三块巨大矩形花岗石板组成的神龛构件，这三块石板，同高约2.8米，总宽2.9米，中间石块厚0.44米，两侧石块厚0.3米。中间石板为神主石（见本书第67页图），其下方为雕狮脚底座，底座上方为高约1米的凹肚神椟，其中刻有祠坊主节孝曾母陈太孺人的禄寿牌位，神主石板四周饰以人物花鸟石雕图案。两侧石板正面为巨幅福寿仙人浮雕图案，栩栩如生。这种"立巨石为椟"的祀祭文化现象在潮汕祠堂文化史上是罕见的，值得人们关注和研究。

曾厝祠的"硬件"建设独具特色，其"软件"文化也不乏传统文化优秀特质——孝道和慈善。其"祠坊记"载："时乾隆二年菊月吉日，奉旨旌表，节孝乃姻母陈氏也，蓝都东里处士陈升闻女、五经国学曾宗柱媳、曾孔温妻、曾学思母。年十七咏桃夭之子（'桃夭之子'语见《诗经·周南·桃夭》，此指女子出嫁。笔者注），逮二十歌别鹄所天（'别鹄'本是乐府琴曲名，喻夫妻离失；'所天'旧时指丈夫。笔者注），破镜一朝，心同金石，鞠雏十月，操比松筠，奉亲无违，全夫职，教子义方，秉师权。居孀五九载，历齿八八年，洵堪树范闱闺，无愧邀荣，纶綍（喻诏书、政令。笔者注）振也，覩斯高风（'覩'，同'睹'。笔者注），特为微阐幽芳。刘起振赠"［题赠者刘起振，海阳县人，乾隆元年八十八岁中进士，与揭阳先贤郑大进同榜,授翰林院侍读。今榕城区渔湖街道京岗村翰林府门匾"兰台紫诰"四字也是乾隆十六年(1751年)刘起振所题赠。原潮州府城大街石牌巷口"木天人瑞坊",清光绪《海阳县志》载:"木天人瑞坊,在大街石牌巷口,为一百有三岁钦赐翰林侍读刘起振建"〕。清乾隆《揭阳县志·烈女》亦载:"陈氏,国学曾孔温妻。十七于归,三载而寡,产一子甫十月,敬事舅姑,义方教子,乾隆二年旌。"

▲ 曾厝祠后厅三龛石(背面,祠主神楔刻于中间石板上)

祠坊记和旧县志详细记载了曾厝祠建造的缘起并对曾母陈氏的孝德予以大力褒扬。清乾隆《揭阳县志》又载:"曾学思,字大经,在城人,雍正丁未设粥以济饥,又助贮谷以当社,邑令屡奖之。"可见,曾家或曾母陈氏的"懿行"中,除了具有浓厚封建时代色彩的"节义"外,还有中华传统美德的两个"亮点":一是孝道——二十岁守寡,"奉亲无违",能孝敬公婆,"全夫职";二是"教子义方",慈善为本——督教儿子曾学思成才,使其成为国学生(监生),且富而不吝,能导之以慈善济世,救困亲仁。孝道乃中华传统道德中的"首善",为"仁之本",慈善则是大爱。可以说,曾厝祠的建造,旌表的虽然是封建时代所提倡的"节孝",但曾家"慈善仁德"的惠众之仁,更为曾厝祠文化增色添辉。曾厝祠"背后"这些人文的亮点,是值得人们挖掘和传承的中华传统美德。

据说,我国建造节孝祠、坊的历史始于汉代,当时朝廷对有至孝、贞节等高尚品德的女性,给予旌表,为之立匾、建坊或建祠,还将她们的姓名和事迹记入地方志书的《列女传》中,常以"节孝垂芳""彤管良箴""璇闺亮节""琨玉秋霜""节茂松筠"等雅词立匾,通过"彤管标其媺,坊表耀其间"的形式"褒嘉以劝俗,阐幽以彰德",使她们能流芳于世。我国现存的节孝祠、坊大多建于清雍正之后。清雍正年间皇帝有诏:"旌表节义乃彰善。节妇年逾四十而计其守节已满十五年以上者,应酌量旌奖,后具标名于祠中祭祀,以阐幽光而垂永久。"据《清会典》记载,清代在各省、府、州、县各建节孝祠一所,祠中建大坊,凡节孝妇女由官府奏准旌表的都入祀其中,春秋致祭。古代揭阳的节孝祠、坊立于私家门庭、孔庙旁侧或其他公共场合等地方,孔庙的节孝祠始建造于清雍正三年,其他的节孝坊多载于清《揭阳县志》和

《揭阳县续志》。我国古代妇女要受到旌表，须有当地士绅制作其履历并附上相关人事的甘结（旧时向官府写的保证书），再层层向上汇禀，往往是"有力之家，尚能上达，而乡村贫穷之人，则多湮没"。曾学思祖孙三代均为国学生（监生），属当地的"有力之家"，曾厝祠"节孝坊"从申报到旌表竣建事历两任知县、至少用了三年的时间，是否还有其姻亲进士刘起振的帮衬则不得而知，他们的"努力"在县治榕城立下了一道独特的人文景观，给揭阳留下了曾厝祠这份独特的祠堂文化瑰宝。古代女性节孝懿行多湮没，节孝祠（坊）后来因为属"四旧"之列多遭拆毁。曾厝祠是我国现存为数不多的节孝祠且具有独特的建筑形制，足见它是一份弥足珍贵的传统文化遗产。据调查，在广东省古代女祠文物中，榕城曾厝祠在文物保护上具有"同类孤例唯一性价值"的特点（江苏省苏州市吴中山塘街贝程氏节孝祠也是祠坊合一建筑）。目前，曾厝祠中有的建筑构件部分已严重残损，亟待修护。如果曾厝祠能尽快被列为文物保护对象加以维护，则是这一独特祠堂建筑之幸。

（二）榕城学宫节孝祠

榕城学宫节孝祠位于揭阳市榕城区韩祠路南段孔庙西侧，为三进夹二庭传统祠堂建筑，坐北朝南，是清代揭阳县公立节孝祠。

节孝祠始建于清雍正三年，由时任揭阳知县李景运奉文建造（见清雍正《揭阳县志·学校》卷二"节孝祠"条），2009年揭阳市人民政府重建，并在节孝祠右门墙上立嵌入式重修石碑文，载："始设于清雍正六年（1728年）。雍正诏曰：'旌表节孝乃彰善。节妇年逾四十而计其守节已满十五年以上者应酌量旌奖，后具标于祠中祭祀，以阐幽光而垂永久'。"（与前条所载肇建时间有异）祠堂前厅外截凹肚门楼门匾阳刻行书"节孝祠"三字，正门两侧和东西相对门楼墙上自下而上各嵌立三幅花鸟石刻浮雕，素朴淡雅。节孝祠正前方为文昌祠〔两进式，坐北朝南，始建于明万历十六年（1588年）〕，两座祠堂前后相连，成为孔庙的右翼建筑。祠堂前阳埕两侧立围墙并开龙虎门，平时只开龙门与学宫的西火巷相通。节孝祠前厅正中立一幅木屏与正门相对，正面书"仁之本：中华优良传统——孝德展厅"，"仁之本"三字语出《论语·学而》（"孝弟也者，其为仁之本与！"）。前后天井、中厅及两侧通廊为常制建筑，宽敞明亮，中厅正中立一以正方体为底座的平放展开式贝灰书塑，作为节孝祠"孝德展"的"前言"部分，中厅及后天井的墙壁上各悬挂十二幅长约1.3米、宽约0.5米的古代孝道故事幅屏，统称"新二十四孝图"，图文并茂，意蕴丰富。从后天井北端拾三级石阶而上即是节孝祠的后厅（原陈设清代受旌节妇的牌位），三间宽，中间外侧两立柱间设闪门，左右敞开。后厅重建后改为节孝祠"中华优良传统——

孝德"展的主展厅，图文画幅内呈倒"山"字形布局，增加了布展的面积，所展"孝德"内容自左而右分为四个部分：一是"孝德观念的起源"，二是"孝在儒学创立以来的具体表现"，三是"充满孝道精神的社会日常生活"，四是"传统美德的继承与升华"。这些图文与中厅、通廊的屏展内容共同构成了节孝祠整个"孝德"展，这种设计改变了古代节孝祠单一的宗法教化功能而改易为能体现古今正能量的人文精神，体现了对传统孝道思想的扬弃，注入了新时代的内涵，使节孝祠焕发出新的光彩。

节孝祠是中国一种祭祀官方旌表的节孝妇女的祠庙，属于女祠。《清会典·礼部十·祠祭清吏司二》载，清代在各省、府、州、县各建节孝祠一所，祠外建大坊，凡节孝妇女由当地官府申报获朝廷奏准旌表的都入祀其中，春秋致祭。清代的节孝祠附设在孔庙等建筑内或独立建祠。而只要符合标准申报获准，不论存殁皆可入祀，只是入祀时已故者其牌位称为"神位牌"，健在者其牌位则称"禄位牌"。清乾隆《揭阳县志》载："妇人从一之义等于臣忠，白首全贞无力上达，更为可悯，故旧志无论旌表未旌表皆录于节烈中，但其间有守清而节者，有节而非烈者，今仿照刘向传，统称

▼ 揭阳市区榕城学宫（孔庙）节孝祠前视图

列女，亦国史邦书之通例也。"①节孝祠在清代作为一种宗法场所是奉文而建的，始建于雍正初期，分为两类：一为公立节孝祠，如榕城学宫节孝祠；二为私立节孝祠，如榕城中山路南段的"曾母陈氏节孝祠坊"。

古揭阳县节孝祠的建造时间，乾隆《揭阳县志·学校》（卷二）"节孝祠"和"忠义孝弟祠"（载"雍正六年奉文动项，与节孝祠并建"）两条均载为雍正六年（1728年），但却未提及时任县令的姓名，与此志卷二"学校"条所载"节孝祠，在进贤门内，清雍正三年知县李景运奉文建"及雍正《揭阳县志》卷二所载有异。如果节孝祠始建年代是清雍正六年，则时任揭阳县令为陈树芝（字琼田，湖南湘潭人，雍正四年至十年任），而雍正《揭阳县志》乃陈树芝于雍正九年（1731年）主持修纂，但该志书未提及节孝祠为陈令主持营建而载为前任县令李景运。李景运〔江西丰城人，康熙五十七年（1718年）进士〕在雍正二年至三年底任揭阳县令。陈树芝曾于雍正六年捐俸重修孔庙等庙坊，有其七律《戊申七月捐俸修葺文庙落成瞻拜恭纪一首》为记（诗题的"戊申"年为1728年，即雍正六年），雍正六年六月某日飓风夜作，揭阳多处公立建筑遭受毁损后陈令主持重修，这或许因节孝祠位于孔庙内又在飓风之后进行修缮，所以后志（乾隆《揭阳县志》）讹误，以陈树芝节孝祠重修年份代之以肇建年份，故本文采用雍正《揭阳县志》所载的雍正三年。

节孝祠是古代封建社会的一类宗法场所。清乾隆《揭阳县志·坛祠》（卷二）"节孝祠"条有详细的记载：

节孝祠，在进贤门内，每岁有司春秋致祭，祭品部颁，与忠义孝弟（"弟"同"悌"。笔者注）祠同。雍正元年，诏曰：'旌表节义乃彰善大典，每见直省有力之家尚能上达，而乡邨（"邨"与"村"为异体字，音义同。笔者注）贫窭之人则多湮没无闻，深可悯恻。着督抚学臣及有司遍加采访，务使苦寒守节之家同沾恩泽，至节妇年逾四十而计其守节已满十五年以上者，亦应酌量旌奖，着该部议奏复。'诏曰：'旌表节义，给银建坊，民间往往视为具文（具文指空文，徒具形式而没有实际作用的规章制度。笔者注），未曾建立，恐日久仍至泯没，不能使民间有所观感，着于地方公所设立祠宇，将前后忠义节孝之人俱标名于其中，祭祀以阐幽光而垂永久。'六年奉文动项，与忠义孝弟祠并建。"并附祝文为："维灵纯心皎洁，令德柔嘉。矢志完贞，全闺中之亮节；竭诚致敬，彰闺内之芳型。茹冰蘖而弥坚，清操自励；奉盘匜

---

① （清）刘业勤修纂，乾隆《揭阳县志·凡例》卷之一，民国二十六年重刊本，第3—4页。

◀ 榕城学宫节孝祠前厅闪门

而弗懈，笃孝传徽。丝纶特沛乎！殊恩祠宇，昭垂于令典，祈循岁祀，式荐罇醪，尚飨。

作为清代宗法教化场所的榕城学宫节孝祠，已经完成了它的历史使命，退出封建历史舞台。如今，重建后的节孝祠正扮演着新的角色，作为学宫广场的一个重要传统文化景区，成为宣展中华优秀传统文化"孝德"的平台和旅游景点。

第二节 婆祠

一、婆祠概述

婆祠，又称庶祖祠、副妣祠等，是女祠中的一个重要类型。据笔者调研发现，在潮汕女祠中，婆祠的数量最多，已发现30座，主要分布在揭阳市的揭东、揭西和普宁等县区。婆祠作为宗族祠堂中的次类，在建筑规模形制上有不少异于宗祠（总祠）的特点，主要表现为规模一般比宗祠小，朝向和匾额文字形式多样化等（见本书第一章第三、四节）。婆祠是潮汕祠堂文化进入繁荣期后出现的女祠，是女祠中的后起之秀，它们的出现和存在，述写着丰富的庶系历史人文，丰富了潮汕传统祠堂文化。

我国原始社会后期确立了父权制度，古代宗法社会中婚姻制度中长期存在"一夫一妻多妾"现象，男子娶一个妻子的同时，还可以纳妾，实质上为"一夫多偶制"[1]。恩格斯指出，"多妻制是富人和显贵人物的特权。"[2]这种多妻制，就是我国旧时代"一夫多偶制"的婚姻制度。多偶是指妻与妾，妾可以一个或一个以上，可以有多个，视男方的财力等因素而定。娶妻需要父母之命、明媒正娶，而纳妾则重在财力，近乎买卖关系。这种制度自西周时期已经存在，一直延续至民国时期，直到中华人民共和国建立才退出历史舞台。旧时的妾，可以是花钱买来的，也可以是非富即贵的"有力人家"中的婢女后来被男主人收房纳为侧室（偏房）的，而正妻只有一个，妻子去世，丈夫可以再娶，已故者称"元配"，再娶者称"继室"，均属于嫡；众妾则属于庶。在旧时潮汕地区，正妻的裔孙为嫡系，俗称"娘房"；妾的子孙为庶系，俗称"婆房"，即"盖妇有妻妾之分，母有嫡庶之辨也"[3]。如果嫡庶不辨，则名分不严。因为古代社会中的婢女多出身贫穷人家，没缠脚，所以潮汕地区旧时对婢妾有

---

[1] 黎明志. 简明婚姻史 [M]. 北京：群众出版社，1989：60.
[2] 马克思，恩格斯. 马克思恩格斯选集（第4卷）[M]. 北京：人民出版社，1972：56.
[3] 赵凤喈. 中国妇女在法律上之地位 [M]. 太原：山西人民出版社，2014：144.

"赤脚""花仔""走鬼"(清乾隆《揭阳县志·方言》卷七第13页作"灶鬼")等俗称。她们成为男主人的侍妾后,如果育有子女的话,正妻所生的子女就称这样的妾为"庶母"。如民国时期广东省揭阳县桃山村(今属砲台镇)《谢氏宗谱》(四套本)载明代初期桃山村谢氏开基祖谢宗文所撰谱序有"五世及予,生于元至正八年戊子,甫四阅月,而严父见背,依母黄氏逃难,未几母氏继亡,鞠于庶母石氏。"文中的"庶母"即身份为嫡子的谢宗文对其父之妾石氏慈惠的背称。旧时潮汕地区,侍妾有子女者称为"阿婆",裔孙辈则泛称其为"祖婆"或"太祖婆"。上述谢氏族谱中的"石氏",是桃山谢氏开基祖谢宗文的庶母,今其裔孙则泛称石氏为太祖婆。

旧时祭祀如果按照活动地点来分类,大致可分墓祭、祠祭和家祭,这三类中以祠祭最为隆盛,故有"报本之礼,祠祀为大"之说。宋代以后,人们从祖先崇拜的观念发展出"一本"的思想,认为宗亲都是同一老祖宗的后裔,要将宗族联结在一起就必须"尊祖",即尊祖可以"收族"(以上下尊卑、亲疏远近之序团结族人),这是祠祀的目的之一。因此历来认为"报本之礼,祠祀为大"。在潮汕地区,祠祭主要有春祭和秋祭。春祭在清明节前后,秋祭在中秋节前后。有的族姓祠堂每年春秋两祭,有的则一祭。有的族姓的祠祭日期不在上述的春秋两祭,而另行安排。如普宁流沙和美邻村的婆祠冯氏祖祠(继述堂)的祠祭日则是祠主冯族二夫人(庶祖母)黄月容的忌日农历三月二十七日(黄月容为明代揭阳县令冯元飚之妾,无子嗣,婆房缺,今普宁市冯族或为冯邑令娘房,故称黄月容为"二夫人"),这在潮汕的祠祭文化中是极少见的。

近代国学大师王国维先生认为:"商人无嫡庶之制,故不能有宗法……周人嫡庶之制,本为天子、诸侯继统法而设,复以此制通之大夫以下,则不为君统而为宗统,于是宗法生焉。"①我国封建宗法社会重视辨嫡庶、正名分。明清时期的祠堂祭祀活动,反映了我国传统宗法社会严格的等级思想。宗法时代存在嫡庶等级,即有贵贱尊卑有别,嫡系女性有"妣以嫡配"的从祀资格,而庶系女性在宗祠(总祠)祠祭上则完全被排斥在这种报本的最大礼乐文化圈之外。在墓祭方面,庶系女性去世后一般也不能随夫附葬,名号(谥号)不能与丈夫同刻于墓碑上。对于参与祭祀而言,庶系女性也同样被拒于祭礼之外。学者秦红岭指出,"在家祭中,主要的参与者是男性家长,因祖先牌位是以父系血缘繁衍为中心,它所凝聚的是男性祖先在时间轴上的延续性。女性作为主妇,只是跟随丈夫,作为一种'伴礼者'的身份祭祀祖先。设若女性

---

① 王国维. 王国维手定观堂集林[M]. 杭州:浙江教育出版社,2014:250-251.

▲ 揭阳榕城渔湖庵前村婆厅慈顺祖厅

不是正室,则禁止参加堂屋中的家庭祭礼。"[1]于是,嫡庶间长期存在各种矛盾,主要表现为嫡系对庶系的欺凌。

在旧时宗法时代,嫡庶尊卑分明,嫡为尊,妾为卑,庶系在礼制中属于弱势群体,备受欺压,因此常常发生正妻欺凌甚至虐杀婢妾的现象。如明崇祯年间揭阳县令冯元飚的侍妾黄月容被大妇苏氏妒杀并毁容一事,在揭阳乃至周边地区可谓家喻户晓。清末,揭阳县梅岗都曲溪村路篦村(今属揭东区)吴氏第十三世祖吴海山(婆祠顺敬祖祠祠主的丈夫)小时候和生母(身份为侍妾)曾被嫡母贱卖他乡,幸好被其六叔父发现而赎回(生母却不知所踪)。嫡系依仗宗法特权,强势霸凌庶系的现象屡屡发生。潮汕地区有一俗语"纱线团砧着腰,缚蟹索温温烧",相传就是发生在旧时一对妻妾间的故事。清道光年间(1821—1850年),揭阳县地美都双港村(今属榕城区地都镇)有一富户人家的"阿娘"(正妻)李氏,为人刻薄歹毒,时常"无䗂抑蚰"(潮汕俗语,指无事生非)——没事找事,虐待下人,对丈夫刚纳的小妾更是不放过。有一次丈夫外出几天不在家,一天早上,李氏在厅堂叫来小妾,大声叱骂,指责

---

[1] 秦红岭:中国传统建筑文化中的性别伦理[J].唐者学刊,2013(5):19-20.

小妾昨夜放在她床头的一段纱线团砧（砧：突起、顶碰之义）着她的腰，弄得她这个阿娘整个晚上睡不上觉。李氏随后强将这个小妾赶出家门。几年后李氏的丈夫去世，家道破落，李氏也沦为乞丐，四处乞讨。有一天，李氏来到一村庄，天色已晚，她向一户人家的女主人请求借宿。女主人说没有空闲房间，可在堆满缚蟹绳索的屋檐下暂歇。第二天早上，女主人端来一碗热稀饭并问道："昨晚睡得可安否？"李氏低着头连声道谢："好！好！温温烧（潮汕方言词，义为暖和），温温烧。"女主人听后感叹道："温温烧！温温烧！当年纱线团软软哩砧着腰，今日缚蟹索硬硬哩温温烧！"原来这个女主人就是当年被李氏赶走的那个无辜小妾，李氏听后羞愧难堪，慌忙离开。

故事中的这个小妾曾经受李氏的欺凌和休弃没有下井投石，而是以德报怨，是旧时庶系女性一个比较正面的人物形象。揭阳先贤姚梓芳（1871—1951年）有《庶祖母林太恭人传》一文载其生祖母林氏："方太恭人归大父为侧室时，大母林氏、黄氏先后逝世，诸伯父尚未成立，又适族里多故，家计赤立，太恭人以一身，内抚诸子，外持家政，巨细艰易，不辞劳苦，均能各得其条理，人以为难……二伯父以嫡庶之故，所以待之者或不协理，太恭人亦未尝与较也。"①其中的"二伯父以嫡庶之故，所以待之者或不协理"，就是指作为嫡子的"二伯父"对其庶母的不恭敬。嫡欺庶、娘房凌压婆房的现象也是潮汕俗语"潮州无好兄弟山"所反映的旧时兄弟"阋墙"历史长剧的重要原因。

在旧时潮汕地区，嫡庶尊卑悬殊，不但表现如俗语"赤脚生团阿娘个"所说，即侍妾所生的子女皆为正妻所有，要认父亲的正妻为娘；而且在祠祭上是"妣以嫡配"，正妻去世后牌位（神主）可以随夫附祀入宗祠祭祀，但侍妾则没有这个"资格"，牌位被杜绝进入宗祠进行奉祀，完全没有名分和权利。这在宋代朱熹《家礼》就已主张："庶母不可入祠堂。" 在嫡庶分明的封建礼法中，潮汕地区有俗语"赤脚（阿婆）孬入祠"，其实是旧时这种礼俗的反映。这个俗语中的"赤脚"（阿婆），在旧时潮汕地区就是指庶系女性祖先。一般情况下，这些"阿婆"去世后，其神主是不能进入宗祠祭祀的，而被设于其裔孙居住的宅屋中专室进行奉祀，即民间比较多见的"婆厅"。婆厅只是婆房宅居的一部分，设有婆厅的这类宅居是潮汕民间比较常见的居祀型建筑。如揭阳市榕城区陈泰兴的延庆第（俗称"婆祠"，有其翁氏顺修祖婆自己捐建的聚德堂），揭阳榕城渔湖庵前村则有类似祠堂形制的居祀型祖婆厅——慈顺祖厅（图见本书第74页）。但旧时只有极少数的族姓在祠祭上有"阿婆入祠"的族

---

① （民国）姚秋园著，《觉庵丛稿》卷十二. 京华印书局，第13页。

史，如揭阳市砲台镇桃山村建于明成化年间的谢氏家庙（永思堂），在明嘉靖初期其龛谱已载将其有功于族（舍亲女护嫡子及创村等）的太祖婆慈惠石氏的神主入祀宗祠进行敬奉。清乾隆年间桃山村附近的西淇村（今属登岗镇）陈族第十二世两个阿婆，因娘房无嗣，婆房主持族务，这两个婆房的裔孙将其祖婆牌位奉入其宗祠陈氏家庙（永思堂），这种现象在旧时是极为罕见的。如果庶系女性的裔孙发达显贵，有的就会突破封建礼制的约束，为自己这类"庶（祖）母"建造专用祠堂进行祭祀，以实现享受祠祀庙食的目的。这类专祠庶系女祖先的祠堂在潮汕地区统称婆祠，成为庶系的支祠或房祠（家祠），属于宗族祠堂的次类（在宗族祠堂中，大致依次可分为如下三类：宗祠——支祠——房祠）。如清光绪年间揭阳县教谕郭春华，其家族所在榕城东门郭氏建于明万历年间的总祠——郭氏宗祠（鼎象堂）为家族宗祠，郭春华的祖父郭创埵建于东门后溪墘的郭氏家庙（迪光堂）属于支祠，而郭春华

▲ 普宁市流沙和美邻冯氏祖祠祭厅"继述堂"（未恢复龛楼，仅挂设祠主黄月容的画像，祠祀日为祠主忌日）。

兄弟三人于清光绪六年（1880年）为其祖母顺贤林氏所建的婆祠——郭氏祖祠（重光堂）则属于房祠（家祠）。大约从清乾隆年间开始，潮汕婆祠的数量开始增多，成为女祠中的后起之秀，是潮汕祠堂文化中的另类和奇葩。因为崇尚"报本之礼，祠祀为大"，有的庶系突破传统礼俗，为自己的女性庶祖建造专祠，从而改写了潮汕祠祭文化的历史。所以，旧时潮汕地区人们用俗语"潮州好婆房"来对庶系的这种孝思和举措进行褒扬。据笔者调研，潮汕地区另一俗语为"赤脚（亦）好入（祠）"，其实是对婆房建造婆祠奉祀庶祖这一历史人文现象的反映，相传这一俗语源自明代潮阳棉城先贤萧端蒙（嫡出，排行第一，明嘉靖二十年（1541年）进士，官至江西道监察御史）的二弟萧端贡的裔孙为其祖婆谭氏（萧端贡之妾）建造专祠一事。明代后期（具体时间失考），萧端贡（字曰质，明嘉靖二十五年（1546年）举人，任广西灵川知县）裔孙中的"婆房"为其祖婆营建的谭氏祖婆祠（承懿堂，两进式）祠址在今潮阳棉城南门河东街，20世纪90年代被拆去，所在地建造为商住楼，其他相关信息失考，萧族的谭氏祖婆祠与揭阳榕城西门许氏庶祖祠（追远堂，清崇祯十年建）同为潮汕地

区早期的婆祠，谭氏有专祠可以入祀，所以潮汕民间将这一早期突破礼制的庶系祠祭现象概括为俗语"赤脚（阿婆）亦好入（祠）"是一种自然的现象。这种建造专祠奉祀庶系女祖的祠祭现象在当时是对传统礼俗的一种挑战和突破，彰显了潮阳棉城萧氏庶系"报本之礼，祠祀为大"的孝思，但潮汕民间却将这一故事的讹传为先贤萧端蒙显达后设计将身份为侍妾的生母（鹅嫩）的牌位奉入宗祠。这一"改版"的俗语故事以潮汕地区广为人知的先贤萧端蒙为主角，将萧端蒙由嫡子改为庶子，将其二弟侧室的神主入祀专祠（婆祠）改为奉母神主入祀宗祠，特意"改写"传统祠祭礼俗，借先贤名人强化了事件的效应，其实意在说明旧时庶系女性入祀宗祠之难，也表达了庶系改变传统祠祭限制的强烈愿望。

这类由婆房为自己的庶系女祖建造的祠堂，在潮汕地区泛称"婆祠"，形制上多为两进式，少数为单进式，其祠匾形式（文字表达）多样化尤为突出，有题额"×氏庶祖祠"的，如榕城西门明末的"许氏庶祖祠"等；有题额为"××（祖）婆祠"的，如揭东白塔桐坑民国初期的"克成婆祠"、普宁流沙平湖清末的"黄氏祖婆祠"等；有题额"××（或×氏）祖祠"或"××副（祖）妣祠"等，如榕城东门清末的"郭氏祖祠"、揭西县凤江镇凤湖村民国后期的"清德祖祠"等，名称上呈现出囿于礼制而异彩纷呈的特点（详见本书第一章第四节）。潮汕婆祠的出现经历了明代、清代和民国三个阶段并成为女祠的后起之秀，过去人们用潮汕俗语"潮州好婆房"来称述旧时潮汕地区庶系，是从总体上对"婆房"的崇尚孝道、感恩报本、自强向上、敢于突破宗法礼教的举措的肯定和褒赞，而其中庶系裔孙（婆房）建造庶祖祠（婆祠）这一祠堂文化现象在其中所起的作用是不可或缺的。下面选取一些已调查的、有特色的潮汕婆祠，作为"个案絮语"进行具体例说。

二、婆祠典例

（一）许国佐和榕城西门许氏庶祖祠

1. 潮汕地区现存建造时间最早的婆祠，肇建时间为明崇祯十年
2. 兼具婆祠和生祠的性质

许氏庶祖祠位于揭阳市榕城区西门，建造者为明代先贤许国佐。许国佐，字钦翼，号班王，一号旧庵，揭阳榕城（西门）人，明天启七年（1627年）举人，崇祯四年进士，历任四川富顺知县、兵部郎中等职，有《蜀弦集》《百洲堂集》等诗文存世，是潮汕地区家喻户晓的历史文化名人。许国佐为其亲祖母建造专用祠堂——许氏

庶祖祠的故事，是潮汕地区鲜为人知的彰显孝道的史话。

许氏庶祖祠是潮汕女祠中的婆祠，堂号为"追远堂"，位于榕城西马路许氏宗祠（源远堂）左后侧，为"双背剑"两进式，坐北朝南（与宗祠许氏宗祠朝向相同）。祠堂前有狭小阳埕，阳埕前侧为许氏临街（西马路）民居，西侧为许氏明经第民居（坐西朝东，建于清代后期），东侧为庶祖祠和明经第联通西马路的小通道。祠堂门匾阳刻"许氏庶祖祠"五字行书，相传是许国佐亲自题写。祠内建筑古朴素雅，前门厅狭小，天井两侧通廊东西墙原各开一圆形"子孙门"与

▲ 许氏庶祖祠祠匾

▲ 许氏庶祖祠堂匾"追远堂"

▼ 许氏庶祖祠（追远堂）

▲ 许氏庶祖祠左通廊墙原子孙门（今封闭）

◀ 许氏庶祖祠"祠记"

火巷相通（今封闭）。传统祠堂的子孙门一般设于前厅檐廊两端的墙上，作为平时裔孙活动进出祠堂的门户，故名"子孙门"。许氏庶祖祠的子孙门形制颇为独特，其宗祠（源远堂）内则设有内仪门，也是潮汕传统祠堂极为罕见的形制。后堂宽敞，梁架为传统的"三载五木瓜"形制。正座设一神楼，内置祠主牌位。许氏庶祖祠大约建于明崇祯十年，是许国佐为其亲祖母金陵贞勉余氏建造的专祠。余氏乃许国佐祖父许公望（许守愚长子，举人，仕湖广祁县、福建顺昌知县）侧室，故其专祠题匾为"许氏庶祖祠"，裔孙称其为"婆祠"。余氏原为许公望侍婢，金陵（今南京）人氏，慈爱勤谨，相传她因在许家一次危难变故中能倾力救护许公望嫡子（许公望之妻卢氏育有六子），使其转危为安，深受许公望赞赏而被收纳为侧室（余氏育有二子：长子许有壐，行七，即许国佐之父，号万石，庠生，过继许公望无子息的五弟许公期为嗣；少子许有宣，行八，号旭石）。据调研，许氏庶祖祠是目前潮汕地区尚存的唯一一座建造于明代的婆祠，也是揭阳地区建造时间最早的女祠，于2005年2月被列为揭阳市文物保护单位。

许氏庶祖祠也属于另一类型的祠堂——生祠，它是许国佐在祖母余氏还健在时就为她建造的专祠（余氏卒于明崇祯十五年），时间应当在重修许氏宗祠的同一年（1637年）或稍后不久。生祠是为健在的人建造的祠堂，里面供奉的是祠主的长生禄位，有祈寿祝福的意义，祠主去世后则改用神主牌位，用以祭祀，祠堂性质也随之变为祀祖先的普通祠堂。据许氏族谱载，榕城西门许氏宗祠原是其八世祖许守愚（许国佐曾祖父，举人，仕南京池州东流知县）晚年开始营建的许氏祖祠（祀许氏分创榕城始祖玉窖公），但其在明万历六年（1578年）未卒，万历八年（1580年）由其子孙续建竣工。约六十年后的明崇祯十年，许守愚之孙许有薴（举人，官至庆州通判）致仕后见宗祠颓废，遂"割产葺之，增置祭田，俾祀事无缺"而进行重修（清光绪《揭阳县续志·懿行》）。其时，许国佐在兵部任职，父子皆仕宦显达。但宗祠重光、家族荣耀之际，许国佐父子却心存愧憾，因为宗法礼制有"赤脚（阿婆）孬入祠"的规定，即许国佐虽然重修宗祠有功，但他的祖母贞勉敏余氏百年之后，神主依然不能进入许氏宗祠配祀供子孙祭拜。其时许国佐及其父在名分上虽属许公期裔孙，已是余氏的"侄子孙"，但实为母子祖孙，有血缘亲情天伦之实。据载，许有薴过房承嗣时尚幼，其生父母"教督之者益至"（见载《揭阳许氏族谱》），对于许国佐也如此，父子科甲桥梓济美，余氏教督有方。许国佐为了报答祖母余氏的养育之恩，遂将许氏宗祠左后侧原一座"下山虎"宅居拆除，为祖母建造一座"双背剑"两进式的生祠建筑——许氏庶祖祠，堂号"追远堂"，寄寓传统的慎终追远孝思。在古代宗法文化中，建造祠堂属于报本追源、尊祖敬宗的重大举措，而为庶祖建造专祠和生祠更是彰显孝道的壮举。许国佐父子修宗祠、建生祠的做法，演绎的是崇孝报本的传统美德。可以说，在古代揭阳地区，这一举措是继明崇祯二年名宦冯元飚在黄岐山建造侣云庵附祀侍妾黄月容之后，本地先贤在申倡"庶文化"上开启了建造婆祠的硬件建设之风。

许国佐一生彰显孝道，为其余氏祖婆营建生祠之后，明崇祯十五年二月许家余氏祖婆去世，为了表达对祖母血浓于水的亲情孝心，遂将位于今揭西金和境内一座有"丝线吊金钟"美称的小山丘买下，送给叔父许有宣作为余氏祖婆的专用墓地（余氏墓今尚在）。南明隆武元年［即清顺治二年（1645年）］朝廷许以高官征用，许国佐以父（许有薴）有疾不就。同年，揭阳武生刘公显所率"九军"攻陷揭阳县城，烧杀劫掠，许国佐之母江氏被劫持。许国佐于是亲往"九军"大营，愿以身代母，赎回娘亲。因拒与"九军"合作反明，于次年惨遭杀害，时年42岁。清版《揭阳县正续志》均称"时以为死孝云。"在明清时期的潮汕历史文化名人中，许国佐被誉为忠孝典范代表人物。近代岭东知名画家、诗人孙星阁（十万山人）有诗《咏先贤许国佐墓》赞曰："有明一代老诗人，吟到蜀弦百转声。揭岭有公山有骨，千秋忠孝记成仁。"

《诗经》云:"孝子不匮,永锡尔类。"时移世易,重提先贤许国佐建造许氏庶祖祠等彰显孝道的史话逸事,但愿其中所蕴含的传统文化正能量能得到当代人们的了解和传承,使中华孝道这一传统文化中的"首善"(百善孝为先)能不断得到发扬光大。

(二)潮州龙湖寨婆祠——椒实蕃枝

1. 建造时间较早(清康熙年间)
2. 匾额隐去"祠堂",名称独特
3. 形制巨大,俗称"阔嘴祠",不设拜亭

潮州市龙湖古寨肇建于宋代,内辟三街六巷为主体,曾有姓氏70多个、传统祠堂56座、府第宅居84处、书院书斋28处,素有潮汕"千年古寨"的雅称,历史人文丰富。寨内直街北段西侧,有一座建于清康熙后期的另类祠堂——婆祠"椒实蕃枝",为二进式建筑格局,坐西向东,面阔(通宽)约16.7米,深约31.5米,建筑面积520多平方米,是潮汕地区现存建筑面积最大和建造时间较早的女性祠堂。

祠堂前为大阳埕,面积约240平方米,大门正前方的阳埕采用"甬道铺"的铺砌方法,甬道(院落中用砖或石砌成的路)长8.43米、宽3.72米,由19块各长2.6米、宽

◀ 龙湖寨阔嘴祠(椒实蕃枝)前视图

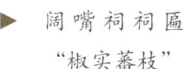

▶ 阔嘴祠祠匾"椒实蕃枝"

0.59米的石板铺砌而成，从门厅前截石阶直达前方直街，凸显建祠者的身份和财力。

前厅面阔三间（16.7米），外截深2.35米，但屋顶只设一厝脊加左右两"水局"硬山顶（俗称"厝角头"，潮汕传统祠堂前厅中间上端一般设鹊尾飞翘的"火局"形制，两侧硬山顶常设为"木局"）。祠堂的"凹肚门楼"（门洞），宽约10.38米，深约2.35米，约占祠堂面阔的五分之三，颇为敞阔，故而俗称该婆祠为"阔嘴祠"。祠堂只设一大门（清代三品以上官员的祠堂可设三山门），高3.15米、宽1.92米。祠匾阳刻"椒实蕃枝"四字行书，是明代潮州先贤翁万达的玄孙、清康熙四十八年（1709年）进士、韶州府学教授翁廷资（字尔偕）的手书石刻。祠匾左右两侧立"加冠""进禄"石雕，惟妙惟肖。外侧各分置一汉白玉通花麒麟，造型生动威猛，寄寓富贵吉祥的美好愿望。大门柱前立一对古朴的石鼓，石鼓直径约0.6米，雕刻精致。大门前檐下（俗称屐下）以倒挂莲花为装饰，朴素大方。门墙正面和两侧各有多幅精雕细刻的浮雕图案，接近石鼓的左门墙壁为群鹤嬉戏图，右门墙壁为群鹿怡乐图，以"鹿鹤"与"六合"谐音，喻指"六合同春"之象。

门厅内截深7.12米，四大八棱立柱上设左右"三载五木瓜"梁架，阔大宽敞，这种梁架构件为潮汕传统祠堂的前厅极为少见。左右为祠堂常制库房，左库房厅墙上新立"阿婆祠"和建祠者黄作雨简介挂幅。天井开阔，地面均由尺寸相当的石板铺设，坚实大气。天井两侧为常制通廊，各长约12米，但左右通廊各立四檐柱，形成三开间（中间稍大）形制。

后厅为敞开式祭厅，三面墙壁共立10根抱墙的四角立柱，形成纵横各三间的立面感觉，使后厅与其前通廊的屋脊连成一体，又增加了对屋脊的承重力，这种形制在潮汕传统祠堂中极为少见。中间立四根硕大的八棱石柱，直径约0.40米，柱基直径约为0.50米。梁架采用潮汕地区典型的"三载五木瓜"全木结构，雕刻有双狮、人物故

▲ 阔嘴祠天井及左通廊

▲ 阔嘴祠后厅

事、花草等，线条流畅，古朴典雅。中间内侧横梁上未见堂匾（已失考），横挂着一幅长度与中间相当的顾绣旗帐，粉红底色，上绣"燕翼贻谋"四个金字。这四字吉语嘉句的意义与建祠者在当地直街斜对面的黄氏宗祠堂号"燕翼堂"相同：燕翼贻谋，语出《诗经·大雅·文王有声》。燕：安；翼：敬；贻：遗留。原指周武王谋及其孙而安抚其子，后泛指为后嗣裔孙作长远打算。中间后墙供着一幅古代女性画像，画中人物身着典型的明代服饰，面容慈祥。画像中的人物就是祠主周氏、祠堂建造者黄作雨（字腾芳，明末清初潮州府海阳县隆津都龙湖人，监生）的生母（黄父之妾，清康熙初期去世，享年66岁）。画像前设木质祭台、供几，因祠堂目前未归还祠主裔孙管理，配置与普通祠堂相比略为简易。作为祠堂主体的后厅面积约200平方米，比普通祠堂偏大，连同檐廊更显得格外宽敞，"过白"面积也适宜，这或许是该祠堂不设拜亭的原因。

据载，阔嘴祠"椒实蕃枝"是明末清初时期家资殷实，富甲潮州的黄作雨为他的生母周氏建造的专祠，为庶祖祠。相传在清代初期，黄作雨显达之后，约在康熙四十年（1701年）前后，捐巨资在龙湖寨重修其祖祠黄氏宗祠（燕翼堂）。当宗祠重修竣工之际，黄作雨提出了让自己已故生母周氏的神主入祀宗祠，此举却遭到众多族人的反对，因为他的生母周氏原是黄家婢女，后被黄作雨之父收为侍妾。按封建礼制，嫡庶尊卑有别，侍妾属于庶系，在家庭中几乎没有名分，其神主是没有资格入祀宗祠供奉的。黄氏族人认为，虽然黄作雨为重修宗祠捐出巨资，但周氏的身份为侍妾，地位卑微，神主入祠奉祀则违背宗法礼俗，坏了祖宗的规矩。然而，黄作雨是个崇尚孝道之人，平时侍母笃孝，认为自己出了巨资重修祠堂，宗祠重光，功不可没，却竟连自己生母的神主都不能"破格"入祀，依然被拒之祠外，心中不服。生母虽为庶系，养育之恩不可忘，自己是"有力之家"，不建祠堂崇祀则扪心有愧。于是，毅然斥巨资另择吉地建造专祠崇祀生母周氏，即在黄氏宗祠附近，建起了这一座比宗祠燕翼堂还要宽大、气派的祠堂。因周氏的身份为侍妾，故为其所建专祠俗称"婆祠"。据笔者调研，潮汕地区这类女祠在明朝后期才开始出现，婆祠椒实蕃枝在当时还尚属罕见的新生类，是潮汕地区早期为数极少的女祠之一。又因为该婆祠的建造与"妣以嫡配"这一封建礼制相抵触，故而它的建造成为当时挑战宗法礼制的另类举措，此举彰显传统的孝道思想，因此一时传为佳话。

作为婆祠的椒实蕃枝是作为一座传统祠堂，它主要有两个奇特之处。一奇是上述的"凹肚门楼"极为宽敞，占据整座祠堂宽度的一大半，超乎寻常，极为张扬，故称"阔嘴祠"。另一奇则是婆祠的祠匾"椒实蕃枝"，这一匾额名称非常独特，在传统祠堂匾额命名史上可谓一反常态，与众不同：传统祠堂的祠主以男性为主角，祠堂的匾额的作用是"点名"——标明建筑物性质和名称，一般用"×氏宗祠""×氏祖祠"或"××（指男祠主之号）公祠"等范式来命名。如前所述，女祠是传统祠堂中的另类，数量所占比例甚少，命名上一般常用"×氏庶祖祠""×氏婆祠"或"××（女祠主之号）祖祠（或'副姒祠'）"等范式题额，祠匾中的"祠"字通常是不可或缺。但龙湖婆祠的命名却特立独行，题以"椒实蕃枝"，与传统的祠堂匾额范式迥异，不"点名"而是有所寄寓和期许，是一个很另类的个案（另有今揭阳市榕城区登岗镇西淇村陈族建于乾隆年间的婆祠坤芳鼎峙以及登岗镇沟内村杨氏建于嘉庆年间的婆祠蘁叶腾青，在匾额命名上与此颇有些相似）。婆祠的门楼敞阔张扬，而题匾又隐去"祠堂"的名称，可见当时特定历史背景下建祠者黄作雨和题匾者翁廷资的别出心裁。"椒实蕃枝"语出《诗经·唐风·椒聊》："椒聊之实，蕃衍盈升。彼其之子，硕大无朋。"椒聊：椒，落叶灌木，果实红而多子。聊：语助词。《毛传》："椒聊，椒也。"《朱熹集传》："聊，语助也。"硕：大；朋：比。这两句形容椒树枝叶茂盛果实硕大繁多，别的果子无法与之相比。这块匾额的文字含义，借椒树的子实繁多，喻指祠堂的族人世代繁衍、瓜瓞绵长、子孙兴旺，表达了祈福迎祥的传统文化思想，典雅含蓄，别有情趣。

龙湖寨阔嘴祠是潮汕地区大型的两进式祠堂且建造时间较早的婆祠，对研究潮汕传统祠堂及古代女性社会史等具有重要的历史文物价值。2012年8月该祠堂被登记为广东省文物保护单位。目前，潮州市已将阔嘴祠作为龙湖寨文史馆，成为当地进行传统孝道思想和反抗封建宗法礼制教育的重要古建和人文基地。

（三）惠来惠城婆祠——方氏家祠

1. 清康熙年间婆祠，坐向先后改易
2. 嫡庶和睦，祭厅中敬祀嫡祖母画像

方氏家祠（堂号"继承堂"）位于惠来县惠城西三巷仔内，为两进式带拜亭建筑格局，坐西向东，肇建于清康熙后期（原为坐东向西，1928年圮塌，1929年重建并改为今之坐向，1994年重修），是潮汕地区目前发现的一座建造时间较早的婆祠，也是一座彰显家族嫡庶孝友敦睦的支祠。

祠主是惠城方氏十三世、明末浮梁县丞方鲁（号左峰）的侧室（侍妾）静懿庄氏（育一子，名一鸣，又名一鹭，字仪冲，邑廪生），建祠者方应祷（1617—1702年）为祠主之孙，方一鸣第三子，清顺治十四年（1657年）举人，康熙年间仕四川南川知县，致仕后于康熙二十六年（1687年）受惠来知县张秉政聘请与进士张经（1628—

1693年）共同参订康熙《惠来县志》。祠堂前有长方形小阳埕，阳埕外侧是与祠堂面阔同宽的重立大照壁。祠堂开一正门，上端题"方氏家祠"四字行书祠匾，左右门板上各书"祖德""宗功"。"凹肚门楼"内墙壁上立多幅吉祥祈福浮雕和字刻，其中大门左右墙上各镶立阴刻行书字幅，左为"左图右史，智海浩瀚，深期后裔奋勉谙千卷。"右为"峰嶂峦屏，方山巍峨，俯眺长流奔腾历万春。"既蕴寓诗礼传家祖训、瓜瓞绵长愿景，又将女祠主庄氏的夫主方鲁之号"左峰"镶嵌其中。祠堂前厅狭小，天井两侧为宽敞通廊，左通廊墙壁上立《继承堂重修碑记》，载有"先祖妣静懿庄氏，乃十三世祖左峰公之侧室。先祖母秀外慧中，容止端淑，严遵祖训，克尽妇道，以孝以诚教诲儿孙勤读诗书，以继先志"等内容。祠堂后厅正前方立四方柱抱印亭（拜亭），拜亭面积约占了天井的一半，其正面柱联为"继往开来持续发展，承先启后务须创新。"将堂号"继承"二字镶嵌其中。后厅神龛上位为女祠主牌位"显十三世祖妣太孺人静懿庄氏之神主"（另附祠主儿孙方氏十四世方一鸣、十五世方应祷等两代神主），未设其夫主方鲁神位，与左通廊墙上石刻"祠记"所载内容互相印证祠堂为庄氏

▼ 惠城方氏家祠前视图

▲ 方氏家祠祠匾

专祠，性质为婆祠。后厅楹联有"浮梁贤名御论赞，南川惠政蜀志传"，分别寄寓祠主丈夫方鲁和孙子方应祷的仕宦之所及美政官声，彰明其家族乃名宦名贤世家。

据载，祠主丈夫方鲁去世时，其庶子方一鸣（庄氏静懿所出）尚幼，嫡长子方一凤（字肖左，贡生）出仕江西上犹县训导，他孝友有加，挂念家乡亲故，抵任三月即乞养致仕，归家侍母、抚庶弟方一鸣（失怙时六岁，承嫡兄方一凤训诲，后为邑庠生）及侄辈。其后，方一鸣第三子方应祷中举并出仕四川南川知县，方氏"婆房"于是显达。为崇祖报德，方应祷晚年为其先祖母庄氏建造专祠"方氏家祠"，并立其祖父方鲁及嫡祖母蔡氏（方一凤之母，育三子）大幅画像悬挂于祠堂后厅神龛两侧，岁时兼祀，以报嫡伯父方一凤孝友之德，其兼祀之举传承至今。

◀ 方氏家祠堂匾

▲ 方氏家祠拜亭及后厅

据清雍正《惠来县志》载："冠婚丧祭，（惠来）故家右族遵用朱考亭家礼立祠堂、重祭田，报本追远之意隆也。"① 方应祷为其祖母建造专祠"方氏家祠"时，伯父方一凤此前已建造了方氏祖祠（今为方氏宗祠），可见方氏"报本追远之意隆也"。据此可知，其"家祠"一语的含义为"支祠"，肇建时并无"宗祠"之义（尽管如今发展成为惠城方一鸣这一派系的支祠）。"家祠"原是"家祠堂"的省称，原是指宋代官员设于府宅内或毗邻的祭祖场所的称谓，随着宗族的繁衍壮大，后世多数发展为宗祠（总祠）。它不同于唐代始用的"家庙"（高级官员设于京师的祭祖场所），这一名称历代多用为官宦人家宗祠的匾额，如榕城区渔湖镇长美村建于元代的袁氏家庙、砲台镇桃山村建于明代的谢氏家庙等，均为所在村落族姓的宗祠。可以说，家祠的规制比家庙（宗祠）小，故而可以称为宗族祠堂的次类——支祠。旧时潮汕地区婆祠的匾额多以"庶祖祠"或"婆祠"等命名，而惠城这座潮汕地区早期的婆祠则冠以"家祠"二字而避开"庶祖祠"等直接而谦卑的称谓，既体现了家祠后来所指的支祠性质，又彰显了建祠者或题匾者的开明和智慧，是婆祠匾额的一个独特用例。方氏婆祠后厅设置两张祖像加以兼祀，这种习俗始于战国的"塚像"，即用来代替以前祭祀仪式中的"尸"（代死者受祭的人），而后尸礼废而像事兴。至宋代，这样的"影堂"之设已具普遍性，是当时大多数家庭家祭的重要形式，也是家祠祭厅的常制。

---

① （清）张珝美修纂，雍正《惠来县志·风俗》（卷十三）. 惠来县地方地办公室印，第171页。

▲ 方氏家祠前厅外视图

　　作为婆祠的方氏家祠另立嫡祖母画像于祭厅中兼祀，是潮汕"婆房"少见的祠祭形式，体现了旧时嫡庶间并不多见的孝友敦睦情谊。旧时宗法社会中，嫡庶贵贱有别、尊卑分明，宋代礼制规定"庶母不可袝于祠堂，其子当祀私室。""赤脚（阿婆）孬入祠"成为民间祠祭通例，静懿庄氏去世后神主没有入祀方氏祖祠，这在清初宗法社会中诚然是礼俗常态。所以，显达的方应祷为报祖德而立专祠祀亲祖母。旧时"娘房"与"婆房"之间的不平等往往催生"兄弟阋于墙"这一家族失和的持久战，俗语"潮州无好兄弟山""潮州无好娣姒缘"（"娣姒"即妯娌，潮语之姳姆）正是旧时家族内部矛盾普遍存在的概括，而方氏一族嫡庶则孝友和睦、融洽相处。

　　综观清代初期惠城方氏家祠这一宗法文化的活化石以及方氏"娘房"和"婆房"的融洽关系，将其与旧时古代兄弟"阋墙"的家族史相比则颇为另类，是旧时潮汕地区少见的家族和风惠畅之典范，堪称一个嫡庶孝友敦睦的佳话。

（四）揭东云路镇中夏村婆祠——林氏家祠

1. 居祀型婆祠
2. 两进式，面阔五间大形制

林氏家祠（淑贤堂）位于揭阳市揭东区云路镇中夏（又名"坎下"）村婆祠围，是这个村12座传统祠堂中形制最大的祠堂，也是潮汕地区一座独特的"居祀型"婆祠。

林氏家祠是中夏村林氏第二房的一座祖祠［村中有建于清道光十四年（1834年）的宗祠林氏家庙（濬慧堂）；第二房有建于清咸丰六年（1856年）的支祠二房公祠（衍庆堂）］，建于清咸丰八年（1858年）十一月，由该村林氏第七世林维龙、林恒合、林培基兄弟三人为其生母李氏

▲ 中夏村婆祠"林氏家祠"祠匾

春花建造的专祠，其母的身份为庶妾，该祠堂属于女祠中的婆祠，也是该村的一座房祠（家祠）。今祠祭时间为女祠主忌日即农历正月十四日。祠堂为"双背剑"两进式格局，坐东向西。前阳埕外侧由矮墙及南侧一座"爬狮"私塾（坐南朝北）合围成祠前开阔大院，院门靠右开，朝向自北向南流的车田河支流。祠堂面阔五间，宽约23.3米，纵深约25.3米。前厅外截设"双凹肚"门楼，大门内径宽1.68米、高2.61米，上立祠匾"林氏家祠"四字阳刻行书，匾额左端自上而下阳刻"咸丰八年葭月建"七字小行书，匾额两侧各立一阳刻仙人和麒麟石雕；门柱前各立一石鼓，高约1.1米；门楼正面和两侧相对的墙面均为花岗岩石构件砌筑，正面各有四幅同宽高的石刻，上面两幅阳刻近似菱形的硕大吉祥花，下面两幅阳刻竖长方形图案，基座为须弥座。门楼整体风格简约素朴而庄重大方。前厅两侧各有两间厅房，与相邻的厢房、厢房前"凹"字形矮墙及后厅相应两厅房构成南北两个对称小院落，院落于前厅房檐下矮墙上开一小门与子孙门（侧门）相对，两个小院落相对独立，各有五间房和一个小天井，是族人平时的居所。这两个小院落的"凹"字形矮墙之间即是婆祠的天井，深约6.2米、宽约9.5米。

后厅即祭厅，正中三间敞开，中间两侧各立两根圆形石柱，上端梁架为常制的"三载五木瓜"，神龛及堂匾自"土改"时废弃后至今未复。南北两侧厅房与同侧前

厅房、厢房及小天井相连合围所构成的民居小院落，这种形制实际上就是传统建筑中的"爬狮"（又称"下山虎"）格局。祠堂前厅山墙（厝耳）为常制火型（飞翘鹊尾）格局，而两座"爬狮"（即婆祠前后厅房）的山墙则是硕大的土型格局，贝灰雕边带和花草图案精致细腻，线条优美流畅，且每座"爬狮"的外墙均开设窗户，通风宜居。因此，这座婆祠实际上是由其中轴线上的"前厅＋天井＋后厅"与天井两侧的这两座"爬狮"民居相向合抱而成，是潮汕地区少见的民居与祠堂合一而建的"居祀型"传统建筑，也是一座形制和功能独特的女性祠堂。

这座婆祠的祠主是中夏村林氏第六世林元福（其裔孙称"八房公"）之妾李春花，大约生活在清道光至咸丰年间，原为林家契约女佣，受雇期间，能勤谨职守，不但挑水、舂米、清洁等家务杂活都做得有条不紊，而且颇晓礼仪，备受林家赞许。某日，佣期结束，李春花收拾行囊辞别雇主林元福启程回家，当她走出林家大门时，发现门前有一大坨牛屎，于是转身拿来工具将牛屎捡起并将地面清洗干净。林元福知悉此事，甚为赞赏，遂将这位平民女子纳为妾，是为林家六

▶ 林氏家祠前厅房山墙精致造型及饰件

▼ 林氏家祠正面视图

世阿婆。李春花后来育三子,即林元福三庶子,排行第六、七、八(娘房共有五嫡子)。李春花长子维龙(行六)和次子恒合(行七),后来经商有道,家资殷实;三子培基(行八),于咸丰四年(1854年)获选为廪贡生(其故宅有"明经进士"木匾),后出仕苏州府辖县县学训导。中夏村林氏历来重视崇祖报德的传统文化,清代道光十四年建成三大房的宗祠林氏家庙(濬慧堂),林家兄弟三人所在的"老二房"于咸丰六年建成支祠二房公祠(衍庆堂),婆祠林氏家祠则于咸丰八年建成,与支祠建造时间仅相隔二年。据其族老介绍,林氏二房公祠建成后,被奉为该村老二房的"小宗祠",但林家李春花阿婆的身份是庶妾,受旧时尊嫡抑庶的"阿婆孥入祠"这一封建礼俗的限制,其神主并没有因为三个儿子家资殷实和出仕显贵而能入祀祖祠(二房公祠)。林维龙兄弟三人本着对母亲的孝思,遂于村中(今婆祠围)卜定吉地建造"林氏家祠"作为婆房的家祠(私祠),专祀母亲以报本。如是,婆祠匾额上的"家祠"二字或可用"房祠"进行解读,即宗族祠堂中居于支祠之后的一个次类。

中夏村清代至民国时期所建的传统祠堂,除了上述林氏家祠外,另有林氏家庙等共12座祠堂(村中还有婆祠建造者林培基的一座清代的"儒林第"),堪称旧时揭阳的"祠堂村"。该村明末清初由先后来自福建的三位同姓异宗的林姓祖先迁入肇创,不久联宗汇为三大房派,士农工商,诗礼传家,至今已有近400年的历史,族人有8000多人。旧时该村落地形呈半弧形,貌似一弯新月,村后有相连的七峰为屏,故有"七星伴月"的美誉,地灵人杰。清代中期以后,该村在科举和经商上人才辈出,进入经济和文化繁荣期。婆祠"林氏家祠"的建造既彰显林族孝道文化,又体现了乐善好施的传统美德。据说,婆祠在建期间,恰逢是建祠的工匠所在家乡遭遇饥荒年,那时林家不但没有压低工钱,反而主动延长工期,叮嘱工匠"慢工出细活",并且按时增补工钱,供给无怠,留下了一段在当地广为人知的善举美传。

(五)榕城东门婆祠——郭氏祖祠

1. 祠堂常制匾额,内匾祠记标识婆祠
2. 两进式,祠前为庭院,开龙虎门

郭氏祖祠(重光堂)位于榕城东门直街郭氏宗祠(鼎象堂,坐南朝北)东侧,建于清末,坐南朝北,是一座二进式的潮汕传统祠堂。建祠者为榕城东门郭氏第十四世郭春华(字练裕)及其长兄郭于谨(字铭裕)、三弟郭于钿(字钦裕)于清光绪六年(1880年)为其祖母顺贤林氏(潮阳人,东门郭氏第十二世、福建省同安知县郭创垂之妾，当代榕城东门郭山森《榕东郭氏族谱》称其为"林氏祖婆"，育三子：学典、学埏、学卦）建造的专祠，是年正月初十日卯时晋主，原附祀林顺贤子郭学埏（郭春华之父）夫妇的神主，中华人民共和国成立后撤除，并改用为民宅至今。这座祠堂是揭阳榕城现今保存较好的一座清代女祠（婆祠）建筑。

作为婆祠，郭氏祖祠的祠匾与普通传统祠堂没有差别，它没有以"××氏庶祖祠"或"××（女祠主的号）祖祠"等女祠匾额常见范式命名，在建筑形制上因地制宜与周围朝南的民宅同向，于是与郭氏宗祠（坐南向北）朝向相反，面阔三间，规模比宗祠小（郭氏宗祠面阔五间，三进式，前埕与东门直街相连而显得阔大）。婆祠的前埕两侧构筑围墙与前面民居连接，使婆祠前增加了一个

▲ 郭氏祖祠祠匾

"前天井"，这个庭院不设正门，而在其东西两侧因地制宜各开一侧门厅（俗称"龙虎门"）作为进出祠堂的东西通道，婆祠的坐向和不开正门这样"低调"的处理，当地人说是避免了形制上僭越宗祠之嫌。据说，旧时郭氏祖祠族人办喜事吉礼时则开东门（龙门），办丧事凶礼时则开西门（虎门）；平时则开龙门，春秋祠祭时龙虎两门同时开启。婆祠正门祠匾阳刻"郭氏祖祠"四个行书大字，祠匾背面（内匾）阴刻郭春华楷书"祠记"，全文如下：

是祠也，先祖妣林太夫人之专祠也。太夫人为先祖、貤赠通奉大夫创垂公箧室，举丈夫子三人，次即先府君、诰赠通奉大夫学埏公府君。思其所自出，屡议肇禋崇祀，式奉尊灵，嗣以中年捐馆，厥志未成。长男于谨、次男春华、三男于钿仰体先府君之意，即以报先祖暨先祖妣之德于无穷，用是鸠工庀材，咸式于制，以庚辰之岁落成，颜其堂曰"重光"。此岂徒拓规模、壮瞻眎已哉？亦谓流光垂祚，永世不刊者，胥于是乎赖，肯堂肯构，厘水源木本之思；美奂美轮，辑松茂竹苞之庆。藉以述既往贻将来，庶几前芬克绍，遗泽相承；秋霜春露，瞻灵爽于四时；瓞唪瓜绵，衍渊源于百代云尔。

光绪六年岁次庚辰孟春月吉旦次孙春华敬书

这则祠记介绍了郭氏祖祠建造的缘起,表达了郭春华父子昆仲深笃的报本崇德的孝思。其中的特色词语和修辞手法的运用也蔚为可观,如"貤赠"(指古代职官以己所应得封诰,呈请改授远祖及伯叔或外祖父母等)"箧室"(即副室,又称侧室、偏房等,是旧时庶妾的别称)"丈夫子"[即今潮汕话中的"男子",潮音读(da¹ bou¹ gia²)]"捐馆"(本为捐弃所居之屋,在此用作人去世的婉称)"瞻际"(义为外观,"际"同"视",两者为异体字)"肯堂肯构"(语见《尚书·大诰》:"若考作室,既底法,厥子乃弗肯堂,矧肯构?"亦作"肯构肯堂",省作"肯堂"或肯构,指修缮房屋,喻子承父业)"秋霜春露"("秋霜"喻祖先的训示;"春露"喻祖先的福泽)"瓞唪瓜绵"(语见《诗经·大雅·生民》:"麻麦幪幪,瓜瓞唪唪。""瓞菶瓜绵","唪"通"菶",义为繁多。该词语喻后代繁衍不已,千子万孙)等。这是一篇研究榕城郭氏乃至揭阳祠堂文化的重要文物资料,也是一份潮汕地区女祠宗法文化不可多得的祠记。

婆祠的建造者之一郭春华,揭阳榕城人,郭之奇(潮州后七贤之一)长兄郭用章"金马玉堂"系裔孙。清光绪七年恩贡生,后任揭阳县儒学教谕(清代县学教官,掌文庙祭祀,训诲所属生员),清光绪十四年(1888年)任《揭阳县续志》董理校刊。郭春华擅书法,多以隶书见世。清光绪十二年(1886年)春,于揭阳紫峰山桂竹园留下"曲水流觞"隶书石刻。同年在黄岐山崇光岩留下"山高水长"隶书石刻,下款"光绪丙戌菊月郭春华书"。今揭阳市榕城区双峰寺内有清代书法家张国梁(谥"忠武")书"虎"字碑,上端有郭春华于清光绪十二年隶书题跋:"光绪丙戌,购得张忠武公墨迹,龙威虎震,如见英风,诸同人善之,劝余勒石以垂不朽,并志慕云尔。郭春华谨记。"郭氏祖祠"祠记"则是郭春华存世书法中少见的楷书石刻,也是潮汕女祠中极为少见的祠记和重要文物资料。

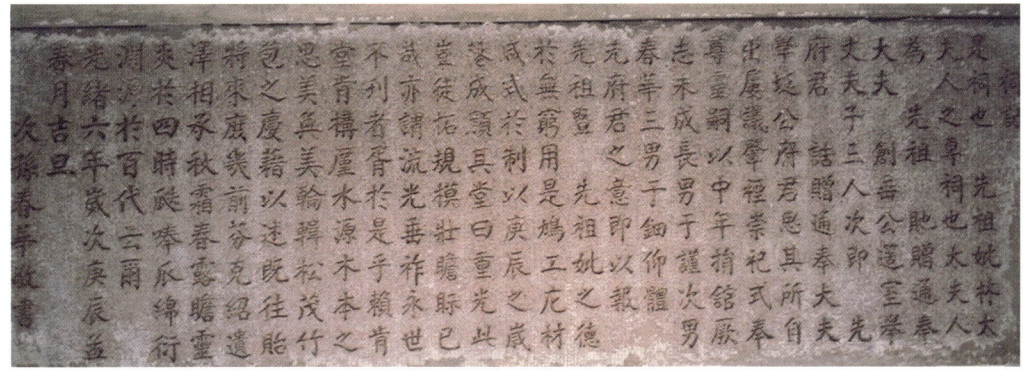

▲ 郭氏祖祠内匾"祠记"

郭春华之兄郭于谨，号勤善，监生，性仁慈，以乐善好施闻于世，有鉴于揭阳育婴堂废置而溺弃女婴的恶俗，他自出白金数百两修复县治育婴堂一事受刚莅任县令刘彬［清同治八年（1869年）六月至九年二月任，举人，广西临桂人］的表奖褒扬。"同治三年甲子，邑被水灾，迨乙丑春间大饥，野有饿莩，复竭力赒恤……三阅月费千余金，远近德之。晚年援例得加级请二品封典，国恩家庆，人谓其善行之报云。"① 时与弟郭春华同为揭阳乡贤。为报祖德，郭氏兄弟仁于清光绪六年同为祖母林氏太夫人建造专祠——郭氏祖祠（重光堂）。

榕城东门郭氏乃明清时期揭阳望族，祠堂文化丰富。明代后期建造郭氏宗祠（鼎象堂），清代后期又兴起了建造祠堂的热潮：先有榕城东门后溪墘郭氏家庙（迪光堂，位于郭氏宗祠南侧，坐北朝南，清同治年间郭春华祖父郭创垂所建），后有榕城东郊甲东里郭氏家庙［道源堂，清光绪三年（1877年）郭氏第十四世、郭之奇"太史第"系裔孙郭升裕所建。清光绪元年（1875年）郭升裕捐资重修榕城北门关帝庙］和东门郭氏祖祠（重光堂）先后建造，近三十年间同一家族在同一地区如此大兴土木营建祠堂宅第的现象，彰显了郭氏一族崇祖报德的孝思，大大丰富了揭阳的祠堂文化。这在古代揭阳历史上并不多见，也足见证其时榕城郭氏家族的辉煌。古人强调"报本之礼，祠祀为大"。榕城东门郭氏丰富的祠堂文化，实乃榕城东门郭氏一族崇祖报德之盛事，也是古代揭阳祠堂文化的一个侧影。

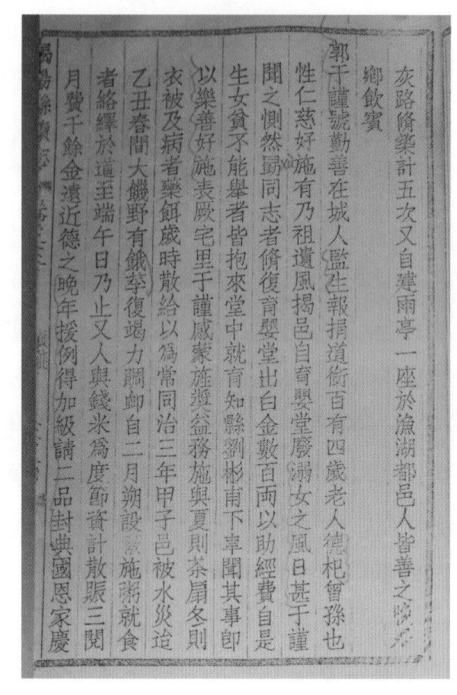

▲ 清光绪《揭阳县续志·贤能》（卷之三）第36页"郭于谨"条（部分）

（六）榕城区登岗镇西淇村独特的婆祠——坤芳鼎峙

1. 匾额（坤芳鼎峙）不"点名"，另类独特
2. 建祠缘起，据新例奉生母阿婆神主入宗祠遭拒

---

① （清）王崧修撰，光绪《揭阳县续志·贤能》卷之三，第36页。

婆祠坤芳鼎峙位于揭阳市榕城区登岗镇西淇村陈氏家庙（永思堂，建于清雍正年间）右后侧，坐南朝北，为潮汕传统"双背剑"两进式建筑（左侧巷厝已倒塌）；祠堂单开正门，内框高2.54米，宽1.56米，乃清乾隆年间西淇陈氏第十六世陈嘉琜、陈嘉璠、陈嘉球兄弟三人（均为庶出）为其生母顺敬彭氏所建造的专用祠堂。祠匾阳刻"坤芳鼎峙"四字（石匾长1.77米，高0.56米，厚0.17米；石匾两侧各配一幅人物贝灰雕），题额不"点名"，没有出现常制的"祠"字，与潮汕大多数传统祠堂建筑的命名殊异。后厅堂匾已失（堂号失考）。这座名称独特的"坤芳鼎峙"女祠，当地人们俗称为"婆祠"。

西淇村婆祠命名为"坤芳鼎峙"，实在与众不同。在祠堂匾额的题名上，用"宗祠""祖祠""家祠"等命名的，可称为"点名"式——说明性质和名称；类似"坤芳鼎峙"的题额方式则是另类的——不说明祠堂性质和名称而是寄寓赞美或期许，与前面所述潮州市龙湖婆祠椒实蕃枝（见本书第81页）有些相似。

据西淇村族老介绍，清代西淇村陈氏第十五世陈伯长有五子：嘉锡、嘉瑶、嘉琜、嘉璠、嘉球，均有功名，同为生员，时有"五秀士"之美称，西淇陈氏族运亦自此兴旺发达。陈伯长有一妻一妾，五子中，嘉锡、嘉瑶为其正妻所出，是为"娘房"；嘉琜、嘉璠、嘉球乃彭氏所出，是为"婆房"。其时陈伯长之妻治家严肃，严明嫡庶，两嫡子为人谦卑和顺守礼。其妾彭氏恭顺贤淑，所育三子中以陈嘉琜最为贤达。陈伯长夫妻去世后，陈嘉琜长期主持宗族房派事务，对传统礼教稍有所改革，

▲ 西淇村婆祠坤芳鼎峙

移风易俗，意在提高婆房裔孙在家族中的地位，遂引起娘房裔孙的不满。彭氏去世后，陈嘉琜兄弟三人以其本族已有两位祖婆神主入祠奉祀为由［祖父陈孟淑一妻二妾，嫡祖母池氏无子，两妾张氏婆和蔡氏婆均有一子，去世后神主均入祀竣建不久的陈氏家庙（永思堂），蔡氏婆即陈嘉琜的祖母］，提出将其生母彭氏神主入祀陈氏家庙奉祀，遭到娘房裔孙和其他族亲的极力反对，有的甚至还在陈氏家庙前长跪痛哭以示抵制，事情发展出乎意料。为了维护宗族团结，陈嘉琜遂改变初衷，与二位胞弟以婆房名义为生母彭氏建造专祠，以期四时奉祀，谨表孝道。此事发生于清乾隆年间，但具体时间陈氏族牒未载。

▲ 婆祠坤芳鼎峙正门

据说，彭氏婆祠坤芳鼎峙门匾的含义有：一是颂扬母德，"坤"指女性，"芳"为美德，"坤芳"寄寓祠主彭氏的美德，暗指彭氏的美德可以跟上代两位入祀宗祠的祖婆一样，齐芳同辉，故称"鼎峙"；二是指陈嘉琜、嘉璠、嘉球兄弟三均有功名，同为生员，各自业有所成，是彭氏教督有方，如是而题此匾。相传，匾额拟定后，帮助建造婆祠的堪舆（风水）先生觉得其涵义有瑕疵，认为建造祠堂的本意是崇祖报德，求光前裕后、敦宗睦族之义，不可为孝道而舍亲情（不提及二嫡兄），当念与嘉锡、嘉瑶两兄长有同父之实，毋忘"一代同堂五秀士"之义。陈嘉琜兄弟仨听后深为愧疚，但吉日已定，改易则不吉。于是恭请风水先生为之弥补缺失，遂有后堂楹联"同堂五秀士，子作孙承；经兄先弟后，数岁先明"之作，意谓兄弟五人同祖一本，当不忘长幼有序、美德世代相传之礼训。"坤芳鼎峙"门匾的涵义有陈族族老强调在于指称祠主：门匾乃祠主彭氏阿婆两侄孙撰书［匾额左侧有"愚姪孙雄思拜撰"，右侧有"愚姪孙文炳拜书"。陈雄思生于清雍正四年，字凤山，清代揭阳诗人，原为清代海阳县禀生，后其父陈毅斋至揭阳任教，遂占籍揭阳，清乾隆四十四年（1779年）参与校勘邑令刘业勤主持重修之《揭阳县志》，清乾隆五十一年（1786年）解元，授教谕，有《龙津草堂诗集》存世］，可知匾额的文义并非陈嘉琜兄弟三人所出，而是清代乾隆年间解元陈雄思撰写。婆祠名称意在赞颂彭氏阿婆恭顺贤淑，教子有方，她的美德（"坤芳"）可与前代已入家庙附祀的张氏和蔡氏两祖婆相媲美，三位庶系女性功德齐芳，不分伯仲高低，故言"坤芳鼎峙"。这种解读前后衔接自然，而且具有其族史（阿婆入祠）

▲ 西淇村婆祠祠匾"坤芳鼎峙"

的针对性，可惜缺乏"祠记"等其他相关资料的佐证。尽管对婆祠的名称存在不同的传说和理解，但在祠堂匾额命名文化上，"坤芳鼎峙"这一名字的确很独特。

西淇婆祠坤芳鼎峙至今有200多年的历史，是揭阳古代女祠文化中的一朵奇葩。

（七）榕城区登岗镇沟内村独特的婆祠——蕴叶腾青

1. 另类匾额、堂号（绥福堂）语出同典
2. 内匾"祠记"，明示双重祠性

揭阳市榕城区登岗镇洋淇沟内村杨氏有一座祠匾独特的"单背剑"（带右侧巷厝）的传统祠堂蕴叶腾青（绥福堂）。据调研，它是一座兼俱婆祠和生祠性质的清代女祠。

这座祠堂建于清嘉庆八年（1803年），坐北朝南，两进式格局（沟内村杨氏旧谱载"'蕴叶腾青'系其五房二的祖婆祠，堂内'绥福堂'，二进"），女祠主为沟内村杨氏第十五世杨德信（字仁智，号宝峰，清代监生）之妾桂香陈氏。因此，它是一座婆祠。祠堂面阔三间，宽约12米（天井和后厅已倒塌），深进约20米，规模略为狭小。大门内径宽约1.51米，高2.69米。祠堂的匾额独特，高0.52米，长1.59米，为"蕴叶腾青"四字阳刻行书，并非常制的"××祠"格式，没有直接标明建筑物性

▲ 沟内村婆祠祠匾"藟叶腾青"

质或名称。内匾为祠记,篆书标题"匾记序文"(四字有待进一步考证),正文为隶书,撰写者为女祠主之子杨爱盛(字讲茂,杨德信次子,清代监生)。祠堂前厅凹肚门楼的墙面和地面均为石砌形制,祠匾左右两侧立"鹿""鹤"石雕——喻指禄寿吉祥之意;大门两侧正面和门楼侧墙各有上下两幅竖长方形石雕,上方四幅自左而右为"福""禄""寿""全"四字,以龙纹和祥云构形,图案精美。相传,凹肚门楼这些石雕是民国初期重修所设。祠堂的前面有宽阔的阳埕和自东向西流的小河(属枫江支流),阳埕东南端原有一旗杆夹石,1952年前后被毁弃,未重立。目前,祠堂仅前厅基本完好,后厅在"抗战"期间受损倒塌,里面长着几棵大玉兰树,坚毅秀挺,与祠堂的残破形成鲜明对比。

　　这座祠堂的祠匾"藟叶腾青"和堂号"绥福堂"均典出《诗经·周南·樛木》的第一章:"南有樛木,葛藟萦之。乐只君子,福履绥之。"历来多认为这首诗是上古男婚女嫁的祝福歌,如著名文学史家余冠英认为"这是一首恭贺新人的诗。每章的前二句都以树枝被葛藤相缠为比兴,喻女子托身夫家。后二句则祝贺新郎新婚幸福。"① 但有的学者认为,"如果从诗意的多义性角度来考虑的话,似乎也不必拘泥于婚礼上对新人的祝福。因为歌词中没有明确的提示男女、婚姻之类,所以只要符合'樛木'和'葛藟'的关系或具有'樛木'和'葛藟'的关系倾向的其他社会关系也

---

① 余冠英,韦凤娟. 诗经与楚辞精品[M]. 长春:时代文艺出版社,1995:26.

未必不可以唱起这样一首歌来表达一种祝福的愿望。"①清乾隆《揭阳县志·列女》（卷之六）有："刘氏，海阳人，广西布政司刘子兴女、光禄署丞林士登妻也……夫殁，闺阃肃然……亲族咸称葛藟之芘。万历间邑令潘应龙制匾嘉奖，谓其'教本名门，德称女士，柏舟之操长贞，樛木之慈可咏。'"文中"葛藟之芘"和"樛木之慈"均喻母德之美。"芘"同"庇"。"藟"为藤蔓草名，也称葛藟、千岁藟（常春藤），常以缠蔓绕树木而向上生长。东汉许慎《说文解字》释"藟"为葛藟之省称。"藟"又可通"蕾"。所以，"藟叶腾青"（同"蕾叶腾青"）是喻称母德慈爱之美和子孙后代兴旺发达，可看作上述引文一样是对诗歌表达内容的一种解读。另外，女祠主陈桂香的身份为侍妾，与其夫杨德信的正妻是嫡庶关系，而嫡庶尊卑贵贱有别——嫡为主，庶为次。这座婆祠祠匾典出"南有樛木，葛藟萦之"。"萦"可释之为缠绕、依附，以"嫡—庶"与"樛木—葛藟"相对应，或许可以认为祠匾"藟叶腾青"也在暗示祠堂的性质为婆祠；或解读为"樛木"指母亲，葛藟指子女，寄寓子孙后代在祖德的庇荫下兴旺发达。堂号"绥福"二字也取自上述《诗经》同章中的"福履绥之"（福泽降临，使其安乐），祠记自注有"绥者，安也；福者，顺也"。意义相关，可看作是运用暗引修辞以寄寓崇祖报本和祈福的愿望。当地人称这座祠堂为婆祠，可以从其内匾祠记得到印证，全文如下：

先君晚而得盛，顾而喜之，谓我母陈氏曰："我之宗祊有司，将来尔之庙食求赖焉。"保抱顾复思养兼至，其所以付盛者非轻，则所以望盛者尤重。未几，五岁而孤，不省所怙，惟母是依。稍长，母于家政之余，偶为盛述。盛泣而志之，不敢忘言。盛年二十有余矣，窃思历代考妣神灵各有所栖，而生母陈氏今日既未栽名以顾其身，后日复无专庙以安其主。罔极之谓何？何其忝所生也！因于历代祖祠之左别筑一祠，额其匾曰'绥福堂'。绥者，安也；福者，顺也。非敢云顺亲也，所以安亲也。则以是为吾母百岁后衣冠俎豆地耳。盛才疏德薄，不能继父志，聊藉以慰母心，故郑重书之，以求厥传云。

嘉庆八年岁在癸亥季冬
爱盛谨书

---

① 杨树郁，许宏伟. 国风诗旨辩略[M]. 南宁：广西人民出版社，2014：5.

▲ 内匾（匾记序文）

祠记中建祠者杨爰盛所言"窃思历代考妣神灵各有所栖，而生母陈氏今日既未栽名以顾其身，后日复无专庙以安其主"，正是因礼俗"妣以嫡配"——只有正妻的名号才可以附刻于丈夫神主和墓碑上〔旧时潮汕地区相关俗语"赤脚（阿婆）孬入祠"也与此有关〕而担虑其身份为侍妾的生母"百岁后"的"庙食"（祭祀）问题。据杨氏旧谱载，杨爰盛及其父均为监生，其长子杨著嘉为例贡生，祖孙三代科第显达，

▼ 婆祠蘁叶腾青前视图

可谓是当时的"有力之家"。慎终追远是古代中国宗法文化的重要内容,"有力之家"更是崇尚"报本之礼,祠祀为大"。清代后期,作为"有力之家"的"婆房"杨爱盛为生母"别筑一祠"——营建专祠以报本,则是一种具有挑战封建宗法礼教的举措,而以独特的匾额"蕗叶腾青"委婉标记婆祠,寄寓丰富的人文内涵,又显得低调谦卑,是否存在挑战与妥协兼顾则不得而知。对这一独特的祠堂匾额可以结合同属登岗镇的西淇村婆祠"坤芳鼎峙"和潮州市龙湖古寨婆祠"椒实蕃枝"等进行深入的探究。

这座婆祠竣工于清嘉庆八年冬,其时女祠主陈桂香(生于乾隆二十七年,卒于清道光十四年,享年73岁)尚健在。因此,该祠堂也是潮汕地区女祠中少见的生祠,祠记中

▲ 婆祠蕗叶腾青内匾"匾记序文"

的"则以是为吾母百岁后衣冠俎豆地耳",就说明了这座婆祠肇建时是一座生祠。据调研,潮汕地区目前已发现属于生祠的传统女祠还有揭阳市榕城区建于明崇祯十年的西门许氏庶祖祠(追远堂)、榕城区中山路建于清乾隆二年的曾母陈氏节孝祠坊和揭西县钱坑镇建于清光绪年间的仁怀副妣祠(婆祠)。旧时人们认为"报本之礼,祠祀为大。"即彰显孝道以建造祠堂祭祀祖先为最大的举措。如马风先生所说:"潮往往以事业的成败,归诸祖先墓地的吉凶,因而对于坟墓的修筑与建立家庙祠堂,诚为莫大的礼节。"① 婆祠蕗叶腾青作为生祠,更加彰显了建祠者当时浓浓的"生孝"报本思想。

兼具婆祠和生祠性质的这座清代女祠蕗叶腾青(绥福堂),如今虽然有些残破,却仍然在顽强地以独特的匾额等形式述说着中华传统孝道文化,是潮汕地区传统祠堂文化百花园中一朵奇葩。

---

① 马风. 潮人的祖宗崇拜对象及其风俗[M]. 汕头:汕头大学出版社,1997:224.

（八）照壁独特的揭西凤湖村婆祠——清德祖祠

1. 常制匾额
2. 照壁超大且开中门，形制独特

婆祠清德祖祠（兆兰堂）位于今揭西县凤江镇凤湖村，建于1947年，坐北朝南，两进式（不带巷厝）格局，是该村杨氏第十五世杨昌舜（1784—1856年）的侍妾（原为侍婢，当地俗称"花仔"）林清德的专祠。该祠堂是潮汕地区建造时间较晚的一座女祠，也是一座照壁形制独特的传统祠堂。

祠堂前面为方形宽敞的阳埕，外侧立一长度与祠堂面阔齐宽（三间过）的独特大照壁，照壁正中设一与其同一立面的大门，高约2.3米，宽约1.5米。照壁顶分三间，中间略高，飞脊勾翘，两侧为常制屋脊和短檐，东西两端立木式山墙（厝角头），照壁底座高约0.3米，门前内外设两级台阶。从正面看，整座照壁类似普通祠堂门厅的"前截"（就差"凹肚门楼"和两前檐柱），颇为独特。我国古建中的照壁由来已久，在西周时期已经出现。"照壁"一词多是南方人的称呼，北方人多称"影壁"，有内照壁和外照壁之别，照壁之设据说源于古代的风水学说。古代风水讲究"导气"，但"气"不能直冲厅堂或卧室，于是有照壁之设。同时，为了保住"气畅"，内照壁不能全部封闭，外照壁则不能过大（一般不超过相应建筑物面阔的一半）。外照壁为祠堂常制附属建筑，内照壁在祠堂中则多设于前厅大门的内侧，与祠堂大门正对且等宽（称"屏门"，平时关闭，举祭则开启）。清德祖祠的照壁却规模超大，与祠堂的面阔同宽，却又在照壁正中开一大门，颇为另类，是否有"风水学"方面的考虑，今已很难稽考。从照壁正前面看，这座祠堂被其左右两侧相邻宅屋翼拥（阳埕与两侧邻屋也如此），构成一个更大的整体，使祠堂从远处看起来好像不是两进式而是三进式的格局，外观规制显得更加壮观。祠主林清德的夫主杨昌舜有专祠舜祖公祠［建于清咸丰五年（1855年），祠堂竣工时祠主杨昌舜仍健在，故而该祠堂是一座生祠］，位于该村老寨内，两进式，与婆祠（清德祖祠）坐向相同，相距约100米，其照壁为常制的八字形格局，面阔与舜祖公祠前厅（中间）同宽，但宽度则不及清德祖祠照壁的一半。丈夫与侍妾均有自己的专祠，而且侍妾的专祠在形制上比丈夫的还更为阔大壮观，这在潮汕传统祠堂史上极为少见，有礼制上僭越之嫌。据调研，杨昌舜的裔孙中"婆房"比"娘房"人数多，显达者也多，能突破封建礼俗建造专祠崇祀庶祖（祖婆），这也可以看作潮汕俗语"潮州好婆房"的一个佐证。

▲ 清德祖祠前视图

◀ 清德祖祠堂匾"兆兰堂"

据杨氏族谱所载,祠主林清德,生活于清代后期,她为人贤淑慈惠,教子有方,能助其夫主增创产业,敦亲睦族,乐善好施,内外敬重。林清德晚年子孙绕膝(育有五子一女,二十八孙男),有的也显达出仕,但因为她身份为侍妾,按封建礼俗其去世后神主不能入祀其夫杨昌舜的专祠(舜祖公祠)配祀,1947年12月其裔孙便在村中舜祖公祠西侧为她建造专祠奉祀,以表孝思。这座婆祠以祠主谥号"清德"题匾,堂号"兆兰堂"。据说,这个堂号的含义喻指祠主林清德的侍妾身份的子孙瓜瓞绵长、富贵兴旺。关于这个堂号命名的缘起,与该村老寨位于舜祖公祠前侧的伯公宫匾额"梦兰叶吉"也有关联。

该村伯公宫即老寨门厅,是老寨南端排屋的中间(正后方隔阳埕即为舜祖公祠)。伯公宫为纵深约4米、面阔约3.5米的单间式庙宇,前门居中,后门则靠左开,庙中祀"福德老爷"(俗称伯公),龛位上端摆挂一块宽约0.6米、高约0.4米的"梦兰叶吉"木质匾额[立于清咸丰元年(1851年)]。"梦兰叶吉"一语,《左传·宣公三年》载:"郑文公有贱妾曰燕姞,梦天使与己兰,曰:'余为伯鯈。余,而祖也。以是为而子。以兰有国香,人服媚之如是。'既而文公见之,与之兰而御之。辞曰:'妾不才,幸而有子。将不信,敢征兰乎?'公曰:'诺。'生穆公,名之

▲ 清德祖祠照壁侧视图

曰兰。"后因称妇人怀孕为"梦兰"。"叶",音同"协"（音xié），义为和洽、合顺。宋代欧阳修《英宗皇帝灵驾发引祭文》："今者因山为陵，卜万世而叶吉。"《幼学琼林》（卷二）有："贺人生子，曰嵩岳降神；自谦生女，曰缓急非益。生子曰弄璋，生女曰弄瓦。梦熊梦罴，男子之兆；梦虺梦蛇，女子之祥。梦兰叶吉，郑文公妾生穆公之奇。"

▲ 凤湖村老寨门厅伯公宫内匾"梦兰叶吉"

杨昌舜有一妻二妾（正妻周氏育四男一女，大妾卢氏育三男一女，小妾林氏育五男一女），林清德是小妾，相传生前对寨厅的伯公恭敬有加，曾做过类似郑文公姬妾燕姞之梦——梦见伯公告知她将多产男儿且日后显贵，后来果然如是，林清德遂母以子贵获得朝廷貤赠"宜人"（明清时代五品官之妻、母可封宜人）封号，遂立此牌匾。而杨昌舜的妻妾中以林清德的裔孙最多，故而其裔孙在民国后期为她所建的清德祖祠，堂号题以"兆兰堂"（"兆"，极言众多）以志此庆。可见，这一堂号寄寓着类似的梦兰传说和子孙绵长、富贵兴旺之意。

这座婆祠在中华人民共和国成立后先后被当地基层党政部门征用作集体工厂和

村社办公场所，1997年归还林清德的裔孙并恢复祭祀。2007年12月重修，今祠堂内祀林清德与其夫杨昌舜及其五子、二十八孙男神主。清德祖祠是揭阳乃至潮汕地区为数甚少且至今保存完好的民国时期婆祠之一，其独特的照壁建筑和人文历史值得深入研究。

（九）普宁里湖布美村的士祖副妣房祠

1. 匾额题字形式独特，述写特定族史
2. 祠主墓碑与夫合一，礼俗少见

普宁市里湖镇富美村李氏是一个有近1万人口的村落，全村共有12座传统祠堂，这些祠堂共同谱写着该村李氏丰富的传统孝道文化。而在该村的书斋园（彰德轩）有一座匾额独特的清代婆祠——士祖副妣房祠（如在堂），它的建造及其相关传说，则叙写着作为祠堂建造者的婆房（庶系）在旧时代强烈的崇祖报德的孝思和勇于挑战封建礼教的精神。

士祖副妣房祠位于该村书斋园南部，坐东向西，祠匾为"士祖副妣房祠"六字阳刻行书，而"副妣"二字则显得极细小，位于匾额中的"祖"和"房"二字之间的中上方，竖写，颇为别致。这座祠堂建于清光绪十二年（1886年），载于内匾"垂裕后昆"落款中。祠堂历两个甲子于2006年重修。祠堂占地面积约420平方米，形制为二进式带一拜亭，拜亭内悬挂一"明经进士"（即贡生）木匾。祠主是富美村李氏第十七世李礼学的侍妾、溪南人德禄周氏。李礼学，号高士，清代国学生（监生），育五子，正妻（名号失考）育二子（今裔孙有300多人），侍妾周德禄育三子（长子育兴、次子育贵、三子育恭，今裔孙有800多人）。周德禄的裔孙（俗称"婆房"）感念祖婆恩德，为崇祖报德，彰显孝道，三个房派（倡建者为李氏第十九世，即孙辈为祖婆建祠）于清光绪十二年共建"士祖房祠"。但是，祠堂建成之日，李礼学的娘房（正妻的裔孙）却因祠堂的祠匾"士祖房祠"和婆房的裔孙发生了争执。娘房裔孙认为（高）士祖是娘房和婆房的共祖，认为他们才是士祖的"正枝"（嫡系），竣建的祠堂没有娘房参与建造，实际上否定了娘房的存在，对此决不能接受。相传娘房提出补具共同建造费用，以嫡系身份参与祠堂祭祀活动。按照封建宗法礼制，嫡庶贵贱尊卑有别，如果娘房介入祠堂祭祀活动，则居主导地位，对此已竣建祠堂的婆房无法接受，予以拒绝。一方面，士祖房祠是由婆房三个房派共建准备专祀祖婆德禄周氏的，与娘房无关；另一方面，如果娘房介入祠堂祭祀，则祠堂的性质将由女祠（婆祠）改变为奉祀李高士的男性祠堂，因嫡庶尊卑有别，周祖婆的神主或许就难以入祠奉祀

（封建宗法礼制规定侍妾的神主不能入祀男性祠堂），这与婆房建祠初衷相悖。因此，婆房坚决予以拒绝。嫡庶双方就这样争讼不休，上演了一出俗语"潮州无好兄弟山"的"阅墙"闹剧。后来，在有识之士的提议下婆房对祠堂原匾额做了增补修改，在"士祖房祠"四字的中间增刻竖写的"副妣"（即庶母、阿婆）两个小字，标明是婆房的祠堂，从而使仗"礼"欺人的娘房望而却步（因为修改后的匾额标识祠堂为婆房所属，娘房不会拿自己嫡系的名分开玩笑），于是嫡庶经年累月的争讼得以平息。据该祠堂族老介绍，当时婆房用于这场官司诉讼的费用竟然比建造这座婆祠的资金还要多，封建宗法礼制给李氏族史留下了嫡庶不和的一页，如今裔孙谈及此事无不深以为憾。

祠堂匾额中的"士祖"二字是指祠主德禄氏的丈夫李礼学（号高士），裔孙尊称其为"士祖"，这种以祠主字号加"祖"字的用法常见传统祠堂（支祠）的匾额中。如揭阳市榕城区名丰埕的"王氏辅祖祠"（祠主为王兴辅），上述揭西凤湖杨氏的"舜祖公祠"（祠主为杨昌舜）等，一般是裔孙采用祖先"字号"的后一个汉字加上"祖"字来冠名的。匾额的"副妣"二字位置独特，语义指向别致，区别性明显。旧

▼ 士祖副妣房祠（如在堂）前视图

▲ 士祖副妣房祠祠匾（中间上侧两小字为"副妣"）

时的侍妾，又称为副室、侧室、少室，俗称偏房，美称为姬。副妣，即是儿辈对已故身份为侍妾的生母的背称，面称可用"阿婆"（孙辈则称祖婆）。这座祠堂肇建时是专祀李礼学的侍妾周德禄的，是一座婆祠（副妣祠），而专祀庶祖母的婆祠祠匾上加刻祠主的丈夫字号，兼及父祖辈的信息，祠堂性质和所属房系指称更加具体明确，增加了更多的人文信息，这在潮汕同类传统祠堂中或许是独一无二的。

据调研比较，该祠堂的"房祠"二字，可以看作是宗祠（总祠）之下支祠的一个次类。宋代秦观《孙莘老挽词》（之二）有："转守七州多异政，奉常处处有房祠。"可见，在北宋时已有"房祠"的用例。富美村全村除宗祠"李氏祖祠"（德馨堂，俗称"老祠"）外，其下另有11座支祠和房祠，士祖副妣房祠所属族人的第三世祖李先知在村中有"先知公祠"（追远堂），是一座地位仅次于宗祠（德馨堂）的支祠。这样，士祖副妣房祠匾额中的"房祠"，在该村祠堂中实际上应看作是支祠属下的一个次类——房祠（家祠，又称己祠）。

另外，祠堂前门厅左内侧放置着一块墓碑，碑文为"祖 考国学高士礼学李公 妣孺人溪南德禄周氏 墓"（碑文的"学"与"士"之间的字已受损，祠堂族人说是"高"字）。据该祠堂族老介绍，这是他们祖婆德禄周氏的墓碑（按，墓碑上的"国学高士礼学李公"与该族2015年所编简易族谱上所载的"十七世祖礼仕公"为同一人，但未详"礼仕"所据出处），所在墓茔原在村郊，"土改"时因开垦被拆除，故墓碑放置于婆祠内。据说，上述李高士"娘房"历来未曾参与祭扫周德禄祖婆墓茔的活动。在宗法时代，侍妾去世后墓碑文附上夫主信息是封建礼俗所不允许的（一

▲ 士祖副妣房祠堂匾"如在堂"

般只有正妻的信息才可附刻于丈夫的墓碑上），李族周德禄祖婆的这块墓碑形制在潮汕地区是极少见的。在揭阳市揭东区新亨镇和桂岭镇交界处的大良岗有一清乾隆丙子年［即清乾隆二十一年（1756年）］仲秋重修的北宋古墓："宋始祖考赐进士授太学博士兼国史馆编修资政大夫讳观少游秦公、妣妣封恭人汝南姚氏之墓"，碑右旁文为"仲男亨运爽丁未年赐进士文林郎任潮阳县知县讳圣卿刻石"，相传墓主乃北宋秦观侍妾姚氏。秦观的裔孙在潮州未考有仕迹和立籍情况相关记录，关于此墓的真实性，地方文史专家尚未有共识。而位于榕城区砲台镇新明村后径山（马山陵）南坡的桃山村谢氏第四世谢清溪之妾懿烈赖氏的衣冠冢，墓碑上则只刻赖氏本人的信息（"明 孺人懿烈赖氏墓"）。据桃山谢氏族谱记载，赖氏育三子，第三子为太学生，孙辈中有三人（二举人一贡生）出仕县令。可知，赖氏所出婆房在当时的确是显达的"有力之家"，这座立于明隆庆二年（1568年）的墓茔碑文按封建礼制只刻载墓主本人信息，这在明清时期是一种礼制通例。但据笔者调研发现，谢清溪位于榕城区地都镇塔岗山的墓茔被盗毁后于2021年5月21日迁葬，发现此墓为夫、妻、妾三人并穴合葬墓（三穴各为外石椁内木棺制式，

▲ 士祖副妣房祠祠主及其夫主墓碑

右穴即为赖氏墓），赖氏去世后可随夫合葬并在墓碑上刻写其相关信息（见本书第20页），是旧时庶系女性葬祭礼俗所少见的。清末富美村李族祖婆周德禄这块墓碑能同时刻载其夫主信息的做法（随夫并葬），这也是潮汕地区少见的旧时墓制，这样的情况可以与明清礼制文化嬗变的其他实例结合起来探究。

富美村士祖副妣房祠及祠主墓碑，记载着旧时所在婆房敢于挑战封建礼制的历史，谱写着独特的族史文化，是探究清代潮汕地方文史的重要历史文物。

（十）普宁流沙和美邻村冯氏祖祠

1. 常制匾额，入祀二夫人（副祖妣）而缺祀嫡祖妣
2. 祠祭日为女祠主忌日

冯氏祖祠（继述堂）位于普宁市流沙和美邻村老寨"和中兴"内，是当地冯族的祖祠，也是一座专祀该族二夫人（副祖妣、庶祖母）黄月容的婆祠。祠堂面积约450平方米，形制为两进式格局，坐西朝东，前厅狭小（深进约2.5米）。肇建年代失考，前厅内匾左侧有石刻载"光绪丙申桐月重修"［清光绪二十三年（1897年）三月重修］。天井后端建一拜亭与后厅抱连，拓展了后厅中间的深度，减少"过白"。后厅三间敞开，中间上悬堂号"继述堂"木匾，堂中摆放香台案几，后厅墙上悬挂高约1.0米、宽约0.8米的黄月容夫人画像一幅（上题"黄月容夫人遗像"并载明·郭之奇《侣云庵记》短文）。

祠主黄月容是明季揭阳女寓贤，又是普宁和美邻冯族的庶祖母。所谓"寓贤"，即曾寓居本地并在当地产生积极影响的外地贤达。男性出仕者或称"寓公"，如宋末莅潮的右丞相文天祥；女性则称"女寓贤"，如宋末自闽入潮护跸而在饶平百丈埔阵亡的许夫人。庶（祖）母，即裔孙对父祖侍妾的称谓，父之妾称庶母、祖父之妾称庶祖母。在潮汕地区，广为人知的明代黄月容夫人，一直以来被称为"扬州才女"，堪称明季揭阳女寓贤。到了清代，她又成为普宁和美邻村冯族的庶祖母，在潮汕民间中经历了鲜为人知的"历史身份"演变。

1. 古代潮汕地区的"扬州才女"、女寓贤

黄月容是明天启六年至明崇祯三年揭阳县令冯元飚（浙江慈溪人，天启二年进士）的侍妾，扬州人氏，14岁时随冯元飚莅揭阳，秀外慧中，常助夫断案，是冯邑令的贤内助。崇祯二年黄月容遭邑大妇苏氏妒害毒杀，是年18岁，揭阳地区历来称其为"扬州才女"，俗间尊称"月容夫人"。黄月容为冯元飚侍妾，按封建礼制，"夫人"一词当用于称谓官员的正妻，侍妾则可称"如夫人"。如《左传·僖公

▲ 冯氏祖祠（继述堂）前视图

▲ 冯氏祖祠祠匾

十七年》："齐侯好内，多内宠，内嬖如夫人者六人。""如夫人"原意谓"同于夫人"，后即以称妾，用同美称的"姬"。黄月容"敏悟聪记"，冯元飚在她的协助下破了许多悬疑案件，在揭任内"案无留牍"，深得民心，冯邑令因政绩彰佳被当地百姓称为"青天"；冯邑令在当地多有惠政，如倡修进贤门城池、涵元塔，御海寇、抗干旱，身先士卒，留下了不少勤政爱民故事，史称"东南健令"①。明崇祯四年，冯邑令被征授为京官户科给事中，后累官至兵部尚书，与其兄冯元飚在《明史》中均称"有直声"。黄月容夫人在潮汕地区则是人们熟知的一个名字，她的美貌、才智以及悲惨的命运，在潮汕地区广为流传，明末以来历代士绅多为她"十八芳龄伤命薄，几多名士叹奇才"诗文咏赞不绝。在现代，其故事传说甚至被搬演成潮剧，广泛传颂。在榕城地区，每年农历正月十六是当地人们前往黄岐山登高踏青和民间祭拜月容夫人的日子。可以说，"月容夫人"在揭阳地区已经演绎成为本地

---

① （清）刘业勤修纂，乾隆《揭阳县志·艺文上"记"》卷之八，民国二十六年重刊本，第34页。

一个独特的人文符号。月容夫人遇害后,冯邑令在黄岐山南麓为她立墓并于山南坡竺冈岩右侧建造侣云庵奉祀(冯元飚在纪念月容夫人的《钟铭》中写道:"葬于黄岐,竺岗之麓。有庵一楹,题以侣云。"),冯元飚离揭上京履新时年30多岁,与正妻苏氏子息未详,年纪应属幼小,以前也未见其裔孙落籍潮州府(普宁县)的记载。月容夫人在原揭阳县一直被称为"扬州才女",截至冯元飚的裔孙于清代迁创普宁,她以揭阳名宦冯邑令家眷及"扬州才女"的身份,足以与宋末决战百丈埔的许夫人、明末寓居潮州府城的周王姑一样,同列为古代潮汕地区的女寓贤。

2. 清代中期以后普宁和美邻村冯族的"二夫人"庶祖母

黄月容罹遭妒害后,冯元飚悲痛欲绝,为她卜地黄岐山南麓作为长眠之地,同时在山的南坡修建了侣云庵,并铸钟、赋铭以示长久纪念。这些做法是潮汕地区广为人知的,在今天普宁地区这一处祠祭月容夫人的建筑——冯氏祖祠,其祠堂属性(主祀庶祖)则鲜为人知。据调研,揭阳县令冯元飚有裔孙在明末清初南下到与原揭阳县相邻的普宁县立籍,后建有冯氏祖祠(继述堂),祀冯元飚为"祖公"、黄月容为"祖嫲"二夫人(未祀冯邑令正妻大夫人苏氏)。这样,月容夫人曾经寓居揭阳并卒于斯、葬于斯,是为潮汕地区明季女寓贤。而随着清代普宁冯族祠祀其为"祖嫲"二夫人,则亦可谓(立)籍于斯,如是则由女寓贤而演变为普宁冯族的庶祖母。

▲ 侣云寺月容夫人神主正面

▲ 黄岐山侣云寺右廊殿内月容夫人神主(内侧)

据其族老介绍，祖祠的建造时间未详，约在清乾隆年间，但历来祭祀冯族的"祖公"冯元飚和"祖嫲"二夫人黄月容，更为独特的是，每年祠祭时间并不是常制的春秋节庆或某位男性祖先的忌辰，而是农历三月二十七日即黄月容夫人的忌辰（此日期见载于揭阳榕城北侧黄岐山侣云寺中冯元飚手书的"黄月容神主"上，如上页图），且祠祭的前一天，冯氏族老需带领一组族人前往黄岐山南麓月容夫人墓祭扫并"赞香火"，墓祭与祠祭紧连相随。冯氏祖祠这种祠祭现象的确很独特——祠祭的对象虽然包含男性祖先，但祠祭日却是女性祖先的忌日，而这位女性又是该族没有亲传裔孙的庶祖母（冯元飚《钟铭》有："扬州黄氏，名曰月容。度岭相随，四岁而殁。自生及死，方十八年。此十八年，如梦如影。无男可婚，无女可嫁。"）可以说，这座祠堂可能是冯元飚嫡系子孙的一支受其嘱托而南迁入潮立籍建主祀月容夫人的祠堂，假如肇建时就采用这样主祀庶祖的祠祭形式，则这座祠堂是一座婆祠，惜乎没有更多确切的族史资料等相关记载作佐证。

明季揭阳县（邑）令冯元飚的德政与月容夫人的才貌兼美，相得益彰，月容夫人遇害之后冯邑令对其高规格的祀葬，一方面推动了历代士绅对黄月容的咏赞，使其悽美的形象深入民间，成为一代女寓贤，乃至成为潮汕历史人文的一个独特符号。另一方面，冯邑令对月容夫人的祀葬，对明末以后潮汕祠祭女性庶祖的婆祠的出现，也起着促进作用，关于这一点，本书概括为明末揭阳名宦冯元飚申倡"庶文化"（详见本书第一章第二节之三）。或许可以说，月容夫人以揭阳女寓贤和普宁冯族庶祖母的身份成为明清时期潮汕"庶文化"中的重要角色，这是潮汕地区一种值得探究的独特历史人文现象。

（十一）曲溪路篦清末婆祠——顺敬祖祠和慈富祖祠

1. 同族两座婆祠，常制匾额（××祖祠），以祠主谥号题匾
2. 顺敬祖祠乃平民（非官宦人家）裔孙合力而建的"争气祠"

顺敬祖祠

揭阳市揭东区曲溪街道办事处吴氏寨内、路篦、旧坑等村落，有建于明清的传统祠堂"吴氏家庙"等20座，传统祠堂文化丰富。其中，路篦、旧坑二村有建于清代的婆祠顺敬祖祠和慈富祖祠，是传统祠堂中的另类建筑，它们的建造反映了清代曲溪吴氏婆房（庶系）在娘房（嫡系）欺凌下勇于同封建宗法进行不屈抗争的独特的族史。

顺敬祖祠在旧时是路篦村吴族第二十世祖婆顺敬钟氏的专祠，位于今路篦村文化广场北侧，堂号"孝思堂"。坐北朝南，两进式，面阔三间，宽约13米，深约20米，

▲ 顺敬祖祠前视图

占地面积约260平方米，面积略为狭小。祠主为清代曲溪吴氏第二十世吴海山的侍妾顺敬钟氏，祠堂匾额以女祠主谥号"顺敬"加上"祖祠"，题额为"顺敬祖祠"，建祠者为顺敬钟氏四个儿子所在的婆房裔孙。据曲溪吴氏族谱记载，祠堂建于清道光二十八年（1848年），1931年、1987年先后两次重修。相传，顺敬祖祠是当地吴氏婆房裔孙所建造的"争气祠"——是普通平民裔孙长期被娘房欺凌而合力建造的祠堂，专门奉祀被排斥于祖祠祠祭之外的庶系女祖。据其族老介绍，女祠主钟顺敬的丈夫吴海山之父吴诚和，乃吴氏第十八世吴蔚宽庶子，吴诚和少年时与生母（吴蔚宽侍妾，名字失考）曾同时被吴蔚宽的正妻贱卖他乡，幸好被其六叔父吴宗海（慈富祖祠祠主

▲ 顺敬祖祠祠匾

▲ 神龛中祠主钟顺敬及其夫主吴海山、
主母魏氏共用神主（非原神主）

许慈富的长子吴国良）发现并赎回，但吴诚和的生母被贱卖后则不知所踪，这成为该庶系一段耻辱的族史。这是清代路篦村吴氏娘房欺凌婆房的一段黑暗族史，更加剧了嫡庶兄弟"阋墙"程度，这在一定程度上也激励了在封建宗法制度下处于弱势的婆房裔孙奋起抗争，不断图强。女祠主的丈夫吴海山育八子；正妻魏氏育四子，侧室顺敬钟氏育四子。顺敬钟氏去世后，按照封建宗法"妣以嫡配"的礼俗，身份为侍妾的钟顺敬在传统祠祭、随夫墓葬上被排斥在外，其裔孙（时多达几十人）为报祖婆恩德，决定在村中建造一座专祠永远奉祀，使祖婆庙食无忧。于是团结一致，挑选丁壮，卖薯粟米，担沙买料，不知疲倦，经过近三年的努力，祠堂终于在清道光二十八年竣建。顺敬祖祠是一座婆祠，它的建造在路篦村引起吴氏各房派竞建祖祠之风，如女祠主钟顺敬所属房派的蔚宽公祠（俗称"秀才祠"）和诚和公祠（俗称"三房祠"）就是在顺敬祖祠建成后先后出现的。该村在清代至民国时期先后建有10座传统祠堂，堪称旧时潮汕地区的祠堂村，丰富了揭阳的祠堂文化，是旧时潮汕地区宗族文化的重要组成部分。

顺敬祖祠1987年重修后重新晋主，除原有祠主顺敬钟氏神主外，还增设奉祀吴族第二十世祖吴海山及其正妻魏氏，共用一块神主，其上书"清显 曲溪吴族二十世 祖考海山府君 祖妣元配魏氏 祖妣顺敬钟氏 神主"（此处"顺敬钟氏"前的"祖妣"宜改用为"副祖妣"，"妣元配魏氏"中"元配"二字不妥，吴海山仅一妻一

▼ 顺敬祖祠后厅前视图

妾，如此书写，其顺敬祖婆身份就成了继室而非侧室）。如今每年祠祭，娘房的裔孙也派代表参加。婆祠顺敬祖祠已摒弃了旧时代嫡庶对峙的落后思想观念，继续发挥着崇祖报德和敦宗睦族的作用。

慈富祖祠

曲溪吴族另一座婆祠为慈富祖祠，堂号"永锡堂"（"锡"，音义同"赐"，通假字。"永锡"语出《诗·大雅·既醉》："孝子不匮，永锡尔类"），位于旧坑（坑美）村，坐北朝南，为"双背剑"两进式格局，祠堂门匾题"慈富祖祠"四字行书，内匾四字在"破四旧"时为贝灰所涂盖，未考。前厅屋脊山墙（屋耳，俗称"厝角头"）为"金局"形制（并非常见的"火局"鹊尾勾翘格局）。该祠堂至今未重修，虽已陈旧，但主体结构完好，凹肚门楼、前后厅尚存的木雕古朴秀雅，依稀可见昔时风采。祠堂前面为宽阔的阳埕，是否有照壁则未考。今祠堂主体平时闲置，两侧巷厝为民居。

慈富祖祠的祠主是清末曲溪吴氏第十七世祖吴勤斋（排行第九，村中另有勤斋公祠）之妾慈富许氏，世居于与旧坑村东北方相隔约3千米的路篦村，育有三子（吴国良，排行第六，号宗海，路篦村有其建于1913年的宗海公祠。吴星轩，排行第八。吴文轩，排行第九。另一婆房传一子。娘房五子。吴勤斋共九子，其裔孙称其为"新九房公"）。因娘房（嫡系）势力强，经常欺负婆房（庶系），慈富许氏所生的三子成年后，长子吴国良自己留居祖地路篦村继续经商创业，而劝勉两同母弟分衍他地，以免受娘房迫害。吴星轩、吴文轩听从兄长他迁的建议，但又不忍远离，遂选择距路篦村不远的吉地旧坑立籍，分衍为今旧坑村吴氏。

据慈富祖祠族人介绍，清光绪二十五年（1899年）十一月，吴勤斋的裔孙在路篦村为其建勤斋公祠（堂号"延光堂"，坐北向南，因祠主育九子，故俗称"九房公祠"）。清光绪二十九年（1903年），分衍曲溪旧坑村的婆房裔孙（另有路篦村的吴国良的裔孙）则在本村营建吴氏祖祠。因为路篦村中已经营建有吴氏宗祠和勤斋公祠，受宗法礼制的限制，吴国良兄弟三人的生母慈富许氏的神主没法入祀上述两座祖祠，而旧坑村吴族又都是同一庶系

▲ "慈富祖祠"祠匾

▲ 慈富祖祠前视图

（婆房）裔孙，于是这三派裔孙决定将所建祖祠改为祖婆慈富许氏的专祠，以表达崇祖报德的孝思，题其额为"慈富祖祠"（"慈富"为许氏之号），堂号"永锡堂"，成为旧坑村吴氏的祖祠，这是旧时揭阳地区一座建造时间较晚的婆祠。

据该族族老介绍，清代后期曲溪路篦吴氏娘房非富即贵，向来专擅，庶系经常受到欺凌，甚至出现上述嫡妻贱卖小妾及庶子的现象。这两座婆祠的建造，既彰显了崇祖报德的中华传统孝道思想，也反映了封建时代婆房自强不屈，敢于挑战封建礼教的历史。因此，曲溪吴氏的这两座婆祠及其丰富的祠堂文化不仅是研究清代曲溪吴氏族史的重要文物资料，也是探究旧时代潮汕地区家族文化的重要历史人文载体。

（十二）普宁流沙平湖村的大小婆祠——黄氏副妣祠和黄氏祖婆祠

1. 二婆生同姐妹，逝后各有专祠
2. 匾额殊异，一曰"黄氏副妣祠"，一曰"黄氏祖婆祠"，各呈其美

普宁市流沙西街道平湖村黄氏有其第六世大小婆专祠两座：一为黄氏副妣祠（亲爱堂，大婆祠），一为黄氏祖婆祠（本仁堂，小婆祠）。这两座婆祠的祠主均为平湖村黄氏第六世黄桂斋（号肇宗，仕州同知）的两位侍妾：大婆（名号失考）育有五子，长子君宝，次子君顺，余三子无传；小婆郑如玉，育有五子，次子君显，余四子行实失考。据平湖黄氏族谱载，黄桂斋正妻育有四子。在封建宗法社会中，嫡庶贵

贱有别，娘房恃强凌弱，常有欺凌和歧视婆房的行为。大婆去世不久，其子孙考虑到祠祭上有"妣以嫡配"的礼俗，庶系女性祖先的神主不能入祀祖祠，于是决定为生母建造婆祠。那时拟建的祠堂（黄氏副妣祠）所在地属于大婆子孙所有，但只有三间并列（前为小巷），要作为祠堂用地的话，面积狭小，遂向娘房请求，希望能购买前方公地的一小片（民国初期建成黄氏有祖祠，黄氏副妣祠因位于其后，故被娘房贬称为"后三间"），把拟建的大婆祠建成常见的两进式，却遭到娘房拒绝。清代纪晓岚说

◀ 平湖黄氏副妣祠左门祠匾

▲ 平湖黄氏副妣祠左门（俗称"龙门"）

▲ 普宁平湖黄氏祖婆祠前视图

◀ 普宁平湖黄氏祖婆祠祠匾

过："妻妾同居，隐忍相安者，十或一焉；欢然相得者，千或一焉。"① 潮汕俗语"潮州无好姊姒缘"说的虽是旧时妯娌之间经常存在矛盾和纠纷，但对于"一夫多偶制"中的正妻而言，因为嫡系有礼制可恃而常常有恃无恐，在家族宗法事务中理所当然地把持着绝对的"话语权"。在黄族大婆祠建设用地上，娘房不成人之美乃自然而然之事。但大婆房裔孙建祠报本心切，于是就在本房所在地建起了这座单进（一进一天井）式的黄氏副妣祠，奉祀身份为侍妾的亲（祖）母。据祠匾中的"副妣"二字，估计那时主持建造婆祠的人是大婆的儿子（而非孙辈，孙辈则要称其为"副祖妣"）。祠堂因规模小，前面没有空间，故而未能设正门而开左、右侧门（俗称龙虎门），平时开左门。祠堂于2018年下半年重修，左门增设石刻对联"肯堂肯构，承先启后俎豆香；载亲载爱，继往开来坤芳扬"。"肯堂肯构"语出《尚书·大诰》："若考

---

① （清）纪昀著. 阅微草堂笔记[M]. 夏风扬校点. 成都：巴蜀书社，1995：52.

作室，既厎法，厥子乃弗肯堂，矧肯构？"化用指子孙营缮房屋，这一词语与"载亲载爱"相对。对联下句将堂号的"亲爱"二字镶嵌其中。祠堂于2019年择吉日晋主，恢复祠祭，继续发挥其崇祖报德、敦宗睦族等人文功能。

据平湖黄氏族人黄汉伟等介绍，其实黄氏祖婆祠（仁本堂，小婆祠）的建造比黄氏副妣祠（亲爱堂，大婆祠）还早，但具体时间失考。平湖黄氏的大婆和小婆亲如姐妹，裔孙同样兄友弟恭，世代和睦。小婆名郑如玉，育有五子，裔孙建婆祠在财力和用地上不存在什么难题，建造婆祠工作顺利。但建造黄氏祖婆祠时主持者是祠主郑如玉的孙辈，故而题匾为"黄氏祖婆祠"，内匾题"德范昭垂"（孙辈称身份为侍妾的祖母为"祖婆"）。该祠堂为面宽三间的两进式格局，坐西南朝东北。前厅狭小，仅深3.20米。前厅左右檐廊两端围墙上各开一小门（俗称子孙门），用作平时族人出入的通道。

▲ 黄氏祖婆祠天井及拜亭侧视图

▲ 黄氏祖婆祠堂匾

后厅前端设拜亭，使"过白"适中，面积约18平方米。后厅相对敞阔，中间梁上悬堂匾"本仁堂"。祠堂于2005年10月重修，同年恢复祠祭活动。

平湖村黄氏是从今普宁流沙西赤水村黄氏分衍来的一支，人文发达，其祠堂文化丰富，黄氏的始祖祠——黄氏祖祠（如在堂）就建在赤水村。平湖村另有多座男祠，祠堂文化丰富。这两座女祠（庶祖祠）的形制和祠匾各异，尤其是其祠匾文化，可以说是花开两枝、同本共表，为潮汕祠堂文化增添了崇祖报本的人文内涵。

(十三)榕城陈泰兴居祀型婆祠——延庆第

1. 少见的居祀型婆祠,内匾褒扬祠主
2. 祭厅乃女祠主自捐所建

陈泰兴婆祠延庆第位于揭阳市榕城区东门的星辉里(新泰兴),是一座祠堂和民居合一的居祀型传统建筑,陈氏裔孙俗称其为"翁氏婆祠"。

翁氏婆祠是星辉里的主体建筑,坐东向西,为潮汕传统建筑"四点金"(二进一天井,带两侧火巷)的变体,前阳埕外侧是一坐西朝东的排厝,既可作为翁氏婆祠的外照壁,又与南北二火巷将婆祠合围成星辉里宅院。翁氏婆祠大门外匾阳刻"延庆第"三个金字行书,内匾阴刻"钱塘闺范"四个青字行书(其左署"民国十七年戊辰仲春月吉旦",其右署"翁氏顺修祖婆自捐己厅")。因为这四个字,延庆第历来被当作婆祠的标志(陈氏裔孙称为翁氏婆祠)。其前厅两厅房为居室,天井两侧原为东西通廊,在1980年前后改建为厢房民居。婆祠后厅分左右厅房和中厅,中厅东西两侧的厅房前面均有前侧门与中厅相通。中厅即是陈族祖婆顺修翁氏的祭厅,其上悬"聚德堂"匾额(其右署"岁次壬午年仲夏立",此堂匾为2002年婆祠重修时所立)。祭厅

▲ 榕城陈泰兴居祀型婆祠延庆第

内后端案台上设有陈族祖婆顺修翁氏的神椟,这是原有的神椟。神椟雕刻精致,木主正面书"显妣 诰赠太宜人、号顺修、谥慈仁翁氏神主"。翁氏生活在清代后期,她的第三子陈绳春任五品衔光禄寺署正,根据神主上"诰赠太宜人"等文化词语,可知翁氏作为侍妾也能"母以子贵"获得诰赠。作为侍妾,能拥有别号(顺修)、谥号(慈仁)以及诰赠封号,可知翁氏当时在陈家的地位并不一般。

▲ 陈泰兴婆祠后堂堂号"聚德堂"

据载,翁氏于清道光二十七年(1847年)四月去世,1928年翁氏的孙辈(内门匾上对称"祖婆",子辈则对称"阿婆")建成延庆第。延庆第南北两侧的巷厝也是顺修翁氏裔孙的日常居室。这座宅院外门匾署为民居"延庆第",内门匾则以"钱塘闺范"标示为婆祠,是一座典型的第中祠或民居与祠堂合一的传统建筑。

顺修翁氏(1776—1847年)是清代后期揭阳著名的"泰兴"商行老板、慈善家陈秋启(1768—1854年,字振文,其裔孙称其为"发财祖",清光绪《揭阳县续志·贤能》有传)的侍妾。陈秋启有一妻一妾,嫡妻林氏(育二子二女)于清道光十五年(1835年)三月去世后,遂由顺修翁氏(育四子一女)协理陈家日常事务。据泰兴陈氏族人介绍,陈秋启在清代后期堪称揭阳首富[榕城有俗语"一富陈泰兴,二富柯铁钉(柯杏仁),三富郭举人"],他营建了陈氏祖祠"迪光堂"[(建于清道光十年(1830年),在榕城北门妈宫前)以及今双峰寺后侧老泰兴的颖川故居、西山书屋[建于清嘉庆十九年(1814年)]、陈氏家庙[(思成堂,建于清道光二十一年(1841年)]等多处祠屋,其家资之殷实可见一斑。陈氏泰兴商行繁荣兴盛,陈家后期的贤内助顺修翁氏是功不可没的(陈秋启嫡妻林氏去世后,其嫡长子也在清道光二十一年陈氏家庙落成前夕去世,嫡次子陈瑞芝则在外为官)。据陈家族人介绍,顺修翁氏贤惠大度,持家有方,能协调好嫡庶亲众的关系,帮助丈夫维持好泰兴商行的日常运作和陈氏家庭事务,受到合族亲众的敬佩和拥戴。相传陈秋启的乳名中有"家"(潮音读作[$gê^1$])一字,在潮汕话中"家"的读音与白读的"加"相同,翁氏常常教诲子孙要"为亲才讳"、为父祖"搮名"(搮,潮汕话读[$kion^3$])——避尊长名讳,自己也以身作则。于是,泰兴商行陈家遂常常将与"家"同音的字说成"敱"(潮音读作[zoi^3],义为"多")。这就是榕城俗语"陈泰兴老婶——会敱(潮音[$oi^6 zoi^3$])"的由来,可见陈泰兴祖婆翁氏的注重礼仪及其对后世的影响。从翁氏去世后私谥"慈仁"和婆祠内门匾"钱塘闺范",可知裔孙亲友对她的褒扬品评和相关传说并无二致。

"钱塘闺范"可以解释为"翁家女儿中的模范"。"钱塘"是翁姓的一个郡望族号〔钱塘是浙江杭州的古称，隶属于会稽郡。隋开皇九年（589年），废钱塘郡建置杭州，后来常用"钱塘"代称杭州〕，这里指显达于杭州的翁姓（前文"颍川故居"中的"颍川"则是陈姓的郡望）。顺修翁氏是潮阳小南塘村人，据说她的祖先是从杭州经福建莆田迁至潮阳开基立籍的。"闺"是多义词，这里泛指妇女。这块匾额颇有特色，既赞美祠主顺修翁氏、交代其籍贯，又指明了延庆第兼有婆祠性质，可谓辞约义丰。翁氏在协理陈泰兴事务的后期，已步入老年的她开始考

▲ 陈泰兴婆祠内匾"钱塘闺范"

虑自己"百年之后"的一些事宜。她是当时陈泰兴一族中的重要成员之一，虽然德高望重，但侍妾身份是她的一大心结：在封建宗法社会中，毕竟嫡庶尊卑分明，祠祀中有"阿婆孬入祠"的金科玉律，这对她来说是名德不称，但囿于礼俗而不能争得拥有随夫祠祭的名分。考虑到自己"百年以后"的庙食（受享祭祀）问题，翁氏决定拿出自己的私房钱，为自己建造专用祭堂。在明清两代，庶系子孙为女性祖先建造专祠（婆祠）的做法属于另类，较为少见，而侍妾为自己倡建专祠（厅）以便去世后得到礼待、享受子孙的祭祀，则更具有挑战封建礼教的意味。但在顺修翁氏去世后接下来清咸丰年间泰兴陈氏发生变故：清咸丰四年（1854年）"泰兴"商行老板陈秋启去世，随后陈家又耗巨资供陈秋启嫡次子、时任广西梧州知府的陈瑞芝平乱和赈济当地百姓，给泰兴陈氏的财力造成极大的冲击，使营建婆祠的计划搁浅，不久又逢清廷鼎革，时世变乱，直至1928年前夕，陈家才建成翁氏婆祠与裔孙宅居合一的建筑——延庆第。虽然距翁氏去世时间已超过80年，但翁氏的裔孙并没有忘记自己祖婆的仁德和建祠的意愿，特意立匾"钱塘闺范"，铭记"翁氏顺修祖婆自捐己厅"这一族史，并名其祭厅为"聚德堂"，以做长久的纪念，表现了不忘本源的崇祖报德的传统孝思。

一座祠堂与民居合一的宅院，一块辞约义丰的"钱塘闺范"匾额，与后厅"聚德堂"等族史联结起来，使延庆第"书写"着大大的"婆祠"之特色，其族人不但不以婆房（庶系）为讳，反以为荣，其中一定还演绎着陈泰兴翁氏祖婆诸多"聚德"的故事，这有待进一步探究。

（十四）揭西钱坑祀双婆的庶祖祠——仁怀副妣祠

1. 匾额独特，合祀双婆，以谥号省称兼合称题匾
2. 三山门两进式，少见的大形制婆祠

揭西县钱坑镇钱南村林族梨园顶寨围内建于清末的庶祖祠——仁怀副妣祠（毓德堂），原是一座祀该村林氏第十八世林建猷（行八，名秀太，字上元，育十子，一养子，创商号"广利"，富甲一方，俗称"林广利"或"八爷"）两位侍妾的生祠堂，俗称"广利婆祠"。林建猷（1811—1896年）有一妻两妾，裔孙称其两妾为大、小祖婆：大妾安仁周氏、小妾安怀廖氏。这两位侍妾共育有七子，他们后来在其父专祠——建猷公祠［裕德堂，生祠，三山门三进式，建于清光绪二十二年（1896年），仁怀副妣祠左侧隔二房祠耀东公祠与其相邻，三座祠堂并列］竣建不久即共建这座副妣祠（庶祖祠），合祀各自身份均为侍妾而无法入祀（配祀）建猷公祠的生母，各取两位祠主字号"安仁""安怀"的第二个字"仁"和"怀"为祠堂题额，以"副妣祠"进行"点名"，直接标明祠堂的性质，故称"仁怀副妣祠"，五字为阳刻漆金楷书，清俊秀美，与这座婆祠裔孙所介绍的两位祖婆的慈惠品德和清秀形象相映成趣。

仁怀副妣祠在村内五座祠堂中是唯一的女祠，与各座男祠并列，成为该村一道独

▲ 仁怀副妣祠前视图（三山门双凹肚前厅）

▲ 仁怀副妣祠前方阳坪及右前侧书斋"易安精舍"

特的祠堂文化景观。因为这座庶祖祠竣工时两位祠主仍然健在（大婆安仁周氏卒于民国中期，小婆安怀廖氏卒于"土改"期间），故而它又是一座生祠。我国古代宗法礼俗崇尚"报本之礼，祠祀为大"。仁怀副妣祠的建造以及它所具有的婆祠和生祠这两个特殊的性质，充分体现了当时钱坑村林家婆房浓厚的孝道思想和敢于挑战封建礼教的精神。

这座副妣祠建于清光绪后期，为三山门两进式格局，是潮汕地区少见的大形制女祠建筑。前厅外截为双凹肚门楼，门厅屋顶设"假四垂"五脊顶，气势雄伟壮观。正门两侧置双石鼓，彰显裔孙仕宦品衔（林建猷有一庶子诰授朝议大夫，文散官，正四品）。祠堂正门门联"仁心贵信义，千秋传家久；怀德崇忠孝，万代继世长"，将祠主名号中的"仁""怀"二字冠首，分别镶嵌在对联的上下句中。正门内匾为"光前裕后"四字阴刻行书。祠堂坐南朝北，前有与建猷公祠等祠第共用的大阳埕，特别敞阔，由建猷公祠等所构成的"驷马拖车"和冠英试馆、易安精舍东西两侧两座小"爬狮"以及阳埕前矮墙合围成大宅院——梨园顶寨围。

祠堂前厅深4.56米，刚好以前门墙为界线分内外等长2.28米两部分，门厅内截略为狭小，内外梁架的石刻木雕，精美大方。左右库房，其设计颇为独特：靠近前厅的门墙各开一长宽各约0.6米的"囍"字圆形大窗朝向天井，库房门上方又各开一长宽各约1米的大方窗，两侧各有五言对联，使库房形制上似上下两层格局，又通风透气，有利于存放器物。

天井两侧是常制的通廊，其上端廊脊饰以"囍"字和"申"字型青色琉璃窗，既减少廊脊压力，又素雅美观。

后厅三间敞开，梁架为传统的"三载五木瓜"，木雕线条粗细有致，彩绘斑斓。中间梁架上高悬堂匾"毓德堂"，三字为阴刻漆金行书，于2015年重立。后厅原设一神龛，因为祠堂肇建时为生祠堂，故设大婆周安仁和小婆廖安怀两人的长生禄位，"土改"时期整座神龛撤去，目前仅在后墙壁右侧挂有其小婆廖氏画像，而大婆画像则失传暂缺。潮汕传统祠堂的后厅以三间敞开为常制，但毓德堂却于原神龛两侧各增置一与神龛同立面的小库房（中华人民共和国成立初期撤去，如今只复建左库房），堂内左右设小屋，用以存放两位祠主各自的祭器等物品。且小库房形制有类临街坊铺——正面左右小门夹一"铺档"，狭小而实用，颇为独特。

副姒祠后厅檐廊中段的檐顶两侧各设向天井伸展的垂脊，巧设勾翘鹊尾，将其构形为拜亭，没有占据天井空间又能增设一形制，可谓巧夺天工。拜亭梁架为"二载相向雌雄木雕狮子一木瓜"，东西石梁上各有清末重臣李鸿章、左宗棠等的阴刻手书，是潮汕地区甚为少见的石刻文物。

其一为清李鸿章书：

"少室中，有神人藏书，蔡中郎得之。古之成书者，欲后天地而出，其持重如此。今人朝学执笔，夕已泐石。"（语见明董其昌《画禅室随笔》卷一）

其二为清左宗棠书：

"连举数杯，为成都李致尧作行草。耳热眼花，忽然龙蛇入笔。学书四十年，今名所谓鳌山悟道书也。"（语见宋黄庭坚《李致尧乞书卷后》）

副姒祠拜亭梁架上这些石刻书法以及木雕等饰件工艺精美，独具匠心，对研究古代的雕刻和书法艺术有一定的参考和研究价值。

在潮汕传统祠堂中，以祠主的名号为祠堂题额的做法很常见，如榕城名丰埕清代男祠"王氏辅祖祠"（祠主为王兴辅）、揭东区曲溪路篦村清末婆祠顺敬祖祠

▲ 婆祠祠匾"怀仁副姒祠"

▲ 怀仁副妣祠前厅内视图

◀ 拜亭及后厅

（祠主钟顺敬）等，一般情况下祠主仅一人而已，但一座婆祠专祀二主却极少见。在饶平县坪溪镇上社、岭头两村有建于清代的"巫许祖祠"，"巫许"并不是所在祠堂某位祖先的名号，而是指巫、许这两个姓氏，即祖祠乃这两个姓氏共有。揭阳市榕城区地都镇光裕村清末双祠主祠堂方郭公祠，是以姓氏题额专祀该村两位恩公——清末提督方耀、潮州贤达郭廷集的生祠。仁怀副妣祠为专祀钱坑林族周安仁、廖安怀两位祖婆的女祠，冠名上各取祠主之号加上"副妣祠"三字，具有汉语

▲ 后堂堂匾"毓德堂"

▲ 拜亭左侧石梁上左宗棠手书石刻

▲ 拜亭右侧石梁上李鸿章手书石刻

词汇学和宗法礼制的文化内涵,形式独特而指称明晰,是潮汕传统祠堂匾额中极为少见的类型。

据说,这座副妣祠两位祠主的夫主林建猷,兄弟共11人,其行八,分家立灶时并不富有,但他能奋发勤勉,用心经商,四十多岁时成为当地大户,家资殷实,广施善举,建义学,予田舍,济贫弱。鸦片战争后,清廷国力颓废,地方财政吃紧,林建猷主动捐出巨资修建汕头等地海防,受到揭阳县令林兆南上表奏报而获朝廷诰授朝议大夫(清代文散官,正四品)。据当地林氏族老介绍,林建猷的义举广受称赞,在当地被称为"万家生佛"。其子也有多人受到诰封或获得太学生等功名,堪称忠孝立身、诗礼传家。仁怀副妣祠祠主的故事惜乎失考,但其夫主林建猷及子辈富而知礼乐施、不忘国忧的义举及其祠堂文化却是值得深入探讨的重要地方人文。

(十五)普宁大南山灰寨村的黄氏祖婆祠

1. "祖婆祠"双祠匾,祠性直接明白
2. 一进一厅开龙虎门,形制狭小

普宁大南山灰寨村黄氏祖婆祠(敬爱堂),是一座直接以"婆祠"命名的清代女祠。祠堂建于清咸丰年间,1987年重修,为三开间一进一天井带拜亭形制,坐南朝北,形制狭小(外形似"爬狮")。女祠主为灰寨村黄氏第十世黄文岐之妾宜敬薛氏(育有三子,第三子黄钦裕为邑廪生)。从祠堂题额中的"祖婆祠"三字可以推知,这座婆祠的建造者应是祠主薛宜敬的孙辈。

祠堂正面围墙不设正门,而在天井两侧的左右通廊墙上各设大小相当的龙虎门(即左右门,均设"凹肚门楼",形似缩小版的"门厅"),以左门(高2.34米,宽1.24米)作正门,左门前有南长北狭的小阳埕,右门(虎门)前则是南北向的小村道;左右门均立祠匾"黄氏祖婆祠"(阳刻贝灰雕,蓝底金色行书),左门内匾为"敬其所尊"(阴刻贝灰雕,红底蓝色行书),右门(高2.30米,宽1.24米,比左门略低）内匾为"爱其所亲"（制式与左门同），两内匾首字组合成"敬爱"二字，即黄氏祖婆祠的堂号。

祠堂天井北端即前围墙，设照壁一座，呈偏长"凸"字形，壁面留空，未见饰画灰雕。祭厅"神主榜"最上位单设祠主黄氏宜敬神主（今潮汕地区其他婆祠祭厅的神龛里，一般各设女祠主与其夫主的神主，两个神主分男左女右并列），其下位为子孙昭穆牌位。祭厅梁架为传统的"三载五木瓜"，祭厅前设拜亭（长6.54米，宽2.47米），两者抱接，向天井略作伸展，使天井面积缩小了约16平方米，使祭厅显得更加宽敞且"过白"适宜，一举两得。祭厅左侧墙上悬挂黄氏"江夏"郡望初祖黄峭山及其夫人画像，右侧墙上则悬挂黄氏"峭山公生平简介""本族辈序""书号""妇女辈序"等族史资料，而后者"妇女辈序"在潮汕地区的族姓中是极为少见的，是否在某些方面可以看作是旧时该族对本族妇女地位的认识已经有所提高，则有待进一步研究。

相传，灰寨村黄族一支在明初从今梅州市五华县迁居普宁陂沟（明万历以前属潮阳县所辖），后移居圆山村，于明嘉靖年间再迁此，初创于黄考寮，后发迹新建村寨，名永兴围。因村寨围墙高筑，房屋用贝灰三合土建造而呈灰白色，故附近村民称之"灰寨"，后成为村名。据黄氏族谱载，灰寨黄氏一世祖南湖公，原居五华瓦仔滩樟树岭村，明洪武十五年（1382年）移居潮阳戎水都陂沟村（今属普宁市），创寨于该村西南畔（即今陂沟老寨南门外，今存废墟遗址）。第二世黄双峰移居惠来县姑镇

▼ 黄氏祖婆祠左视图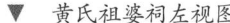

▲ 黄氏祖婆祠祠匾

▲ 黄氏祖婆祠堂匾

▲ 黄氏祖婆祠左门内匾

▲ 黄氏祖婆祠右门内匾

村，传至第四世黄石泉，又回迁至今普宁陂沟村。历经数代至第九世黄弘任时，认为黄氏于陂沟村不足以发展，遂移居黄考寮村（今灰寨村顶寨内一带）暂住，以期择机再行徙创。此后，子孙昌盛。黄弘任育六子：长子文石、三子文淡的后裔，现族史失载，资料暂缺；次子文浩居圆山村，今圆山黄氏即其后裔；四子文周、五子文济，其后裔大多居住于顶寨内周围；六子文岐，少年时与二兄文浩同住圆山村，成家后于顶寨东侧创新村——永兴围，即今下寨，亦灰寨村之老寨。这座婆祠的祠主即该村第十世黄文岐之妾宜敬薛氏，为该村黄族第十世祖婆。至于原村名黄考寮、永兴围何时停用而更改为今名灰寨，暂无考。该村自一世黄南湖下潮至今有六百余年的历史，黄氏一族定居地点先后变迁四次，在明嘉靖三十九年（1560年）第十世黄文岐创永兴围之后，人丁、文化等得到了较大的发展，现村中裔孙已传至二十三世（不计外迁者），可谓瓜瓞绵绵，人文蔚茂。

这座婆祠的形制为一进一天井，有类潮州市凤塘的盛户祖祠（报德堂，祖姑祠）、普宁流沙平湖的黄氏副妣祠（亲爱堂），与普宁当地常见的"公室"形制接近，比常见的两进式祠堂则略小（少了前厅），俗称"祠堂囝"。在崇尚"报本之礼，祠祀为大"的宗法时代，裔孙报本心理之切而所在族姓财力和村落土地等硬件受限制的情况下，不得已而为之，所建造的一进一天井式小型祠堂，成为潮汕传统祠堂中小巧玲珑的样式，形制虽然狭小，但在谱写木本水源孝思上却与大型制的祠堂一样，共同成为潮汕地区崇尚传统孝道文化的独特古建，这也是颇有趣味的地方人文现象。

（十六）潮州市磷溪镇古堤村婆祠——萧氏祖祠

1. 婆房的"争气祠"，俗语"潮州好婆房"的佐证
2. 门墙式前厅，小型制两进式

潮州市仙桥区磷溪镇古堤村婆祠萧氏祖祠（思远堂，建造年代和祠主名号失考），两进式，前厅狭小，正门为墙门式建筑（并非常见的"凹肚门楼"）。建祠者为该村萧氏第四世萧仲庆、萧仲惠兄弟二人，肇建之初，这座祠堂是专祀其身份为侍妾的生母（相关信息失考）的"争气祠"。

古堤村萧氏人口今约600人，是潮阳棉城萧氏在旧时海阳县（今属潮州市）的一个衍派，村中有萧氏大宗祠（绥成堂，两进式，已圮塌，未重修），祀其一世祖萧刚宜。该村第三世萧得全有嫡庶两房，共育有四子：长子仲英，嫡出；其余三子（上述

▶ 古堤村婆祠
萧氏祖祠

◀ 古堤村婆祠祠匾
"萧氏祖祠"
（在修中）

建婆祠者及其四弟仲负）为庶出。据其族老介绍，婆房三兄弟从小经常看到自己生母被阿娘（萧得全正妻）欺负，生母阿婆去世后又不能入祀宗祠，兄弟俩遂决心努力耕种创业，约定"有钱了就起祠堂乞生母企个够！"（有了钱就建一座祠堂给母亲用个够）经过多年的努力，后来终于如愿建祠，惜乎肇建年份失考。这座祠堂的建造，也是潮汕俗语"潮州好婆房"的一个佐证。

相传，潮阳棉城萧氏在明代中后期（约明嘉靖至明万历之际）就已建专祠祀庶祖（承懿堂，祠主为潮阳先贤、仕延平府同知的萧端贡之妾），这可能是潮汕地区已知的建造时间最早的婆祠。磷溪萧氏是潮阳棉城衍派，与棉城萧氏保持联系，往来频繁，棉城婆祠的建造早于萧氏祖祠（思远堂），或许上述潮汕俗语"潮州好婆房"以及潮汕民间传说"阿婆亦好入（祠）"（故事中的主角是明嘉靖年间潮阳先贤萧端蒙，嫡出，先贤萧端贡的长兄，潮汕这一民间传说将萧端蒙"改造"成庶出，并在显达之后将自己身份为侍妾的生母的神主奉入祖祠中附祀）等相关"庶文化"尤其是棉城的婆祠文化对磷溪萧氏产生了很大的影响，不然的话，建祠者兄弟为何如此奋发和坚忍不拔，矢志为母建造专祠？惜乎相关族史资料失考，加上笔者调研时，该祠堂正在重修中，祠堂内外堆放很多建材，所拍的相片效果很差，给调查工作留下了一些遗憾！

（十七）潮阳新桥村婆祠——林氏祖祠

1. 嫡庶共建共祀的副祖妣祠，性质为宗祠，祠中敬奉唐代许、张二圣神像
2. 祠堂为三进式，为婆祠中极少见的大形制

汕头市潮阳区铜盂镇新桥村的林氏祖祠（孝思堂），是一座由该村林氏嫡庶两系共建奉祀其开基祖婆纯质曹氏的祠堂（俗称婆祠），为"双背剑"三进式带一拜亭的大型祠堂，肇建年代失载（潮汕明代祠堂以两进式为主，此祠形制如此巨大，或为清代所拓建，于2000年重修晋主）。该村另有一座林氏祖祠（燕翼堂，俗称"南祠"）为支祠，所以这座婆祠又被称为"始祖祠""创村祠"。一座祠堂，四个名称，实在少见。根据该村祠堂的建造和房系情况，这座创村祠（始祖祠）实为该村林族的宗祠（总祠），但宗祠中入祀祖婆，则是潮汕传统祠堂中所少见的。

据该村族老介绍，祠主纯质曹氏（明代初期人）原居潮阳玉浦村（今属金玉镇，旧又称"直浦"），因林氏第四世祖过激伤官而招致族难，村舍被毁，几遭灭族。为逃避官兵追捕，身为林族第五世祖婆的纯质曹氏担荷林氏第六世幼嫡男林鄘轩离乡，辗转落籍新桥村，后来曹氏在该村认养了一孤儿林九远为己子。于是，林族在新桥村

▲ 新桥村婆祠林氏祖祠前视图

传下嫡庶两系（娘房和婆房），今两房裔孙约6000人，瓜瓞绵长。大约在明代后期，该村嫡庶两系裔孙为报曹氏恩德而共建林氏祖祠（孝思堂）奉祀曹纯质等祖先，因新桥村林族在玉浦村已有祖祠，所建的这座祖祠入祀其祖婆曹纯质为始迁祖。在旧时，此举不只是建造婆祠，更是打破"阿婆（赤脚）孬入祀"的礼俗限制。再者，旧时侍妾去世后一般不能随丈夫附葬，而应另择墓地他葬，但根据曹纯质的墓葬情况资料，曹氏名号刻于丈夫林芸隐之右（正妻纯玉郭氏居左），此位置一般是刻写男性墓主继室的名号，这也是其独特之处（相传今墓为现代迁葬，原来墓制情况则失考）。可见，新桥林族原来嫡系（娘房）对曹氏的敬重，这些独特的族史成为当地广为传颂的嫡庶和谐共处、崇祖报德的佳话。

▲ 林氏祖祠祠匾

▲ 林氏祖祠堂匾

相传，祠主曹纯质当初逃难时，所挑的一担竹箩其中一只里面装着嫡子林鄀轩（郭纯玉所出），另一只里面则是一对高约50厘米的双忠圣王（许远、张巡）的神像。在潮汕地区，许、张二圣最早是在宋代潮阳立庙奉祀，林姓村族一般敬奉妈祖林默娘，俗称"拜姑母"。至今，新桥林氏祖祠（孝思堂）祭厅中仍奉祀许、张二圣神像，祠中祀神，将双忠圣王敬奉为本族的保护神，这在潮汕地区祠堂文化中也是极为罕见的人文现象。

（十八）揭东霖磐镇德桥（凤来）村婆祠

1. 一进一天井格局，题匾避称祠而称厅，低调谦称
2. 共祀四位女祠主，为潮汕少见的女性庶祖合祠

揭东区霖磐镇德桥（凤来）村婆祠（景德堂）位于该村老寨内，与其前面的祖祠翠峰公祠（祠主为该村陈氏第九世）前后相连，坐北朝南，建于1935年，为一进一天井格局。该祠堂并非某位庶系女性的专祠，而是一座合祠，祠主为该村陈氏第十一世祖婆和顺吴氏、十三世祖婆克惠吴氏、（潘厝陇）潘氏、（柳岗）克德申氏，共两代四位祖婆。婆祠天井左右两侧设通廊，形制短狭；天井东西两侧开龙虎（左右）门，由两侧通廊与厅堂连接；龙虎门外匾均题"祖婆厅"三字，龙门内匾为蓝色行书"镯頍"（喻妇德恭顺之意。镯，喻代妇德。頍，恭顺）。虎门内匾为蓝色行

▲ 凤来婆祠右门（虎门）

书"迪此"（意指继承或践行祖德）。天井前围墙特意低矮构筑，高仅约1米（因与翠峰公祠前后相连，未设正门），在婆祠天井中可直视翠峰公祠后厅墙上部，形制甚为奇特。厅堂面阔三间，全部敞开相通，厅堂梁架为"三载五木瓜"结构，为潮汕传统祠堂常见形制。正中前楹联为"景气青松绣峻岭，德辉红日耀中天"，将堂号"景德"二字冠首镶嵌其中。景德堂的形制与其龙虎门外匾所示"祖婆厅"性质内外名实不协：一般祖婆厅只有一间，居中，作为正屋而面积偏大；两侧为裔孙居室，

▲ 凤来婆祠堂匾

▲ 凤来婆祠祭厅梁架——三载五木瓜

▲ 凤来婆祠四婆神主

所在宅居为居祀型性质。景德堂这样的形制实质是小型祠堂格局（潮汕地区俗称"祠堂团"）。

据该村族人介绍，虽然"景德堂"门匾题为"祖婆厅"，但他们世代却称"景德堂"为"婆祠"。根据笔者调研，潮州凤塘后陇苏氏祖姑祠（盛户祖祠）、普宁大南山灰寨黄氏祖婆祠、普宁流沙平湖黄氏副姒祠（俗称"后三间"）等女祠的规制也是这种一进一天井格局，因为形制比较狭小，故又有"祠堂团"等俗称。潮汕域外建于清光绪七年的浙江宁波"十七房郑氏女祠"（恰礼堂，一进一天井）则位于当地郑氏大宗祠内后院空地，创建后形成"祠中祠"，祠内供奉着该村郑氏多名庶系女性祖先或节妇的神主牌位，但当地人们并没有因其形制小而怀疑或否定其祠堂性质。凤来村景德堂是合祀四位祖婆的专用祠堂建筑，没有附设民居宅屋，并非居祀型建筑，其实是潮汕传统建筑"下山虎"（爬狮）格局的变体，应看作潮汕地区并不多见的传统小型祠堂形制，当地人俗称其为婆祠其实是名正言顺的。

▲ 凤来婆祠左门内侧图

▲ 凤来婆祠右门内侧图

可以说"景德堂"的性质为婆祠是没有问题的，或者说命名上以"婆厅"代称"祠堂"，是低调谦称，把祠堂称作婆厅其实是有祠堂之实而避称祠堂之名。这种做法与揭东区玉湖镇浦龙村黄氏的祖姑祠（贞义姑寝室，两进式）的命名方式有异曲同工之妙。潮汕地区旧时个别族姓还有"婆厅祠堂起"（起，意为建造，潮汕方言今用古语）的举措，如揭阳市榕城区渔湖庵前村黄氏建于1944年的祖婆厅大门题匾为"慈顺祖厅"（两进式），是该村黄族的慈顺祖婆生前持家有方，善于经营，在家资殷实之时从同村一陈姓人家购得的在建祠堂，并将其改建为"四点金"带两火巷（俗称"双背剑"）的居祀型建筑。在潮汕地区，祠堂是敬祀祖先的专用建筑，只有个别为居祀型。慈顺祖厅是居祀型建筑，但两进的后座三间并没有敞开，而是中设祭厅，两侧为居室，形制为典型的潮汕传统民居"四点金"，故裔孙只可称其为婆厅而不称祠堂，但大门的题匾却涵盖了整座建筑的性质，所以称之为"婆厅祠堂起"。从形制和功能两方面考虑，凤来村景德堂整体建筑列为婆祠，与玉湖祖姑祠（贞义姑寝室）在祠堂性质（形制）上具有一致性。

（十九）揭东白塔桐坑村的从发庶祖祠和克成婆祠

1. 同族婆祠名称各异，殊语同义
2. 一成一败（未竣），从发庶祖祠为潮汕地区最年轻的婆祠

揭东区白塔镇桐坑村（桐和）林氏有两座婆祠（庶祖祠），同为当地一大家族（桐坑林氏第十八世林纪序的裔孙）所有，一座为从发庶祖祠（堂号失考），"双背剑"两进式，坐北向南，位于其祖祠（支祠）纪序公祠西侧（右侧），将近竣工时迎来"土改"而停建，凹肚门楼部分石柱、门匾均未立（今仍弃置于祠前地埕上），此祠可能是潮汕地区最年轻（建造时间最晚）的婆祠。该祠堂祠主为当地林氏第十九世林开敬之妾从发程氏，程氏育有

▲ 从发庶祖祠前厅门楼

七子（娘房有三子），婆房（庶系）兄弟在生母程氏的倡导和组织下，分家后又"合股"（联合）开设生产红糖的"糖房"，当地称其为"七合"，规模大，收获颇丰。清末揭阳著名留日学生、首创织布厂的林任夫即是祠主程氏的裔孙，于1930年成立汕头红十字会驻桐坑办事处，并任负责人（事载1990年《汕头卫生志》）。揭阳当

代文史专家彭妙艳主编《揭阳历史三字经》卷三十八《新政勃兴》有："白塔乡，设工厂，机织布，此开张。"清光绪三十三年（1907年），白塔籍留学日本的林任夫从日本带回4部织布机，在家乡开办揭阳第一家机械织布厂。相传，这座庶祖祠就是林任夫及其（堂）兄弟联合在1949年前开始为其祖母建造的专祠，如果与明崇祯十年揭阳榕城先贤许国佐为其祖母建造的许氏庶祖祠（追远堂）相比较，两者匾额同指称庶祖祠，但一座建于单一姓氏的村落中，故祠匾前只加祠主之号（从发）；一座位于多姓聚居的县治城镇中，故祠匾前加姓氏（许氏）。这样的题匾，标示和区别明确具体，成为旧时城乡中传统祠堂题匾的一种独特的方式。

▲ 从发庶祖祠前未启用的石构件

该村另一座女祠为"克成婆祠"，是当地林氏第二十世林万和之妾克成陈氏的专祠。祠堂为"双背剑"两进式，南向，位于纪序公祠左后侧，祠主克成陈氏育有六子，持家有方，开设酿酒坊（婆祠前阳埕右边至今仍保存当时使用的古井）、旧时棉湖墟中有铺位多处，乃当地富有人家。祠堂在中华人民共和国成立后一直作为当地的肥料仓库，前些年遭遇火灾，门厅屋脊破损严重，2014年裔孙接收后作简单修整，

▲ 克成婆祠前视图（前厅屋顶受损未复原）

暂用铁棚作为门厅中间屋顶，尚未修复。

白塔桐坑村（桐和）林氏可谓近代揭阳望族，全村另有14座宗族祠堂，祠堂文化丰富，与上述两座婆祠共同彰显了该族的孝道文化。

▲ 克成婆祠祠匾

（二十）潮阳棉城萧氏的祖婆祠

1. 相传肇建于明嘉靖后期，是潮汕地区较早建造的婆祠（已拆改）
2. 该祠与潮汕俗语"赤脚（阿婆）亦好入（祠）"等俗语和民间传说有关

汕头市潮阳区棉城萧族的祖婆祠（承懿堂，俗称谭氏祖婆祠，祠匾失考，20世纪90年代被拆除），原位于今棉城镇南门河东街，坐东南向西北，为"双背剑"两进式祠堂建筑，主体建筑面积370多平方米。这座婆祠是奉祀潮阳棉城萧氏第十二世萧与成的次子、延平府同知萧端蒉［字曰质，明嘉靖二十五年（1546年）举人，历官广西灵川知县、延平府同知］之妾谭氏（名号失考）的专祠。该祠堂族人介绍，相传婆祠建于明嘉靖后期，1949年以后曾长期作为潮阳县搬运公司办公地点，至20世纪90年代改建为商住楼，即现在棉城城南新华河东街（原谭氏婆祠所在地）商住楼。因没有相关族史、碑记的确载，这座婆祠的建造时间虽然萧氏的新编族谱载为"明嘉靖年间"，但仅是口耳相传随录而已，难以界定。从女祠主生活的年代——约在明嘉靖后期至明万历年间，婆祠或许在祠主的晚年或更后由子孙辈建造，其应是潮汕地区建造时间最早的婆祠之一。

据笔者调研，潮汕的婆祠产生于明代后期，是随着明嘉靖年间礼制"松绑"祠堂文化繁荣而产生的，一般为祠主的儿子或孙子所建，子辈所建的一般祠匾题为"××婆祠"或"××副妣祠"等，孙辈所建的一般题匾为"××祖婆祠""××副祖妣祠""××如祖祠"或"××祖祠"等。如果女祠主与裔孙相隔代数久远的话，建造婆祠的机会则极小。棉城萧族这座婆祠只存堂号（承懿堂），惜乎祠匾等其他相关重要信息失考无稽。

棉城萧氏这座婆祠与潮汕俗语"赤脚（阿婆）亦好入（祠）"有一定的交集。这个潮汕俗语在民间流传很广，是与反映庶系女性祖先神主不能供入宗祠奉祀的俗语"赤脚（阿婆）孬入祠"相对的。因为萧族建造婆祠奉祀自己的庶祖在潮汕地区发生的历史较早，挑战了旧时礼俗，其礼俗效应广为传颂，并演绎成这一俗语。本来故事

> **31、县城萧氏婆祖祠**
> 堂名"承懿堂",即谭氏婆祠,址在南门河东街,坐东南向西北。建筑结构为二厅、一天井、一拜亭,两厢廊二伙巷,主体建筑面积376平方米。是奉祀萧氏大六房忞斋祖系、长房玉湖公裔孙派下、十二世与成公二房、延平府同知萧端贲公之妾谭氏专祠。建于明嘉靖年间,1949年后曾作为搬运公司办公地点,现改建为商住楼。

▲ 潮阳棉城萧氏新编族谱书影

中的人物应该是建祠者——萧端贲及其妾谭氏的子孙,但后来却被民间改编成明代中期潮汕先贤萧端蒙巧计将其生母(小名鹅嫩)神主奉入祖祠的故事。萧端蒙(1521—1554年),字曰启,号同野,明代潮州府潮阳县棉城人(今属汕头市潮阳区),明嘉靖十九年(1540年)举人,次年中进士,历任翰林院庶吉士、山东道御史、贵州巡按、江西巡按,潮汕明代名贤。据棉城萧氏族谱记载,萧端蒙与弟萧端贲实为其父萧与成二嫡子,其母身份即为正妻,当与建造婆祠无关,其生母的神主按礼俗也有资格入祠享祀。据清光绪《潮州府志》载:"萧端贲,字曰质,潮阳人,修撰与成次子,侍御端蒙次弟,与季弟端升同登嘉靖丙午乡荐,授灵川令……"① 萧端贲也是明代潮汕先贤之一,不过名气远不如其嫡兄萧端蒙。所以,上述俗语故事改易建婆祠者为奉母神主入宗祠者,当是民间讹误或出于名人效应考虑而有意为之的艺术加工。

民间传说属于文艺形式,可以根据创作的意图进行各种艺术化处理,一改建专祠奉祀的做法,以民间比较熟知的先贤萧端蒙奉身份为侍妾的生母神主入祖祠享祀,传说的事件发生时间又提前至明嘉靖年间,这种挑战礼俗的做法乃前无古人之举,不可谓不令人震憾!而文史则需尊重历史事实,建专祠奉祀庶祖乃是明嘉靖前期礼制许可,祠堂文化开始繁荣之后才随之出现的社会现象,虽然挑战了宗法礼制,但与奉庶祖神主入祀祖祠(宗祠)相比,不用与祖祠所属的族亲发生冲突,实际上是一种退而求其次的做法。这样做,既避免了与族人的矛盾,又实现了另类单独祠祭的目的。于是,一切叙述归于理性而显得稍为平淡,故而民间传说在故事和人物上选择了改易,以追求矛盾冲突戏剧效应的最大化。旧时礼俗规定祠祭有"妣以嫡配",这是旧时众所周知的,所以潮汕地区旧时从这一角度概括出"赤脚(阿婆)孬入祠"这一俗语。也许这座专祀谭氏的祠堂真的是潮汕地区最早的婆祠建筑,开启了婆祠文化风气之

---

① (清)杨霁修纂,光绪《潮州府志》卷二十八"人物循吏",珠兰书屋印,第33页。

先，突破了旧俗礼制，引人关注，效应深远，所以才被演绎成"赤脚（阿婆）亦好入（祠）"这一俗语，流传至今。惜乎相关建筑已成历史，几乎无从稽考，而俗语"赤脚（阿婆）亦好入（祠）"的穿越（这一礼俗发生的时间前移）则有可能改写"婆房"挑战和突破礼制的真实历史，传说与文史可以有交集，但不会等同，这个传说应该不具有真正的文史价值。但这种张冠李戴的民间传说，对于另一潮汕俗语"潮州好婆房"来说，不啻是一个绝好的佐证。

（二十一）普宁洪阳婆祠——方氏家庙

1. 居祀型婆祠，常制匾额（"×氏家庙"），规模阔大，兼具潮式和广府建筑特色
2. 兄弟"阋墙"，祠竣晋主未果，只居而无祀
3. 婆祠的祠史即旧时方氏族史的缩影

普宁市洪阳镇婆祠方氏家庙（堂号失考），位于洪阳镇德安南路（今洪阳派出所西侧洪阳粮所），建筑形制为二进式五开间潮汕传统祠堂与广府式民居相结合的居祀型建筑，坐北朝南，与其附属建筑，面积共约1930平方米，中华人民共和国成立后被征用改作粮所仓库和粮食加工车间，局部有改易，至今未修复。祠主余氏寿坤（？—1921年），乃清末广东水师提督方耀（1834—1891年）之妾、方廷珍（1877—1951年）的生母，建祠者为方廷珍（又名方十三），但祠竣之后却晋主未果。洪阳方氏是清末民初潮汕地方大族著姓，却为何会在这座婆祠的祠祭上出现意外呢？

婆祠方氏家庙位于新德安里东，所在宅第与老寨、中寨构成了洪阳方氏清末自同治七年（1868年）起历时约20年建造而成的方氏整座大型府第群落。清光绪十一年（1885年），方耀从署理升为实授广东水师提督（从一品）。他除了方廷珍等几个儿子外，在十多年的戎马生涯中还收养了十多名养子（部分为手下兵将），养子们至方耀任提督时多已成家立业，十多年前建好的老寨已难容下这样的大家族了。在方耀长子方鼎臣、三子方绍臣的倡议下，留守在家的养子方品三前往广东虎门向父亲方耀建议营建新寨，方耀应允并委派堪舆先生前来家乡勘察，结果选址在中寨南侧，坐向改向南（老、中寨向东），格局参照中寨，由方氏众兄弟集资兴建而成，这就是新德安里①。新寨建筑面积约8300平方米，建好后除了祠堂公用外，其余房屋分给方耀各房子嗣居住。但新寨建好不久方耀便去世，方氏一族分家之事，有的屡议未决，开始出

---

① 陈汉初. 汕头文史（第19辑）. 政协汕头市委员会文史委员会编, 第43页.

▲ 洪阳镇德安里婆祠方氏家庙

现兄弟"阋墙"的现象。刚毅（1837—1900年，时任协办大学士、户部尚书）以父执身份出面，赠联规劝："祖业无须多，兄友弟恭有所适。家资不患寡，子孝孙贤更何求？"由是瓜分祖产，除亲生子方廷珍占优外，余皆均等①，才得以平息。不久，方廷珍自恃为方耀亲生子，便在新寨东侧兴建婆祠（方氏家庙），准备专祀其生母余寿坤，但祠堂竣工后因兄弟劝阻，其母神主没有入祠。因为方耀有一妻四妾，其妻早卒无子，一侍妾余寿坤生有一子即方廷珍，甚得方耀惯爱，但方耀在长期的军旅生涯中先后收养了十多个养子，分给各个侍妾为嗣子。方廷珍青年时代曾荫授户部主事（正六品），曾赴北京任职数年，后回籍为乡绅。其时，潮汕祠堂文化已处于繁荣期，大宗小宗竞建祠堂之风依旧不减。方廷珍为了表达孝思，便在新寨东卜地为自己的生母余氏建造居祀型专祠（婆祠）。据当地族老介绍，清末大臣刚毅还为这座婆祠撰写了祠匾"方氏家庙"和一篇祠记。如果此事属实，则这座婆祠也是一座生祠堂（因刚毅先于祠主余氏而逝），惜乎祠记失考。婆祠作为方廷珍为生母而建的祠堂，从宗族祠堂的分类上讲，当属于方廷珍所在的房祠（家祠），而以"方氏家庙"题匾（家庙特指官宦人家的祠堂），则与老寨内方氏的支祠——方氏家庙（堂号燕诒堂，祀方耀之父。洪阳老城内另有方氏全族的方氏宗祠"崇先堂"）祠匾撞名，祠匾同为"方氏家庙"。这座婆祠的匾额并没有标示为方氏具体支系的房祠，与方氏的支祠（燕诒堂）

---

① 郑智勇，吴忠文. 揭阳古代名人[M]. 西安：西北农林科技大学出版社，2007：202.

▲ 洪阳方氏家庙天井及前厅
（局部，2019年6月摄）

▲ 方氏家庙后厅及拜亭
（局部，2015年8月摄）

名称混同，指称不明，遂引起方廷珍其他兄弟及燕诒堂方耀兄弟裔孙的异议和抵制。而此前方耀的儿子们因分家一事，各房兄弟已存在的矛盾并没有完全平息，如今婆祠方氏家庙专祀方廷珍生母，方耀其他侍妾的嗣子也很关注这座家庙的"风水"问题，方耀各个婆房子辈也很重视自己母亲百年之后的庙食祠祭问题，而整座德安里中已难以再择吉地建造祠堂，于是，方耀其他婆房子孙力主这座婆祠用以合祀各房大小阿婆为宜。方廷珍不同意，但又不想加深兄弟间的矛盾，何况生母还健在，遂在祠竣之后放弃晋主仪式，并搁置下来，后来干脆将生母余氏寿坤的神主奉祀于老寨里自己所得的一座"下山虎"宅第正厅中。这样，这座拟建为居祀型建筑的婆祠就因兄弟"阋墙"而只居而无祀——仅作民居使用。中华人民共和国成立后用作粮所至今。

洪阳方氏在方耀去世后至中华人民共和国成立前夕，仍为一方之豪强。这座婆祠的建造可以说处于整座德安里建设的尾声，它落下这样意外的尴尬结局，印证了潮汕俗语"潮州无好兄弟山"的说法，这一俗语的孪生品即俗语"潮州无好娣姒缘"，两者都是在讽刺旧时大家族里因为族产等利益冲突而导致兄弟（或娣姒）不和与纠纷。方氏整座德安里的建造过程中，一开始可谓势不可挡、顺风顺水，民间传说的借"清乡"之名，以"飞糠敲锣"，甚至驱赶洪阳驻马桥村的村民以掠夺土地达到营建德安里的行径广为人知。方耀父子先后建成老寨、中寨、新德安里及绍园：老寨建筑格局为"百鸟朝凰"，中寨和新德安里为"驷马拖车"，三寨相连，房屋773间，外置护寨河，总面积4万多平方米，规制之巨大、族势之炽盛，俨然清代末期广东其他乡绅所无可比拟。但世易时移，方耀家族这个旧时潮汕地区庞大的乡绅集团，在民国末期已进入了辉煌历史的尾声。虽然后人对其褒贬不一，但留下德安里这座大型古建物质遗产，在潮汕地区乃至广东省却是罕见的大型府第式建筑组群，令人为之惊叹！而婆祠方氏家庙的尴尬结局则是兄弟"阋墙"所致，在"报本之礼，祠祀为大"的旧时代，建祠为报本收族，这座婆祠的建造却事与愿违，在其族史上留下遗憾的败笔。因此，从某个方面上讲，这座婆祠的命运也可以看作是旧时洪阳方耀家族命运的一个缩影或写照。

如今，洪阳方氏婆祠（方氏家庙）的沧桑身姿掩映于车水马龙的闹市中，不但没有尽显其庐山真面目，而且在整座德安里古建文化中越发边缘化。

附一

潮汕不一样的传统祠堂——墓祠

潮汕地区祠堂文化肇始于宋咸平二年潮州府治韩文公祠之设，至明嘉靖中期开始进入繁荣期，今存民间传统祠堂（宗族祠堂）不少于15 000座。在这一传统文化百花园中不乏奇葩和另类，其中现存的2座墓祠尤显独特，而且其中一座配祀男祠主的侍妾。

墓祠是墓茔和祠堂合一的建筑，发源于商代王族在墓茔旁边建造享堂而形成的复合式建筑，盛行于汉代，后来随着宋代家祠的出现乃至明代宗族祠堂的普及而衰落。潮汕地区目前发现的墓祠有2座：一是汕头市澄海区隆都镇后溪村（柚园）建于清康熙年间的金氏宗祠（谷贻堂），坐南朝北，三门"单背剑"（右侧带一巷厝）两进

式,因为有墓茔,传统礼俗"标配"的福神(后土之神)就设在右巷厝外墙边。祠主墓茔设在祠堂门厅(中间),坐向与祠堂相同。墓茔不立墓堆,墓表为沙土覆盖,与祠堂前厅中间门槛齐平。墓碑高约1米,紧邻祠堂门槛内侧,独立突出,其上正中阴刻"祖考少庭金公墓"、左右分别为"妣德惠陈氏""妣慈顺李氏",均为行书。门厅前截地面中间低、两侧高(墓前低,左右门前略高)。前厅中门不设门板,墓后立一屏门(二扇),平时祠堂开左右门。墓祠祠匾为"金氏宗祠",内匾为题注"庆予公自建"五字行书。据清光绪后溪金氏族谱载,金少庭为后溪金氏第十世,育二子:长庆予、次麟长。根据后溪金氏有总祠金氏大宗(孝享堂)以及这座墓祠的有关信息判断,墓祠(谷贻堂)应是清初金庆予为其父建造的专祠,后来随着所在支系繁衍壮大,成为该村金氏一大支派,故而墓祠成为该村一座支祠。

金氏宗祠(谷贻堂)作为支祠,不但配祀祠主的正妻,还有侍妾,是潮汕地区传统祠堂独特的祠祭现象。据上述金氏族谱载,德惠陈氏为金少庭的正妻,慈顺李氏为侍妾,两者均与丈夫合葬,名号也刻于墓碑上,因为是墓祠,则妻妾同时庙食祠祭。按照旧时"妣以嫡配"的宗法礼俗通例,身份为侍妾的慈顺李氏的名号按礼俗是不能附刻在丈夫的墓碑上,神主也不能随夫入祀祖祠,但墓碑上的信息却说明了存在"越制"的事

▼ 后溪村清代墓祠金氏宗祠(谷贻堂)

实。虽然墓祠的神龛被毁失考，但墓茔建于祠堂之中，独立突出的夫、妻、妾墓碑有如一块放大的神主，成为慈顺李氏突破"阿婆（赤脚）孬入祠"的另类标志。究竟后溪金氏这一族在清代前期发生了怎样"移风易俗"的人文故事，则不得而知。

潮汕今存墓祠另有揭阳市揭西县钱坑顶白石村林氏建于清末的实余公祠（堂号失考），单门两进式，坐西向东，祠中墓茔相传为祠主林实余妻子智福张氏之墓（另有祠主与墓主为祖孙媳关系等说法），墓茔位于后厅（祭堂）龛位下方，墓主非祠主。相传祠堂选址时堪舆先生以今祠堂所在地为吉，但祠址后部有智福张氏墓茔，遂按礼俗再三请求墓主同意迁坟，均无果，改而告说"墓茔不迁则处于将建祠堂神龛之下，欠妥"，然而竟获应允，于是就建造了这样一座祠与墓各有其主的墓祠，成为潮汕地区又一座另类的传统祠堂。

墓祠是我国传统祠堂中的一种类型，明代中期以后受宗族祠堂大量出现、墓祭和祠祭分工明确等礼俗文化的影响，墓祠文化走向衰落。明代以后这种复合型建筑的祠堂部分被简化为墓亭（墓碑上方建一享亭），如明嘉靖年间潮州府状元林大钦位于桑浦山东麓的墓茔——东莆佳城就是这类建筑。我国历史上大多数墓祠建筑的墓主即是祠主，而这两座潮汕墓祠却各有异同，它们作为我国古代墓祠建筑的遗存，是潮汕地区罕见的、不一样的传统祠堂，其独特的历史人文值得关注和探究。

▲ 墓祠金氏宗祠（谷贻堂）前厅中间墓茔

▲ 墓祠金氏宗祠（谷贻堂）墓碑

据学者王鹤鸣《中国祠堂通论》（2014年）载，山东省嘉祥县纸坊镇有东汉墓祠——武氏祠，全石结构，后壁正中就设有向前突出的神龛，由基石、左右侧壁石和顶石组成。可见我国祠堂石龛建筑距今至少已有2000年左右的历史，但现存的却极为罕见 [今榕城区中山路曾母陈氏节孝祠坊（曾厝祠）祭厅的龛石构件或为其历史遗存]。

附二

普宁里湖和平（平在）村清代婆祠——如祖妣祠

附三

揭西钱坑钱西畔村清代副妣祖祠

附 四

揭西金和山湖村清代婆祠祠匾"杨氏副祖祠"

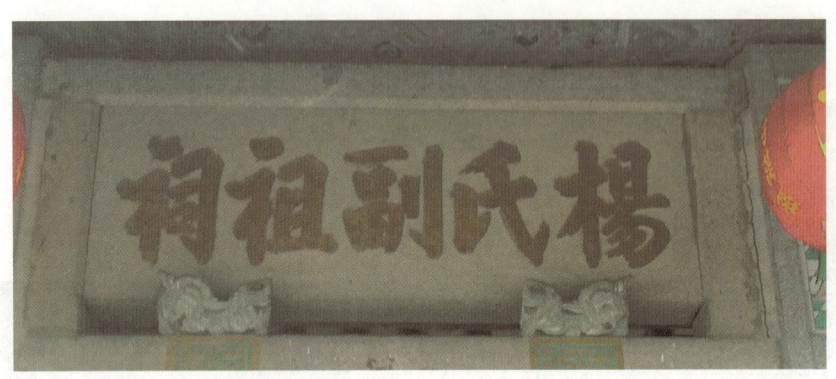

附 五

澄海上华渡头村清乾隆年间婆祠——曾氏宗祠
（滋德堂，单进，开天井左门）

▲ 曾氏宗祠祠匾　　　　　　　　▲ 曾氏宗祠堂匾

附六

普宁市南溪村民国婆楼——道南斋
（懿文楼，俗称"婆楼"）

第三节　祖姑祠

一、祖姑祠概述

祖姑祠是祠主兄弟的裔孙为了感谢祖姑母的恩德而建造的女性祠堂，是潮汕地区一类比较少见的女祠。

"祖姑祠"一语，首见何典未考。据笔者调研，潮汕地区目前发现的三座祖姑祠均未见题额为"××祖姑祠"的，汕头市潮阳区西胪镇海田村蔡氏有其祖姑贞姑的"祖姑厅"（近年重修，名称是否为旧称则未考），揭阳市揭东区玉湖镇的祖姑祠匾额则为"贞义姑寝室"，名称上与"祖姑祠"较为接近，而其他已发现的祖姑祠匾额或为"××祖祠"或为"××宗祠"。或许"祖姑祠"一语在潮汕地区仅仅是人们口头上的称谓即俗称而已。"祖姑祠"中的"祖姑"指祖父的姐妹或泛指祖辈的姑母。如南朝宋范晔《后汉书·来歙传》："父仲，哀帝时为谏大夫，娶光武祖姑，生歙。"在潮汕方言中则泛称"老姑"（"老"同"祖"）或"姑婆"。但潮汕地区旧时志书中的"祖姑"一语则指"丈夫的祖母"，如清乾隆《揭阳县志》："黄氏，桃山人谢梓贵妻，年十八于归，产子礼甫周岁，越六载而寡，时翁姑已逝，遗祖姑在堂，氏色养备至。"[①]旧时志书中的"老姑"则指年老的婆婆。又如："杨氏，在城人，郭天稠妻、郭之奇四媳也，年十四于归，越二载而天稠亡，临殁以老姑为嘱。产一女，日夜啼号，感动邻里。既而抚嗣子，教之成人，事姑孝养备至，康熙四十四年旌。"[②]例中的"老姑"指郭天稠年迈的母亲，即杨氏的家婆，与后文的"姑"是同一个人。"祖姑祠"一语，清光绪年间林宜煊《高明县志·重建天后宫记》一文提及，其文载作者所在族姓林氏称呼妈祖林默："故亲之曰'祖姑'，尊之曰'天后'，其不曰'祖姑祠'而曰'天后宫'者，亲不敌尊，且以明建之虽在吾族，祀之

---

① （清）刘业勤修纂，乾隆《揭阳县志·列女》卷之六，民国二十六年重刊本，第28页。
② （清）刘业勤修纂，乾隆《揭阳县志·列女》卷之六，民国二十六年重刊本，第11页。

则在世人也。"① 可见，"祖姑祠"一语在清代后期的广东地方文献中已有用例，但其中的"祠"则是指神庙，而非传统意义的祠堂。

据笔者调研，潮汕地区有三座祖姑专祠：一座是潮州市潮安区凤塘镇后陇村的盛户祖祠（报德堂），相传建于明万历年间，今仍用作专祠；一座是汕头市澄海区隆都镇后溪村的金氏宗祠（孝思堂），相传建于明万历年间，后来入祀祖姑的伯父、父亲及其兄弟显达的裔孙神主，性质演变为该村的一座支祠；一座是揭阳市揭东区玉湖镇埔龙村黄氏的贞义姑寝室（贞义流芳），建于清同治三年，一直用作祖姑的专祠。另有一座是祖姑神主入祀其中且祠匾右侧立"节孝垂芳"石匾的"翁氏家庙"，建于南宋嘉定二年（1209年），位于今汕头市金平区鮀江街道蓬洲社区，虽俗称"祖姑祠"，但并非祖姑的专祠，而是共祀该族历代祖先的祖祠。

旧时潮汕地区除了上述三座专祠外，另有个别村落建有祖姑厅。如汕头市潮阳区贵屿镇南阳乡上乡有其第十世郭嘉节（1440—1512年）祖姑的纪念厅，相传明嘉靖二十四年（1545年）钦赐"以贞存孤"金匾，并追加"嘉节郭氏"之称号，今村中有近年重建的"以贞存孤"牌坊。潮阳区西胪镇海田村蔡氏有该族蔡贞姑的祖姑厅和重建的"抚孤有成"牌坊。据清乾隆《揭阳县志》载："陈贞姑，霖田人，永乐间适魏谦家三载矣，其母弟庠生陈寄早卒，遗腹一孤甫周岁，而母又卒，陈族利孤产，谋乳母危之。贞姑觉，涕泣，请辞归抚孤，即出赀为谦更娶，仍捐陈遗租五十石为魏舅姑祀田，孤成立渐大陈宗。嘉靖举人陈学乾即其后也，陈祀姑为不祧之祖。魏家亦感其义，岁并祀焉。先后县令两表其门，题其墓曰'贞姑'。"② 这几位抚孤有成的祖姑，多受旌表为"贞姑"，但有的神主能入祀父族祖祠（如上述翁氏祖姑），有的专祀于祖姑厅，有的则有专祠。其时同事不同运，或许因为不同家族在经济上和观念上存在差异使然，所幸能于"彤管树风声"。刘士圣认为："在长期以男性为中心的阶级社会里，重男轻女、男尊女卑的思想占据统治地位，妇女则处于社会的最底层。加之封建统治阶级以宗法势力、儒家思想进行统治，在中国形成一整套钳制妇女的礼法制度。'阳尊阴卑''三纲五常''三从四德'……都是禁锢妇女发展的桎梏。不管历代统治者和传统旧势力怎样摧残、压抑和歧视妇女，中国古代妇女仍能在重压的夹缝中显示出自己的聪明、睿智和才华。"③ 这些祖姑祠（厅）等家族的纪念性建筑，是旧时挑战宗法礼制少见的非常制建筑，彰显了中华文化传统的报德孝道思想。

---

① 郑丽航. 妈祖文献史料汇编碑记卷（第一辑）[M]. 北京：中国档案出版社，2007：328.
② （清）刘业勤修纂，乾隆《揭阳县志·列女》卷之六，民国二十六年重刊本，第2页.
③ 刘士圣. 中国古代妇女史·前言[M]. 青岛：青岛出版社，1991：2.

早在战国时期，孟子认为："丈夫生之而愿为之有室，女子生而愿为之有家，父母之心，人皆有之。"①汉代班固《白虎通·封公侯》载："以男生内向，有留家之义；女生外向，有从夫之义。"男大当婚，女大当嫁，是我国历来的婚俗常理。潮汕俗语有"大菜唔徙唔大丛，走囝唔嫁唔成人"（大菜苗如果不从扎堆的菜苗中移开到空间适中的园地种植，就没法长得硕大；女儿如果不出嫁就不算长大成人）。因"女子生而愿为之有家"的"家"是"夫家"，世俗遂产生了"女儿"是父族家庭的"过客"（指旧时民间所说的"女儿不算自家人"，与家族无关）的社会心理，即"女儿"长大了终归要出嫁到夫家，成为别人妇，否则"唔成人"。在潮汕地区，受传统宗法思想的影响，重男轻女的思想历来都很严重，甚至有鄙视"女儿"为"别人家神主（屎）"的俗语。所以，女儿与宗族无关也是旧时潮汕的礼俗。对此，旧时有两种具体事实可以说明：一是生女之家不必往宗祠拜祀和告知祖先；二是女儿一般没有按宗族辈序（行辈诗）取名的权利和必要。旧时潮汕地区族姓的辈序诗只用于男性而不用于女性。旧时宗族村落社区重视辈序能辨别昭穆（世代次序）、明尊卑，使宗亲行序不至于混乱等作用。辈序诗一般有两套：一为"内世诗"，二为"外世诗"。其中，用"内世诗"中的字依序所取的称谓叫"字"（共两个汉字，首字为相应世序诗）是男性成年时所启用，又称个人的"族号"（号，旧时潮汕地区多读同"学校"的"校"；用"外世诗"中相应的字所取的称谓叫"别号"，一般是成年后有一定的社会交际才取用），可成为男性族人终生在族谱或祖祠里应用的"法定"称谓（用于神主的称谓一般是谥号，如果没有谥号则用字）。可是，女性一般没有此类称谓，但多数有谥号。所以，陈礼颂认为，"因为宗法势力下的村落社区，视女儿为非传宗接代的宗族成员，她们在宗祠里根本就没有地位，故此她们并没有必要别世代昭穆的理由自明。"②并指出这种重男轻女的现象"完全是基于男丁才是日后承宗接代的宗族、家族成员的观念而然，女儿不过是'借腹'的罢了。"③这里的"借腹"大致与"过客"相当，可见宗法时代的"女儿"在家庭或家族中基本没有什么地位可言。

所以，有论者指出"中国传统法统是以'礼'为核心的封建法律体系。《礼记·大传》将礼的实质概括为：亲亲也，尊尊也，长长也，男女有别。就'男女有别'而论，肯定了男女两性'男主外，女主内'的社会分工模式，以及男尊女卑的社会观念。女性的生活被限定在家庭以内，一切都要服从男性，即'在家从父，既嫁从

---

① 金良年. 孟子译注［M］. 上海：上海古籍出版社，1996：128.
② 陈礼颂. 一九四九前潮州宗族村落社区的研究［M］. 上海：上海古籍出版社，1995：29.
③ 陈礼颂. 一九四九前潮州宗族村落社区的研究［M］. 上海：上海古籍出版社，1995：53.

夫，夫死从子'。由此而形成了女性依赖于父权制家庭的生存方式，她们在法律上只被视为男性家长私有财产的一部分。几千年来，中国封建社会对女性性别的歧视，形成了全社会对女性独立存在意义的漠视。"① 然而，旧时潮汕地区有的族姓的祖姑却不是"过客"，她们虽未嫁而终老母家，却能被兄弟的裔孙建祠永祀，长世庙食（享祭）于父族，与常见的"别人家神主"世俗心理背道而驰。可见，这类祖姑之功德不可谓不深重，其父族兄弟裔孙报德之孝思不可谓不挚切。

据笔者调研，上述三座潮汕祖姑祠的祠主祖姑之所以能庙食和祭祀于父族，正是缘起于有功于父族：潮州凤塘盛户祖祠及揭阳玉湖贞义姑寝室的两位

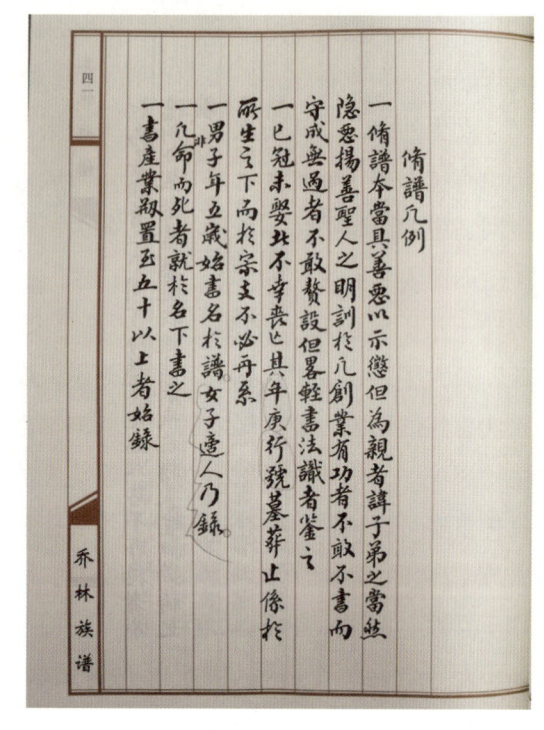

▲ 清光绪年间揭阳《乔林族谱》（重印本）书影
（规定未嫁女性不入谱）

祖姑均是在父母双亡之后肩负起抚养幼弟的责任，至弟成立之日，姐已错过了婚期，牺牲了自己的婚姻；潮汕澄海祖姑祠金氏宗祠的祖姑则是出嫁之日不甘受夫家族人的歧视而退婚，后来独立创业有成，又能惠及族亲。同为"不（未）嫁姑"，前者的做法在宗法社会中挑战礼制的色彩不明显，而后者主动退婚之举则明显存在，且是对上述学者曹红所言的"中国封建社会对女性性别的歧视，形成了全社会对女性独立存在意义的漠视"具有挑战意味。这样的潮汕祖姑，"能在重压的夹缝中显示出自己的聪明、睿智和才华"且有功于父族，与广府珠江三角洲近代只是出于逃避婚姻而终身不嫁的"自梳女"②不同。自梳女现象是"曾盛行于近代广东中部的顺德、番禺、中山、南海等县，妇女通过一种特定的仪式，自行易辫而髻，以示决心不嫁，以独身终老，称为自梳或梳起"③。前者（祖姑）主要为了父族的利益而牺牲自己的婚姻，是出于"利他"而不（未）嫁；后者（自梳女）则是逃避或反抗封建婚姻制度的行为而拒绝个人婚姻考虑选

---

① 曹红. 女性民俗：性别的民俗文化透视与邱国珍、李文、吴翔之等讨论[J]. 民俗研究，2009（1）：258.
② 黄小红. 肇庆市端州区志[M]. 北京：方志出版社，2012：754.
③ 张树栋，李秀领. 中国婚姻家庭的嬗变[M]. 杭州：浙江人民出版社，1990：239.

择独身不嫁。前者的兄弟裔孙为感恩而建专用祠厅（祖姑祠、厅）长祀，永世受祭于父族；后者自己出资参与建造"姑婆屋"集体居住，死后神主也祀于"姑婆屋"，与父族无关。

笔者认为通过对潮汕祖姑祠及其祠主祖姑等相关人文历史进行具体的调研，发掘祠主历史事迹中所具有的优秀传统美德和所在族姓裔孙崇祖报德的善行，用个案例说等形式对相关特定的人物进行述介褒扬，彰其善、扬其美，是进一步探究我国宗法时代女性文化的一个有人文价值的方面。

二、祖姑祠典例

（一）潮州市凤塘镇后陇村独特的祖姑祠——盛户祖祠

1. 匾额署处所，标示独特，又形制狭小的祖姑祠
2. 潮汕地区较早的祖姑祠

盛户祖祠位于潮州市凤塘镇后陇（又名"鹤陇"）乡盛户村，是潮汕地区女祠中极为少见的一座祖姑祠。该祠堂的名称、建筑形制和祠主"大娘姑"称谓等都很另

▲ 潮州凤塘后陇苏氏祖姑祠盛户祖祠左侧（龙门）前视图

类，与众不同。

盛户祖祠位于后陇村苏氏支祠"甲一公祠"〔建于清乾隆四十一年（1776年），苏甲一为后陇苏氏第十世祖〕后面，坐北朝南，祠堂为一进一天井格局（形制狭小，俗称"祠堂囝"），堂号"报德堂"，祠主为后陇苏氏第十四世祖姑苏资淑，是一位"未（不）嫁姑"。祠堂由苏资淑胞弟苏孝德（号盘隐）的裔孙于明代后期建造（具体年代不详，祖姑祠作为房祠比支祠"甲一公祠"肇建时间早）。该祠堂是供奉苏氏资淑祖姑神主的专祠，属于女祠中的祖姑祠。这座祠堂在冠名上显得非常独特，它名称中的"祖祠"二字之前并不是采用通例冠以姓氏族姓（如"×氏祖祠"）或祠主字号（如"××祖祠"），而是用祠堂所在地（"盛户"为后陇苏氏一房派围落地名）的名称冠名——盛户祖祠，没有标示"祖姑祠"性质等相关信息，如揭阳市揭东区玉湖镇浦龙村黄氏的祖姑祠贞义姑寝室则有所标示，如果没有进行深入了解，从外观形式上并不能看出祖姑祠其性质，这在传统祠堂的命名上是极为少见的。

▲ 潮州凤塘后陇祖姑祠（左侧门）祠匾"盛户祖祠"

▲ 盛户祖祠后堂及堂匾"报德堂"

盛户祖祠与甲一公祠前后相连，形似其前面两进一天井格局的支祠——甲一公祠的后座（俗称"后包"），但却是彼此独立。甲一公祠的后厅墙即是祖姑祠的庭院前墙，祖姑祠不设前门（天井两侧设左右侧门），与前面的甲一公祠不相通，而是自成只有单进一天井的独立格局。天井左右的侧门（俗称"龙虎门"）——左门稍大，高约2.1米，宽约1.2米；右门略小，高约2米，宽约1.1米。这种不对称的处理，应是建造时特意为之：左侧门设为祠堂主门，外门石匾阳刻楷书"盛户祖祠"四字，内门匾则为贝灰雕蓝色行书"千秋俎豆"（"俎豆"本指祭祀、宴客的器具，后引申为祭祀和享品）；右门为副门，平时关闭，不设外门匾，其内门匾为贝灰雕蓝色行书"奕世

▲ 盛户祖祠左门（龙门）及内匾"千秋俎豆"

▲ 盛户祖祠右门（虎门）及内匾"奕世箕裘"

箕裘"（"箕裘"语出《礼记·学记》："良冶之子，必学为裘；良弓之子，必学为箕。"意指弟子耳濡目染，继承父兄之业。后以"箕裘"比喻祖业）。祠内祭厅正中新设一座高约2.3米、宽约1.5米的神龛，而非小形制的神棱，神龛用仿古的黑漆和仿古版金制作，龛内仅设苏氏资淑祖姑神位，其文为"明资淑苏大娘姑神位"。这种情形属于专祠专祀，这是盛户祖祠作为苏氏祖姑资淑的专祠的主要特征，故而该祠堂性质为祖姑祠。神龛前为仿古供桌，古朴典雅。厅堂有一柱联，上联为"盛德浩存，敬祖姑培兰植桂"，下联为"户泽盈瑞，耀子孙奕世箕裘"，将祖姑祠的名称中的"盛户"二字镶嵌冠首其中，对联寄寓着感恩和祈福等传统吉祥人文内涵。

盛户祖祠的祠主并非苏氏的男性祖先，而是一位被裔侄孙称为"大娘姑"的"未嫁姑"。中国封建社会以男权为中心，女性在家庭和社会中处于附属地位。父族的女儿被视为家庭的"借腹"或"过客"，长大后一定要出嫁，所以有"女大不中留""嫁出去的女儿泼出去的水"等陋俗和说法。陈礼颂指出，在宗法社会中，"女儿不过是'借腹'的罢了。有关乡间对男女歧视的情形……一是生女之家不必往宗祠拜祀祖宗；二是女儿没有按宗族辈序取名的权利和必要。这便是表明女儿与本宗族无关的最明显事例"①。在潮汕地区，还把未婚待嫁的女性贬称为"别人家神主（屎）"，意指女儿终究是要嫁到夫家生儿育女并终老的，如果女儿嫁不出去而成为"老姑婆"则是不吉利和不幸的，潮汕俗语有"女儿唔嫁唔成人"。根据古代宗法礼俗通例，"唔成人"（未成家）的女儿是不能被载入父系族谱的，神主更不能奉入宗祠。但苏氏资淑祖姑是一位"未嫁姑"，自己没有子嗣，为什么她胞弟的裔孙会为她建祠、立谱，世代奉祀这位"大娘姑"呢？

据载，女祠主苏资淑之父为后陇苏氏第十三世苏瑀（1359—1395年），号昆山，未及不惑之年而在京卒于官，其妻纯洁邱氏（1364—1407年）后也亡故，遗一女一子，子苏孝德其时尚幼，女苏资淑遂肩负起抚育年幼胞弟的重任至弟长大成立，以致误了自己的终身大事，牺牲了自己的婚姻，成为终老父族的"未嫁姑"。她去世后葬于后陇村的鸡笼山，碑文为"明资淑苏大娘墓"（此墓碑是近年重修所立，碑文中的"大娘"或为墓主名讳），至今墓葬尚存，裔孙岁时祭扫有恒。

苏氏资淑祖姑相关事迹被载入父族谱牒。根据后陇苏氏（北宗）谱牒记载："十四世孝德公（号盘隐），昆山公之子……孝德公幼年时，父昆山公卒于京都，公伶仃孤苦，姊大娘姑抚养持携，矢志不嫁。迨公成人，姊已老矣，终卒于家中，附葬鸡笼山。石碑字'明资淑苏大娘墓'。当是之时，北宗之派（苏氏后陇派下一支系，即盛户房）危如一发引千钧，幸赖祖姑苏资淑扶持，得以瓜瓞绵延，皆祖姑之德所赐也。"其胞弟苏孝德的后裔为感谢姿淑祖姑的恩德，遂于明代后期营建专祠盛户祖祠（报德堂）奉祀祖姑，以报其德。苏资淑胞弟苏孝德的裔孙在明嘉靖二十三年（1544年）出了一位进士苏志仁（字道先，号似锋，后陇苏氏第十九世，乡人称"吏部公"），累官至大理寺卿，祖姑祠或许就是苏氏这一代裔孙所建。据载，苏资淑之弟苏孝德育七子，分为七个房派：一、二、三、六、七房现居盛户村，四、五房移居普宁南径镇碧屿村（四房）和青洋山村（五房），还有一部分立籍潮阳和揭东等地，共计近四万人（2014年统计），每年农历三月十五日和十一月十九日均组织祭拜祖姑活动。苏资淑有恩于父族弟系，虽无子嗣，却一直受到胞弟后代（侄裔孙）的追思和奉祀，这种崇祖报德有恒、千秋俎豆常香的做法正是她所做出的牺牲的回报，是中华传统美德的一种表现。

笔者在现代潮汕话中，未能查得"大娘姑"这个词语，它在古代究竟有何特别含义？据苏氏族人介绍，这或许指苏资淑在双亲去世后，肩负起抚养幼弟的重任，恩德

---

① 陈礼颂. 一九四九前潮州宗族村落社区的研究［M］. 上海：上海古籍出版社，1995：52.

宛如娘亲一样，故其胞弟裔孙尊称其为"娘姑"；"大"字既表示苏资淑是长女、是苏氏祖先苏孝德之姐，也表示尊敬或祖辈义（"大"字古代可用同"太"，用在称谓词前面表示尊称或祖辈）。所以，"大娘姑"一语可以理解为"像娘亲一样值得敬重的祖姑母"（其族史对此却未有所载）。但苏姿淑的墓碑刻写有"大娘"而非"大娘姑"。今浙江台州方言中，仍有"大娘"一词，指"未成家的女性"。另据清初学者屈大均《广东新语》卷十一载："东莞女子，未字者称'大娘'，已字称'小娘'，众中有已字、未字则合称'大小娘'。"[①]旧时潮州与东莞同为粤省郡县，历史人文多有相同之处，或许其时潮州也有"未字者称'大娘'"的习俗；苏资淑是"未嫁姑"，其身份与屈氏文中所说"未字者"相合，是否"大娘姑"就是"不嫁姑"的委婉称谓或另一表述，则有待进一步考证（见本书第226页另文论述）。

明代后陇村苏氏为其祖姑苏资淑建祠立谱等举措，在我国古代社会是极为少见的"僭越"行为，这礼以义设，是对传统宗法礼制的大胆挑战和突破。苏资淑恩及父族弟系，苏氏后人念其功报其德，建祠立谱世代追思敬祀，彰显着传统崇祖报德的孝道文化，传承着中华传统美德。祖姑祠是古代女祠中的一个次类，是传统祠堂文化中的瑰宝和奇葩。所以，盛户祖祠是潮汕地区一座具有独特地方历史人文的祖姑祠。

（二）澄海隆都镇后溪村祖姑祠——金氏宗祠

1. 题额"宗祠"，与同村另四座祠堂匾额相同，实为支祠
2. 潮汕地区建造时间较早的祖姑祠，后由专祠易为传统祖祠

汕头市澄海区隆都镇后溪村（庵前园）有一座独特的祠堂——祖姑祠金氏宗祠（孝思堂），为单门"双背剑"两进式建筑，位于该村金氏全族宗祠"金氏大宗"（孝享堂，明万历年间建）西侧约100米处，建筑面积500多平方米。祠主金端洁（乳名二姑），是该村金氏四世祖金广裕之女（金广裕之兄金宽裕的义女），生于明正统年间（1436—1449年），是一位不嫁姑。祠堂大门题额"金氏宗祠"四字，阳刻行书。祭堂三间敞开，堂号"孝思堂"，梁架为传统的"三载五木瓜"形制。龛前柱联为"祖姑贞烈置田兴酒坊，昆裔耀宗登榜衍宦家"。重在述说祖姑创业和裔孙科第显达的族史。相传祠堂建于明万历年间，肇建时为专祀金氏祖姑金端洁的祠堂，故俗称祖姑祠，是潮汕地区目前发现建造时间最早的祖姑祠之一。

---

① （清）屈大均. 广东新语（上）[M]. 北京：中华书局，1997：336.

这座祠堂的独特之处有二：一是祠主是所在族姓悔婚自立的"不嫁姑"，祠堂是潮汕地区极为罕见的一类女祠（祖姑祠）；二是其祠匾"金氏宗祠"四字与同村另外四座支祠撞名——祠匾相同（堂号不同）。这在潮汕地区是颇为另类的祠堂文化现象。

在我国传统祠祭文化中，女儿在父族宗祠中一般是没有立"主"（神主）资格的，金端洁是一位未嫁姑，却有自己的专用祠堂金氏宗祠（孝思堂），这种打破宗法礼制常规的举措，在封建宗法社会里乃石破天惊之事。据后溪村金氏族人介绍，金氏端洁祖姑自幼聪明伶俐，倔强直率，又敢作敢为。相传，当其年届及笄之际，遂许配外乡别姓，出嫁之日，迎娶队伍中的夫家族亲见金端洁面部长有胎记，遂窃语讥笑，金氏祖姑闻之难忍，愤而拒登花轿，断然命轿夫空轿返回，并发誓终身不嫁，愿事亲终老，于是成为不嫁姑。金氏祖姑这种对传统婚俗的叛逆，敢于在家永当不嫁姑的举措，显示了其自尊和敢作敢为的倔强性格。但这当然不足以促成裔孙对其敬重乃至建造祖姑祠，而应另有缘由。

相传，金氏祖姑悔婚之后，并不是屈守闺阁，郁郁寡欢或怨天尤人，而是在坚持"事亲终老"的同时，敢于冲破世俗对"不嫁姑"认识上的樊篱，特立独行，奋发图强，艰苦创业。在当时依然是重农抑商的历史背景下，她首先学会了酿酒技术，在村中以女性身份独立经营，相传开办了"长泉"商号，且创业有成，后来将积蓄用于购置田产或惠及族亲。她所在的乌门社，当时属于村中金氏的弱势宗支，为了更好地保护好自己的产业，她将自己家耕种的田园田埂，用石灰沙砾夯筑，设立固定标识，令毗邻心存异想者不能轻易改易而侵占，从而避免了田地纷争问题。同时，金氏祖姑还是一位善于创新者，在劳作中，她改用贝灰沙土把田地里的沟渠筑成三面光"U"字型，以此固定田埂、便于灌溉，又减少杂草丛生之苦，可谓一举多得。金氏祖姑凭借自己的聪明才智，自立自强，勤奋耕作，创业有成又能达而兼济，使族亲逐步走上丰衣足食之路，展现她的远见卓识和兼济仁爱，表现了一种有别于传统闺阁女性的风范，故而备受敬重。台湾学者李瑛珣指出，"庶民生活史料相当零碎，其中的妇女史料更是数量稀少。而经济史则往往偏重社会问题和群体问题的研究范畴，素来很少关注女性。这是女性研究的先天不足。但正因历史上长期缺乏女性的声音，于是积极开发女性生活史料，更是其必要"[①]。据此，金氏端洁祖姑能在父族中被立祠长祀的创业史和善行，有别于潮汕其他祖姑祠的"宗法元素"（抚幼弟成人而牺牲自己的

---

① 李瑛珣. 清代民间妇女生活史料的发掘与研究［M］. 天津：天津古籍出版社，2010：3.

婚姻，旨在促成父族的繁衍），可以说是潮汕女祠研究中难得又珍贵的"庶民生活史料"中的妇女史料，值得珍惜和挖掘研究。

与潮汕地区已发现的潮州盛户祖祠（报德堂）、揭阳贞义姑寝室等祖姑祠（厅）的建造缘由做比较，其他祖姑祠的祠主是为保护父族血脉繁衍而作出婚姻上的牺牲，成为不嫁姑而被立祠（厅）长祀的，而金氏宗祠（孝思堂）端洁祖姑则是因自尊倔强而成为不嫁姑，而后创业有成，己达而达人，助力兴族，赢得族人的敬重和感恩而立祠永祀，庙食千秋。这两种类型"因"殊异而"果"相同，并立而峙，光彩同辉。金氏祖姑作为封建时代的乡村女性，能够如此自立自强，达而兼济族亲，不但为父族后人留下了殷实的物质财富，也留下了世代流芳的精神文化遗产。后来，其父金广裕及义父金宽裕的后裔不但没有把金氏祖姑看作"别人家神主"，而是都把这位备受敬重的祖姑奉为祖先长祀于族。据说，金氏祖姑去世后神主起初是供奉在其故居祖姑厅，后因裔孙人口渐多，祖厅狭小有碍祭祀，大约在明万历年间遂将祖姑厅拓建为今之祖姑祠——金氏宗祠（孝思堂），专祠供奉，成为潮汕地区另类的祠堂，每年农历三月初三（俗称"古清明"）为祠祭日。后又依族议，祠堂改为合祀祖姑及其父祖、兄弟裔孙之显达者，遂由专祠（女祠）演变为普通祠堂，但族人一直俗称其为"祖姑祠"。

后溪村金氏今存传统祠堂共14座，是潮汕地区有名的祠堂文化古村。村中有一座全村的宗祠（总祠）金氏大宗（孝享堂），其他为支祠和房祠，而支祠中竟然有5座祠匾均为"金氏宗祠"，其中就有相传为首座支祠的"永思堂"（俗称西厝祠，建造年代失考）和建于清初独特的墓祠"谷贻堂"。后溪村金氏源出明初始迁祖金恭烈，一宗多支，同村一族之中的祠堂题匾"金氏宗祠"者，按照常制一般指金氏全族共同的祠堂，但作为支祠的"西厝祠"（永思堂）却首先冠以"金氏宗祠"，这让金氏其他支派建造的支祠在祠匾题额上不得不有所讲究：如果用"××公祠"或"金氏祖祠"题匾，则均可理解为类属于"金氏宗祠"的支祠。或许是出于这样的考虑，所以继金氏宗祠（永思堂）之后建造的几座支祠，因与永思堂所在支系属于同宗衍派，于是不甘示弱，纷纷以"金氏宗祠"题额（堂号各取其宜），与上述永思堂（西厝祠）林立并列，同村对峙。于是，大约至清康熙年间，后溪村有5座支祠撞名——均题匾为"金氏宗祠"，这在潮汕地区同一村落的传统祠堂中是颇为少见的，构成了一道独特的人文景观。潮汕学者蔡英豪指出："后溪有宗祠十三座，连同祖姑祠并列为'金氏宗祠'，这祠宇上的四个浮刻金字，分量很重，说明了金氏已把祖姑视为正统，与男性祖宗平等对待，这在专制社会，也是不可思议的。它源于子孙的报恩观念，也源

▲ 祖姑祠祠匾"金氏宗祠"

▲ 祖姑祠堂匾"孝思堂"

▲ 祖姑祠被列为汕头市文物保护单位匾记

于子孙后裔对祖姑创业的无限崇敬。"① 后溪村金氏祖姑祠的确是潮汕祠堂文化百花园中的一朵奇葩。

当代澄海诗人李汉庭有《后溪祖姑祠赞金端洁》诗："离经叛道守天真，青史煌煌有几人？不信娥眉无傲骨，女祠落落足高吟。"的确，金氏祖姑的故事及其人格魅力，代代相传"足高吟"，一直激励着后代开拓进取、奋发向上。在明清两代，祖姑祠（孝思堂）的裔孙先后出了一进士二举人三县令，在现当代的工商科技教育等各个领域中，更是不乏能人，人才辈出。的确，"后溪村祖姑祠凝聚着金氏祖姑敢为人先、自强自立、艰苦奋斗的创业精神，也凝聚着后溪先民解放思想、特立独行、敢为人先的品质特征，有着不可低估的历史研究价值和现实指导意义，应该加以保护和利用"。② 近年来，当地金氏不但岁时以祭，而且还开展了一系列的人文研究，初步形成了当地独特的祖姑祠

---

① 金利明. 潮汕金氏祖姑祠[M]. 香港：香港金马出版有限公司，2010：40.
② 金利明. 潮汕金氏祖姑祠[M]. 香港：香港金马出版有限公司，2010：5-6.

▼ 祖姑祠金氏宗祠（孝思堂）前视图

文化。2010年3月祖姑祠金氏宗祠（孝思堂）成为隆都镇首座被评为汕头市文物保护单位的传统祠堂。

【附文】

续修祖姑祠碑记

夫祠堂者，报本教孝明伦敦族之所，不容懈弛。而举废修坠，将以劝既起于无穷焉。丁亥仲秋，众酿金伍拾万元，乃重修祖姑祠主座，祠宇灿然一新。喜吾族人孝行不止，戊子五月，裔孙二度捐资壹拾万余元，竖匾刻联，绘画缕字，祠堂益发典雅也。

然祠堂花巷从屋六间，鼎革之时沦为私有至今，众佥望悉数赎回，以还祠堂旧规。己丑春月，几番勉力劝善，裔孙岳华父子自愿捐赠所得从屋一间，裔孙亚国、壁清、锐富、泽煌、树彬五人，断卖从屋各一，永为祖姑祠产也。是岁之夏，兴起第三期工程，修从屋，复旧制，明法度，承文脉。而我辈子孙，凡有水源木本之思者，皆量力输将，捐款合贰拾捌万有奇，贾材鸠工兴役，使数百年间古祠，恢扬旧观，庙貌焕然。冬十月，事竣功成，因见创始之不易、修成之维艰，不可无记事之理。后之孙曹遇有祠事，亦克如此，趋事赴功，则祖宗又何福不享、祠事又何为不成？是为记，并乐捐者芳名列左，以示不忘云。

祖姑祠理事会谨识　裔孙利明拜撰
公元2009年岁次己丑杏月谷旦立[①]

（三）揭东玉湖镇埔龙村祖姑祠——贞义姑寝室

1. 有祠之实而以厅室题匾，小门楼大前厅，称谓谦卑独特
2. 潮汕地区客属祖姑祠、现存唯一女祠

贞义姑寝室（俗称"姑婆祠"）位于今揭阳市揭东区玉湖镇埔龙村（寨前），是潮汕女祠堂中少见的祖姑祠之一，且是潮汕地区客属（客家人居住区）目前发现的唯一一座女祠。

---

① 金利明. 潮汕金氏祖姑祠［M］. 香港：香港金马出版有限公司，2010：13.

祠主为该村黄氏第六世祖姑黄贞静，祠堂建于清同治三年，1989年冬重修，为单门两进式格局，坐西向东，祠前有空旷的阳埕，祠后和两侧均为成片相连的耕地（水田）所围绕。祠堂前厅外截为"双凹肚"门楼，大门内框高仅约2.3米，宽约1.3米，规模比普通祠堂大门偏小。正门上方为常制嵌入式石匾，阳刻"贞义姑寝室"五字篆书（"寝室"，本指古代帝王宗庙中的后殿，后泛指祠堂后厅，这里指祠堂）。我国古代宗法社会的祠堂祭祀，据周代礼制规定，王公贵族有"庙祭"，而庶民不得"庙祭"，只有"家祭"，即在自家正屋（北部）祭祀祖先，正屋即"寝"。这种礼制自始延续至明嘉靖年间礼制松绑，朝廷允许臣民立祠联宗祀始祖，除了官员，有财力的平民百姓开始可以拥有自己的祠堂，不用再受限于正屋寝室祭祖。明清时期民间族姓称祠堂多为"宗祠""家庙""祖祠""公祠"等，称祠堂为"寝室"则极为少见，玉湖这座祖姑祠题额"贞义姑寝室"，可以看作是谦称，低调示人。祠堂大门门联为"贞义姑恩沾恩百世，寝室崇德报德千秋"，将祠堂匾额"贞义姑寝室"五字镶嵌其中。门楼墙上饰有多幅吉祥喜庆题材的贝灰雕艺，素雅有致。前厅屋脊设鹊尾飞翘（"火局"）形制，为普通祠堂常制。

祠堂门厅未设内匾，而代之以一木匾《兴修贞义姑寝室序》（全文见本书第166页"附文"），乃1988年重修祠堂时所设。门厅两侧为常制厅房，但门厅纵深约7米，比普通祠堂前厅的面积约大一半，形成了独特的"小门楼大前厅"的格局，与

▲ 贞义姑寝室前视图

匾额的低调谦称示人相反，表现为外抑内扬。

祠堂的天井纵深约4.2米（比前厅短2.8米），两侧为常制的通廊。

后厅为专祀贞义祖姑的祭厅（深约8.8米），正前方檐廊中段巧设为拜亭，檐脊均饰以嵌瓷。中间梁上悬挂"贞义流芳"木质横幅（相传原堂匾为"识昌堂"，待考），与后厅楹联"抚弟深恩感天动地，福佑村村家兴族旺；溯姑厚德奉寝安龛，喜轮岁岁春祀秋尝"构成一体。后厅右边墙上悬挂当代幅屏《六世祖姑轶史》，褒扬其贞静祖姑为"巾帼丈夫"（文中称祠主祖姑"字贞静"。据《礼记·檀弓·上》载："幼名、冠字、五十以伯仲、死谥，周道也。""贞静"二字的含义更符合祖姑的为人义举，当是谥号，此处的"字"或为"谥"之误）。

▲ 贞义姑寝室大门及祠匾

神龛中只设贞静祖姑神主，说明这座祠堂是其专祠。据该村黄氏族史所载，祠主为贞静黄氏为其第六世祖姑，是玉湖镇埔龙、西门和马料堂三村黄氏共同的始迁祖黄和轩的胞姐，名由娘，是一位受当地黄氏世代敬仰的"不嫁姑"（当地黄氏为潮属客家人，其裔孙俗称其为"祖姑婆"，而"姑婆"一词在今潮汕闽南语地区已甚少见用）。这种立祠敬奉有功于本族的不嫁姑的独特信俗，表达了黄氏族人崇祖报德、知恩图报的传统美德，这种做法在当地民间已经演绎为"拜姑婆"这一信俗，这与潮汕地区及闽南等沿海地区林姓村落所立的"祖姑祠"——妈祖庙及其信俗不同，前者是为报恩和追思纪念，后者则属于祈福迎祥的一种道教信仰，这在潮汕地区是极少见的（参见本书第153页盛户祖祠）。

在我国古代以男权为中心的宗法社会里，女性处于从属和附庸地位，传统祠堂虽然称为"宗祠""祖祠"，但实际上却是以男性祖先为"主角"的神殿，几乎是单一的"公祠"或"男祠"。在祭祀礼制中，即使是嫡系的女性祖先也只是"从祀"或"配祀"而已，庶系女性祖先和本族未嫁女性的神主则被排斥在这类祠堂之外（没出嫁女儿的名字一般不会被立于父族谱书中）。在潮汕地区，因为宗法思想长期的影响，把女儿看作是"别人家神"（别人祖），认为女儿只是家庭中的"过客"，女大当嫁，终究是要出嫁的。如果女儿没出嫁成为自家的"老姑婆"，则是不幸、不吉利

▲ 悬挂于祠匾内侧的木质重修祠堂记

▲ 后厅（中间）所悬匾额

的，而能够被建祠奉祀，世代追思，则是极为罕见的另类现象。黄由娘这位"不嫁姑"却在清代后期被其胞弟裔孙立祠奉祀，这位祖姑究竟有什么特殊的经历、对家族有什么重大的恩德而能拥有这种殊遇呢？

原来，黄氏祖姑是一位双亲去世后矢志不嫁、专心抚携幼弟成立、甘愿牺牲自己婚姻的"不嫁姑"。据清光绪《揭阳县续志·列女》（卷之三）载：

贞义女，黄氏，蓝田都人，少许字游氏，性聪慧，年十三失怙，哀毁逾成人。失恃时唯一弟，名和轩，甫四岁，氏经理丧葬尽哀尽礼、井井有条。抚爱其弟，左右不

▼ 拜亭及后厅侧视图

离。年十八将于归，讬幼弟于叔母，届日登舆，见弟颠仆在地，无往为提携者。氏恻然降舆曰："余不嫁矣！余不幸怙恃俱丧，所遗仅兹一脉，今终欲出门，弟已失所如此，忍言嫁哉？"遂遣人至游家，道达其意，游亦见谅而许之。自是勤操织纴，抚弟成立。稍长，就传家亦小康，弟娶名门，子孙蕃衍。氏顾而喜曰："今而后可见先人于地下矣。"年八十余，无疾而终，游家亦迎回合葬。弟感其恩，建祠岁祀以报之。今浦龙、洋边、西门、华耀堂等乡，皆其弟之裔所分居也。

黄由娘生于明嘉靖三十年（1551年）九月，原籍今丰顺县汤坑镇白马宫角头（今上卜碑村附近，时为揭阳县所辖）。她勤劳勇敢，秀外慧中。11岁时，胞弟黄伯福（字和轩）降世。可惜上天弄人，一家命运多舛，黄由娘13岁时父亲黄仕珠因侠义心肠、拔刀相助解救被劫乡邻而遭上门报复的山贼杀害。翌年，黄由娘的母亲冯氏也病故，双亲相继去世，遗下少年的黄由娘和年幼胞弟。姐弟两人，孤苦无依。黄由娘19岁时，许配给丰顺上碑村游家，并拟于同年十一月初三出嫁。是日，游府迎亲队伍前来迎娶。正当黄由娘登上花轿准备出发前往夫家时，发现跟在花轿后面的胞弟黄和轩，在花轿抬至村口狭巷之时，被围观的人撞倒在路边的水沟里，他嚎哭呼叫不已，但不知何故，现场竟然无人上前扶起他。见此情景，黄由娘不觉心酸，暗想："黄家唯此一脉，孤单无助，自己出嫁游家之后，弟弟年幼无人照顾，以后倘有三长两短，怎释心怀？"黄由娘当即改变主意，叫停了花轿，并托人到夫家（游家）说明原委，提出退婚。游家也深明大义，谅解并应诺。大约在明万历三十六年（1608年），黄由娘姐弟举家迁往今玉湖马料堂创村立籍，勤俭治家，睦邻友善，其弟黄和轩裔孙瓜瓞绵绵（育六子）。后来，黄和轩的裔孙先后迁创今西门村、埔龙村，与华耀堂（马料堂）形成三地同宗一本的黄氏大家族。大约在明崇祯四年某日，黄家祖姑由娘去世，享年81岁。据说，其墓葬位于今丰顺县汤坑镇上下碑村后的鸡笼山，墓碑上刻"祖姑贞静黄氏墓"七字（与上述县志所载"游家亦迎回合葬"有异）。

据当地黄氏族史所载，为了感念贞静祖姑恩德，弘扬其舍己为弟的精神，马料堂、西门、埔龙三村贞静祖姑的胞弟裔孙合力斥资，由黄氏第十五世黄翰禄主持，于清同治三年择地于埔龙村建成祖姑祠"贞义姑寝室"（此与上述光绪《揭阳县续志》所载"弟感其恩，建祠岁祀以报"，在建祠者和肇建时间上又有异），祠堂专奉黄氏贞静祖姑神主，三寨裔孙谨遵古训，依时轮流主持进行祭祀。此举既纪念先祖，思源报本，又以祖姑的精神启迪后来，真正做到寓感恩教育于祭祀活动之中。

玉湖祖姑祠匾额很有特色：由"祠主名号＋寝室"构成，将贞义祖姑的名号题写在其祠匾上。"贞义"为祠主黄氏之号。"寝室"则常指正屋、厅房，作为祠宇的一部分，与专用的礼制建筑祠堂相比，只是类属关系。据上述旧县志载，黄氏贞义祖姑"年八十余，无疾而终，游家亦迎回合葬"①。黄贞义去世后归葬受祀夫家，已属"别人家神主"（这一点又与凤塘盛户祖姑祠未许过婚的苏氏资淑祖姑不同），其父族兄弟裔孙立祠奉祀，则有孔子所言"非其鬼而祭之，谄也"②之嫌。但黄贞义祖姑是有功于族，其胞弟裔孙建祖姑专祠则属于"礼以义设"之举。《礼记·王制》载："庶人祭于寝。"但玉湖祖姑祠却只以厅堂的"寝室"题额而不称祠堂，或许是出于对其夫家的尊重，意在祭祀规格上避免喧宾夺主的僭越。所以，以"贞义姑寝室"题额，命名专祠为"寝室"，有祠堂之实而避用祠堂之名，可以看作是一种低调谦称的礼貌式选择。

玉湖祖姑祠庙祭这一独特的传统习俗经历150多年，从不间断，至今不变。据载，明代揭阳县令陈鼎新〔浙江海宁人，明崇祯四年进士，明崇祯五年至七年（1632—1634年）任揭阳县令，"夙负才望"，工诗能文，书法尤称独步〕当时闻悉黄氏贞静祖姑有关事迹，大为感动，遂令县吏实地核查登记入册，并亲笔书写"贞义流芳"四字匾额赠送黄氏祖姑祠，褒扬黄贞静为揭阳县"列女"，此匾在祖姑祠1988年重修后重立于祭厅，作为堂匾。清光绪十六年（1890年）揭阳县续修县志，黄贞静的事迹被写入该县志"列女"条，流芳史册。

揭阳玉湖黄氏贞静祖姑与潮州凤塘后陇盛户祖祠苏氏资淑祖姑的事迹很相似，她们作为旧时代的"巾帼丈夫"，共同彰显了古代不同族姓的女性为父族的利益而甘于奉献、勇于牺牲自己的婚姻生活，成为"不嫁姑"，为父族的血脉的蕃衍做出了贡献，名留族史、存载方志。而她们被父族立谱建祠世代奉祀，则改写了封建宗法社会中人们对"不嫁姑"的认知历史，共同谱写了一曲古代女性自强奉献、悲悯流芳的不朽华章。

【附文】

兴修贞义姑寝室序

世有非常之人，处非常之境，建有非常之功，立有非常之德，有此四非常者，贞义姑也。

---

① （清）王崧、李星辉修纂，光绪《揭阳县续志·列女》卷之三，第79页。
② 杨伯峻. 论语译注［M］. 北京：中华书局，2004：22.

姑生于明嘉靖四十年九月,以家境式微[1],仅有姊及幼弟二人。于归之时,见弟仆地莫援,乃决守贞不字,见义勇为,放弃鸳鸯之偶,重视鹡鸰[2]之诗,栽培棠棣之华[3],珍爱紫荆之树[4],辛勤抚弟,用能使弟成家立业,繁荣昌盛,本支百世。其舍己为弟之精诚,世所罕有、人所难能,以视春秋之郑庄公与弟叔段、三国之曹丕与弟曹植,以帝权王位争夺,竟起"阋墙",既不爱弟,且欲陷弟,则姑远胜于彼者矣。宜乎贞义流芳于百世,室堂纪念于千秋也。

汉韩信建漂母祠于淮阴,以纪念漂母一饭之恩。[5]唐潮民建韩祠于韩山,以纪念韩文公治潮政教之兴盛,使潮州成为海滨邹鲁文物之邦。明贞义姑以抚弟深恩而其弟裔于清同治三年建贞义姑寝室于是地,以纪念姑之贞心义气,奉之如生如存,高枕安息于寝室也。其纪念意义与漂母祠、韩文公祠一理也,且皆足以标榜于世而作楷模,尤应重视者也。

近年漂母祠、韩文公祠均皆修缮,而姑寝室亦由其海内外众弟裔敦促,于一九八八年冬修建,以工程及设备之筹措,至一九八九年冬之良辰,奉姑安座,济济一堂,蔚为盛典。尤望仰姑之英灵,团结友爱,和衷共济,发扬教育,力求现代化振兴实业,力求机电化,时研科技,力求创新,争取捷足先登科学最高峰,促进两个文明日新而无止境焉。爰为之序。

公元一九八九年岁次己巳冬吉日立

考试院铨叙[6]、资任荐任一级　十九世侄孙年八十九岁拜撰敬书①

序文注释

[1] 式微:衰微,衰败。《诗·邶风·式微》:"式微式微,胡不归。"《朱熹集传》:"式,发语辞。微,犹衰也。"

[2] 鹡鸰:亦写作"脊令",语出《诗·小雅·常棣》:"脊令在原,兄弟急难。"后即以"鹡鸰在原"比喻兄弟友爱之情。

[3] 棠棣之华:《诗·小雅·常棣》有:"棠棣之华,偏其反而,岂不尔思,室是远而。"这是一首申述兄弟应该互相友爱的诗。

[4] 紫荆之树:南朝梁吴均《续齐谐记·紫荆树》载:田真兄弟三人析产,堂前有紫荆树一株,议破为三,荆忽枯死。真谓诸弟:"树本同株,闻将分斫,所以

---

① 此序文为今玉湖祖姑祠内匾上所挂木匾序文。

憔悴,是人不如木也。"因悲不自胜,兄弟相感,不复分产,树亦复荣。后因用"紫荆"为有关兄弟之典故。

[5]"汉韩信"句:漂母,漂洗衣物的老妇。《史记·淮阴侯列传》:"(韩)信钓于城下,诸母漂,有一母见信饥,饭信,竟漂数十日。信喜,谓漂母曰:'吾必有以重报母。'母怒曰:'大丈夫不能自食,吾哀王孙而进食,岂望报乎!'……汉五年正月,徙齐王信为楚王,都下邳。信至国,召所从食漂母,赐千金。"后遂用为报恩典实。后人感漂母之义,为之立祠,故址在淮阴(今属江苏省)城郊,非韩信所建。清代诗人宋征璧《漂母祠》诗:"漂母祠前一洗襟,悠悠淮水故人心。王孙莫作千金报,一饭难酬直古今。"

[6]考试院铨叙:民国时期考试院下设机构"铨叙部",1930年1月6日在南京成立,后迁至台湾,掌理公职人员选拔及各机关人事机构的管理事项。此处指任该机构的官员。

(四)潮阳西胪镇海田村蔡氏祖姑厅及"抚孤有成"牌坊

贞姑,具名不详,潮阳区西胪镇海田村人,世称蔡贞姑,生于明代,年十六时,父母兄嫂俱已亡故,不久许配关埠镇玉二村某氏。出嫁之日,六岁侄男扯住其衣裳大哭不止。姑不忍,也大哭,进入房里过了很久才出来。在人生中最重要、最欢喜、最难得的结婚之日,她毅然剪断了自己的秀发,寄与未婚夫:"抚孤,不嫁,为你守贞一辈子。"随着时间推移,孤儿最终长大,并出人头地,为海田村的重要祖先之一。

▲ 潮阳西胪海田村蔡氏祖姑的贞姑厅坊

贞姑，她牺牲自己一生婚姻的幸福，换来了蔡氏一支的绵绵繁衍。清宣统三年（1911年），潮阳知县王登琦闻知贞姑割发代嫁、矢志抚孤一事，很受感动，遂申报朝廷，请旌表蔡氏贞姑，以励孝悌。朝廷准奏，降旨由公库出资为贞姑建坊纪念。

贞姑坊，位于海田村路口，坐北朝南，花岗岩石构筑，3门4柱，总宽5.3米，高6.4米，中门高2.9米、宽1.7米，两侧门均高2.4米、宽0.77米。中门3层，顶层额为"恩荣"石匾，中层立"贞姑亭"，背刻清嘉庆年间潮阳县令唐文藻所撰贞姑传略，正面书"抚孤有成"，牌坊旁有两亭，一曰"恩德"，书"恩泽重义千秋在，德范良操万古存"；一曰"有成"，书"有志抚孤报万代，成功延嗣启后人"。原坊在解放初期已废，现今牌坊是村民于1984年集资按原制重立。2001年3月被原潮阳市列为文物保护单位。

当地传有《贞姑曲》："今闻潮阳蔡贞姑，终身不嫁勤抚孤……谁道女子不如男，乃知女子知大义。"① 每隔四年，村里就会进行本村最大型的祭祀活动——主祭

---

① 此文录自当代海田村族史资料。

▼ 海田村贞姑古坊

祖姑，以此表达对祖姑的追思、感恩和敬仰。

（五）汕头市金平区蓬洲入祀祖姑的翁氏家庙

翁氏家庙（永锡堂，俗称"祖姑祠"）位于汕头市金平区鮀江街道蓬洲社区，二进式，三山门，乃蓬洲翁氏一支的宗祠（另一支为明代先贤翁万达所在族系，有其建于明万历年间的宗祠——大司马家庙，这两支同姓不同宗），供奉有一位名叫贞慧的翁氏姑母神主，故俗称祖姑祠。

宋至道二年（996年），福建莆田漆林人翁杰偕其兄翁俊至潮州定居。其兄居潮州府治凤城，翁杰则迁居海阳县鮀江都（今汕头鮀江街道）。初来乍到，鮀江都还是一片荒芜，翁杰搭茅为庐，并努力躬耕，过着清贫的生活。到了第四代翁泽，生有女儿翁贞慧、儿子翁舆权。然而翁泽夫妇早逝，儿子舆权年幼，女儿贞慧时值十六岁，贞慧见弟弟年幼无依，于是自誓不嫁，以抚养舆权长大成人。翁舆权少年懂事，苦读经书，后在宋绍兴十二年（1142年）不辜负其姐愿望，考中了进士，授英德州真阳县主簿（俗称"三尹"）。相传因其廉洁有政绩，皇帝曾赐"忠正名臣"牌匾。后来他的儿子翁庆僎也在宋淳熙十一年（1184年）考中进士，授闽县知县，封赠承事郎。父子同为进士，一时邑里传颂，谓之"桥梓济美"，贞慧姑母也被郡邑旌表为烈女。宋嘉定元年（1208年），翁庆僎为报姑母恩德，乃于家乡创建"兴庆院"，姑母贞慧入住其中，持素以终余年。宋嘉定二年（1209年）八月十九日，翁贞慧祖姑病逝。翁庆僎特在蓬洲城建翁氏家庙（永锡堂），姑母神牌特恩准进祠崇祭，右门匾立"孝烈垂芳"，故后世子孙又称翁氏家庙为"祖姑祠"。据清雍正《揭阳县志》载："宋翁道

▲ 翁氏家庙（永锡堂）正视图

▲ 翁氏家庙祠匾（右匾额为"孝烈垂芳"）

真姑，孟统九世祖姑，年十六丧父，弟舆权孤幼，房族欲谋弟以利其产。真姑知之，携弟窜他方抚教，誓不许嫁。后弟登进士第，主真阳簿，真姑得净土莲花地结庵，食淡以终余年。今翁门子孙追祭，屏去荤血，用表事生之意。"对翁贞慧祖姑相关事迹做了记载。

翁氏家庙前面阳埕立有石旗杆，这种饰件相传始于宋代，立于官宦人家祠堂或府第前面，这并不是用以悬挂旗帜的，也不是可随意竖立的，仅作为家族的荣耀与标志。据传，古时族人若考上进士，除在祠堂大门或厅堂上高悬"进士第"的匾额外，还要请有名工匠精选石料，制作石旗杆，竖立于家族宗庙前，以示显耀、铭记，激励后人奋发进取。到了清朝，除进士外，考上举人、贡生、监生等有功名的人也可竖石旗杆。

翁氏家庙（永锡堂）是潮汕地区建造时间较早的宗族祠堂，也是首见本族祖姑入祠合祀的宗祠（据说后来又有另外一位祖姑也入祠奉祀），这种祠祭方式在旧时潮汕地区是空前之举，对当地礼俗文化的影响深远。因翁氏祖姑有功于族，其弟裔孙感恩而将其神主入祀宗祠，后人虽俗称翁氏家庙为祖姑祠，但这座祠堂并不是翁贞慧的专祠，所以它不是真正意义上的祖姑祠。但祖姑神主的入祀，打破了世俗对"别人家神主"的偏见，在旧时潮汕地区的祠祭文化中或许首次注入了新的人文内涵，开启了新的一页，对明清时期真正的祖姑祠的出现，或许产生着积极的影响。

▲ 翁氏家庙庙志

第四节　女贤祠

一、女贤祠概述

女贤祠是先贤祠中的一类，也是女性祠堂的一个次类。

在漫漫的历史长河中，中华民族涌现出的杰出人物灿若星辰，名垂青史，千古传颂。对先贤的崇拜和立祠纪念是祖先崇拜文化延展的产物，中国祠堂建筑类型中有一类"是专为祭祀某一个历史人物而建的，叫'专祠'或'祠庙'，如孔子庙、关帝庙、太史公庙、武侯祠、屈子祠、柳子祠、包公祠，等等。这一类有时也被人们称为'名人祠'"①。本书称之为"先贤祠"。中国封建社会里，儒学礼教等对女性的社会地位进行细致的规范，用"男尊女卑"的思想规定了女性对男性的服从和依附关系，"先贤"一语在旧时志书中历来几乎为男性所独据，女性则另辟"列女传"入载，虽然如此，但有学者指出它实质上还不是人物传记，"《列女传》严格讲仍属于'杂记'体，并非记述人物生平经历的传记体作品，只因其以物名篇，以人物品行分类，而非以事构篇，且题为'传记'的'传'，故将其划在'杂传'类"②。本书在此则"统而一之"，将两者合称为先贤，将后人为崇祀纪念他们而建造的祠堂泛称为"先贤祠"。因此，先贤祠的祠主就有男性和女性之分，如果祠主是女性，则这样的祠庙可称为"女贤祠"，是女祠的一类。

相传早在春秋时期，我国民间就有尊奉前代贤哲以劝勉后人的思想传统，《周礼·春官·大司乐》载："凡有道者、有德者，使教焉，死则以为乐祖，祭于瞽宗"（乐祖：先师、礼乐之先贤。瞽宗：原指商代学校名，后借指最高学府）。《论语》中孔子自称"述而不作，信而好古，窃自比于我老彭"。在《礼记·礼运》中又称"大道之行也，与三代之英，丘未之逮也，而有志焉"，从中就可窥见一斑。《礼

---

① 巫继光，柳肃. 中国建筑艺术全集［M］. 北京：中国建筑工业出版社，2003：15.
② 廖群. 中国古代小说发生研究［M］. 济南：山东教育出版社，2016：335.

记·祭法》载："夫圣王之制祭祀也：法施于民则祀之，以死勤事则祀之，以劳定国则祀之，能御大菑则祀之，能捍大患则祀之。"①即凡是能给百姓制订法令的、因勤劳国事而死的、能建立功劳安邦定国的、能抵御重大灾害的、能抗击大祸患的，凡是这样的人去世了，都要立祠祭祀。到了汉代，祭祀先贤已经被称作是教化黎民百姓的大事。唐贞观四年（630年），皇帝李世民下诏命令州、县学皆建孔庙，于是孔子成为当时中国各州县均可祭祀的先贤。与此同时，一些地方的先贤也被列入"祀典"（政府记载祭祀仪礼的典籍），在地方官员主持下进行祭祀。唐天宝十三年（754年），朝廷下诏各地建先贤祠，"先贤祠"之名首次出现②。这种祭祀先贤的风气，唐代以后一直延续下来，因为"凡有功德于民皆可祀，可祀则可庙……神道设教，圣人所不废也"③。在潮汕地区，宋咸平二年肇建祠庙韩文公祠祀唐代名宦韩愈，明代潮州府治凤城有"九贤祠""乡贤祠"、潮阳儒学中有"乡贤祠"、揭阳孔庙（学宫）中有"乡贤祠"等祠宇崇祀本县历代知名的乡贤。

据载，我国女祠中的女先贤祠，有广东高州长坡镇建于隋仁寿二年（602年）祀冼夫人的祠宇——冼太庙④。宋嘉祐年间（1056—1063年）修建的陕西铜川"孟姜女祠"⑤，可能是迄今为止发现的最早修建的孟姜女祠庙，祠主孟姜女被人们看作是封建时代反抗暴政的平民女性典型而立祠长祀。至宋代，宋高宗下旨为当时抗金女英雄梁红玉建造"梁红玉祠"（时称"英烈夫人祠"，当地人谓之"异娼庙"⑥），祠主为抗金名将韩世忠之妾梁红玉，祠堂位于梁红玉出生地江苏省淮安市，纪念这位南宋时杰出的巾帼英雄。元元贞年间（1295—1297年）有建于上海乌泥径地区的"黄道婆祠"，祠主为宋末元初我国杰出的纺织家黄道婆（1245-1330年），元末明初史学家陶宗仪《辍耕录》载："乡人莫不感恩洒泣而葬之，又为立祠，岁时享之。"1991年12月祠堂改建为"黄道婆纪念堂"，成为人们纪念瞻仰这位中国古代棉纺业先驱的文化教育基地。⑦

在岭南地区，最早的女先贤祠当推茂名市高州的冼太庙（冼夫人祠）。诚如清初学者屈大均所言："故认越女之贤者，以冼氏为首……又冼氏者，亦高凉人，其世为

---

① 胡平生，陈美兰. 礼记孝经[M]. 北京：中华书局，2007：165-166.
② 魏峰. 从先贤祠到乡贤祠：从先贤祭祀看宋明地方认同[J]. 浙江社会科学，2008（9）：92.
③ （清）刘业勤修纂，乾隆《揭阳县志·庙宇》卷之二，民国二十六年重刊本，第1页.
④ 赵新良. 中华名祠：先祖崇拜的文化解读[M]. 沈阳：辽宁人民出版社，2013：202.
⑤ 王鹤鸣，王澄，梁红. 中国寺庙通论[M]. 上海：上海古籍出版社，2016：185.
⑥ 白云涛. 中华女杰（古代卷）[M]. 成都：四川人民出版社，2013：179.
⑦ 张渊. 黄道婆研究[M]. 上海：上海社会科学出版社，1994：318.

南越首领，辖部落一万余户。冼氏幼而贤明，晓兵略，善抚诸蛮……（隋）高祖册冼氏为谯国夫人……仁寿初，年八十卒，祠在高州，民奉祀惟谨。"①冼夫人是公元6世纪时我国岭南百越族的女首领，一生致力于国家统一和民族团结，功绩卓著，被周恩来总理称为"中国巾帼英雄第一人"②，历史上称其为"谯国夫人"，更被民间称为"岭南圣母"。后人为纪念冼夫人，在广东、海南及东南亚等地兴建了祠庙。今之"高州冼太庙"位于高州市人民路，明嘉靖十四年（1535年）始建，是高州地区迄今为止规模最大的纪念冼夫人的女先贤祠。

据笔者调研，在粤东潮汕地区，旧志书亦未载"女先贤"，但广为人知的有宋末女英烈陈璧娘（一说为陈碧娘）和许夫人。相传陈璧娘是宋末潮州都统张达的夫人，生于福建云霄陈岱村，她与丈夫张达抗元护宋的故事后来被改编成潮剧《辞郎洲》，家喻户晓。许夫人，福建人，宋末率义兵入粤，在潮剧《辞郎洲》一剧中称"许大娘"，是后来在饶平县百丈埔与元军决战阵亡的女英烈。元末明初本地女贤，有潮州府揭阳县龙溪都（今属潮州市潮安区）著名女诗人郭贞顺（1312—1436年），时为潮阳县人周伯玉妻，明初俞良辅奉命入潮征讨诸村寨，郭贞顺仗义作诗以献，所居溪头寨因得保全，又教子有方，德寿兼美，明隆庆《潮阳县志·列女》、清乾隆《揭阳县志·列女》均将其载入"列女传"。1998年7月商务印书馆出版的《中国人名大词典》将郭贞顺列为中国古代著名女诗人之一。明代前期揭阳县桃山都雷浦村（今属榕城区砲台镇新市村）为争取婚姻自由的苏六娘，在宗法族权的迫害下毙命榕江（双溪嘴），其故事在明万历年间被改编成潮剧戏文《苏六娘》，后又有歌册《古版苏六娘》，传演至今。清末揭阳名儒谢炼（号巢云）因"其志可悯，其情可悲，乃二百年来，文人无咏及者。梨园村歌，传讹失实……余悲世俗之不察，与淫奔者同类而非笑之也，略叙其事，谱为韵语"，为其撰七言长篇叙事诗《苏六娘歌》（又名《苏六娘吟》，载于其诗集《红药吟馆诗钞》）。国学大师饶宗颐在《潮州志》中指出："潮州梨园演为淫荡之出，失却其真，今谢巢云谱而成歌，为洗数百年之冤，可称六娘功臣矣。"苏六娘可谓是明代潮汕地区争取婚姻自由中的女先贤，惜乎旧志乏载！2012年"苏六娘传说"被广东省人民政府批准为第四批省级非遗文化遗产。旧时潮汕地区较早记载这类女性的志书有明嘉靖《潮州府志·贞烈》（卷七），未见立祠纪念本土女贤之例。另有清乾隆年间女诗人王德徽，原潮州府海阳县廪生陈毅齐之妻〔后随夫占籍揭阳，子陈雄思为清乾隆五十一年（1786年）解元，榕城区登岗镇西淇村婆祠

---

① （清）屈大均. 广东新语. 卷八（上下册）［M］. 北京：中华书局，1985：256-257。
② 赵新良. 中华名祠：先祖崇拜的文化解读［M］. 沈阳：辽宁人民出版社，2013：105。

"坤芳鼎峙"匾额撰写者〕,工于诗词,有《彤规素言集》存世。旧时潮汕地区为莅潮的域外女先贤而建的祠庙,仅有饶平县百丈埔的"许夫人祠"(建祠年代失考,俗称"娘娘庙")。另有今揭阳市榕城区黄岐山建于明末为纪念扬州才女黄月容的"侣云寺"、清代附祀明末清初随潮汕先贤黄锦流亡潮州府治的周王姑的"姑母宫",则兼有女贤祠这类建筑的某些色彩(潮州市区原有祀周王姑的"王姑庵",今已废置无存)。

上述潮汕地区这一类建筑崇祀的对象可以称为"女寓贤"。这里的"女寓贤"是与"寓公"相对而言的。所谓"寓公",古指失其领地而寄居他国的贵族,后泛指朝代鼎革之际流亡寄居他乡或别国的官僚、士绅等贤达。明代潮州郡城有"陆公祠""大忠祠"①,分别祀宋末忠臣陆秀夫、文天祥。明清两代的潮州府县志有"流寓""寓公"传记,如明隆庆《潮阳县志》有"流寓列传",载有文天祥等莅潮先贤,其"小序"云:"夫英贤之行游宇内也,譬之水也,至则民泽矣……惟夫神州陆沉,君后播迁,贞臣秉勤王之师,烈士切同声之应,此其大义炳炳有足称者,以至偶迁谪,于明时遂流芳于百世,据其迹虽已陈,而其名自难灭。此余之所以窃自附于论世尚友之义,而不敢以不志者也,作'流寓列传'。"清雍正年间普宁县令名宦蓝鼎元也指出:"名贤所至,山川生色,瞻风采者如快觌景星凤凰,虽世远年湮,犹将侈为盛事焉。"②榕城"姑母宫"中所祀"朱圣姑母",相传为明末周藩王之女,即故明郡主。时运鼎革,间关入潮,忠贞爱国,矢志不移,先寄寓于郡城尚书黄锦府中,明亡后祝发空门,法名日曜,祀于府治凤城王姑庵。据2016年7月28日"潮州文明网"载,清乾隆时期《潮州古城地形图》所示,今潮州市区真武宫大门前的真武街和北门街交接处,还有一座"望京楼"。坊间相传,此楼乃明末南京礼部尚书潮州先贤黄锦为周王姑所建,以供她登上此楼,向北遥望京城,表达对君父故国的思念之情。王姑即河南开封周王朱崇政的郡主,明末清兵进犯,周王朱崇政殉国前夕托黄锦带郡主南下避难。今榕城南滘附近的双忠古庙,或因明末清初当地人有感周王姑(俗称朱圣姑母)的忠义而将她附祀其左廊殿中,后来则喧宾夺主,当地人干脆称该庙为"姑母宫"而罕见"双忠庙"之说,这种现象与汕头市金平区蓬洲的翁氏家庙(永锡堂)因入祠其祖姑而被俗称为"祖姑祠"有些相似。

"潮之寓贤,可谓盛矣……洋洋济美,胡功世道,足迹所届,草木留香。"③修

---

① (明)郭春震修纂,嘉靖《潮州府志·祠祀志》卷四,第213—216页。
② (清)蓝鼎元. 蓝鼎元论潮文集·流寓小序[M]. 深圳:海天出版社,1993:75.
③ (清)蓝鼎元. 蓝鼎元论潮文集·流寓小序[M]. 深圳:海天出版社,1993:77.

建先贤祠是后人为了表达对先贤"洋洋济美""草木留香"美德的纪念,而前人的美德无疑是会被后人仰慕、学习的。女贤祠的建立,与儒学以及民间所建的其他男性先贤祠相比,则是寥若晨星但又浑然一体,它们的存在都有一个共同的宗旨——礼以义设、化民成俗。有学者认为,"从祠庙建筑的历史进程来看,先贤名士这类祠庙是祖庙演进和发展的产物,也是祖庙和祭祀活动的宗教色彩的淡化,以及政治性、实用性增强的结果"。①崇祀先贤首先表达后人对历史发展的承认与尊重,因而具有合理性。尤其是女贤祠的出现,在以男权为中心的封建社会里不啻为对宗法礼教的一种挑战。但随着历史的推移、时代的发展和民俗活动的过度介入,原来对先贤的崇拜中所具有的正能量文化因子往往被淡化并附加上许多宗教色彩,以致有的本来具有合理性文化因子的先贤祠因信仰活动泛化而为迷信色彩所笼罩,有的被划入"淫祠"(政府编纂的祭祀典籍未登记的祠庙)之列,乃至被拆除。如明嘉靖初期,饶平县百丈埔许夫人祠被广东学政魏校以"淫祠"之名拆毁,后来民间稍作复建而变身为现今的有道教色彩的"娘娘庙",世人已逐渐忘却其崇祀之本真——抗元护宋,忠勇爱国,实在可惜。

潮汕地区女贤祠可谓寥若晨星,对这一类女祠文化的关注的确空乏苍白,是潮汕传统祠堂研究中一个极为薄弱的环节。

二、女贤祠典例

(一)饶平县百丈埔许夫人祠——娘娘庙

1. 目前发现的建于明嘉靖之前的最早的潮汕女祠
2. 明嘉靖初期被以"淫祠"之名毁去,重建后形制狭小,类同小神庙

许夫人祠(俗称"娘娘庙")位于潮州市饶平县高堂镇前寮村百丈埔,是潮汕地区少见的女先贤祠(遗址)。祠堂原来形制和肇建年代失考,今重建为单厅殿加一拜亭小型建筑,主体由大石立柱辅以青砖筑砌而成,庙前设置一个供祭拜者烧化纸钱的大葫芦。庙殿内供奉的祠主为宋末护宋抗元女英雄许夫人及其族侄男(俗称老夫人和伯公)。

关于许夫人,历来记载不一。有的说是潮州畲族女首领,如《广东大埔志》(卷

---

① 王春华. 沂蒙儒学史[M]. 北京:中央文献出版社,2012:449–450.

三十）记载："许夫人者，潮州畲妇也。吾埔妇女，相传受帝封，世代为孺人，得加银笄，盖由夫人之故"［大埔县在明嘉靖五年（1526年）从潮州府饶平县析出］。有的记载为福建畲妇，如《元史》卷十《世祖本纪七》载："至元十五年十一月辛丑，建宁政和县人黄华，集盐夫，联络建宁、括苍及畲民妇自称许夫人为乱，诏调兵讨之。"1987年福州大学历史系编印的《福建历代名人传略·许夫人》开篇载："许夫人是宋末元初闽粤抗元斗争的畲族女英雄。"《辞海》中"畲军"条释义只把许夫人解释为当时畲军领导人之一。学者白冰等认为："畲族许夫人舍身抗元，为世人敬仰，当地汉族村民感其忠勇，为其修庙祭祀，并由此发展成为民间信仰。"[①]旧志有的说许夫人是南宋元帅张世杰之妻。如明崇祯年间饶平县令邱金声所撰《娘娘庙当复》（清康熙版《饶平县志·艺文》）载："娘娘为宋张枢密夫人许氏，枢密护跸海上，夫人卒步兵海上为援，在于百丈埔阵亡，土人义而祀之。"又清雍正《广东通志·古迹志》（卷五十三）载："娘娘庙，在百丈埔，宋张世杰妻许氏统兵扈跸，与元人战殁，邑人祀之。"清末爱国诗人丘逢甲组诗《饶平杂诗》中注："百丈埔在潘段，为张公世杰夫人许氏大战元兵殉节处。旧有庙，土人称曰'娘娘庙'，今废久矣。"许夫人既然是张世杰之妻，为何相关志书从来未按礼制冠以丈夫之"张"姓呢？李来涛指出，《潮州志》载："《宏简录》云：'世杰自将陈吊眼、许夫人诸翼军攻蒲寿康，不下。'清乾隆三十三年《通鉴辑览》云：'时汀漳诸路剧盗陈吊眼及许夫人所统诸峒畲军，皆曾是世杰之攻闽自潮州出师也。'"[②]据明嘉靖年间邵经邦和清乾隆年间的这两部文献的叙述用语，可推知许夫人并非张世杰之妻。

近年有学者认为，许夫人并非清代潮州府县志所谓"张世杰夫人"或"潮州畲妇"，更不是什么"许尖人"，"（福建晋江东石）《许氏族谱》记载：'许夫人本姓陈。论辈序是陈吊眼的族姑，丈夫许汉青是宋末进士，遂被称为许夫人……景炎年间，许汉青被叛宋降元的泉州招抚使蒲寿庚所杀。许夫人怀着国仇家恨，带领族兵反抗蒲寿庚。后各族人民附从者众，遂成一支护宋抗元义军，沿海扈驾，直至黄冈与陈吊眼会师，前往百丈埔抗元血战。这些记述，已初露许夫人生平端倪。'"[③]福建多种文献载许夫人为闽西汉族人，如晋江市东石乡许夫人研究会根据清嘉庆十八年（1813年）晋江东石人蔡永蒹所撰《西山杂志》等史料的记述，认为"许夫人"是宋咸淳五年（1269年）戊辰科状元福建莆田陈文龙之女陈淑祯，生于宋淳祐十二年

---

① 白冰，张镇. 论潮州对许夫人的超族属信仰［J］. 五邑大学学报，2014（2）：11.
② 李来涛. 陈吊眼与陈吊王［N］. 潮州日报（数字报），2009-5-13.
③ 陈泽，吴奎信. 海滨邹鲁是潮阳［N］. 汕头特区晚报，2000-1-1.

（1252年）。陈淑祯自幼受到良好的家教，在陈文龙忠君爱国思想的熏陶下，深明大义，攻读兵书，苦练武艺，所以文武双全。丈夫许汉青坚持抗元护宋，被时已叛宋降元的闽广招抚使蒲寿庚所杀。许夫人不为蒲寿庚的淫威所逼，继承夫志，重整旗鼓，以东石一带的汉、畲人民为基本力量，再多处招募义兵，形成一支由女性带领的抗元护宋的地方武装力量。据福建诏安《南诏许氏家谱》称："许夫人通过畲族人民的血缘关系，四出派员到漳浦、龙溪、云霄、诏安以至汀州、赣南一带联络。"据载，南方畲族有蓝、盘、雷、钟等姓，而许姓为汉族姓氏。因此，许夫人是宋末闽西汉族人比较可信。今福建晋江东石镇有许夫人宫，当地许氏族人认为，元至元十九年（1282年）三月初九许夫人在与元军的一次血战中，因寡不敌众而牺牲，时年仅30岁。她的部下及族人把其遗体密葬于晋江南门外（今石狮市）林边村风炉山麓。明洪武七年（1374年），晋江东石鳌头民众在许宅巷建造庙祠奉祀这位宋末巾帼英雄，尊称她为"东宫许夫人"，庙祠经三次迁建，今仍存，今晋江市东石镇还建造了许夫人纪念堂。饶平县前寮村百丈埔的许夫人祠俗称"娘娘庙"，是否因为晋江称"东宫许夫人"，由"东宫"一词而讹误为祠主是一位当时随宋帝南狩的娘娘而改称为"娘娘庙"，则不得而知。

　　许夫人祠（娘娘庙）是许夫人在饶平百丈埔与元军作战阵亡后当地民众为纪念她而建立的祠庙，始建于何时待考，但被毁年代则有确载。据清康熙《饶平县志·艺文》（卷二十一）中饶平知县邱金声《娘娘庙当复》一文载："魏学使毁淫祠而及娘娘庙，其失岂在魏哉？奉行者过耳。娘娘为宋张枢密夫人许氏，枢密护跸海上，夫人卒步兵海上为援，在于百丈埔阵亡，土人义而祀之。此祠当与'三忠庙'并传香火斯土，即前人无尸祝之事，犹为阙典，况见祠而毁之耶？时无老成人，听其摧废至于遗址不可复寻，殊堪一叹！无足怪者。余按前志书百丈埔事，云宋张世杰尝会许尖人之师于此。许，娘娘姓也。'尖'字与'夫'字相近，遂讹为'尖人'，则知百年前此事已无复识矣，鲁鱼之误，古今同然，要亦此祠不存之故也"，此文虽讹误许夫人为张世杰之妻，但却指出她在百丈埔阵亡，"土人义而祀之"，并认为"此祠当与三忠庙并传香火斯土。三忠庙，一说是潮汕地区的"双忠庙"（因"双""三"二字潮语谐音而讹误），是古代潮州府始于宋熙宁年间（1068—1077年）因奉祀唐代忠臣张巡、许远这一信俗而建造的庙宇（见明隆庆《潮阳县志》卷十之"双忠行祠"）。张、许为古代潮州域外先贤，他俩并未莅临潮州，但潮州士众仍感其忠义而祀之。一说为始建于明代，纪念南宋忠臣文天祥、陆秀夫、张世杰三位"寓公"护宋抗元事迹的著名宫庙，如福建同安洪塘镇三忠宫村的"三忠庙"。可见，为纪念忠义之士并立祠祭祀这种信俗在闽粤两地早已有之。又清光绪《饶平县志》亦载："（许夫人）

▲ 饶平县高堂镇前寮村百丈埔许夫人祠（娘娘庙）

统步兵于沿海崫驾，会陈吊眼之师出自黄冈，与元兵战于百丈埔阵亡，土人义而祀之。"许夫人阵亡后，当地百姓"祀之"建造祠庙纪念她，可惜具体什么时间立祠却没有详载。但相关地方志书说明，在明代嘉靖之前百丈埔许夫人祠已经存在。据清乾隆《揭阳县志·事纪》载："嘉靖元年壬午，提学魏校尽毁广东淫祠。"明嘉靖元年（1522年），广东学政副使魏校下令各地毁"淫祠"（指官方祀典中没登记的祠庙），许夫人祠因为没有列入当时的祀典而被拆除，当地人士也未加阻止。学者丁思深认为，"中国向来是王权和祭权合一，地方志上载录的祀典，大体上全国有一致性，唯当中的名宦、乡贤、忠勇、节孝则为地方所掌握，有相应的差异性。"[①]正是因为这种差异性而导致百丈埔许夫人祠蒙受拆毁。明代邱世钥《百丈埔寻许夫人战处》诗："一军娘子护龙潜，不奈封狐惨不歼。海上有山埋赵肉，坡前无土挂香奁。草随血化春犹碧，字被人讹许已尖。莫恨不留榱桷在，宋宫今日麦渐渐。"[②]又清末爱国诗人丘逢甲曾过饶平，撰写组诗《饶平杂诗》，其一有："战裙化蝶野云香，百

---

① 丁思深. 读志明邑札记[M]. 广州：广东人民出版社，2016：35.
② （清）刘抃修纂，康熙《饶平县志·艺文》卷二十三，第7页.

丈埔前废庙凉。碧绣苔花残瓦尽，更无人拜许娘娘。"从这两首诗中的"坡前无土挂香奁"和"百丈埔前废庙凉"的描写，可知从明末直至清末，虽有明末邱金声等的呼吁，但百丈埔原来被毁的许娘娘庙一直没有重建。

在古代潮州府县志中多有"寓贤"（亦作"寓公"）的记载，如宋季护帝入潮的文天祥、陆秀夫、张世杰等，为世人所景仰，自明代开始在潮州多地建有祠庙奉祀。而许夫人在当时是保护宋帝的义军女领袖，又是在百丈埔与元军大决战而阵亡的巾帼英烈，是为潮汕地区宋末女寓贤。对这样的先贤，后人在其就义处建有祠庙加以纪念，入情入理。据说，1958年当地人垦荒时，在百丈埔发掘有千人坑和百人义坑，可知当年战斗之惨烈，至今潮汕地区仍有与此相关的俗语"莆（乱）过百丈埔"等。所以，作为当时由闽入粤护宋的义军首领许夫人被粤东当地百姓当作护国英雄而立祠奉祀是一种价值观的趋同，表现为旧时饶平当地乃至潮州府百姓对许夫人英勇抗元、舍生取义价值的认同，与人们信仰文天祥、陆秀夫等的做法相似。对于今天的潮汕地区来说，百丈埔许娘娘庙依然是一座名副其实的女先贤祠。

许夫人是一位因抗元护宋而莅潮州的历史人物，是潮汕历史上为数极少的一位女寓贤；许夫人祠在明代嘉靖以前已经存在，后来讹误为"娘娘庙"（重建后仍称为"娘娘庙"）。作为一座女贤祠，将其列为潮汕女祠系列的一个类型进行考察，具有很高的史学和信俗等研究价值。

◀ 《广东历代方志集成》中关于百丈埔记载的书影

（二）榕城二圣古庙——姑母宫

二圣古庙，又名"涂塔宫"（俗称"姑母宫"），位于揭阳榕城南滘大东桥西侧，坐西向东，面积约300平方米，建于明天启六年。该建筑有很好的防震设计，其墙壁由三合土夯筑而成，下厚上薄，内壁与地面垂直，外壁则下宽上窄，从墙面约0.6米起，越高越薄，墙基与墙角厚度相差约0.1米，形状似塔身建构，又因为是三合土夯，故名"涂塔宫"，至今虽已历390多年，但屋架和墙壁仍保存完好。二圣古庙分三山门前厅、天井、后厅和后包（夫人厅）。前厅外门石匾题"二圣古庙"，门联"国士无双双国士，忠臣不二二忠臣"，相传由明末清初书法家福建南安人洪承畴撰写。厅内正对大门屋檐上悬挂楷书褒匾"精忠万古"，由当代知名书画家胡天民（号可达）先生题写。门厅圆形亭柱由两段石柱相连而成，盆基脱节，称为脱节柱。天井两侧不设通廊，两侧内墙壁为左龙右虎图案精美贝灰雕。天井正中铺设一条高约0.1米、宽约2米的东西向花岗岩碎石路与大拜亭相连。拜亭由南北向通廊与后厅相联，拜亭面阔比后厅略小，故又俗称大厅。通廊两端不开侧门，设左右廊殿，左殿供奉朱圣姑母神像（右殿为花公花妈神像），在殿对联为"灵威正气千秋在，忠烈丹心万古存"。后厅设唐代忠臣张巡、许远两位先贤的神位，厅墙左右两侧各开一侧门通向后包夫人厅。据清乾隆《揭阳县志·庙宇》记载："涂塔宫，祀唐朝忠臣张巡、许远，在椿桂坊。"椿桂坊即今榕城南滘两岸地区。可见，清乾隆年间姑母宫已称为涂塔宫，但并非主祀朱圣姑母（只是附祀）。据载，宋熙宁年间（1068—1077年），朝廷赐封张巡、许远为"双忠圣王"[1]，其后，潮汕民间遂有多处庙祀，但"二圣古庙"之称始于何时，相关志书则未载。从庙宇大门匾额可知，涂塔宫专祀的对象为张、许两位唐代先贤。

在潮汕地区奉祀张巡、许远的庙宇多称为"双忠庙"，其祖庙位于睢阳（今河南商丘市）。潮汕地区的双忠庙始创于北宋，据明隆庆《潮阳县志·坛庙志》（卷十）载："威灵庙在东山之麓，故东岳庙之左，即古寺基也。庙自宋熙宁间特祀唐张、许二公之神（按，张公，名巡，故河南节度副使、右金吾卫将军、检校主客郎中兼御史中丞，赠扬州大都督。许公，名远，故睢阳太守兼御史中丞，赠荆州大都督），其事盖始于邑人钟英云。始英自睢阳梦挟神贶而东也，相传一夜而至邑界，宿于门辟，觉乡人饭牛音，异之（今门辟亦有双忠庙废址）。俄抵东岳，英遂立化。已而岳见玄旐，双出寺旁，

---

[1] 刘志文. 广东民俗大观（下卷）[M]. 广州：广东旅游出版社，2007：729.

惊怪，因请避之，遂塑像立庙祀焉，士民有祷辄应。事闻，赐今额，册封二公为王爵（按，张封为忠靖福济昭圣灵佑王，许封善利威济卫圣孚应王），英追封为侯（见恩命表），后庙毁于兵，祀事寖废……门之外有词碣二，其额曰'双忠庙'，不书'灵威'者，从时称，称民意也。"①潮汕城乡今存不少双忠庙，基本专祀张、许两位先贤，榕城二圣古庙是潮阳双忠庙（威灵庙）的分灵庙宇，其名称与"双忠庙"相近，因墙体形态特征类似塔基而称为"涂塔宫"，却为何又称"姑母宫"呢？

相传，明天启六年，浙江慈溪进士冯元飚任揭阳知县，随同而来的如夫人（侍妾）黄月容从扬州请来朱圣姑母木像，以期保佑一路平安。揭阳民间认为朱圣姑母是明代人，本姓刘，名月英，配夫浙江吴门，婚后丈夫外出不幸丧亡，以节孝闻于世，相传寿终后被天帝封为圣神，明廷赐国姓朱，民间称"朱圣姑母"。当代潮汕学者郑智勇也认为涂塔宫姑母乃明季揭阳知县冯元飚及其妾黄月容从扬州带来的姑母神娘娘②。于是，冯元飚在揭期间，在揭阳先贤许国佐等的倡议下将朱圣姑母的木像附祀于涂塔宫，与张、许两圣同受揭阳百姓崇祀，这一说法广为流传。但是，笔者调研所得与民间传说相异：朱圣姑母或为明末坚持抗清护明的周王朱恭枵（名崇政）的女儿，这位郡主原居河南汴梁（周王藩邑），藩城失守后随父抗清辗转南下，丈夫（郡马称"仪宾"）阵亡，孤身一人入潮。其时潮州先贤黄锦（1589—1671年）仕南京礼部尚书，为周王忠义所感，并受其所托，遂将这位周王姑安置在潮州府治凤城的一座庵寺中，明亡后不久周王姑去世，其像挂于王姑庵供志士和信众瞻仰。周王姑朱姓，入潮前夕丈夫阵亡，明亡后逃禅，法号曰曜，这些信息与民间传说的朱圣姑母更加相符，惜乎揭阳旧志并无相关记载。或许在明末清初，忠于明朝的志士遗民将周王姑像附祀在崇祀忠君爱国先贤庙宇的榕城涂塔宫——二圣古庙（今榕城区梅云镇紫峰山北麓有明宗岩寺，则是明末朱明皇室宗亲——朱洁子携女儿南下隐居避难所建）作为朱明象征，继续从事反清复明活动，因周王姑朱姓，又已皈于佛教，故尊称其为"朱圣姑母"。揭阳当代民间所传的朱圣姑母——作为明代民间节妇且能轻易受封赐国姓（朱），可信度不高。据清咸丰年间潮州民间文献《韩江记》载："望云庵，在郡西北隅，俗名'王姑庵'。明季周王讳崇政郡主出家处也。当神州之陆沉，王苍黄，以郡主付黄绸庵，间关来潮。闻燕京残破，遂祝发为尼，法名曰曜。尚书乃建庵居之。"③文中"黄绸庵"即明末南京礼部尚书黄锦，他与冯元飚为明天启二年同榜进士，两人友善，有往

---

① （明）黄一龙纂修．隆庆《潮阳县志·坛庙志》卷十．潮州市地方志办公室编印，第93、94页．

② 郑智勇．揭阳古代名人[M]．西安：西北农林科技大学出版社，2007：125．

③ （清）林大川辑．韩江记[M]．彭妙艳校．郑州：中州古籍出版社，2014：119．

▲ 榕城二圣古庙（俗称姑母宫）左廊殿"朱圣姑母"匾

来。冯元飚出仕揭阳后，黄锦曾为他撰《灵雨亭记》和《冯侯祠记》等文加以褒赞，于后一文中还美称冯元飚为"东南健令"。冯元飚于明崇祯四年离揭赴京任户部给事中，累官至兵部尚书，1644年在家乡浙江慈溪去世。明末清初，黄锦为勤王而奔走于潮惠之间，入清后为持节遗老，不与清廷合作，以示民族气节，至清康熙十年（1671年）年去世，享年83岁。先贤黄锦与冯邑令有不少交集，晚年是否将周王姑忠明反清的忠烈形象推介至揭阳则因志书乏载而不得知。揭阳历史上有多处双忠庙（清顺治年间建于榕城朝天坊的"东岳庙"也是奉祀张、许二圣的庙宇），而附祀有明末忠臣周王女儿这样的女性神像，为榕城这座二圣古庙增设（附祀）了一位忠烈女性。也许为了指称上的方便，后来人们便喧宾夺主，将主祀张、许二圣这座俗称为"涂塔宫"的二圣古庙又俗称为"姑母宫"。笔者认为，就揭阳民间这两个传说而言，前一个传说具有节孝意义，但偏重民间信仰色彩；后一个传说则与双忠庙信俗在爱国忠义层面上更加具有价值趋同性（朱圣姑母神殿对联下句"忠烈丹心万古存"更适合指称周王姑，也可佐证），比较符合明末清初的反清复明的社会情势。据此而论，则朱圣姑母并非民间传说的刘姓节妇，应是明末的周王姑，如是则可以称为明末莅潮的一位女寓贤。涂塔宫建于明末国家动荡、内忧外患之际，并非纯粹出于一般民间神祇信俗的需要，而是寄托了一种旨在召唤像张、许二圣和明周王父女这样挺身而出、救亡护国忠义之士的时代精神和民族意识。在国难当头之际，榕城涂塔宫增祀忠义爱国者（周王姑），更可以推知其时贤达用心之高远。

涂塔宫中今保存的文物有朱圣姑母木像一座、"保我子孙"木匾（落款"清道光丙年阳月钦加直隶州陈德和敬"）一块、明代龙虎井泥塑浮雕、大厅两侧圆头小门两个、嘉庆道光光绪年间捐资石刻题名各一块以及脱节柱、脱节珠等，都具有一定的文物收藏和历史研究价值。

涂塔宫于清光绪年间、民国时期先后两次重修，2006年7月被列为揭阳市第三批文物保护单位。

附一

清同治壬申（1872年）林淇园《望云庵王姑像》①

龙种漂零剧可嗟，青丝卸却着袈裟。
春添国愤眉尖锁，梦失宫装额上花。
死傍梵王犹有像，生怜帝子已无家。
空林谁说前朝事，独上钟楼看暮霞。

注释

首联上句中的"龙种"，指帝王的子孙，这里指周王姑。《隋书·房陵王勇传》："长宁王俨，勇长子也。诞乳之初，以报高祖，高祖曰：'此即皇太孙，何乃生不得地？'云定兴奏曰：'天生龙种，所以因云而出。'时人以为敏对。""剧"，用作程度副词，极、甚。

颈联上句中的"梵王"，本指色界初禅天的大梵天王，此处特指佛教。南朝梁代刘勰《剡县石城寺弥勒石像碑》载："梵王四鹤，徘徊而不去；帝释千马，踟躅而忘归。"据诗题所示，周王姑圆寂后，望云庵中至清代末期仍有画像供人瞻仰。

尾联上句中的"空林"，指渺无人迹的树林。唐代孟浩然《题大禹寺义公禅房》诗："义公习禅处，结构依空林。"这里可作空渺的丛林（佛教徒聚居处所）。

附二

清光绪丁丑（1877）倪鸿为王姑像所作《四绝》②

其一
故国河山化劫尘，出宫不改女儿身。
可怜玉叶银潢裔，来作长斋侍佛人。

注释

第一句中的"故国"，指明代位于河南开封的周王封邑，明崇祯十五年明周王朱

---

①② 蔡鸿生. 清初岭南佛门事略[M]. 广州：广东高等教育出版社，1997：154.

恭枵被灭国。相传周王姑为周王朱恭枵之女，南京礼部尚书黄锦受周王所托带周王姑辗转来潮州。

第三句中的"银潢"，同"银黄"，银印和金印或银印黄绶，借指高官显爵。

第四句中的"长斋"，指终年吃素念佛。

其二
金山山畔筑精庐，日诵楞严闭户居。
岂料蒲团成结局，白头愁煞老尚书。

注释

第一句中的"金山"，又名金城山，位于潮州城区北部，面临韩江，海拔约60米，因形似覆釜而得名，其南麓旧时为郡、州署所在地。

第四句中的"老尚书"，指黄锦，周王姑入潮时黄锦年已古稀，故言"老尚书"。周王姑随黄锦入潮，寓居郡城，不久逃禅为尼，法号日曜。

其三
绝代娥眉寄梵宫，神京万里路难通。
等闲定洒思亲泪，染得袈裟似血红。

注释

首句中的"梵宫"，即梵王宫，本指大梵天王的宫殿。泛指佛寺。

其四
休论成佛与登仙，小像流转二百年。
凄绝望云庵畔路，梵香谁礼女婵娟？

注释

第二句中的"小像"，指周王姑逃禅后圆寂挂于望云庵中的画像。

第四句中的"婵娟"，指美貌女子，与上一首诗中首句的"绝代娥眉"相呼应。

附三 清丘逢甲《王姑庵绝句》十六首（并序）①

王姑者，故明郡主，或云周王女也。运丁鼎革，间关入潮，祝发空门，法名日曜。身经劫火，绮念俱灰。皈志金仙，禅律精进。时则江夏尚书实为檀越，精蓝之筑，邻于故第凤城西北，霞起云丽，庵因人著，名曰王姑。眷念先朝，遗黎同感，香积之供、伊蒲之设，正不必出自粉硇脂田也。幻缘已尽，完节西归。遗像二帧，珠玉黯然。禅悦之余，想犹不胜沧桑之痛耳。二百年来，香火繁盛，法徒千指，雅志禅修。庵之前楹，像设精丽，重楼后峙，翼以绀宇，花竹森郁，钟磬清严。郡于斯庵，称为胜地。每当春秋佳日，士女游观，钗翠照人，车马喧巷，布金输帛，常填积焉。边防事起，将不戢兵。清净道场，杂居白芳。尘溷日久，法众星散。梵诵已缺，檀施亦稀。事过境迁，旧观难复。东风庭院，燕麦摇春。老尼三五，曝檐话故。盖黯然有今昔之感矣。嗟乎！王姑废兴之慨，异代同符，慧眼以观，何者非幻！大地变灭，尚复无常。区区一庵，藉佛仅存，宁足悲乎？戊戌人日，来游斯庵，佛堂尘积，遗画如新。为题绝句十六章，以贻好事，传之后世，亦潮中一故实也。

其一
龙飞皇觉领诸天，衣钵曾留逊国年。
谁料凤阳陵哭后，家风传到女婵娟。

注释

首句中的"龙飞"，一指登帝位，又旧称皇帝的死亡。这里用后一义。

第二句中的"逊国"，谓把国家的统治地位让给别人。唐虚中《善卷坛》诗："大舜欲逊国，先生空敛眉。"句中指明王朝灭亡。

第三句中的"凤阳陵哭"，相传明王朝灭亡之际，朱元璋故乡凤阳发生地震，其祖墓当天深夜发出类似哭喊的声音。

其二
法雨香霏洗额黄，伽瑜自换故宫妆。
北风吹坠南枝月，泣对梅花礼梵王。

---

① （清）丘逢甲. 岭云海日楼诗抄[M]. 上海：上海古籍出版社，1982：57-59.

其三
芳心飘泊总思明，日曜亲书作法名。
帝牒不如僧牒永，女墙残照下钟声。

其四
汴城宫殿郁嵯峨，已逐禅心委逝波。
若化冤禽号朱鸟，不填沧海定填河。

注释

首句中的"汴城"，是明代周藩王的府治所在，即今河南开封，旧称汴梁、汴京，曾为北宋都城。

第三句中的"朱鸟"，本指星宿名，即二十八宿中南方七宿（井、鬼、柳、星、张、翼、轸）的总称。七宿相联呈鸟形；朱色象火，南方属火，故名。周王姑自北方汴城辗转至岭南潮州，朱明鼎革，故诗中以朱鸟与精卫填海典故喻指其满怀国仇家恨之悲愤。

其五
殊恩异代降香车，未许长平竟出家。
不及天南怀帝后，转经遥祝海棠花。

其六
禅房春冷佛灯微，玉叶金枝事已非。
夜半闻鹃停梵诵，泪花红溅水田衣。

其七
故事凄凉说粉侯，西风梧落梵宫秋。
无穷家国兴亡感，诉向莲台佛也愁。
（老尼云："仪宾实以死殉国"）

注释

首句中的"粉侯"，指周王姑的丈夫即郡马（仪宾）。三国时魏国何晏面如傅粉，娶魏国公主，赐爵为列侯，后因称驸马为"粉侯"。周王姑为周藩王朱恭枵之女,其丈夫应称郡马,而明代宗室亲王、郡王的女婿称"仪宾"。如《续通典·礼十四》:"明年又更定公主、郡主封号,婚仪乃驸马、仪宾品秩。"

其八
劫余龙种少生存,云护孤雌入梵门。
毕竟千金凭佛保,天涯哀遍女王孙。

其九
故国敲残梦里钟,黄河流恨走开封。
丹青空貌天人影,难写宫愁上梵容。

其十
望云残榜篆模糊,想见思亲泪眼枯。
南北两都无寸土,一庵今尚属王姑。
(庵旁有庵曰"望云")

注释

第三句中的"南北两都",指明朝自永乐年间以后的应天府(陪都南京)和顺天府(帝都北京)。

其十一
凤城宝马碾香尘,花蟬春游善女人。
水月空庵齐膜拜,妙庄王女是前身。

其十二
瘦石零花半塔欹,萧条香蜕葬江湄。
尚书老死遗民尽,谁署天潢小裔碑?
(王姑墓在城北)

注释

第三句中的"遗民",指亡国之民、前朝留下的臣民。《左传·哀公四年》载:"司马致邑,立宗焉,以诱其遗民,而尽俘以归。"

末句中的"天潢",本指皇族,帝王后裔。这里指周王姑。

其十三
秀容入后瑶光废,法侣飘零闭绮窗。
应有香魂归吊月,佛楼寒火碧秋幢。
(庵自某军门驻勇后,尼日散而庵亦破)

注释

括号内文中的"军门",用于明代有称总督、巡抚为军门者,清代则为提督或总兵加提督衔者的尊称。

其十四
二百年来一帧完,九莲遗迹已飘残。
老尼也识沧桑感,不作寻常绣佛看。
(九莲菩萨,思宗曾祖母也,遗像已佚)

其十五
胜朝遗老半为僧,短发萧萧百感增。
谁识天家留佚女,比丘尼派衍南能。

注释

首句中的"胜朝",指已灭亡的前一朝代,这里指明朝。清代王应奎《柳南随笔》卷三载:"明太祖既登极,避胜朝国号,遂以元年为原年。"

第三句中的"佚女",指美女。佚,通"昳"。《楚辞·离骚》:"望瑶台之偃蹇兮,见有娀之佚女。"东汉王逸注:"佚,美也。"现代学者游国恩纂义:"佚者,昳之借字。"

其十六
西山曾访王姑寺,吊古南来又此庵。
一样女儿身说法,满天花雨落优昙。

注释

末句中的"优昙",即优昙钵花,喻指佛教。宋代苏辙《那咤》诗:"佛如优昙难值遇,见者闻道出生死。"佛教以为优昙钵开花是佛的瑞应,称为祥瑞花。

第五节 祖嬷祠

一、祖嬷祠概述

我国宗法时代以男权为中心，祠祭文化长期以男祠一统天下，后来出现的女祠，祠主的身份基本是女贤、有功于父族的祖姑或庶系女性祖先，因为在祠祭中，礼制规定"妣以嫡配"，嫡系女性祖先（旧时潮汕地区俗称"阿娘"，庶系女性祖先则称"阿婆"）因为在祠祭中取得了合法的附祀（从祀）地位和资格，于是嫡系裔孙（娘房）长期认同"引以为荣"而缺乏为自己嫡系女祖建造专祠的理据。所以，在我国民间的宗族祠堂中，罕见属于嫡系女祖的专祠。据笔者调研，在清代潮汕地区的澄海和饶平两县，却存在称为"祖嬷祠"的建筑，是潮汕女祠的一个次类。

祖嬷祠，泛指祖母祠堂，是指祠主身份为嫡系女性的一类女祠。祖嬷，是一个潮汕方言词。嬷，义同祖母。老嬷即曾祖母。在旧时潮汕地区，庶系女性先祖不称"嬷"：生育子女的侍妾，或年老者俗称"婆"或"阿婆"（即俗语"阿婆生囝阿娘个"中的"阿婆"），孙辈则泛称其为"祖婆"，因在祠祭上有"妣以嫡配"的礼俗，因此嫡系女性祖先可以入祠奉祀，其裔孙没必要为其立祠奉祀。据笔者调研，潮汕地区发现祖嬷祠2座：一为澄海上华镇渡头村的"外老嬷祠"，另一为饶平黄岗镇绕霞村的祖嬷祠，是颇为独特的潮汕女祠建筑。在潮汕地区民俗中有"祀外祖"现象，通常指外孙男过继给没有子嗣的外祖父为嗣孙男，传承其"香火"，是外孙男"出继"。而上述渡头村外老嬷祠的建造则是另类的"祀外祖"现象，是女外祖"入祀"，这是潮汕地区乃至全国极为少见的祠祭现象。

二、祖嬷祠典例

（一）澄海上华镇渡头村的"外老嬷祠"

1. 潮汕地区独一无二的"祀外祖"（入祀）祠堂
2. 少见的开正门小形制（一进一天井）女祠

汕头市澄海区上华镇渡头村曾族共有12座宗族祠堂，其中总祠为曾氏大宗（思成堂），女祠2座：一是建于清乾隆年间的婆祠曾氏宗祠（滋德堂），另一是建于清末的外老嬷祠（祠匾失考，此为俗称，"外老嬷"，外曾祖母，即母亲的祖母）。这座外老嬷祠在潮汕传统祠堂中或许是独一无二的"祀外祖"建筑。

在潮汕地区，有一类较为熟知的民俗现象叫"祀外祖"，通常指外祖父没有子息，由外孙男过继给外祖父为嗣以延续"香火"的做法。而上述"外老嬷祠"这种建祠祀外祖嬷的做法，则属于另类的"祀外祖"现象。前者在民国以前旧时代并不少见，是外孙男"走出去"给外祖父——出继，而后者则是外孙男建祠把外祖嬷"请进来"——入祀，这（后者）在潮汕地区可以说是绝无仅有的祠祭现象。

渡头村外老嬷祠的形制为一进一厅式格局，坐西向东，天井前墙开一正门，为简单的墙门式（传统常制则为"凹肚门楼"），墙门上设潮汕传统祠堂常制"火"式屋顶，祠堂形制类似潮汕传统建筑中的"爬狮"（有的潮汕传统建筑工匠认为，设"凹肚门楼"者称"下山虎"，设墙门者称"爬狮"，两者大同小异），这种形制是将"爬狮"建筑前面两间相对的前"手厝"拆去，改为通廊而成，一般不设正门，只设左右侧门（俗称龙虎门），如潮州凤塘后陇村祖姑祠盛户祖祠、普宁流沙的黄氏副姒祠等。因祠匾失考，近年重修时祠堂匾额留空。外老嬷祠的堂号为"成志堂"，左右通廊西侧各有一立柱，左柱联为"成德祖业继往开来千秋在"，右柱联为"志壮裔孙正气家风万古留。"将堂号"成志"二字镶嵌其中。祠主慈福陈氏，并非渡头村人氏，乃建祠者外老嬷。陈氏的神主置于神椟内并悬挂在后厅中间的墙上，神主上刻"显曾外祖母慈福陈氏之神位"。祠堂敬奉外祖，这是潮汕地区罕见而独特的祠祭现象。按照潮汕旧时民间礼俗，一般不允许族人在当地（本村）为外族人氏建造祠堂，但偶见为有功于本族的恩人建造生祠的做法，如揭阳市榕城区砲台镇桃山村谢氏清乾隆元年为感谢时任潮阳知县吴廷翰（河南人）秉公判还该族入潮始祖谢乐耕位于潮阳海门被占葬的墓地而在桃山村中建造"吴公生祠"（下山虎格局，堂号失考）、该村相邻的登岗镇西淇村陈氏在清道光年间（1821–1850年）为感谢时任揭阳知县姚柬之为该族昭雪多年冤案而在该村宗祠陈氏家庙（永思堂）右侧建造"姚公生祠"（爬狮格局，堂号失考）。私立祠堂（宗族祠堂）敬祀的对象并非所在族姓的祖先，这在潮汕民间祠堂中是极其少见的（古代潮州府治及各县治则建有公立的名宦祠）。早在春秋时期，孔子就强调"非其鬼而祭之，谄也！"[①]因为祭祀祖先的活动属于吉礼，目的是祈福迎祥，这类活动具有排他性，因而祭祀他族祖先的做法属于非分之举，是

---

① 杨伯峻. 论语译注 [M]. 北京：中华书局，2004：22.

谄媚行为。《礼记》亦载："非其所祭而祭之，名曰淫祀，淫祀无福。"①淫祀，即僭越、不合礼的祭祀。因为宗法社会中，祭祀活动向来强调合礼性，在官方层面，礼乐活动还具有等级性。所以，春秋时期鲁国当权大夫季平子"舞八佾"（"八佾"是当时周天子的乐舞或仪仗），孔子闻而斥之为"是可忍，孰不可忍？"②上述清代揭阳民间族姓建造生祠的做法就属于"非其鬼而祭之"的现象，但这类做法却难能可贵、不受排他性所限，没有谄媚之嫌，因为建造生祠的做法早在汉代就已经出现，奉祀的目的在于报恩。在明代初期，学者宋濂对地方宗族相关的祠祭做法主张"礼以义起"③给予支持和认可。以义释礼，也与孔子的"君子之于天下也，无适也，无莫也，义之与比"④的主张相合。渡头村为曾氏单姓一族，总祠曾氏大宗祠里大红灯笼上书"宗圣世家"，该村世称为曾子后裔，曾子主张孝恕忠信，参与编写《孝经》等书，村族历来注重诗礼传家，民风敦厚。该村立外老嫲祠祀外祖的现象，看似另类，甚至有僭越谄媚之嫌，却是"礼以义起"的举措。那么，渡头村老嫲祠的祠主究竟是一位怎样的"外老嫲"，才会使自己女儿的裔孙建祠长祀自己，成为潮汕地区另类的"祀外祖"现象呢？

据这座祠堂的族人介绍，清道光年间初期，女祠主慈福陈氏与丈夫携一女"过番"南洋至暹罗（今泰国），陈氏贤惠，助夫创业有成。时渡头村一未婚青年男子曾汝琼刚来到暹罗，举目无亲之际投靠于陈氏一家，曾汝琼为人勤劳、忠厚，不久被陈氏招为女婿，合家和睦，勤俭治家，生活越发美好。后来，不知发生什么变故，相传陈氏的丈夫中年亡故，加上别的原因，迫使陈氏与女婿一家决定返归"唐山"故里。清道光十二年，他们回到澄海，然而阔别多年的陈氏夫家已举目无亲，并且故业无存。于是，陈氏决定随同女婿曾汝琼一家同往渡头村居住。渡头村虽是单一姓氏村落，但人们对这位"过番"归来的"亲家姆"要在本村"占籍"并没有丝毫排斥。因为陈氏勤劳贤惠又慈爱，不仅帮助女婿曾汝琼一家创业有成，又不忘周急济困，行为世范，赢得了周邻的敬重。慈福陈氏齿德俱美，相传，陈氏年近期颐去世时，女婿曾汝琼（育有五子）的裔孙人口已近100人，还是当地小康人家。陈氏的谥号为"慈福"，属于美谥，与她齿德兼美不无关系。在清光绪年间，为报答慈福陈氏对他们曾氏家族的恩德，遂由曾汝琼的孙辈主持，将陈氏原来居住的老屋，拓建成这座一进一

---

① 王文锦. 礼记·曲礼下（卷二）[M]. 北京：中华书局，2001：52.
② 杨伯峻. 论语译注[M]. 北京：中华书局，2004：23.
③ 常建华. 明代宗族研究[M]. 上海：上海人民出版社，2005：351.
④ 杨伯峻. 论语译注[M]. 北京：中华书局，2004：37.

▲ 外老嬷祠祭厅前视图

▲ 外老嬷祠右通廊

天井的外老嬷祠（志成堂），永祀这位有功于族且德寿双馨的外曾祖母。这一祀外祖的祠祭现象在潮汕地区实属罕见，在澄海一带成为流传至今的美谈佳话。

据调研，这座外老嬷祠的祠祭文化在潮汕地区是独一无二的，具有祠堂建筑的孤例唯一性特点。它的祀外祖特点，既体现了建祠者不忘感恩报德的思想，又彰显了当地曾族人氏在祠祭礼俗上对"礼以义起"的巧用和对这种另类"祀外祖"文化的包容和认同，为潮汕传统祠祭文化增添了独特的人文历史内涵。

▼ 渡头村外老嬷祠正门内视图

（二）饶平县黄冈镇霞绕村的祖嫲祠

饶平县黄冈镇霞绕村张氏的祖嫲祠，堂号"追亨堂"，俗称"祖嫲祠"，建造年代失考。当地人虽称其为"祖嫲祠"，但从形制上看实际上是一座居祀型建筑中的祭厅。其祭厅为一间，并非普通祠堂的三开间敞开格局，形制上没有传统祠堂的规模，不是真正的祠堂建筑。

相传该村张姓在元末明初入潮，一开始并非创于霞绕村而是在别处。当初进村肇创时是该族的一位祖嫲带着两个儿子前来，祖公并没有同来（潮汕闽南方言称祖父母为"公嫲"，口语中常"公嫲"连用，但祭祀祖先一般用"拜公"，少用"拜公嫲"，这或许是受旧时男权宗法思想的影响所致）。所以祭堂里祖嫲的牌位仅刻写着"显先初世祖妣十六娘慈绵钟氏之神位"，既称祖妣（祖嫲），如果没有讹误的话，则非祖婆，祖妣属于嫡系，祖婆则称副祖妣，属于庶系。而当代潮汕民间又常常把"祖婆"说成"祖嫲"，尤其在口语上更是如此。其牌位又未署上祖公名号，这座建筑祖嫲名称单独称谓，为单祭厅"四点金"式建筑，往往会使人把慈绵钟氏往侍妾身份考虑和联想。其口传族史的"祖公没同来"等说法又有点虚泛难稽，使人对这座建筑物性质的俗称（祖嫲祠）更加质疑：旧时潮汕民俗家祭或祠祭，嫡系家族的考妣同用一牌位（男左女右），庶系女祖牌位则单书庶祖号姓，墓碑形制也如此。如清末揭阳榕城陈泰兴居祀型婆祠中的女祠主顺修翁氏的神主就是独立于神楼中，因其身份为侍妾。

所以，从其建筑形制和神主内容来看，它更像是张氏一支的婆房建筑，是一座潮汕民间常见的"婆厅"，只不过被裔孙（或世人）夸大其词而称为"祖嫲祠"了（这与榕城区陈泰兴婆祠相似）。

▲ 饶平黄冈霞绕村祖嫲祠祭堂（追亨堂）

第三章

散论逸语

"散逸"一语，义为流散、分散。语见汉代蔡邕《玄文先生李休碑》："自战国及汉，名臣继踵，支胄散逸。"①本章名称"散论逸语"，主要汇编与女祠有关的潮汕祠堂文化短文，这些文章从不同角度、侧面介绍潮汕传统祠堂的人文特点，各篇并没有构成系统性的论述，故名"散论逸语"。本章各篇所述均与潮汕祠堂（女祠）或相关俗语文化关联，虽是描写和分析潮汕祠堂文化的"片言只语"，但这些短章杂论，可以补充第一章"通论蔽语"（综述）论述上的不足，帮助读者进一步了解潮汕祠堂及其相关地方文化等方面的内容。

一、旧时潮汕庶系的女祠文化——基于俗语"潮州好婆房"视角

"潮州好婆房"是一个现在人们较为陌生的潮汕俗语，潮汕民间普遍认为是指婆房分衍快、多贤人。据笔者调研，这个俗语其实与旧时潮汕民间褒扬婆房崇祖报德，坚强不屈，敢于抗争而挑战封建宗法礼制，为自己的庶系祖先建造专祠的非常举措是分不开的。这里从旧时潮汕地区婆房挑战封建礼制，为庶系祖先建造祠堂（婆祠）这一文化视角来解读俗语"潮州好婆房"的由来及其人文内涵，以就教于方家。

（一）潮汕俗语"潮州好婆房"的由来

在旧中国，婚姻制度名义上是实行"一夫一妻"制，但不少富贵家庭实质上是"一夫一妻多妾"制，也即"一夫多偶制"②。于是，就有了嫡庶之分：嫡系即妻系，旧时潮汕民间俗称"娘房"；庶系即妾系，俗称"婆房"。妾，多是被男主人收房的婢女，潮汕俗语有"赤脚饲久变阿奶（侍妾）"。这类婢女称"赤脚婢"，俗称"赤脚"（或"走鬼""花仔"等），生儿育女后则被称为"阿婆"，裔孙称其为"祖婆"。侍妾地位卑微，没有名分，只有给男主人（夫主）生育子女以后在家中的地位才稍好一点，其子女须称呼父之正妻为"娘"（母），对生母则称呼为"阿婆"（阿姨）或直呼其名，不能称"娘"，潮汕俗语"阿婆生仔阿娘个"（意即侍妾生下的子女要认正妻为母）正是这一历史现象的反映。根据宗法礼制，正妻可与丈夫共同祭祀祖先，正妻去世后神主可与丈夫的神主并列共祀，有祖祠的可入祠附祀，而侍妾则没有这些资格，这种现象旧时潮汕地区概括为俗语"赤脚（阿婆）孬入祠"。宗法社会是等级社会，尊卑有别、嫡庶分明，因名分地位高低悬殊，常常引起家族内部

---

① 邓安生. 蔡邕集编年校注（上）[M]. 石家庄：河北教育出版社，2002：17.
② 邵伏先. 中国的婚姻与家庭[M]. 北京：人民出版社，1989：127.

"兄弟阋于墙"——娘房仗势（宗法制度）打压婆房而导致嫡庶纷争的现象。婆房虽处弱势，却不乏自强不屈、坚持抗争的例子，特别是世袭制废除和科举制度出现以后，庶系子弟可以通过科第出仕的机会提高自己和庶系在家族乃至社会中的地位，这在很大程度上激励了庶系子弟自强向上、努力改变自身地位的志气。慎终追远、崇祖报德是中国传统孝道文化的重要内容，祠堂是中国孝道文化的象征和重要载体，修建祠堂在旧时是彰显家族社会地位的重要举措和表现。因此，婆房为彰显孝道、挑战封建宗法制度的最典型举措莫过于建造私祠，用于专祀庶系女性祖先。所以，用旧时庶系祠堂文化来解读潮汕俗语"潮州好婆房"，是一个较为合适的视角。

（二）旧时潮汕地区"婆房"的祠堂文化

1. 潮汕传统祠堂文化简述

"早在唐宋时期，潮汕已有祠堂出现。宋元以后，有一定官衔品位的贵族也设立祠堂，追祀先祖，潮州出现了'望族营造屋庐，必建立家庙'（清乾隆《潮州府志》）的现象。至明中叶以后，平民也可修建祠堂，出现'聚族而居，族必有祠'的局面。至清代，潮汕人建祠之风更盛，出现了'大宗小宗，竞建祠堂，争夸壮丽，不惜赀费'（清嘉庆《澄海县志》）的繁荣景象。"[①]潮汕地区的传统祠堂大多是嫡、庶两系共同修建的宗祠。如汕头市潮阳区铜盂镇新桥村建于清代的"林氏祖祠"（孝思堂），是由明代迁衍至新桥村的玉浦村林氏六世祖林倘轩（嫡出）及其五世庶母曹纯质的养子（按名分属庶出）林九远两房裔孙在清代建造的，因玉浦林氏在明代曾遭逢官兵灭族变故，曹氏婆智脱并携嫡子林倘轩至新桥村落籍，后又收当地孤儿林九远为养子，形成新桥村林氏嫡、庶两系。这两系裔孙感念曹氏婆恩德，于清代共建林氏孝思堂，尊其五世曹氏祖婆为新桥林氏开基祖婆，神主入祀孝思堂，故林氏祖祠在当地又俗称"婆祠"或"创乡祠"（但它可能是一座传统的男性祖祠，非曹氏婆专祠），这类嫡庶共建的祠堂是潮汕地区传统祠堂的主体，不胜枚举，是传统文化中一方独特的"中国印"。

2. 婆房专祠类别

据笔者调研，潮汕地区旧时家族兄弟"阋墙"背景下婆房建造的祠堂为数并不少，大致可分为以下两个类型：

一类是传统的男性祠堂，祠主是庶出的男性祖先。起初，这类祠堂的建造主要

---

① 叶春生，林伦伦. 潮汕民俗大典［M］. 广州：广东人民出版社，2010：99.

是婆房为彰显自身的社会地位而做出对嫡系的抗争行为。随着时间的推移，这类祠堂的庶系色彩逐渐被淡化，演变成为传统祠堂中的小宗祠或房祠，但从其肇建的特殊人文历史背景考察，则不失为俗语"潮州好婆房"的有力佐证。"正因为这种多偶并存及其尊卑等级关系的存在，才有嫡庶分殊……由于嫡庶之母的地位、角色分殊明显而不可易，所以嫡庶之间从娘胎里一出世就打上了不平等的烙印——母亲的贵贱尊卑遗传给了子女。"①今潮州市潮安区浮洋镇山埕（仙庭）村建于清代后期的"因序公祠"（俗称"西门婆祠"，祠主方因序，庶出，祠堂入祀其生母黄氏克勤，黄氏身份为侍妾），建祠起因是婆房方因序的裔孙在其祖祠得自公祠（方因序是祠主方得自的庶子）祭祀活动中长期受娘房欺压和排斥，后来奋而自建庶系祠堂。因为祠堂位于旧时村西，故俗称"西门婆祠"（当为"西门的婆房祠堂"）。当时建造这座祠堂的婆房裔孙中并无显贵或商贾人物，均为普通的平民百姓，他们做出建造祠堂这样耗费巨资的举措，既是无奈之举，更是对长期受娘房欺压的抗争。旧时婆房地位卑微，饱受歧视，但坚持抗争的例子比比皆是。如清代后期今揭东区曲溪镇路篦村吴氏十九世祖吴诚和（生员吴蔚宽庶子）少年时与生母被嫡母贱卖至附近的新河村一富户，幸好不久被其六叔父发现而得以赎回（生母则失踪）。自此吴氏娘房和婆房"阋墙"成为激烈的持久战，后来两系虽共同建造了蔚宽公祠，但娘房裔孙强势不减，婆房裔孙又耻于祖祠中入祀曾贱卖自己庶祖的嫡系祖嬷，于是奋而在村中择地营建庶系私祠诚和公祠，兼祀那位失踪的庶祖母。这类庶系男性祠堂在潮汕地区并不少见，如果没有结合其肇建族史加以考察则难辨其庶系男性祠堂的"本真"。

明清时期潮汕地区出现的这类庶系男性祠堂，叙写着一个个曲折的家族故事，内蕴嫡庶之争、外彰孝道之举，是庶系崇祖报德、坚持抗争的历史镜像，是俗语"潮州好婆房"的极好注脚。

另一类是庶系女性祖祠，俗称"婆祠"。婆祠是女性祠堂的一个重要类型，更是我国传统祠堂中的另类。婆祠的出现，体现了宗法社会中婆房为崇祖报德而勇于挑战宗法礼制的精神。这类祠堂在女祠中数量最多，是探究"潮州好婆房"这一俗语文化的活化石。

潮汕地区传统祠堂的建造始于北宋后期潮州府城韩文公祠，盛于明嘉靖年间至清代和民国时期，终于中华人民共和国成立之际。旧时民间对庶系女性祖先的祭祀，因受宗法礼制和经济等条件的限制，更多的是建造婆厅，即根据宋儒朱熹所定礼制将民

---

① 邵伏先. 中国的婚姻与家庭［M］. 北京：人民出版社，1989：127.

居宅第的正屋设为专祀女性庶祖的祭厅。而个别婆房则大胆突破封建宗法礼制，为女性庶祖建造专祠，这种做法打破了我国传统祠堂以男性为"主角"长期占据垄断地位的局面，挑战了潮汕俗语"阿婆孬入祠"背后的宗法礼制。据载，我国建造时间较早的婆祠是安徽省祁门县芦溪村建于宋咸平年间的"衍正堂"①，又有论者认为徽州女祠（婆祠）的产生时间是明末清初②。据笔者调研，潮汕地区的婆祠目前发现现存建造时间最早的是揭阳市榕城区西门建于明崇祯十年的许氏庶祖祠（追远堂）和潮阳棉城镇的萧氏婆祖祠（承懿堂，已拆改），而建造时间最晚的是1952年"土改"之际未竣工而中断建设的今揭东区白塔镇桐坑村的从发庶祖祠（堂号失考）。许氏庶祖祠位于许氏宗祠（源远堂）左后侧，祠主余氏贞勉身份为侍妾，建祠者是明末揭阳先贤许有丰和许国佐父子（许有丰是余氏所出，后过继给其五叔许公期为嗣子，子国佐为明崇祯四年进士，历仕四川富顺县知县、兵部郎中等职）。余氏课勉子孙以义方，许有丰、许国佐父子皆力学而出仕，崇祯十年重修许氏宗祠，嫡庶两派合力而为。其时许氏父子名分上虽已非余氏子孙，但出于血缘认同和感念余氏德寿俱高，按宗法礼制，庶妾去世后神主不能入祀宗祠，遂于崇祯十年营建余氏贞勉专祠许氏庶祖祠（据余氏墓碑记载，余氏卒于明崇祯十五年，建祠时尚健在，所以这座婆祠也是一座生祠）。许氏族谱和当地民间并没有留下当时嫡庶矛盾的记载或传说，这座潮汕地区早期婆祠，彰显了婆房重视血缘认同的思想和崇祖报德的情怀。

据载，古代礼制规定庶子为嫡母服丧三年，至"明代则统令庶子为生母服斩衰三年。"③可见，明代庶妾的地位比前代略有所提高。另外，上述许氏庶祖祠是在明末揭阳知县冯元飚（明天启六年至明崇祯三年（1630年）在任）在揭阳黄岐山为其被嫡妻杀害的侍妾黄月容建造侣云庵加以附祀和铸钟撰文追思之后出现的。冯元飚是明末揭阳名宦，史称"东南健令"④，历代人们爱屋及乌，士庶对冯邑令及其如夫人（妾）黄月容的故事传说咏赞不绝，这或许为明末以后潮汕地区婆祠的接连出现起了推动作用。

庶系建造婆祠是在无法跨越"阿婆孬入祠"这一礼制"雷区"的背景下出现的。因为这个"雷区"是"一种特殊的社会遗传"和"整个社会的文化——心理结

---

① 花信. 专奉女主的徽州女祠［J］. 中华民居，2012（11）：104.
② 毕民智. 徽州女祠初考［J］. 合肥：安徽大学学报（哲学社会科学版），1996（2）：62.
③ 赵凤鸣. 中国妇女在法律上之地位［M］. 太原：山西人民出版社，2014：106.
④ （清）刘业勤，（乾隆）《揭阳县志·艺文上"记"》卷之八，民国二十六年重刊本，第34页.

构"①。如清康熙年间潮州龙湖寨市头婆祠椒实蕃枝（堂号失考）的建造就是为彰显孝道而挑战这一封建礼教"雷区"的杰作。其建造者黄作雨（庶出）是当地富商，捐巨资参与重修黄氏宗祠（燕翼堂）后，提请让自己生母周氏（黄父之妾）的神主入祀宗祠却遭到族人的强烈反对，遂愤而另择一地斥巨资建造了比宗祠宽大而气派的私祠——椒实蕃枝，专祀生母周氏。这座婆祠因"凹肚门楼"比普通祠堂阔大，俗称"阔嘴祠"。而今揭阳市榕城区登岗镇西淇村陈氏建于清乾隆年间的婆祠坤芳鼎峙（堂号失考），则是建祠者陈氏十六世陈嘉琜、陈嘉璠、陈嘉球（均为庶出，生员）兄弟三人的生母彭氏去世后提请神主入祀宗祠陈氏家庙（永思堂，建于雍正年间，因陈氏十四世有嫡庶两系：嫡系池氏未育，庶系张氏、蔡氏两位阿婆各有子息，两位阿婆去世后神主均因娘房无嗣而得以入祀宗祠）被十六世娘房坚拒后建造的，而所谓的"娘房"实际上均为神主已入祀宗祠的张蔡两祖婆的裔孙，他们转而反对十五世彭氏婆神主入祀宗祠，顽固地维护宗法礼制，这明显是宗法社会等级尊卑文化在作祟。

　　上述这两座匾额独特的清代婆祠的建造者虽为"有力之家"，提请女性庶祖入祠却遭到宗族或家庭内部的强烈阻挠和抗拒，可见"阿婆孬入祠"观念背后的宗法礼制是何等根深蒂固。而婆祠的兴建，庶系女祖拥有自己的祠堂，则是对传统宗法礼制的大胆挑战，这种抗争也由"有力之家"延及到普通百姓。揭阳市揭东区曲溪街道路篦吴氏建于清代后期的婆祠顺敬祖祠（孝思堂，祠主钟氏，号顺敬，路篦村吴氏二十世吴海山之妾），其建造者（钟氏顺敬的裔孙）均为普通平民百姓，长期受娘房欺压和歧视，他们坚持抗争，为崇祖报德，自己挑沙担土、卖薯粜米，共同建造了这座两进式的婆祠。今路篦村吴氏共有十座旧时的传统祠堂，其中婆祠就有两座（一为上述的顺敬祖祠，另一为慈富祖祠，建于清光绪二十九年），娘房和婆房各自建造的祠堂数量不相上下。可见，其时该村在祠堂建设上所体现的嫡庶"角力"之剧，也是旧时处于弱势的潮州婆房长期坚持抗争的又一个有力例证。

　　此外，潮汕地区一些婆祠的建造也体现了子承父志、孝思相传的思想。如揭阳市榕城区东门的婆祠郭氏祖祠（重光堂，建于清光绪六年，祠主林氏顺贤），是光绪年间揭阳县教谕郭春华兄弟三人继承父志为祖母林氏顺贤建造的专祠。该婆祠门匾书"郭氏祖祠"，内匾有"祠记"，记述建祠缘起："是祠也，先祖妣林太夫人之专祠也。太夫人为先祖、貤赠通奉大夫创垂公篴室，举丈夫子三人，次即先府君、诰赠通奉大夫学埏公府君。思其所自出，屡议肇禋崇祀，式奉尊灵，嗣以中年捐馆，厥志

---

① 毕民智. 徽州女祠初考[J]. 安徽大学学报（哲学社会科学版），1996（2）：62.

未成。长男于谨、次男春华、三男于铟仰体先府君之意即以报先祖暨先祖妣之德于无穷，用是鸠工庀材，咸式于制，以庚辰之岁落成，颜其堂曰'重光'"。祠记明确记载了建祠者继承父志为身为侍妾的先祖母建造专祠，以崇祖报德。

这座婆祠匾额命名上不冠与"庶祖"相关的称谓，直接称为"郭氏祖祠"，女祠主身份虽为簉室（侍妾），裔孙却尊称其为"太夫人"。潮州市仙桥区磷溪镇古堤村的清末的婆祠萧氏祖祠（绥成堂）也如此。潮汕地区同类的其他婆祠名称如榕城的许氏庶祖祠、普宁流沙的黄氏祖婆祠、黄氏副妣祠以及另类的椒实蕃枝、坤芳鼎峙，匾额名称或标示"庶祖"性质，或冠以委婉含蓄的词语代称。相比而言，这说明了当时有的庶系建造婆祠时已不再囿于"硬件"（祠堂形制）上的限制，而且还在"软件"（内涵文化）上也做出突破，已从形式到内容上大胆冲破旧礼制的桎梏，进一步凸显了他们思想的开明和进步，这是俗语"潮州好婆房"的又一佐证。

3. 另类婆祠彰显嫡庶孝友情谊

旧时潮汕地区大多数婆祠反映的是上述嫡庶"阋墙"的长期对峙的族史。据笔者调研，也有另类的婆祠却彰显嫡庶孝友敦睦、家族团结和谐的情谊，给人们留下了不少美谈而传颂至今。

如建于清康熙后期的惠来县惠城镇婆祠方氏家祠（继承堂，俗称"婆祠"，祠主静慤庄氏，惠城方氏十三世方鲁侧室），建造者为惠城方氏十五世、四川南川县令方应祷（父方一鸣为静慤庄氏所出）。这座婆祠建成之后，方应祷为感念伯父方一凤（方鲁与正妻蔡氏所出，仕江西上犹训导）对生父一鸣"友爱备至"[①]之情而在婆祠祭厅正中左右两檩各挂上祖父方鲁和嫡祖母蔡氏的大幅画像，依时共祀。这种做法在旧时潮汕地区的婆祠中是绝无仅有的，体现了婆房对娘房的感恩戴德之情。又如澄海区上华镇渡头村建于清乾隆三十三年的曾氏宗祠（滋德堂，祠主怡然余氏，渡头村曾氏三世祖曾刚烈侧室，育四子）是庶系四兄弟共同建造，本来曾氏这一族嫡庶长期不和，但祠竣晋主后，庶系裔孙追念祖母怡然余氏遗嘱，遂将祖父曾刚烈、嫡祖母纯恪洪氏（育一子）的神主入祠，同龛共祀。这样，婆祠却变成了嫡庶共享的小宗祠。据祠堂族人曾植锐（字庆欢）介绍，婆祠建造前曾族嫡庶不和，但嫡系只有一房，庶系共四房。怡然余氏生前多次告诫子孙说，婆房子孙多，如果以后庶系建造了祠堂一定要将刚烈公、洪氏嫲神主入祀上座，使家族团结友爱。如今，这座婆祠又因顾及原来娘房裔孙的感情不再用"婆祠"俗称，而称为"西厝祠"（因其位于村落西部），继

---

① （清）张珆美纂修，雍正《惠来县志·乡贤》卷之十四，惠来县地方志办公室编，2008：174.

续演绎嫡庶敦亲睦族、孝友共处的和谐人文故事。

旧时潮汕地区有"潮州无好兄弟山""潮州无好娣姒缘"等俗语，其实也与嫡庶"阋墙"有关，但上述两座另类婆祠及其和谐相处的族史却叙说着婆房、娘房的崇尚感恩、孝友包容的美德，这是对俗语"潮州好婆房"的一种极好理解。

（三）俗语"潮州好婆房"的文化内涵及其现实意义

俗语"同谚语的差别仅在于不含有深刻的思想内容，只是通过生动活泼的言语形式来点破事实真谛，或者刻划行为、状态的形象，浅显易懂。"①俗语虽然浅显易懂，但记录的社会历史现象却往往蕴含着丰富的历史人文内涵，世易时移又或多或少地影响了人们对俗语的正确解读。然而，俗语"潮州好婆房"并不是浅显易懂的，而是一个反映宗法社会语境下潮汕地区婆房社会生态的历史词语，表现了旧时庶系重视血缘认同、崇祖报德的孝道思想和追求平等、勇于挑战封建礼教的反抗精神。宗法社会中，嫡庶有别、尊卑分明，婆房处于先天弱势，但在孝亲、祀祖等问题上却不甘示弱，常常表现出对不公平礼制的抗争和反叛，这在现代看似人伦之常，在旧时却是非常之举，故而旧时潮汕地区概称为"好婆房"，是一种社会性的赞评。

女祠的出现打破了传统祠堂男性垄断的局面，庶系祠堂的出现丰富了封建宗法社会中的祠堂文化，而其中的婆祠则是女祠乃至传统祠堂中的奇葩，为传统祠堂文化增添了一道独特而亮丽的风景，给宗法文化注入了一份"不和谐"的成分，是记载旧时中国社会底层妇女觉醒和为提高女性社会地位而抗争的珍贵历史资料和文化镜像。"然而，起于氏族组织的需要、服务于宗族维系与管理的祠堂于明末清初衍生出女祠这一别具特色的组织形式，倒使当初许多社会活动家和社会伦理道德学家们感到难堪和无奈。"②女祠尤其是婆祠的出现及其背后独特的人文历史故事，在旧时嫡庶尊卑有别的等级社会里成为挑战封建礼教的一个个历史见证。所以，"潮州好婆房"观念应运而生，正是人们对婆房这一特殊社会群体敢于挑战封建宗法社会礼制的赞许之语。世易时移，虽然这一观念及其女祠文化均具有浓厚的封建宗法思想色彩，但其中所蕴含的自强向上、追求平等、崇尚孝道和敦亲睦族等积极的人文因素，在当今社会仍不乏借鉴意义，值得人们加以认识、研究和传承。

---

① 张清源. 现代汉语知识辞典［M］. 成都：四川人民出版社，1990：176.
② 毕民智. 徽州女祠初考［J］. 安徽大学学报（哲学社会科学版），1996（02）：62.

二、桃山谢氏祠堂与明清揭阳祠堂文化

揭阳市榕城区砲台镇桃山谢氏祠堂有谢氏家庙（永思堂）、东社祖祠（光裕堂）、吴公祠和位贤公祠等，均为明清时期潮汕传统的祠堂建筑。

桃山谢氏家庙（永思堂，俗称"大祠堂"）坐北朝南，为三进二天井带二火巷的灰石木结构祠堂。这座谢氏祠堂在明清期间经历了从祖祠到宗祠的演革。据载，元末乱世，祖居今揭阳玉滘翔龙的谢宗文（宋末铁牌总管谢壶山第七世孙、桃山谢氏一世祖号梅叟）双亲先后罹于"土寇"之难，时谢宗文甫四阅月，由庶母慈惠石氏携背辗转至桃山村避难。母子历尽艰辛，至谢宗文成立时，上京呈控，收回祖业，遂于桃山村开基创业（清光绪《揭阳县续志》有传）。谢宗文在桃山村未尝营建祠堂（但其祖屋中开始设有婆厅专祀慈惠石氏祖婆，在今桃山村旧潘界内）。谢宗文之子谢廉静能增创祖业，家产殷实，晚年准备建祠堂以尊祖先，但未就而卒（享年69岁）。谢廉静之子谢玉山（长子谢恭以贡生出仕知县）能业增百顷，继承父志，明景泰二年（1451年）主持建成两进式的桃山谢氏祖祠（永思堂），特祀谢宗文为不迁之祖，这就是桃山谢氏祖祠。清康熙五十九年谢学圣（桃山谢氏第十二世）中试解元，遂拓建谢氏祖祠、续修族谱。其宗师同考官俞鸿图得知谢氏自开基桃山以来有多人出仕知州、知县等官职，乃官宦世家，遂建议谢学圣将谢氏祖祠匾额改为"谢氏家庙"。于是，谢学圣恭请俞鸿图为祠堂题写门匾"谢氏家庙"，率族众于清康熙六十年（1721年）

▼ 砲台镇桃山村谢氏家庙前视图

▲ 桃山谢氏家庙左右形胜——跃禹坊和百岁坊

对原为两进式的谢氏祖祠重修并拓建为三进式的谢氏家庙。在此之前的明正德十二年（1517年）桃山举人谢天经（桃山谢氏第五世）为激励家乡子弟好学上进，于祖祠前左侧驿道上建造科第功名牌坊"跃禹门坊"，此坊与后来［清乾隆十九年（1754年）］建于家庙右前侧的"升平人瑞坊"（又称"百岁坊"）并列，同为谢氏家庙两个前侧翼形胜，分别象征耕读文化和耆寿文化，与家庙浑然一体，蔚为壮观。

　　谢氏家庙还有一道独特人文的景观——其祭厅正龛上首自建成后就供奉着一位特殊女性的神主，这位女性就是桃山谢氏一世祖谢宗文的庶母慈惠石氏（1314—1387年）。在封建宗法时代祠祭文化中，嫡庶尊卑分明，存在"妣以嫡附"（庶妾不庙祀）的礼俗，这属于另类。慈惠石氏是谢宗文的庶母，元末明初逃难时弃亲女而保嫡男（谢宗文），辛苦鞠养，母子相依为命，后又倾力收复祖业。没有慈惠石氏就没有桃山谢族，石氏对于桃山谢族可谓义薄云天、功同日月。因此，明代前期桃山谢氏祖祠（永思堂）建成后，在祭祀上就打破了上述妾庶不入祀的宗法礼俗，将其石氏祖婆神主从祖屋（婆厅）移至祖祠正龛上位，敬祀为开基太祖婆。这在古代潮汕地区乃至古代中国宗族历史上是极为罕见的，这种举措无疑是对封建宗法制度的大胆挑战和突破，其支祠东社祖祠（光裕堂）拜亭柱联上句为"护孤嫡，肇创桃山，恩情深似海。"可见桃山谢氏对这位太祖婆的感恩和敬重。

据笔者调研发现，明隆庆年间（1567—1572年），桃山谢氏第四世谢信（号清溪，有一妻五妾）位于今榕城区地都镇塔岗山的墓葬则是谢信与正妻黄氏和侍妾懿烈赖氏（立墓前赖氏有二孙男以举人出仕知县）的并穴合葬墓，三人的名号信息均刻于墓碑上（桃山谢氏民国族谱中"祠祭"部分也载赖氏随夫谢信入祀谢氏宗祠永思堂）。继桃山谢氏"阿婆可入祠"之后，潮汕地区有极少数的祠堂先后出现阿婆随夫入祠的现象。如登岗镇西淇村的陈氏家庙（永思堂），清乾隆年间有两位阿婆因娘房乏嗣、婆房主持族务而被其亲子奉入家庙（永思堂）奉祀。这种新的祠祭现象的出现是中国传统祠堂文化的"另类"，从中可以管窥出其时潮汕地区的人们对庶系女性在宗族中的地位等观念已经发生了某些变化。

祠堂是中国古代宗法文化的重要组成部分，其建置和演革主要受到国家政令制度的影响和制约。据载，先秦时期有关庙祭祖先的做法在《礼记·王制》已有严格的规定：天子七庙，诸侯五庙，大夫三庙，士一庙，庶人则祭于寝。那时平民百姓不得建庙宇，只能在家中正屋（寝）祭祀祖先。东汉时期，平民祭祖已成为普遍的礼俗。在潮汕地区，宋代已出现公立祠堂，宋元以后，建造祠堂（家庙）追祀先祖的官宦人家越来越多，但庶民祭祖仍"于寝之北为龛"，即在自家正屋北部设龛奉祭祖先。明嘉靖十五年，"许民间皆得联宗立庙"以"化民成俗"，随着我国封建礼制的"松绑"和宗法制度的强化以及社会经济的发展，臣民均可建祠祭祀祖先，我国的祠堂建设得到了迅猛的发展，潮汕地区也不例外。明嘉靖年间上述礼制的许可，是中国古代民间祭祖礼制的一次重大变革。于是，旧时潮汕出现了清乾隆《潮州府志》所载"望族营造屋庐，必建立家庙"的现象，清代《揭阳县志》亦载："旧志云：士族重丧祭，营宫室先立祠堂、祭田以供祀事。"可见其时揭阳等潮汕民间极为重视祠堂建设。不少官宦人家的祠堂或为祖祠（厅）拓建、或为新建，多为规模宏大的祠堂建制，商贾大户也不遗余力，纷纷营建祠堂。揭阳地区这类家庙为数不少，除桃山谢氏家庙外，就其邻乡近里而言，就有东岭村的陆氏家庙、南潮村的吴氏家庙、西淇村的陈氏家庙等。

在明代"联宗立庙"等政令影响下，潮汕各地族姓的联宗活动也推动了当地祠堂的建设。明朝中期，揭阳玉滘翔龙和桃山谢氏考稽两族源流一脉，均为宋末郡马铁牌总管谢壸山的裔孙。于是，明嘉靖六年（1527年）桃山村谢玛（号玉川，谢壸山第十一世孙，桃山谢氏五世）和玉滘翔龙谢雪梅（谢壸山第十世孙）等倡议联宗并捐建翔龙谢氏宗祠（永思堂）作为揭阳谢氏宗祠，奉祀谢壸山为揭阳等地谢氏入潮始祖。清康熙九年颁布的《上谕十六条》，进一步确定了宗族的功能。清雍正年间又颁布《圣谕广训》，突出了宗族自身的建设。这些政令推动了各地祠堂文化建设。其时，宗族内一支系分衍超过五代即可自立房派，建置支祠（小宗祠）或房祠。如清光绪二十一年桃山谢氏第八世谢国瑞（号和毅）所属三个在桃岭（今桃山新明社区）的房派裔孙营建二进式的东社祖祠（光裕堂），奉祀谢和毅为共祖。该祠堂是古代桃山谢氏祠堂中至今保存较好的支祠（相对于玉滘翔龙的谢氏宗祠而言，则是一座房祠）。另有桃山村新丰围建于清末的位贤公祠（永绥堂），也具有房祠性质，至今保存得很好。

桃山谢氏至今还在村中保存着一座名为"吴公祠"的特殊的祠堂——生祠。该祠堂位于桃山谢氏家庙西南侧原桃山墟市中，为单进式（下山虎）格局。它是一座清乾隆元年揭阳桃山和玉滘翔龙谢氏为感谢潮阳知县吴廷翰依法判还谢氏位于潮阳海门的谢乐耕等祖墓而为其建造的生祠。在清代，这两地谢氏依时祭拜，共同演绎着一个广为传颂的感恩故事。立生祠始见于汉代，是祠堂"报本崇德"文化的衍化。据清乾隆《揭阳县志》所载统计，在明清时期，县治榕城先后出现约十所生祠，如"冯侯祠""车公祠"等，主要是民间百姓为纪念和褒扬政绩佳彰或官德清廉的邑令而设，可惜均已毁易。目前，古代揭阳其他乡村族姓营建生祠的记载多已失考。立生祠为古代揭阳祠堂文化增添了人文新气象，又给其时封建社会吏治文化注入了一股源于民间的正能量。

可以说，桃山谢氏祠堂文化是明清时期揭阳祠堂文化的一个缩影，而谢氏家庙（永思堂）在明代竣建后就入祀庶系女性（开基太祖婆）的做法，则是我国宗法礼制文化中少见的现象，具有挑战旧时代宗法礼俗的色彩。

三、旧时潮汕地区庶系祠祭文化摭谈

旧中国由于长期存在一夫多偶婚姻制度而出现嫡庶之别，正妻子孙为嫡系，潮汕地区俗称"娘房"；众妾（有子孙者称"阿婆"）子孙为庶系，俗称"婆房"。在祠堂祭祀上，因嫡庶尊卑分明，正妻的神主可随丈夫神主入祠配祀，礼俗上称为"妣以嫡配"，而宗法礼制严禁庶妾的神主奉入宗祠附祭，潮汕俗语"赤脚（阿婆）孬入祠"正是这一礼俗的反映。据调研，明清两代至民国时期，实际上均存在庶妾入祠祭祀的现象，具体情况各异，大致包括以下六类。

一是娘房建造祖祠，将祖婆神主奉入祠堂配祀。这种类型在旧时代极为少见，但至少在明嘉靖年间以前今揭阳市榕城区砲台镇桃山村谢氏家庙（永思堂）中已经存在这种祠祭现象。谢氏于元末明初从今揭东玉滘翔龙村迁至桃山村肇创，时逢乱世，翔龙富户谢东山和妻子黄氏先后罹于寇难，其妾慈惠石氏逃难中弃亲女而背负幼嫡男谢宗文辗转至桃山村，苦心养育十多年，后呈控得值讨回翔龙祖业并立籍桃山村，成为桃山谢氏开基祖婆。谢宗文裔孙于明成化年间建成谢氏祖祠（清代拓建为谢氏家庙），为报祖婆石氏恩德，遂将其神主奉入祠堂敬祀，成为旧时潮汕地区罕见的嫡系祠祭庶系祖婆的现象。

二是嫡庶两系合建祖祠并将祖婆神主入祀其中。如潮阳铜盂镇新桥村的林氏祖祠（孝思堂），就是一座由嫡庶共建奉祀林氏新桥村开基祖婆纯质曹氏的祠堂（俗称婆祠）。曹氏（明代人）原居潮阳玉浦（旧称"直浦"）村，因林氏第四世过激伤官而招致族难，为逃避官兵追捕，身为庶母的曹氏担荷林氏第六世、幼嫡男林倘轩离乡，辗转落籍新桥村，不久在该村认养一少年林儿远为子。于是，林氏在新桥村传嫡、庶两系。后来，该村嫡、庶两系裔孙为报曹氏恩德而共建祖祠奉祀曹氏等祖先，成为一段当地广为传颂的嫡庶和谐共处、崇祖报德的佳话。

三是婆房为自己的庶祖建造专祠。这类专祠俗称"婆祠"，但具体名称不一，匾额主要有"×氏庶祖祠""×氏（祖）婆祠""××（祠主之号）祖祠""×氏副妣祠"等形式。目前潮汕地区现存建造时间最早的是揭阳榕城西门许氏庶祖祠（明崇祯年间建），而最年轻的婆祠则是揭东区白塔镇桐坑村林氏建于"土改"前夕的从发庶祖祠（未晋主）。另外，在清代，潮汕地区不同族姓还建有几座匾额另类的婆祠，如潮州市龙湖古寨直街西侧的建于清康熙年间椒实蕃枝（俗称阔嘴祠）、揭阳市榕城区登岗镇西淇村建于清乾隆年间的坤芳鼎峙和洋淇沟内村建于清嘉庆年间的蓇叶腾青（绥福堂）等，均为婆房为自己庶系女性祖先建造的婆祠。

四是婆房主导建造的祖祠，兼祀祖父、嫡祖母和祖婆。如汕头市澄海区渡头村建于清乾隆年间的曾氏宗祠（滋德堂）和普宁市泥沟村建于清道光年间的张氏儒祖祠（缵绪堂），都是显贵的婆房成为"有力之家"，而娘房处于弱势时由"支子"（婆房）主导营建的祖祠，其时宗族建设的"话语权"在婆房。这种情形下，自然不再是"阿婆（赤脚）孬入祠"，而是"阿婆亦好入（祠）"。

五是婆房自建本系男性祖祠，只祀"祖婆"及其子息。如潮州市浮洋镇仙埕村方氏的"因序公祠"，即是方因序（庶出）所在的庶系在宗祠活动中屡受嫡系歧视和排斥，嫡庶两系"阋墙"不和，后来婆房自强有为而建造本系的男性祖祠。这类祠堂民间俗称为"婆祠"，但并非某族姓祖婆的专祠，不属上述第三类。从宗族祠堂的分类看，这类祠堂如果建造时间较早的话，有可能属于支祠，否则属于房祠。

六是娘房乏嗣，婆房"乘虚而入"，将祖婆神主奉入已建祖祠奉祀。如揭阳市榕城区登岗镇西淇村的陈氏家庙（永思堂）。该村陈氏第十三世陈孟淑有一妻二妾，正妻池氏无嗣，两妾张氏和蔡氏均有子息。因为没有娘房的阻挠，而由支子（庶系）主持族务，约在清乾隆年间，这两位阿婆去世后神主均由其裔孙奉入宗祠祭祀。

旧时庶系祠祭女性祖先除了以上六种形式外，因房系经济条件等的限制，更多的是建造居祀型的婆厅奉祀庶祖，如渔湖庵前村清代的祖婆厅（形制为两进式的祠堂改为居祀两用，大门匾书"祖婆厅"）。另有揭阳市揭东区霖磐镇德桥（凤来村）老寨内的祖婆厅（景德堂，建于1935年），不但形制大（一进一庭，有类小祠堂），独立专用（位于该村陈氏"翠峰公祠"后，祭祀专用），而且一厅祀祖孙两代共四位祖婆。而浙江宁波建于清光绪七年的"十七房郑氏女祠（恰礼堂）"则位于郑氏大宗祠后院空地，供奉着70多名庶系或节孝妇女的神主牌位，是祠中祠。相比而言，凤来村的"祖婆厅"是将"祠堂咀作婆厅"的低调做法。

旧时由于嫡庶有别、尊卑分明，庶系在宗法社会中明显处于劣势。在祠祭上，庶妾被拒之祠外成为传统礼制，但在"百善孝为先"和"慎终追远"等传统价值观的影响下，婆房对庶系祖先的孝思和纪念，特别是在娘房的欺凌和挤压下往往更表现出强烈抗争和自强有为，有的婆房裔孙显达，更是突破封建礼制的规定为自己的庶祖建造专祠（婆祠），甚至有的婆房裔孙均为平民，也节衣省食合力建造婆祠以彰显孝道，如揭东曲溪镇路篦村吴氏的顺敬祖祠（孝思堂）就是这类婆祠。旧时嫡庶尊卑有别，往往也造成不少家族内部兄弟"阋墙"不和，或明争，或暗斗，"潮州无好兄弟山""潮州无好娣姒缘"等潮汕俗语，就是旧时家族内讧、嫡庶纷争的写照，这是长期普遍存在的"家族剧"。旧时潮汕地区俗语"潮州好婆房"正是婆房自强有为和力求祠祭庶祖，彰显孝思的概括和反映。而上述各种祠祭现象，则是传统文化中所倡导的孝悌观念和敦宗睦族思想在明清两代婆房（庶系）中的不同表现，这些祠祭文化大体反映了宗法时代庶系在"报本之礼，祠祀为大"上的各尽其能，其中所蕴含的优秀传统价值观是值得当代人们研究和传承的。

四、俗语"阿婆孬入祠"与潮汕婆祠

"阿婆孬入祠"是一个潮汕俗语，意指旧时代宗法社会中庶系女性祖先的神主不能进入宗祠接受裔孙奉祀祭拜（只有嫡系女祖的神主才可随夫附祀，即"妣以嫡配"）。从传统孝道思想来讲，这对于庶系来说是不公平的，有背传统报本的孝道文化。但这是封建社会的宗法礼俗，它旨在申明嫡庶的尊卑有别和等级严明。而庶系裔孙并没有忘却崇祖报德，为了彰显"慎终追远"和"水源木本"的孝思，有的就选择为庶系女性祖先建造专祠，这类祠堂称为"婆祠"（或称"庶祖祠""副妣祠"）。

旧时强调"报本之礼，祠祀为大"。祠堂是孝道文化的重要载体和象征，潮汕地区传统祠堂文化始于北宋咸平二年郡城韩文公祠之设，盛于明嘉靖年间至清代及民国时期，止于中华人民共和国建立之际，当今则有祠堂文化复兴之风。潮汕地区每一村落族姓几乎都建有一座共同的祠堂（即宗祠，以明同宗"一本"），一般奉祀所在族姓的男性和嫡系女性祖先，奉开基祖（始祖）为"不祧之祖"（祧，意为迁去神主），其后所奉神主则是按昭穆次第排列的各支系房祖和有科第功名显达者，这称为"祠祭"。庶系女性祖先被排斥于这种祠祭之外，婆房对自己女性祖先的纪念，因受经济条件限制，更多的是建造婆厅（即把民居宅第的正屋设为专用于祭祀女性庶祖的厅堂）进行"家祭"。建造婆祠的做法则较为少见，婆祠属于传统祠堂的另类，是女性祠堂的一个重要类型。婆祠的祠主是旧时宗法社会中的庶系女性祖先，即身份为侍妾的女性，又称"侧室"或"少室"（与嫡系妻子"正室"相对），俗称"赤脚""阿婆"等。封建时代允许男子一妻多妾，嫡妻是家庭中的女主人，侍妾则处于从属地位。侍妾所生的子女归属嫡妻所有，这类子女不能称生母为"娘"而只称其名字或称"阿婆"（孙辈则泛称其为"祖婆"）等，潮汕俗语"赤脚生仔阿娘个"，即与此嫡庶文化有关。侍妾甚至被视为封建家庭中的财产，如北宋苏东坡有"以妾换马"的传说，今揭东区曲溪镇路篦村吴氏在清代后期曾经发生过富户的嫡妻将侍妾母子贱卖的族史。虽然侍妾地位低下，被排斥在宗庙祭祀之外，但旧时代潮汕地区的婆房有着崇祖报德和自强不息等优良传统而倡建婆祠，使庶系女性祖先能拥有自己的专祠而享受庙祭。庶系裔孙建造婆祠是对封建礼制的挑战，这种彰显传统孝道的举措，正是潮汕俗语"潮州好婆房"的一个很好的诠释。

　　婆祠的出现丰富了传统祠堂文化，为祠堂文化增添了一道独特的风景。据调研，目前潮汕地区尚存的婆祠超过20座，大部分为清代建筑，少数为明代或民国时期的建筑。揭阳市榕城区西马路的许氏庶祖祠（追远堂，建于明崇祯十年）是目前所发现的潮汕地区现存建造时间最早的婆祠，该祠堂是明代揭阳先贤许国佐为其生祖母贞勉余氏建造的专祠。而揭东区白塔镇桐和村的从发庶祖祠则可能是潮汕地区最年轻的一座婆祠，该祠堂约始建于1949年前，即将竣工时因"土改"而停建，祠匾、前厅柱等弃置未用，后来祠址改作他用，至今未修复。潮汕地区现存的婆祠均为两进式或单进式的传统建筑，未见三进式大型格局，形制规模一般不僭越所在族姓的宗祠（总祠）；坐向不一，主要有坐南朝北、坐北朝南以及坐西朝东三种格局。祠堂命名上各具特色，大致有六种类型。

　　一是冠以族姓或女祠主名号的"××庶祖祠"，如上述的许氏庶祖祠和从发庶祖祠。

　　二是冠以族姓或女祠主名号的"××（祖）婆祠"，如普宁流沙平湖的黄氏祖婆祠和揭东白塔桐和林氏的克成婆祠等，婆祠即庶祖祠、副妣祠（"婆"是中古汉语词汇"支婆"即庶母的省称）。

三是在"祖祠"或"宗祠"前直接冠以族姓或女祠主名号的，如榕城东门婆祠郭氏祖祠（重光堂）、澄海上华渡头村婆祠曾氏宗祠（滋德堂）和曲溪路篦村吴氏的婆祠顺敬祖祠，前两者均有建祠祠记以说明祠堂性质为专祠，后者则是清代后期平民身份的吴姓兄弟拼力为祖母顺敬祖婆建造的"争气"婆祠。

四是冠以特定称谓的，如建于清康熙年间的潮州市龙湖古寨黄氏的婆祠，祠匾题"椒实蕃枝"（俗称"阔嘴祠"），喻裔孙财丁兴旺之意；建于清乾隆年间的今揭阳市榕城区登岗镇西淇村陈氏的婆祠则题额"坤芳鼎峙"，喻祠主的"坤芳"（母德）可与同族前代两位有德行的祖婆媲美，三者齐芳；登岗镇沟内村杨氏建于清嘉庆年间的婆祠蕙叶腾青（绥福堂），匾额内涵兼具明祠性为婆祠和寄寓美好愿望双重内涵，是潮汕地区目前发现的匾额使用特定名称且能考知堂号的婆祠。

五是匾额与婆祠称谓相近的"××副（如）妣祠"，如普宁流沙平湖的黄氏副妣祠、里湖富美村的士祖副妣房祠、里湖平在村如祖妣祠以及揭西钱坑林氏的仁怀副妣祠等，这类匾额中的用语均属于我国宗法时代与庶系女性有关的特色文化词语。

六是"居祀型"的婆祠，多冠以"××第"，如建于1928年的榕城陈泰兴的翁氏婆祠延庆第和揭东区桂岭镇鸟围姚氏的婆祠儒林第。这一类是民居和厅堂的结合体，居处和祭祀兼用，其祭厅只有一间，居室多间，是"居"为主，"祀"为次，潮汕民间多俗称为婆厅（第）。而揭东区云路镇中厦（坎下）村建于清代后期的林氏家祠（淑贤堂），面阔五间，祠内设两座小型"爬狮"民居及多间居室，祭厅为三间敞开，以"祀"为主，"居"次之，则是真正的居祀型婆祠。

实际上，在潮汕地区的祠祭历史上，"阿婆孬入祠"这一封建礼俗并非金科玉律、坚不可破，在封建社会后期就已受到一定的挑战和冲击。今揭阳市榕城区砲台镇桃山村（谢氏家庙永思堂）和登岗镇西淇村（陈氏家庙永思堂）两族分别在明代中期和清乾隆年间就有阿婆神主奉入宗祠祭祀的族史，而关于明代潮阳先贤萧端蒙巧计将身为侍妾的生母神主奉入宗祠的传说（民间有"赤脚也好入祠"之说），则纯属民间的杜撰（据棉城萧氏族谱记载，萧端蒙并非庶出，生母范氏为潮阳和平人，乃萧父嫡妻），因为相传萧端蒙胞弟萧端贡的婆房在明嘉靖末期和明万历年间之际建造了婆祠，以及潮汕地区其他族姓有阿婆神主入祀宗祠的历史，后来民间传说在改编上出现了艺术化处理，而导致民间将文艺当作历史的错觉。但也可见这个民间传说是有一定史实背景依据的，并非空穴来风。

当今潮汕地区正掀起复兴祠堂文化之风，但主要是土木物质方面的建设，有的婆祠重修时因忽视"修故如故"的原则,"硬件"大量改易而变得面目全非,如某婆祠重立神主时将祠主的丈夫和嫡妻并刻其上,将原祠主名号前加与正室一样都加"妣"字,未加区分两位女性的身份,混同不分。可见,"原生态"保护显然成为亟待解决的问题,人文方面的"软件"建设并不同步甚至有些滞后。婆祠作为传统祠堂的另类和女祠的重要类型具有独特的历史人文价值,应作为地方历史文化一个特殊的类型加以保护和研究。

五、宋末至清初潮汕地区女寓贤述略

所谓"寓贤"①,即曾寓居他乡并在当地产生积极影响的知名贤达。古代潮汕地区的寓贤,有的地方志书称"寓公"(语出《礼记·郊特牲》:"诸侯不臣寓公,故古者寓公不继世"),有的称"流寓"②,有的称"侨寓"③地方志书收录其事迹的目的是"采而录之,俾闻其风者知地以人重,宜求表异于寰区,勿徒沾沾于一乡一邑之善为已足也。"④这只是指男性寓贤的"列传"而已。如人们比较熟知的有宋末的陆秀夫、文天祥等。潮汕地区历史上也出现过一些女性寓贤,如宋末决战饶平百丈埔而阵亡的许夫人和明末清初南下寓居潮州府城并逃禅为尼的明周王姑等,却并不广为人知。

宋末潮汕女寓贤许夫人,相传为福建晋江东石乡人,率义兵抗元护宋,自闽入粤沿海护跸,在饶平百丈埔遭遇元兵主力而阵亡,是当时的巾帼英烈。清康熙《饶平县志》载:"魏学使毁淫祠而及娘娘庙……(许)夫人率步兵沿海为援,在于百丈埔阵亡,土人义而祀之。"清光绪《饶平县志》亦载:"(许夫人)统步兵于沿海扈驾,会陈吊眼之师出自黄冈,与元兵战于百丈埔阵亡,土人义而祀之。"许夫人阵亡后"土人"(当地百姓)建祠敬祀,但立祠的具体时间志书未载。据清康熙《饶平县志》所载,明代嘉靖之前"娘娘庙"(许夫人祠)已经存在。上述广东学政副使魏校毁"淫祠"始于明嘉靖元年(清乾隆《揭阳县志》亦载),三年而及娘娘庙。清末爱国诗人丘逢甲曾经到过饶平县,并撰写有组诗《饶平杂诗》(其一)有:"战裙化蝶

---

① ④ (清)刘业勤修纂,乾隆《揭阳县志·寓贤》卷之四,民国二十六年重刊本,第1页。
② (明)黄一龙修撰,隆庆《潮阳县志·流寓列传》卷十四,潮州市地方志办公室印,第122页。
③ (清)周恒重修纂,光绪《潮阳县志·侨寓》卷十六,民国三十一年重印本,第1页。

野云香，百丈埔前废庙凉。碧绣苔花残瓦尽，更无人拜许娘娘。"①可知直至清末，百丈埔许娘娘庙一直没有修复。据载，明洪武七年，福建晋江东石乡民为纪念许夫人之忠烈，在许宅附近造庙祭祀这位巾帼英烈，尊其为"东宫夫人"（许夫人后称"许娘娘"或许因这"东宫"二字而衍误），祠今仍存。如今晋江市东石镇建有许夫人纪念堂。今饶平县高堂镇百丈埔所在地前寮村中有"娘娘庙"，形制仅为单厅殿，未立匾额，殿前搭一大铁棚，庙宇狭小，因村中另有规模较大的"百丈古庙"（祀男神）而俗称"宫仔（囝）"。其后相距约200米处就是宋末百丈埔古战场遗址，潮汕俗语"莴过百丈埔"（"莴"，潮汕方言今用古语，《玉篇》释为"草多貌。"引申杂乱），就是指当时战争的惨烈和战后的纷乱荒芜。据当地人介绍，庙中原敬祀许夫人及其族侄陈吊眼（一说为许夫人之子），故许夫人像居左，俗称"老夫人"，居右的男神则俗称为"伯公"。如今，娘娘庙已基本被当地民众改造成为神祈庙宇而失其女寓贤祠的"本真"。

　　明末清初流亡潮州府城并逃禅为尼的女寓贤周王姑，相传为明藩周王朱恭枵之女。明崇祯十七年，饶平先贤、南京礼部尚书黄锦受藩邑已失守的周王朱恭枵（同年三月二十一日薨于南奔道上，其孙朱伦奎于次年袭爵）临终所托，携其女儿郡主（即周王姑）南下来潮郡避难。相传，其时周王姑的仪宾（明代宗室诸王女婿郡马的别称）已在周王府邸河南汴梁崇祯十五年失守时阵亡，周王姑入潮不久"闻燕京残破，遂祝发为尼"，逃禅于潮州府城"大士阁"（后改称"王姑庵"，今仅存一巷，当地记为"皇姑巷"），自取法号"日曜"（语出"七曜历"，即日月加五星），佛堂挂"九莲菩萨"（明万历帝尊称生母李太后）画像，表达对亡国的思念和矢志朱明。相传南明绍武元年（1646年）11月18日，新周王朱伦奎（周王姑之侄）与皇帝等君臣十多人在广州被清军俘杀而殉国。周王姑再闻国难，又举目无亲，在绝望中自经于庵中，时人敬仰周王姑忠君爱国而立其画像于庵中供人瞻仰。从此，王姑庵便成了潮州城一处胜迹。周王姑史称"日曜尼"，为明末清初"岭南三尼"之一②。直至清同治、光绪年间，前来凭吊的文人士子仍大有人在。

　　在揭阳市区榕城，有一祀唐代张巡、许远二位英烈的"二圣古庙"，相传肇建于明天启年间，原俗称"塗塔宫"，后因其左廊殿入祀"朱圣姑母"又俗称"姑母宫"。此"朱圣姑母"是何方神圣，具体何时入祀，地方志文献已无从稽征。而揭阳民间则传其为明末揭阳县令冯元飚的侍妾黄月容从家乡扬州带来的一尊普通神祈，

---

① （清）丘逢甲. 岭云海日楼诗钞 [M]. 上海：上海古籍出版社，1982：130.
② 蔡鸿生. 清初岭南佛门事略 [M]. 广州：广东高等教育出版社，1997：153.

原为明代平民节妇,死后显灵受祀,后受赐国姓,但这只是人们口耳相传而已。揭阳当地有学者认为,"朱圣姑母"或为上述周王姑:"朱"为明代国姓,即周王姑姓氏。周王姑为明末周王朱伦奎的姑母,"圣姑母"与"王(皇)姑母"词义亦相近。周王姑随先贤黄锦入潮时丈夫已在河南开封阵亡,孀居独守,是为节妇。今榕城姑母宫中"朱圣姑母"神殿楹联为"灵威正气千秋在,忠烈丹心万古存。""忠烈丹心"四字之义,与"二圣古庙"中的张许两位英烈在忠君爱国上更有"交集"。周王姑忠贞爱国,不忘故明,去世后入祀"二圣古庙"的做法很符合清初南方反清复明的历史情势。清乾隆四十一年清廷有追封前明殉节大臣以调和民族矛盾的举措,是否就是在当时这样的政治氛围下周王姑被揭阳民间改造成为"朱圣姑母"而长祀于"二圣古庙"中?可惜因缺乏相关记载而成为揭阳地方民俗文史的一个谜团。

明末揭阳知县冯元飙(浙江慈溪人)的侍妾黄月容,在原揭阳地区历来被称为"扬州才女",俗称"月容夫人",也是一位女寓贤。黄月容遇害后冯邑令在黄岐山为她立墓并建侣云庵奉祀,在女寓贤方面本来可将月容夫人与许夫人、周王姑一样列为同类。但据笔者调研,清代前期冯元飙有裔孙迁至原普宁县流沙和美邻村立籍,建有冯氏宗祠(继述堂),祀黄月容为"二夫人"(庶祖母,未祀冯令嫡妻苏氏)。这样,对于普宁冯族而言,月容夫人不仅葬于斯,而且籍于斯,不宜以女寓贤称之。对于潮汕其他地区而言,月容夫人作为本地明末的女寓贤则是无可厚非的。

古代潮汕地区的女寓贤同"寓公"相比,为数甚少,后人罕闻其事,但她们却是粤东历史星空中光芒闪烁的流星,为当地的历史人文增添了异彩,值得后人关注、纪念和深入探究。

六、从潮汕女寓贤到普宁流沙冯族庶祖母
——潮汕地区月容夫人的民间形象

所谓"寓贤",即曾寓居本地并产生积极人文影响的历代外地贤达。男性出仕者或称"寓公",女性则称"女寓贤"。庶祖母,即嫡系裔孙对祖父侍妾的称谓(直系裔孙则称之为祖婆或太祖婆)。在潮汕地区,广为人知的明季揭阳知县冯元飙的侍妾黄月容,一直以来被当地人称为"扬州才女",堪称明代女寓贤。但到了清代前期,她却被普宁流沙和美邻村冯族祀为"二夫人"(庶祖母),在潮汕民间中经历了鲜为人知的历史身份演变。

(一)明末潮汕地区的女寓贤

黄月容是明天启六年至明崇祯三年揭阳知县冯元飚（浙江慈溪人，天启二年进士，与潮州先贤黄锦同榜）的侍妾，扬州人氏，14岁时随冯元飚莅揭，她秀外慧中，常助夫主破案，是冯邑令的贤内助。但不幸于崇祯二年遭大妇苏氏妒害，卒年18岁，揭阳地区历来称其为"扬州才女"，俗间尊称为"月容夫人"。黄月容为冯元飚侍妾，按封建礼制，"夫人"当用于一定品衔官员正妻的称谓，侍妾则可称"如夫人"。"如夫人"原意为"同于夫人"，后即以称妾。黄月容的夫主冯元飚敏悟聪记，勤政爱民，在月容夫人协助下破了许多悬疑案件，在揭任间案无留牍，深得民心，冯邑令因此被当地百姓称为"青天"；他又倡修进贤门城池、涵元塔，御海寇、抗干旱，身先士卒，多有惠政，先贤黄锦美称其为"东南健令"。明崇祯四年，冯邑令被征授为京官户科给事中，累官至兵部尚书，与其兄冯元飂在《明史》中均称"有直声"。在潮汕地区，"月容夫人"这一名字广为人知，她不但是"扬州才女"，还因其美貌和悲惨的命运，在潮汕大地亦广为流传，明末以来历代士绅多为她"十八芳龄伤命薄，几多名士叹奇才"而诗文咏赞不绝。在现代，其故事传说甚至被演绎成潮剧，广泛传颂。在榕城地区，每年农历正月十六是人们前往黄岐山登高踏青和民间祭拜月容夫人的信俗。可以说，月容夫人在揭阳地区已经演绎成为本地一个独特的人文符号。黄月容遇害后，冯邑令在黄岐山南麓为她立墓并于山南坡竺冈岩右侧建造侣云庵奉祀（冯元飚纪念月容夫人《钟铭》载："葬于黄岐，竺岗之麓。有庵一楹，题以侣云"），冯元飚离揭赴京履新时年30岁左右，若与正妻苏氏已有子息，应仍属少年，明末未见其落籍潮州府的记载。黄月容一直被美称为"扬州才女"，截至冯元飚的裔孙清代迁创普宁为止，黄月容以明末揭阳名宦冯元飚家眷被尊称为"扬州才女""月容夫人"，足以与宋末决战百丈埔不幸阵亡的许夫人、明末的寓居潮州府城的周王姑齐辉，或以大义化民，或以惠政见思，旧志称"夫英贤之行游于宇内也，至则民泽矣。"①"明珠编贝不胫而走，四方火齐木难所至，人钦其宝。故车辙有名贤，虽偶尔栖迟，并其地而俱韵，云山烟水往往因其流连题咏以传。"②本在称美男性寓贤，而于女性寓贤，不亦宜乎！故而本书将上述三位古代女性同列为潮汕地区古代的女寓贤，以志其美。

---

① （明）黄一龙修撰，隆庆《潮阳县志·流寓列传》卷十四，潮州市地方志办公室编印，第122页。
② （清）刘业勤修撰，乾隆《揭阳县志·寓贤》卷之四，民国二十六年重刊本，第1页。

（二）清代前期以后普宁和美邻村冯族的二夫人庶祖母

黄月容罹遭大妇妒害后，冯元飏悲痛欲绝，为她卜地黄岐山南麓作为安息之地，同时在山的南坡修建了侣云庵（二进式，右廊殿专祀月容夫人），铸钟、赋铭以示长久纪念，这些是潮汕地区广为人知的，但在今天普宁地区还有一处祠祭月容夫人的建筑——冯氏祖祠（继述堂），则鲜为外人所知。据调查，明末揭阳知县冯元飏的裔孙有一支在清代前期迁至今普宁流沙和美邻村立籍，后来建有冯氏祖祠，祀冯元飏为"祖公"、黄月容为二夫人"祖嬷"（未祀冯令正妻大夫人苏氏。"嬷"，潮汕方言词，义为祖母）。这样，月容夫人作为明末揭阳知县冯元飏侍妾、"扬州才女"，曾经寓居古揭阳，并卒于斯、葬于斯，是为当地明季女寓贤。而在清代，随着普宁冯族祠祭其为二夫人"祖嬷"，则亦可谓（立）籍于斯、祀于斯，永世庙食于当地冯族，则由揭阳女寓贤而演变为普宁和美邻冯族的庶祖母。

冯氏祖祠（继述堂）位于今普宁市流沙街道南和美邻村老寨"和中兴"内，是一座奉祀明末天启至崇祯年间揭阳知县冯元飏侍妾黄月容的祠堂，建造时间未考（约在清代乾隆年间），形制为两进式的三间过建筑，坐西朝东。祠堂匾额为"冯氏祖祠"，后厅三间敞开，中间梁上悬堂号"继述堂"木匾，后厅墙上悬挂高约1.0米、宽约0.8米月容夫人纸质画像一幅（上题"黄月容夫人遗像"并载《侣云庵记》短文）。据其族老介绍，祖祠的建造时间未详，约在清乾隆年间，但历来祭祀冯族的"祖公"明末揭阳知县冯元飏及其二夫人"祖嬷"黄月容（冯的正妻苏氏则缺祀）。更为独特的是，每年祠祭时间并不是常例的春秋节庆或某位男性祖先的忌辰，而是农历三月二十七日即月容夫人的忌辰（此日期见载于揭阳榕城北侧黄岐山侣云寺中冯元飏手书的"皇明　奉佛信女扬州氏夫人之位"神主上），且祠祭的前一天，冯氏族老需带领一队族人前往黄岐山南麓月容夫人墓祭扫并"赞香火"（月容夫人墓和侣云寺建于明末，历史比冯氏祖祠早，故祭祀日期先于祠祭）。冯氏祖祠这种祠祭现象的确很独特——祠祭的主要对象并非男性祖先，而是一位女性，并且是一位没有子息的女性庶祖（冯令《钟铭》中载："扬州黄氏，名曰月容。度岭相随，四岁而殁。自生及死，方十八年。此十八年，如梦如影。无男可婚，无女可嫁。"）该祠堂是冯元飏裔孙的一支遵祖先嘱托南下入潮立籍后所建专祀月容夫人的祠堂，如果一开始就采用这样奉祀庶祖的祠祭形式，则这座祠堂亦可能是一座婆祠（庶祖祠），惜乎没有确切的族史资料等相关记载作佐证。

明季揭阳邑令冯元飏的德政与"扬州才女"月容夫人的才貌兼美，相得益彰，月容夫人遇害之后冯邑令对其进行高规格的祀葬，一方面推动了历代士绅对黄月容的不断咏赞，这不仅仅是因为冯元飏是"东南健令"、有惠政于揭，人们爱屋及乌，更在于黄月容本身的才识、助夫勤政以及悲惨遭遇，从而使其悽美的形象深入民间，使一代女寓贤的形象以"扬州才女"的美誉深深植根于揭阳乃至潮汕民间，成为揭阳地区三大本土信俗（另外两个分别为三山国王信仰和风雨圣者信仰）之一，成为潮汕地区一个独特的人文符号。另一方面，冯邑令对身份为侍妾的月容夫人的"僭越式"祀葬，对明末以后潮汕地区申倡"庶文化"及至祠祭女性庶祖现象的出现，也起着积极的推动作用，清代普宁流沙和美邻冯氏祖祠因祠祭月容夫人的独特现象，即或多或少具有婆祠的性质和色彩。或许可以说，月容夫人有幸成为揭阳"女寓贤"和冯族"二夫人"（庶祖母），这两个历史身份角色并不矛盾，互不排斥，而是各彰其美，各具异采，这也是潮汕地区值得进一步探究的一个独特地方历史人文现象。

七、俗语"别人家神（屎）"与潮汕祖姑祠

潮剧《金花女》中金花胞兄金章婆巫氏逼金花改嫁不成，恼羞成怒而责骂金花是"别人家神别人鬼"，别想赖在兄嫂家。其话语中的"别人家神"又作"别人家神（屎）"，是旧时潮汕民间一个贬称未婚女性的俗语，意指女儿终究是应该嫁作他人妇、到夫家生儿育女并终老其中的。旧时代中国社会重男轻女的思想十分严重，女儿长大后一定要出嫁，所谓"男大当婚，女长当嫁"，所以潮汕地区俗称女儿为"走仔"。所谓"女大不中留""嫁出去的女儿，泼出去的水"则是贬义的说法。时至今天，仍有人把女儿考上大学或有出息说成是"状元出在别人家"。唐白居易《赞崔氏夫人》诗有："拜别高堂日欲斜，红巾拭泪贵新花。徒来生处却为客，今日随夫始是家。"在宗法社会中，女儿只是家庭中短暂的"过客"，婚后便成为夫家的一员。从此，"女儿"的角色模糊了，代之而来的是越来越鲜明的"媳妇""妻子""母亲""祖母"等身份。既然这样，女儿的名字是不会被载入父族族谱、神主更不会奉入父族祖祠或建祠奉祀，在父族的历史中，女儿连"配角"都不是。但是，潮汕地区至今却存在一类被称为"祖姑祠"的传统祠堂，是为本族未嫁的祖姑（潮汕地区俗称"老姑"。近代珠江三角洲一带则有"自梳女"，称"妈姐"或"姑婆"，不婚不嫁，但不能在家终老）建造的专用祠堂。这类祠堂统称为"祖姑祠"，数量甚少，具体名称各异，是潮汕传统祠堂百花园中的奇葩。

目前，潮汕地区已发现被称为"祖姑祠"的传统祠堂共有4座。其中，汕头市有两座：一座位于金平区鮀江街道蓬洲居委的翁氏家庙（永锡堂，建于宋嘉定二年，两进式，共祀翁氏祖姑贞慧及其历代祖先），另一座位于澄海区隆都镇后溪村的金氏宗祠（孝思堂，约建于明万历年间，"双背剑"两进式，开始专祀金氏祖姑端洁，至清

初其上祖及裔侄孙亦入祠合祀；金氏端洁祖姑事迹入载清代后溪《金氏族谱》）。潮州市有一座位于潮安凤塘镇后陇（又名"鹤陇"）的苏氏盛户祖祠（报德堂，建于明代后期，一进一天井，天井两侧开龙虎门，龙门上镶入石匾"盛户祖祠"，祠主苏资淑同时入载苏氏族谱）。揭阳市有一座，位于揭东区玉湖镇浦龙村的黄氏贞义姑寝室（堂号失考，建于清同治三年，两进式，专祀祠主黄氏贞静祖姑，正门石匾"贞义姑寝室"，"寝室"原指平民住所中兼用于祭祀的正屋，这里实指祠堂）。在男尊女卑的封建社会中，人们敢于摒弃封建礼教的羁绊和约束，为家族中的"另类"女性——祖姑立祠，世代崇祀，是一种挑战封建礼教的行为，不失为一类惊天骇俗的举措（与此相似的还有一类女祠称为"婆祠"或"庶祖祠"）。

潮汕女祠文化中的祖姑是古代"另类"的女性，历来深受人们传颂和敬仰。她们主要分两种类型。一种是因为双亲早逝，为了抚育年幼的胞弟而甘愿牺牲自己爱情婚姻的祖姑。如上述的蓬洲翁氏贞慧祖姑（父母早逝后，自誓不嫁，从十六岁起单独抚育幼弟翁兴权，持素终老）、玉湖黄氏贞义祖姑（十二岁时父亲遭山贼所害，十四岁时母亲病故，十七岁出嫁时因感念年仅七岁的弟弟年幼力弱、孤独无助而易志不嫁，矢志育弟）和后陇苏氏资淑祖姑（父母相继亡故，弟伶仃幼弱，遂矢志不嫁，助弟成立）等，这类祖姑的胞弟裔孙后来为了报答祖姑的恩德，就建造祠堂共祀或专祀祖姑。另一种是自立自强、艰苦创业的祖姑。如上述澄海金氏端洁祖姑（因面部长有胎记，出嫁当天遭迎亲的夫家族亲讥笑，遂愤而悔婚，并立誓"事亲终老，终身不嫁"，后成功创业，并广济亲邻），这位祖姑虽然未嫁，没有子嗣，却被其（侄）裔孙辈尊奉为共祖，并建造祠堂，世代缅怀、敬祀。这些在族史上立德立业、有功于族的祖姑，她们虽然没有自己的婚姻生活，没有成为"别人家神"，但她们的人生彰显了自立自强、自我牺牲和甘于奉献等懿德淑行，为我国传统的女性文化增光添彩，堪称表率。

上述所提及的几座祖姑祠的性质并不完全相同。从专祠性质来看，只有后陇盛户祖祠和玉湖贞义姑寝室才一直保持着祖姑祠的特点，因为它们都是所在族姓为其祖姑建造的专祠，没有合祀家族的其他祖先，至今依然"旧我"。盛户祖祠虽称"祖祠"，规模形制却小而异（位于宗祠"甲一公祠"之后，仅一进一厅，只设左右侧门，形似其宗祠中的"后包"）。贞义姑寝室虽然规模形制上是普通祠堂，但却在命名上进行了"低调"处理——不直接称为祠堂，只用祠堂的祭堂（寝室）称谓，结合古制"庶民祭于寝，士大夫祭于庙"来解读其名称，则更显谦卑又名正言顺。而蓬洲翁氏家庙虽然被人们称为"祖姑祠"，但它实际上却是所在族姓的宗祠（总祠）。祠堂题额"家庙"（"家庙"是古代官宦人家宗祠的特称；该祠肇建时翁氏是官宦人家），其正门两侧左右门上各有一门额，右为"孝烈垂芳"——褒扬祖姑翁贞慧恩德，左为"桥梓济美"——盛赞翁兴权（祖姑贞慧之弟）及其子同为进士的荣耀。因为是宗祠，所以其神龛供奉的是翁氏入潮始祖及以降历代祖先神主，祖姑贞慧的神主相传是朝廷恩准入祠共祀的。后溪村金氏宗祠（孝思堂）则兼具前两类的特点：该祠开始专祀金氏祖姑端洁，为了突出纪念这位"另类"的女性祖先，该祠堂后厅神座床裙和神主底色均为与常制红色不同的白色。后来该祠又共祀祖姑的上祖及有功名德行侄裔孙的神主，遂由专祠而演变成为兼具宗祠的性质。

潮汕地区历史文化丰富多彩，可以结合俗语等进一步开展祖姑祠调研深入挖掘这一独特女祠的人文历史。

八、俗语"囊囡坐檶一次定"与潮汕节孝祠（坊）

"囊囡坐檶一次定"据说是一个反映清代潮汕婚俗的俗语。"囊囡"指旧时女性出嫁时嫁妆中的梳妆盒，常与"三桶"（脚桶、腰桶和粗桶）合称为"三桶一囊"；"檶"，潮音[sia³]，读同[城³]，是明清时期潮汕民间喜庆活动中常见的一种木制或竹制的大礼盒（作为嫁妆的"囊囡"通常装在檶里，故称"坐檶"，也借以指称出嫁的女子）；"定"是潮语的一个句末副词，意义为"只、才"。这个俗语借物喻人，暗指婚嫁对女性来说一辈子只有一次，实际上是要求女性在婚姻上必须"从一而终"的另一种表达。这种封建礼教思想在汉代以前已经存在，如《礼记·郊特牲》载："一与之齐，终身不改，故夫死不嫁。"后来宋代理学家更是宣扬"饿死事小，失节事大。"认为寡妇改嫁就是失节。据载，我国古代封建帝王为守节妇女立台建坊的历史始于秦始皇为巴蜀寡妇（名清）建"女怀清台"（见《史记·货殖列传》，台址在今重庆市长寿区江南镇龙山寨），对节孝妇女建章立制加以旌表则始于汉代，经过宋代理学的提倡和官方建坊立祠的旌表激励，寡妇守节在明清时期真正成为社会习俗，一直延续到民国时期。至今，潮汕地区仍保存着不少旧时代的节孝祠（坊）。

节孝祠坊包括节孝坊和节孝祠两类。明代统治者为了所谓"化民敦俗"而颁布《明会典》规定："民间寡妇，三十以前夫亡守制，五十以后不改节者，旌表门闾，免除本家差役。"又"大者赐祠祀民，次亦树坊表。"（见《明史·列女传》）节孝坊早期为木坊或砖坊（今潮汕地区未见），明清时期改为石坊，多为三间三层楼式庑殿构架，立柱阴刻楹联，三门为第一层，中门上方第二层正面立坊匾，第三层立石龛，正面立"圣旨"石刻，背面刻"恩荣"二字。偶见二柱单行二层式的。潮人俗称节孝坊为"节孝亭"或"节妇亭"。节孝坊匾额大多阳刻"天褒节孝"四字，其中的

"天"字，也可用作"敕""钦"或"纶"等字，表示"朝廷"或"帝王"之意。潮汕地区现存的节孝坊绝大多数为清代建筑，个别为民国初期的如汕头市澄海区溪南镇的林母刘氏"天褒节孝"坊[建于清雍正八年（1730年）]、揭阳市磐东镇棉浦村的张母林氏"天褒节孝"坊（清乾隆三年即1738年）和潮州市金石镇的辜母蔡氏"天褒节孝"坊（建于清乾隆年间）等，均为三间三层式；榕城区仙桥街道篮兜村郑氏的"天褒节孝"坊则是现存少见的单间二柱二层牌坊（建于清乾隆年间）。此外，有的节孝坊则刻为"旌表节孝""纶褒双节"和"霜松劲节"等名称。如普宁南溪下尾王村的王母杨氏"旌表节孝"坊（建于清康熙四十五年），是潮汕地区现存较早的清代节孝坊；潮阳棉城的"纶褒双节"坊[建于清乾隆三十二年（1767年）]，此坊旌表的不是通例的一人，而是娣姒（妯娌）二人，受旌表者是清代潮阳先贤郑肇奎的两位将他鞠养长大成立而霜守终老的嫂子，一坊旌表两位节妇，这在潮汕地区以外也极为少见；澄海区澄华街道的陈母夏氏"霜松劲节"坊（建于1915年，落款为"大总统褒"，即由袁世凯旌表），则是潮汕地区现存一座较为年轻的节孝坊。

节孝祠属于女祠的一个次类。清雍正年间诏令各省、府、州、县各建节孝祠一所，祠前建大坊，凡节孝妇女由官府奏准旌表的都入祀其中，春秋致祭。古代揭阳县的公立节孝祠位于今揭阳榕城学宫内西侧，名"节孝祠"，建于清雍正三年，其时皇帝下："旌表节义乃彰善。节妇年逾四十而计其守节已满十五年以上者应酌量旌奖。

▲ 榕城原揭阳学宫节孝祠（2008年重修）

后具标名于祠中祭祀，以阐幽光而垂永久。"清乾隆《揭阳县志》载："节孝祠在进贤门内，雍正三年知县李景运奉文建"，2008年重修，今作揭阳学宫传统文化教育"孝道"专区，潮汕三市其他区县的原清代公立节孝祠则尚未修复。揭阳私家节孝祠有市区"曾母陈氏节孝祠坊"（俗称"曾厝祠"，位于榕城中山路南段西侧，建于清乾隆二年），该祠是传统祠堂和节孝坊一体式独特建筑，两进式，坊亭第一层镶入祠堂前厅凹肚门楼墙中，只设正门，正门上方立篆书祠匾"曾母陈氏节孝祠坊"，祠匾上方立楷书旌记（由清乾隆元年进士、翰林院检讨海阳人刘起振题赠）；屋脊上为坊亭的第二、三层，第二层正面立"节孝垂芳"行书石匾，背面立行书"贞顺扬休"，第三层为通例"圣旨"石龛（已失）；后厅神椟由三块并立的巨型石板构筑而成，这三块独特的石板，正面齐平，同高约2.8米，总宽2.9米，中间石板厚0.44米，两侧石板厚均为0.3米，中间石板为神椟石，其上半部为高约1米的凹肚神椟，内刻楷书"皇清钦赐建坊祠祀旌表节孝曾母陈太孺人禄寿位"（这是一座生祠，故不用"神位"），下半部为雕狮脚底座，神椟石板四周饰以人物花鸟石雕图案；两侧石板正面为巨幅福寿仙人浮雕图案。据调查，该节孝祠在广东省同类文物中具有"孤例唯一性"特征，惜乎至今尚未被列为文物保护单位。

明清时期受旌表的节孝妇女并没有区别其嫡庶身份，有正室（嫡妻），也有侧室（庶系侍妾），这与宗祠祭祀礼制俗称的"阿婆孬入祠"不同。如明嘉靖初期揭阳先贤薛宗铠（1498—1535年）的簉室（即侧室）林氏（薛宗铠因弹劾权相汪鋐一事受廷杖下狱而死，正妻丁氏及母亲相继哀毁而亡，侍妾林氏万里扶榇南归，先后亲理三宗丧事，抚嫡子如己出，教以义方，霜守终老），明万历四十二年（1614年）受旌表为"忠门奇节"。但根据志书和现存节孝坊所载，古代受旌表的节妇其家庭大多数为非富即贵的"有力之家"，至于普通百姓人家的则所载甚少，几乎湮灭无闻。

古代中国社会重视贞节观念并建立旌表制度，是封建统治者为了所谓"化民敦俗"，是封建礼制的重要组成部分。节孝史上一个个主体"孝事公姑、抚孤成立"的行为，自己做出了巨大的牺牲，却使不少面临"解体"的家庭得以继续生存发展和繁衍，这类节妇和其他幸运的母亲一样在维系家庭乃至家族的作用上具有不可代替的凝聚力，所以民间形象美称"母亲是桶箍"，彰显了我国传统女性的嘉德懿行和艰辛。至于"未笄奔丧而终身不字，甚至殉节"等观念和举措，则是对古代这类节孝女性身心的严重摧残和伤害乃封建糟粕。旧时这种节孝制度的确大大压缩和限制了古代女性追求自由幸福的空间，一座座节孝祠坊背后的一个个家庭故事汇成了一部古代节孝妇女辛酸悲楚的历史。因此，潮汕俗语"囊仔坐槛一次定"表面看似轻松、喜庆的描述，背后却载负着沉重的封建礼教文化。

九、榕城节孝祠（坊）概说

揭阳市榕城区是广东省历史文化名城、粤东古邑治所，历史悠久，有学宫（孔庙）、禁城、城隍庙、进贤门、丁氏光禄公祠等宋、元、明、清的文物古迹，这些多为全国或省市级重点文物保护单位，而其他文物有的也是榕城独特的历史人文景观，却鲜为人所关注，如传统建筑中的私立节孝祠和节孝坊，堪称地方"古建一绝"。

我国古代封建王朝为旌表节妇而建造的纪念性祠宇称为节孝祠，所树牌坊则称为节孝坊。其历史始于秦始皇为巴蜀寡妇建"女怀清台"，对节孝妇女加以旌表则始于汉代，至明代而制度化。据载，明代统治者规定："民间寡妇，三十以前夫亡守制，五十以后不改节者，旌表门闾，免除本家差役。"又有"大者赐祠祀，次亦树坊表，乌头绰楔，照耀井间，乃至于僻址下户之女，亦能以贞白自砥。"清康熙五十九年，皇帝诏令"定有司不报忠孝节义之罪。"（清乾隆《揭阳县志·事纪》卷七）经过历代礼制的提倡和官方立祠建坊的旌表激励，寡妇守节在明清时期成为社会习俗，一直延续到民国初期。

节孝祠是专祀受朝廷旌表的节孝妇女的一种传统祠堂，属于女祠。潮汕祠堂肇始于北宋咸平年间潮州府治韩文公祠之设，节孝祠则始创于清雍正初期，分公立和私立两类，形制与传统祠堂基本相同，但公立节孝祠奉祀的对象是受旌表的节妇群体，祠堂前面依制要立一座牌坊（仪门）作标志；私立节孝祠则专祀某一受旌表的节妇，祠堂前厅门与节孝坊合一而建（或节孝坊立于祠堂大门前，两者前后相连）。榕城至今保存着清代这两个类型的节孝祠，如公立的学宫节孝祠（建于清雍正三年，2008年重建）、私立的中山路曾母陈氏节孝祠坊（俗称"曾厝祠"，建于清乾隆二年），据笔者调研，后者在广东省同类建筑中具有孤例唯一性的文物价值。这两座节孝祠距今已有近三百年的历史，是榕城现存传统祠堂中的另类和奇葩。

节孝坊属于表彰性和礼制性的牌坊，潮汕人俗称"节妇亭"。节孝坊早期为木坊，清时期多改为石坊或砖坊，多为四柱三门三层庑殿顶建筑（少数为二柱单门二层），坊体分为"基""身""顶"三部分（坊上文字分有"题""注""联"，字体多行楷兼用），立柱上阴刻楹联（称"联"），柱根前后立抱鼓石。中门横梁以下和两侧门合称第一层（中门又称"明间""当心间"，两侧门称"次间"，明间宽阔高大，次间略小。单门的则以门顶脊檐为界分为二层）。中门横梁以上至明间脊檐为第二层，正面一般立上下二额枋，上额枋横刻匾额（称"题"，以四字为常制；单门的则在门梁与第一层脊檐之间立匾额），下额枋多阴刻建坊缘起文字（称"注"）。

匾额名称不一，大多刻有"节孝"二字（其前或后另加二字，构成四字常制）。如榕城区现存两座清代节孝坊的匾额为"节孝流芳"和"旌表节孝嗣徽"，近年发现于观音仔街李厝内（今城隍庙东侧）的"天褒节孝"〔长275厘米，宽62厘米，牌坊建于清乾隆八年（1743年），旧县志载："在解元坊，为生员李国瀍妻史氏立。"坊今已毁〕。坊额上的"天"字也可写作"敕""钦"或"纶"等字，均表示"朝廷或帝王"之意。第三层正面竖立"圣旨"石刻，或背面刻"恩荣"二字（单门的则"圣旨"石竖立于第二层），坊顶为流檐飞脊，构成庑殿顶。

榕城区现存的独立的节孝坊仅有二座，一是西马路的节孝流芳坊（位于今榕江中学内），另一是仙桥街道办事处篮兜居委的节孝嗣徽坊，均为清代石牌坊。据载，至清末，揭阳县治榕城约有20座牌坊（原揭阳县境内有牌坊近60座），其中原宣化街（今中山路）就有11座（均为科第功德坊），其他地方的多为节孝坊和少数的百岁坊、科第功名坊。今榕城区牌坊，据清乾隆《揭阳县志·坊表》（卷六）载："……节孝坊，在官溪都，为黄尧章妻何氏立；节孝坊，在马山桥，为郭高澄妻谢氏立……节孝坊，在东门街，为郭道鏻妻林氏立；……节孝坊，在攀龙坊，为监生曾孔温妻陈氏立（今存，即曾厝祠门坊）；节孝坊，在解元坊，为生员李国瀍妻史氏立（今仅存坊匾）；……节孝坊，在朝天坊，为监生孙天角妻余氏立（今存，即西马路"节孝流芳坊"）；……节孝嗣徽坊，在官溪都，为郑二其妻黄氏立（今存，在仙桥篮兜）；……节孝坊，在魁元坊，为黄仕敏妻陈氏立；……贞节坊，在进贤门外，为庠生王杓妻洪氏立……"惜乎这些节孝坊大多已湮没无闻！

目前，榕城区尚存的这些节孝祠坊在潮汕地区乃至广东省是种类齐全的，具有不同的历史价值和艺术价值，也是并不多见的旅游文化资源。

据调研，榕城区是粤东地区节孝祠坊建筑最完备的地区，而且曾厝祠还是粤东地区乃至广东省仅存的祠坊合一而建的私立节孝祠坊，具有"孤例唯一性"的文物价值。古代中国社会重视贞节观念并建立旌表制度，是封建统治者为了"化民敦俗"，是封建礼制的重要组成部分。这种制度有其压制和摧残古代妇女身心的黑暗一面，严重地束缚了古代女性追求自由和幸福，一座座节孝祠坊汇集成了一部古代妇女辛酸悲楚的历史。然而，历代节妇"孝事公姑、抚孤成立、敦亲睦邻、柏节自励"等行为品德，则彰显了我国传统女性的嘉德懿行，有的成为中华传统美德。清乾隆《揭阳县志·列女》载："闺壸之谊，以顺为正。飞长比翼，镜不中分，女子之愿也。不幸以节著，如卫共姜、宋伯姬之属，谁不悲之？然或彤管标其媺、坊表耀其间，不幸中之幸者也。"可以说，古代节妇的贞顺之德其实也与"孝慈"观念有相通之处：在中国传统社会中，男权一直占主导地位，极其重视血缘关系的延续性与纯洁性；父子关系在各种家庭关系中非常重要,父亲要确认血缘有十分强烈的需求,这是一种对祖先和家族的责任和孝道;政府旌表贞节,鼓吹妇女守贞,也是为了保持相关家族血缘的纯正性,维护旌表的权威性。再者,女子出嫁后,就从对父母的孝顺转变为对公婆的孝顺;丈夫早逝后,依然守贞留在夫家侍奉公婆、鞠养后嗣,也有利于维护所在家庭和社会的稳定,实际也是"孝慈"观念的体现。所以,每座节孝牌坊背后的女性,都有靓丽的倩影,她们是历史上孝慈优良道德的践行者。在今天,她们的精神某些成分和品质,仍然属于优秀传统文化,必然得到人们称颂。这些古代的节孝祠坊不仅是一座座独特的传统建筑,也是一道道凝聚着不同个体历史故事的人文景观,具有重要的学术研究和旅游开发等价值。时逢揭阳市区开启"旧城改造"和古城文化复兴建设工程,保护和开发这些节孝祠坊及其相关人文历史具有重要的历史和现实意义。

【附文一】

榕城西马路节孝流芳坊

节孝流芳坊位于榕城西马路榕江中学内,清雍正十三年(1735年)建造,坐东南朝西北,为四柱三门三层流檐飞脊庑殿顶石坊。2015年榕江中学改造校舍时被发现,是目前市区唯一尚存且主体基本完好的清代独立节孝坊。

牌坊通高约5.6米,第一层四柱同高约3米(基座以上约0.5米因以前填土建平房而埋于地下,东西两柱有各一半露的抱鼓石),明间高阔(通高约4.5米、宽2.32米),两次间狭小(门框约2.24米,宽0.71米,次间上均设庑殿顶,左次间庑殿顶飞脊已失),明间以门梁分为坊门和坊额上下两部分。坊门高约2.7米、宽2.32米,两端为相向的鸱吻造型,鸱吻上端各立一青石狮,垫衬明间的下额枋。下额枋与门梁齐宽,正面有阴刻注文,已剥蚀难辨,只有两端的人物浮雕尚存。额枋背面阴刻"旌表监生孙天角妻、节妇佘氏"分上下两行大字楷书;下额枋与左右次间的脊檐齐高,是牌坊第一层和第二层的分界处。第二层为坊额(上额枋),高约0.6米,庑顶宽约4.2米。坊额(明间上额枋)与大门内宽等长,正面阳刻"节孝流芳"四字行书,背面阴刻注文,共八十二字,仅识"孙节妇佘氏……苦节人间三十年……秋彤管……留揭岭……恩荣海内传。时雍正乙卯冬月之吉……湘潭张……"余则难辨。坊表第三层为通例圣旨石加庑殿顶形制,高约0.6米,正中石匾原竖刻"圣旨",背刻"恩荣"二字,石匾已缺失多年,只剩下中空的庑楼(石龛)。

据清乾隆《揭阳县志·坊表》(卷二)载:"节孝坊,在朝天坊,为监生孙天角

▲ 榕城西马路节孝流芳坊前视图

妻佘氏立。"（"朝天坊"为清代揭阳县治榕城在城都辖域名称之一，今榕城西马路西）此坊建于清雍正十三年（1735年）冬，其时佘氏守节已三十年，可知其夫监生孙天角生活于清康熙年间（1662—1722年）。"监生"即京城国子监生员，又称国学生、太学生，据此，孙家其时当为显达的"有力之家"。揭阳孙氏为邑之望族，乃揭阳县令孙乙［宋绍兴八年（1138年）授为县令，两年后卜地榕城复置揭阳县治］裔孙，但今榕城孙氏族史资料中却未能查得孙天角的相关记载。今揭阳孙氏的主要文物有渔湖京冈京南社区的科第功德坊——"登瀛五马坊"［明正德十四年（1519年）揭阳知县徐资用为明永乐二十一年（1423年）举人孙齐和明正统五年（1440年）岁贡生、澧州府同知孙瑶立，1993年被列为揭阳市重点文物保护单位］、揭阳榕城南门孙氏家庙［清光绪十四年（1888年）建，2007年列为揭阳市文物保护单位］，"节孝流芳坊"是否同为孙乙裔孙所属则有待进一步考证。

此坊虽然个别构件丢失，有的部位仍为贝灰土涂覆，未展真容，但主体结构完整，对研究榕城清代牌坊文化和相关族史等具有重要的文物价值，如果加以修复，还可作为一处当地独立的独特旅游文化景观。目前，此坊尚未被登记为文物保护单位。

【附文二】

榕城仙桥篮兜"天褒节孝坊"

天褒节孝坊位于榕城区仙桥街道办事处篮兜居委(东社),坐西北朝东南,为清代二柱单门二层庑殿顶石坊(清乾隆《揭阳县志》卷六"坊表"则载其名称为"节孝嗣徽坊"),清乾隆年间建造(具体年代失考)。此坊通高约4米,宽约2.3米,单门(门柱)高约3米(内高2.4米),门柱正面顶端庑檐下设斗拱,柱根前后各立1.1米高抱鼓石,门柱正面柱联:"壸德克全,当年苦节砥榕泽。皇恩屡锡,奕禩芳名重揭山。"("壸"通"妇"。"锡"通"赐"。"禩"同"祀")门柱内侧又有一短联:"柏节怀远传后代,纶音焕彩流千秋。"门梁两端雕刻相向的鸱吻,门梁上为额枋,正面阴刻匾额"天褒节孝"四字行书,背面未见图文(匾额为重修时新补的,坊下有断残旧匾,仅"褒节孝"三字,据说并非原匾,与上述旧县志所载名称"节孝嗣徽坊"不同)。第二层高约0.6米,坊表立柱间距约1.5米,左柱正面为吉鹿浮雕,右柱正面为寿鹤浮雕,正面中间立双麒麟合抱带基座的青色"圣旨"石,工艺细腻。此坊建于村道旁,形制简约狭小,为潮汕地区极为少见的二柱单门式古牌坊。

据清乾隆《揭阳县志》(卷六)"坊表"载:"节孝嗣徽坊,在官溪都,为郑二其妻黄氏立。"(今篮兜居委在清代为官溪都辖域)在此"坊表"条中,此坊与已知建造年份的榕城西马路"节孝流芳坊"和曾厝祠"节孝垂芳坊"并没有按照建造时间的先后排序〔建于清乾隆二年(1737年)的节孝垂芳坊居前,建于清雍正十三年(1735年)的节孝流芳坊居中,具体年份失考的节孝嗣徽坊居后〕,坊主族史也没有相关记载,故无法考究其具体的建造年份。相传,此坊是在清代揭阳梅岗都先贤郑大进(1709—1782年)的襄助下旌表的。郑大进为清雍正十三年举人、清

▲ 榕城仙桥篮兜村节孝坊前视图

乾隆元年进士，累官至直隶总督。他"凡经七省，遭遇盛"，"旌节所至，率多建白（建议）"，则此坊建造的时间或在清雍正十三年揭阳先贤郑大进出仕从政以后即乾隆年间。据坊主的裔孙、当地族老郑淡宏先生介绍，其先祖郑二其（字以璋，篮兜郑氏第十四世）在当时属平民百姓，并非"有力之家"，其坊主黄氏嫌十八岁时开始孀守，膝下仅一子名郑经缓（字文评，后成立，育三子），矢志柏节，仰奉公姑，俯鞠遗孤，勤俭持家，节孝与慈爱齐馨，深得族亲和乡人赞许。郑家受到旌表后，有识之士（相传为先贤郑大进）建议将建坊赏银的一部分用于为坊主购置祭田，以维持岁时祭祀之用，从而缩小节孝坊规模而成为少见的二柱一门二层格局。据载，古代受旌表的节妇多属非富即贵的"有力之家"，至于乡村平民百姓人家的则大多"湮没无闻"，所载甚少，能受旌表建坊者更是少之又少。据此，篮兜村的节孝嗣徽坊可以说是揭阳一座少见的清代平民节孝坊。

十、称谓语"大娘姑"演化初探
——以明清以来闽南、粤东两地闽语为例

在闽南地区，称谓语"大娘姑"这一词语至今仍在使用，指称"丈夫之姐"，当地人尤其是中年以上的人群非常熟悉，属于今用古语。据笔者调研，在今粤东闽南语区（包括潮州、汕头和揭阳三市），这一称谓语曾经可表示"未嫁姑"，即指称前文所述的祖姑祠祠主，但只见于明清文献和相关族谱文物中，现代文献和口语中未见用例，应属于古用今废词。称谓语"大娘姑"在上述两地闽语区的使用情况并不相同，演化并不同步。下文从共同语的影响、双音化的选择以及同素异序词的使用等方面对其作初步探究，以就教于方家。

（一）称谓语"大娘姑"考析

1. "大娘姑"的语义和结构

"大娘姑"一语在宋金时代已出现，例见金代明昌年间（1190—1195年）的河北赵洲永通桥"修桥主题名石"有："国泰初……入道姑大娘姑……"[1]但因断章，未详其义。在闽南等地区，存在"媳妇称夫之姐为'大娘姑'，夫之妹为'小姑'，面称皆为'阿姑'，又泛指'大姑子'"[2]。据笔者调研，在明代粤东闽语区，"大娘

---

[1] 罗哲文. 中国名桥[M]. 天津：百花文艺出版社，2006：105.
[2] 陈垂成. 泉州风俗[M]. 福州：福建人民出版社，2004：266.

姑"一语除了指称"大姑子"（夫之姐）外，又另有"未嫁姑"一义。如潮州市潮安区凤塘镇后陇村建于明代后期的祖姑祠盛户祖祠（报德堂）的祠主苏姿淑，其墓碑及苏氏族谱上均记其为"大娘姑"，苏姿淑为该村苏族祖先苏孝德之姐。苏族历代称这位"未（不）嫁姑"为"大娘姑"：明代前期，苏姿淑在双亲去世后，不惜牺牲自己的婚姻，肩负起抚养幼弟苏孝德的重任，恩德宛如娘亲一样，因其未婚而终老家中，故其胞弟的裔孙在明代后期为其建专祠——盛户祖祠，世代祭祀这位没出嫁的"大娘姑"。据载，清代粤东闽南语区的揭阳县称"未嫁女"为"某娘"。宋代《广韵》载："娘，少女之号。"清乾隆《揭阳县志》（卷七）"方言"载："谓室女曰某娘。""室女"即少女，"某"多用排行取字。据此而论，姐妹中排行第一者则可取"大娘"为乳名。又清代广东"东莞女子，未字者称'大娘'，已字称'小娘'，众中有已字、未字则合称'大小娘'"①。今浙江省台州市仙居县方言中，"大娘"一词可指"未婚成年女性"，浙江临安方言中"大娘姑"则指13～14岁以后的未婚姑娘。②

上述清代广东东莞和现代浙江个别方言中的用例，说明明代粤东潮汕地区称谓语"大娘姑"曾有"未嫁姑"之义并非孤例。因此，"大娘姑"作为称谓语有两个义项：一是"夫之姊"；二是"未嫁姑"。

第一义（"夫之姊"）的"大娘姑"是由"大"和"娘姑"两个词构成的偏正式短语（词组），闽南语中另有与之相关的"小娘姑"。例如：

（1）"周长者听说，过去都未曾听见说有啥大娘姑。"［刘浩然著，《闽南掌故传说》（上册），泉南文化杂志社，2004年第349页］

（2）"小娘姑，会养猪，养得猪子肥盾盾，切下开来一把骨。"（谢云声编，《闽歌甲集》，厦门市闽南文化研究所，1999年第18页）

"娘"，可用作妇女的通称。如元代陆泳《吴下田家志》："娘养花蚕郎种田。""姑"用作亲属概念古代常用义有二：一是用作父亲的姐妹；二是指丈夫的母亲，婆婆。其中用作"父亲的姐妹"的"姑"在《诗·邶风·泉水》已有用例："问我诸姑，遂及伯姊。"《毛传》释："父之姊妹称姑。"南北朝时期也可以写成双音节的"家姑"，如北齐颜之推《颜氏家训·风操》："蔡邕书集，呼其姑姊为家姑家姊。"已有用例。"姑"这个词与"娘"搭配构成的称谓词"姑娘"，在闽南地区又可与"娘姑"兼用，均为并列式结构，这两个词在闽南语是同素异序词，但粤东闽

---

① （清）屈大均. 广东新语［M］. 北京：中华书局，1985：336.
② 《岭下村志·独特的语言》，浙江临委岭下村志编写委员会编印，第196页。

南语区今只见"姑娘",却未能考得"娘姑"一词的用例。另,"姑"用作"夫之母",在《左传·昭公二十八年》已有用例,如"子容之母走谒诸姑。"后来在复音化过程中,表示"夫之母"的"姑"有双音节"家姑"的形式,占用了原来指称"夫之姐"的"家姑"这一书写形式而成为双音节结构。例如:

(1)"刁氏对家姑尤为不孝,曾乘家姑病危,日以恶语激之,以致家姑一气病绝。"(《潮剧剧目纲要·刘龙图骑竹马》,中国戏剧家协会广东分会编,第178页)

(2)"有些媳妇们不很懂事,在祭祖时对家姑说:'妈,叫人去买银纸。'"(载于《潮州的灵魂谈》《中国民俗搜奇》第四集,台湾金文图书编辑部编,1983年第163页)

(3)"带阳山,死大官(潮音读'禾官',指家翁);带阳生,死大家(潮音读'禾家',指家姑)。"(《潮州文史资料》,政协潮州市委员会文史编辑组,2006年第26辑)

(4)"汝家婆(即家姑)晬年(一周年)经由余先出米谷理之。"(《潮州文史资料》,政协潮州市委员会文史编辑组,2006年第26辑)

中古汉语中"父亲或丈夫的姐妹"的背称"家姑"一词,后来多用以表示"夫之母",有时又写作复古式的为单音节词——"姑"。而这一背称语却与口语面称"姑母"的单音节词"姑",在字形上相同而词义指称迥异,对语言交际存在一定的干扰性影响。称谓词"姑娘"是当今汉语中的通用语,但闽粤两地主要用作背称,粤东闽语区又多用作"阿姑",闽南地区则另有"娘姑"一词。这些双音节词的出现,表达明白且简约,至今仍用于口语中,在一定程度上也可以看作是对上述"干扰"(一字多义)的一种纠偏和补正。

"大娘姑"第二义项("未嫁姑")是由"大娘"和"姑"两个词构成的偏正短语。在汉语史中,"大娘"主要有四个义项:一是对年长妇人的敬称。二是妾对正妻的敬称。三是在浙江、广东等省方言中"大娘"指未婚成年女性。四是伯母。据载,古代越俗称女孩为"珠娘"。南朝梁代任昉《述异记》(卷上)载:"越俗以珠为上宝,生女谓之'珠娘'。生男谓之'珠儿'。"明末清初周亮工《闽小记》(卷三)亦载:"福州呼妇人曰珠娘。"清乾隆年间,浙江吴兴人孙霖《赤嵌竹枝词》有:"二八娇娃刺绣工,呼娘习惯便成风。"诗下自注:"台邑妇女工刺绣,诞生之日即呼为'某娘'。"明清时期今粤东地区和闽南亦有类似的用例,如明万历年间潮调戏文《苏六娘》中有"六娘对月"、《荔镜记》中有"五娘赏灯"等,这里的"五娘""六娘"均属上述旧揭阳县志所言"谓室女曰某娘",是兼用排行来称呼戏文中的女主人公——未嫁女，而面称则呼为"某娘"或"阿娘"等。

根据上述屈大均《广东新语》中所载的清初东莞未嫁女性为"大娘"和浙江台州仙居等地方言中"大娘"一词的指称义。可见，上述潮州凤塘祖姑祠的"大娘姑"有一义为"未嫁姑"并非孤例。这一词语的结构为"大娘＋姑"，属于偏正结构。这一用法可能曾经见用于广东省部分地区，如明代的粤东和清初的东莞等地区，但后来逐渐被其他词语所代替。如今粤东闽语中未见对"未嫁姑"特定的面称的遗存用例，而"老姑婆"一语则是兼称旧时当地对未嫁或已嫁的年长女性的背称或贬称（粤东客家话中也有相同用法），仍偶有所用。旧时闽南的"未嫁姑"也有一背称为"菜姑"（本称"斋姑"，后泛指长期素食的单身女子），多见于福建泉州惠安等地。在近代，广东顺德及其邻近珠三角地区的"不嫁姑"则有广为人知的背称"自梳女"一词，其年长者也可被背称为"老姑婆"。或许因为存在同义词替代等原因，原来"大娘姑"中的"未嫁姑"这一义项就逐渐从个别方言中消失，乃至成为该方言区的历史词汇。

（二）称谓语"大娘姑"的演化

明清以来，称谓语"大娘姑"在今粤东和闽南两地的演化情况并不同步。据笔者调研，在闽南地区，表示"丈夫之姐"的称谓语"大娘姑"至今依然在口语中使用。在粤东地区，"大娘姑"一词仅载于潮州市鹳陇（旧称后陇）乡的《后陇苏氏盛户房族谱》、其宗支普宁南径镇碧屿乡的《碧屿乡苏氏族谱》及苏氏资淑祖姑的墓碑上。该族的这位"大娘姑"大致生活在明成化至嘉靖年间。其族谱载："（后陇）孝德公幼年时，父昆山公（注：名瑀，明成化丙子科举人）卒于京都，公伶仃孤苦，姊大娘姑抚养持携，矢志不嫁。迨公成人，姊已老矣，终卒于家中，附葬鸡笼山，石碑字'明资淑苏大娘姑墓'。"苏资淑是苏孝德之姐。显然，苏族谱书和墓碑上所载的"大娘姑"所指为"某男性祖先之姐"。但当代苏氏族人又称这一称谓语有"未嫁姑"一义，惜乎当地并无相关文献资料佐证。粤东现存的另外几座明清时期建造的祖姑祠，其祠主"祖姑"均为所在族姓某世先祖之姐，但其相关族史中未提及祠主为"大娘姑"。如汕头市澄海区隆都镇的金氏宗祠（孝思堂）和蓬洲"翁氏家庙"（俗称"祖姑祠"）均用"祖姑"称呼，而揭阳市揭东区玉湖镇属于客家地区的祖姑祠贞义姑寝室（俗称"姑婆祠"），当地人则以"姑婆"称呼女祠主，当地每年还有拜姑婆的习俗，均未见用"大娘姑"称谓女祠主。而粤东地区明清时期文献中所载的"祖姑"一词，则另指"丈夫的祖母"。如：

（1）"陈妇萧，潮阳人陈昂妻，年二十三而昂没，萧自誓曰：'夫没，不终养二姑，罪也。'越数月祖姑继没，哀毁骨立。"（明嘉靖《潮州府志》卷七"贞列"）

（2）"黄氏，桃山人谢梓贵妻，年十八于归……越六载而寡，时翁姑已逝，遗祖姑在堂，色养备至。"（清乾隆《揭阳县志》卷之六"列女"）

（3）"林黄氏……生一子而寡，守节食贫，课子耕植为生，其姑早亡，事祖姑尽孝，奉翁以礼。"（清光绪《揭阳县续志》卷之三"列女"）

但"丈夫的祖母"这一意义的"祖姑"在现当代粤东闽语中已不见用例，旧时当地曾用"姑婆"一词背称祖姑母，而"祖姑母"在口语中后来被可用于面称和背称的"老姑"一词所取代，而"大老姑"一语指祖父的姐妹中排行第一者，并非特指"祖父的大姐"。在今闽南地区，词义为祖父的姐妹的"姑婆"一词至今仍在使用，未见语义与"姑婆"相同的"老姑"一词。

闽南语保留着很多古代汉语的特征，方言词汇的单音节词占多数，其词汇复音化也以双音化为主，但复音化程度并不高。在复音化这一过程中，称谓语"大娘姑"可能向双音节的"娘姑""姑娘""大姑""阿姑"等转化、简化。因为"复合词的大量产生，是语言发展的必然结果，它给语言的发展开创了无限广阔的前景。然而另一方面，语词的长度增加则有时未免在某种程度上有悖于汉语经济便捷的省力原则。应对无限多的复合词的产生而带来的语言繁化的根本方法就是简化。"① 如今，在闽南的厦门等地区，人们口语中称呼父亲或丈夫之姐仍称"大娘姑"。粤东闽南语区，则未见有称谓语"大娘姑"，而代之以专称的"大姑"、泛称的"姑母"或"阿姑"，常用"阿姑"，乃至单用面称的"姑"。称谓语"祖姑"（祖父的姐妹或丈夫的姑母），旧时粤东闽语区口语称"姑婆"（这个称谓今天仍用于客家地区和闽南地区），现今则泛称"老姑"〔"老"是实语素，其语素义同"祖"，如祖父的兄弟称"老伯（祖伯父）""老叔（祖叔父）"、祖母的姐妹称"老姨（祖姨妈）"〕。关于"未嫁姑"，旧时粤东及闽南两地口语中有贬义的背称"老姑婆"一语，闽南地区今天仍在使用，今粤东闽语区则罕见用例。另外，近代闽南漳州地区对帮助传教的修女通称为"姑婆"。如"顾心明获得讯息后，即偕同一个中国'姑婆'（帮助传教的修女的通称），轻装赶到郑维家"②。现今粤东闽南语中，"未嫁姑"没有特定的称谓语词，往往只是用泛称的"阿姑"或"某姑"等来指称；表示丈夫的姑母（祖姑）则泛称为"老姑"（河南省南阳市内乡县方言中称爷爷的姐妹也有"老姑"一词）。

---

① 王艾录. 汉语内部形式研究［M］. 成都：电子科技大学出版社，2014：307.
② 《漳州文史资料》（第五辑），政协福建省漳州文史资料委员会编，第329页

潮汕歌谣《敬橄榄》有："手擎橄榄到厅边，敬奉诸位老姑姨（注：老姑姨即老姑、老姨的合称）"。但"老姑"一语在粤东和闽南旧时文献中，一般指称"年迈的家婆"。例如：

（1）"李氏，在城人许彤可妻，年十八于归，二十六而寡……矢志奉养老姑郑氏，抚育婴儿。"（清乾隆《揭阳县志》卷之六"列女"）

（2）"郑陈氏……上事老姑，下抚孤儿，孝慈兼尽。"（清光绪《揭阳县续志》卷之三"列女"）

（3）"孙庄氏……十二有二而寡，矢志守节，上事舅姑，下抚二子，老姑卧病，哺养三年乡里称之。"（清道光《彰化县志》，第273页）

在近代闽南地区，"老姑"又可指"年老的尼姑"。如：

（4）"靖海庵在崇武城城角外灯塔下，殿内祀三宝佛，左为厨房，再左为'报恩堂'及姑众住处。主持菜姑陈应谦，71岁。有菜姑5人……在'报恩堂'中，供奉本庵已逝老姑照片。"（乔健，等主编，《惠东人研究》，福建教育出版社，1992年第183页）

（5）"现澹国寺的住持是年届90岁的老姑林丹桂（法号瑞丹）和自幼奉佛的沈启珍。"（《诏安文史资料第二十一期》，政协诏安县委员会文史资料编辑组，2003年第123页）

但"老姑""家姑"等词语用作称谓语表示"家婆"是背称，在粤东和闽南地区长期被同为背称家婆的"大家"（"家"为"姑"的通假字）一词所取代。现当代粤东闽语区的已婚女性背称家婆一般用"大家"，面称时一般与丈夫使用相同的称谓，如"妈"或"阿妈"等。语言具有约定俗成的性质，口语用词一般以简约明白为旨归。或许，表示祖姑母的"老姑"以及表示姑母的"阿姑"等称谓词在词形上与表示家婆的"大家"没有出现构形语素（姑）相同的冲突，在口语应用上更容易被人们优先选择而经常使用。而且，汉语词汇复音化过程中具有向双音节趋同的特点，使原来三音节的称谓语"大娘姑"（本文所述第一义）简化嬗变为双音节的"娘姑""姑娘"或"阿姑"，乃至相关的上代称谓语"姑婆""老姑"等书写形式，在不同地区被人们选择使用而出现嬗变，从而表现出区域性差异的特点。

同素异序词的出现与词汇复音化有关，闽南方言中同素异序词多是这一方言的特点之一。粤东和闽南地区共同使用的同素异序词很多，如：客人—人客，热闹—闹热，鸡母—母鸡，风台—台风，日历—历日，久长—长久，等等。在现代粤东闽语里，则未见"娘姑"一语，而在闽南地区则有"娘姑"与"姑娘"作为同素异序词并存使用。"娘姑—姑娘"这一组则只见用于闽南地区，甚至存在于文献文物中，如泉

州惠安东岭东埭村有"娘姑宫",另有:

"这会儿的娘姑都脸大,说话没羞没臊的!"(冰心,《冰心文选·冬儿姑娘》,1947年3月)

虽然闽南语中存在不少同素异序词,但闽南和粤东地区在使用上存在一些差异,或许是近代以来粤东闽语区日益受汉语共同语和客家文化(粤东的北部及西北部有客家文化)的影响,并与"过番"文化(南洋等外国文化)等接触增多而渐渐与闽南文化产生差异和距离,从而在语言文化上留下的印记,这也是值得考虑的探究方向。

(三)余论

三音节的闽南语称谓语"大娘姑"在旧时兼具"父亲或丈夫之姐"和"未嫁姑"二义,在以单音节占多数和双音化为主的汉语词汇复音化演变过程中,其词形在粤东和闽南两地未能特立独行而产生嬗变。而且,在现当代,其嬗变后的词形在闽南和粤东地区并不趋同,甚至各有所表,究竟是由什么原因造成的,这个问题仍有待深入的调查和研究。

〔本节缘起于对潮州祖姑祠盛户祖祠女祠主苏资淑在民间的称谓"大娘姑"一语的探析,刊登于暨南大学汉语方言研究中心《南方语言学》2018年7月(总第14辑)〕

十一、明清揭阳生祠文化摭谈

生祠是我国古代为表达孝道或感恩文化而为健在的父祖或族外恩人营建的祠堂(普通祠堂立神主牌位,生祠则立长生禄位)。立生祠是东亚地区的一种普遍的民俗信仰,大致起源于汉代。潮汕祠堂文化肇始于北宋咸平二年潮州府城公立韩文公祠,南宋年间潮汕民间有少数官宦人家开始营建"家祠",从明嘉靖年间开始,潮汕祠堂文化进入繁荣期,揭阳生祠文化可能产生于明代。据载,明清时期揭阳先后建造了十多座生祠,多数为公立,在县治榕城,祀莅揭名宦(另有学宫"名宦祠",合祀揭阳历代名宦);少数在乡间,由所在村落族姓私家建造,祀其父祖或族外恩人。这些生祠,有的表现了传统的孝道和感恩文化,有的反映了揭阳当时的封建吏治文化,是揭阳地方传统文化的重要组成部分。

据载,揭阳的第一座生祠可能是明弘治年间为纪念揭阳知县车汾而建造的"车公祠"(该祠原在榕城观音仔路)。车汾于明弘治九年(1496年)至十五年(1502年)任潮州府清军(亦称"清戎",明代卫所兵制)同知,任间纂修《潮州府志》。明弘治十二年（1499年）兼任揭阳县令，他离任后揭阳士庶在榕城建生祠纪念他，去而见思，应是一位颇有官声政绩的名宦。明朝后期县治榕城有一座生祠称"曾公祠"（祠原在进贤门旁），祠主曾应瑞于明万历四十六年（1618年）至明天启二年（1622年）任揭阳知县，离任翌年邑人即为其立生祠。为其生祠撰写《曾公生祠碑记》的则是他的继任者知县何望海［明天启三年（1623年）任］，该碑文载曾令"莅揭五年，政甚肃，令甚一，事甚简……造福宏多。"清乾隆《揭阳县志》载其"秩满擢监察御史，士绅咸悦，建生祠祀之。"可知曾令莅揭，甘雨随车，确有惠政。明天启六年任揭阳知县的冯元飚，能平寇决狱，重视地方教育，爱民好士，政绩卓然，史有"东南健令"之誉（语见明黄锦《冯侯祠记》）。他在任期间，当地士绅就倡议为其建生祠，但冯元飚谢绝众意，转而倡建榕城韩文公祠。因冯元飚在揭阳的政绩极佳，他离任后，揭阳士庶还是将韩文公祠后面的"文启书院"改建为"冯侯祠"来纪念他。这可能是明代揭阳县治最后一座公立的名宦生祠。

清代揭阳县治为邑令建造的第一座生祠当为"张侯祠"，祠主是清顺治四年（1647年）署任（代理）揭阳知县张晓。是年九月清军攻占揭阳县城，清军统帅车任重下令屠城，随军的候任县令张晓苦求劝阻，并且捐出自己薪俸犒赏清军，使揭阳县治免遭清军屠城之灾。当时在城的士庶感念张令恩德，纷纷捐献钱物准备偿还，张令坚拒不受，人们遂将这些钱物转购大屋二所，立为生祠，一祀张令，一祀车帅。清雍正初期，揭阳县城有一座祠堂叫"潘李侯祠"（祠原在双峰寺左侧）则兼具普通祠堂和生祠的性质。它原来是一座纪念明代揭阳知县、名宦潘维岳［明万历七年至九年（1579—1581年）任］的普通祠堂，清雍正二年李运景任揭阳县令后重修此祠。而李运景莅揭间"首兴文教，厚于爱士……时称廉平。"其时揭阳士庶又认为李运景"文章、政治可与维岳相垺（相同）。"因此李令卸任后，揭阳士庶对他颇为怀念，便在潘侯祠中增设李令的长生牌位，与潘令合祀，并将祠堂改名为'潘李侯祠'"。清康熙五十八年（1719年）至清雍正元年（1723年）揭阳县令孙公瑜，在任期间颇有惠政，邑人拟为他建生祠，孙令闻知后坚辞不允。祠堂建成之日，孙令则将生祠改为书院（在韩祠右，佚名），此举又是揭阳地方史上一段官民良好互动的美谈佳话。

据笔者调研，明清时期民间族姓建造的生祠现有7座，其中有3座是女祠中的婆祠。明代的这类生祠目前只发现位于榕城西门的许氏庶祖祠（追远堂，两进式，建于明崇祯十年），祠主为明代揭阳先贤许国佐的祖母贞勉余氏（许公望之妾，卒于明崇祯十五年），这座祠堂也是潮汕地区一座建造历史较早的女祠（婆祠）。清代的这类生祠则有4座：其一是位于揭阳榕城区砲台镇桃山村中的吴公祠（堂号失考），为三开间的一进一天井格局。它是清乾隆元年揭阳桃山和玉滘两地谢氏为感谢时任潮阳知县吴廷翰（河南人）秉公判还谢氏谢乐耕等祖先墓茔而建造的生祠（今存，未重修）。其二是姚公祠（堂号失考），位于榕城区登岗镇西淇村，为三开间一进一天井格局，是清代道光年间该村一陈姓富户为感谢时任揭阳县令姚柬之［清道光十三年（1833年）始任］为其家族平冤而建造的生祠（今存，未重修）。这两座祠堂均为揭阳地区民间族姓为感谢良吏恩人而建造的至今尚存的生祠。另外两座生祠是清代民间族姓为自己健在的父亲营建的：一是位于揭西县凤江镇凤湖村的杨氏舜祖公祠［两进一天井格局，建于清咸丰五年（1855年）］，由祠主杨昌舜（1785—1856年）的次子杨鸿桂为庆祝父亲年过古稀且五代同堂而建造的。一是位于榕城元鼎路的王氏辅祖祠［两进一天井格局，建于清光绪三年（1877年）］，是由祠主"名丰"商行老板王兴辅的四个儿子为其建造的生祠。该祠堂的木雕、石雕和贝灰雕精美独特，是潮汕民间传统工艺中的瑰宝。揭阳清代生祠中有2座属于女祠中的婆祠：一是位于榕城区登岗镇沟内村嘉庆年间监生杨爱盛为其生母陈氏（身份为侍妾）建造的婆祠蒚叶腾青（绥福堂，两进式带右巷厝"青蓝居"）；一是今揭西钱坑南林氏建于清代末期的祀双婆的庶祖祠仁怀副姚祠（毓德堂，两进式三山门）。已发现的这7座生祠中，女祠（婆祠）所占的比例高于男性祠。

明清时期揭阳的生祠建筑，如今或湮灭难闻，或残破不堪，只有个别保存下来，以致无法进行全面的考察。这些存载的生祠，数量虽少，却是揭阳地区珍贵的地方历史文化遗产。

结 语
Conclusion

祠堂是我国宗法时代的礼制建筑，历史悠久。潮汕祠堂文化肇创于北宋咸平年间潮州府治韩文公祠之设，民间宗族祠堂的出现则在其后的南宋时期，而女祠则是在明嘉靖中期以后我国祠堂文化进入繁荣期应运而生。女祠是传统祠堂中的奇葩，它的出现打破了我国传统祠祭文化中男性祠堂一统天下的局面，它的数量虽少，却能与男祠分庭受礼，为传统祠祭文化注入了新的人文内涵。旧时潮汕地区因大宗小宗竞建祠堂而有"祠堂十八样"之称，这是潮汕祠堂文化丰富的一种形象说法，女祠与男祠大同小异，却别有一番景致，能"以小见大"，尤其是将这一祠堂文化与方言、婚姻礼俗等结合起来探究，揭示女祠与其他文化存在的历史"交集"，必能管窥到更多旧时代宗法文化。本书虽然在潮汕女祠的成因和匾额文化等方面进行"聚焦"并有所发现和揭示，但这些收获只是女祠文化的一部分而已，本书所论述的这些有关女祠的"景致"，如果能引起学界和社会对女祠更多的关注和研究，也算是达到了抛砖引玉的初心。

女祠是传统祠堂的重要组成部分，祠堂文化是近年人们关注的传统文化的热点，是一个既旧又新的课题。在新时代，"随着宗族文化的变迁，新时期的祠堂已不只是传统意义的宗族祭祖场所，在保留祠堂祭祀、修谱等基本功能的同时，其作为宗族内部司法场所的功能已经丧失。而其原来的教化、抚恤、文化活动功能则结合现代社会生活的需要，实现了新的功能定位，在继承中产生新的嬗变。"① 女祠属于古建而非古董，对其历史人文加以考察并有所揭示，不是为了"珍藏"，而是为了更好地保护和开发利用。所以，新时代的祠堂文化建设，不能只重视"硬件"建设，而应加强"软件"功能，需要在教化功能中突出时代精神、文化传承功能上加强从宗族抚恤功能向社会公益等正能量方面发展，使传统祠堂焕发新风采、展现新价值。

---

① 蔡文胜. 新时期潮汕祠堂文化的传承与嬗变［M］. 北京：社会科学文献出版社，2017：142.

潮汕地区有"老实终久在""戆人有戆福"等俗语，笔者觉得，在这个时代的欠发达地区，从事地方文化研究确实与"熙攘"之属格格不入，是一项"务虚"吃亏的"戆人"之事，而痴迷此务者必为有所不为的"老实人"无疑。笔者这几年来无怨无悔游走于潮汕三市乡镇之中，有类苦行僧，一步步走过，留下了很多"务虚"的足迹。然而，本着立足本地文史而不舍近求远、脚踏实地而勉力前行干点实事的初心，持之以恒，这样长期游走，"戆人"必定有"戆福"，收获的何止是工作上的预期目标？

还是上述这两个潮汕俗语说得好！在此，对关心和支持地方文化研究工作的所有人士，谨致以衷心的谢意！

参考文献

References

[1] 白冰，张镇升.论潮州对许夫人的超族属信仰［J］.五邑大学学报（社科版），2014（2）.

[2] 王威.性的历程［M］.武汉：湖北人民出版社，2010.

[3] （清）林大川辑，彭妙艳校.韩江记［M］.郑州：中州古籍出版社，2001.

[4] （清）屈大均.广东新语（全二册）［M］.北京：中华书局，1997.

[5] 黄金贵.古代文化词语考论［M］.杭州：浙江大学出版社，2001.

[6] 庄华峰.中国社会生活史［M］.合肥：合肥工业大学出版社，2003.

[7] 李汉庭.从"赤脚婆"看古代潮州社会的宗法文化［J］.潮汕史学，2014（1）.

[8] 洪丕谟，姜玉珍.古代女性世界［M］.上海：上海古籍出版社，1990.

[9] 刘士圣.中国古代妇女史［M］.青岛：青岛出版社，1991.

[10] 汪跃.明清女性墓志铭研究［D］.上海：上海大学硕士学位论文，2006.

[11] 林卫新.李建军.探访宗祠建筑的文化唯象［J］.广州建筑，2009（3）.

[12] 彭妙艳.乡之魂［M］.广州：暨南大学出版社，2016.

[13] 王鹤鸣，王澄.中国祠堂通论［M］.上海：上海古籍出版社，2013.

[14] 张开邦.明清时期的祠堂文化研究［D］.济南：山东师范大学硕士学位论文，2011.

[15] 王晓清.元代社会婚姻形态［M］.武汉：武汉出版社，2005.

[16] 陈礼颂.一九四九前潮州宗族村落社区的研究［M］.上海：上海古籍出版社，1995.

[17] 申小龙.汉语与中国文化［M］.上海：复旦大学出版社，2003.

[18] 叶春生.岭南民间文化［M］.广州：广东高等教育出版社，2000.

[19] 秦红岭.中国传统建筑文化中的性别伦理［J］.唐都学刊，2013（3）.

[20] 王次阳.潮州民俗［M］.香港：天马出版有限公司，2011.

附录 特色词语

这里收录一些与祠堂等文化有关的特色文化词语,主要是祠堂文化用语、潮汕俗语等,以小词典形式按英文字母音序排列,并对这些特色词语作简要解释,可以帮助读者更好地了解潮汕地方历史文化乃至我国祠堂文化。而且考察与潮汕女祠相关的特色文化词语尤其是潮汕俗语(个别在前面的章节还有详细的描述),也是本书潮汕女祠文化的一个特色。这部分作为本书四"语"之一,是了解潮汕女祠文化的一个必要的补充。

A

1. 阿娘

旧时潮汕地区对"一夫多偶制"婚姻中"正妻"(正室)的俗称,侍妾则敬称其为"大娘",其裔孙在潮汕地区俗称"娘房"(侍妾则俗称"阿婆"或"赤脚婆",其裔孙俗称"婆房")。相关潮汕俗语有"阿娘易做,走鬼恶(难)当""赤脚生仔(儿女)阿娘个""赤脚大过阿娘""富家梅香赢过硋(穷)家阿娘"等。

2. 阿婆孬入祠

这个潮汕俗语又称"赤脚孬入祠",指我国宗法时代庶系女性祖先(侍妾,俗称"阿婆""祖婆")的神主不能随夫进入宗祠接受裔孙祭祀。这是宗法礼制"妣以嫡配"的通俗化表达,它旨在申明嫡庶尊卑有别和等级严明。而宗法时代庶系裔孙并没有忘却崇祖报德,为了彰显"慎终追远"和"报本之礼,祠祭为大"的孝思,有的就选择为庶系女性祖先建造专祠,这类祠堂通称为"婆祠"(庶祖祠)。因为婆房建祠专祀庶祖是彰显孝思和挑战封建礼教的表现,因此旧时潮汕有俗语"潮州好婆房",称许古代潮州地区的庶系(婆房)孝顺、自强等。

3. 哀子

古称居父母之丧者为哀子。后则专指居母丧者(居父丧者孤子)。《礼记·杂记上》载："祭称孝子孝孙，丧称哀子、哀孙。"唐孔颖达疏："丧则痛慕未申，故称哀也。"明陈继儒《群碎录》载："《丧礼》称哀子不称孤子，今人父丧称孤，母丧称哀。"当代少用，多见于书面语。

4. 安人

封建时代命妇的一种封号。宋代自朝奉郎以上，其妻封安人。明清两代，六品官之妻封安人。如系封赠其母或祖母，则称太安人。宋代《宣和遗事》后集有："钦宗诏窜王黼永州，籍其家，得金宝以万计。其侍妾甚多，有封号者：为令人者八，为安人者十。"明归有光《顾夫人八十寿序》有："太保顾文康公以进士第一人历事孝、武二朝……初公为谕德，有安人之诰；为侍读，有宜人之诰；进宫保，有一品夫人之诰。"揭西县凤湖婆祠清德祖祠（兆兰堂）祠主牌位记祠主林清德为"太安人"。

B

1. 柏舟

又作"栢舟"，语出《诗经·鄘风·柏舟序》："柏舟，共姜自誓也。卫世子共伯蚤死，其妻守义，父母欲夺而嫁之，誓而弗许，故作是诗以绝之。"后因以喻丧夫或夫死矢志不嫁的节操。如清乾隆《揭阳县志·列女》有："刘氏，海阳人，广西布政司刘子兴女，光禄署丞林士登妻……万历间邑令潘应龙制匾嘉奖，谓其'教本名门，德称女士；柏舟之操长贞，樛木之慈可咏。宜表宅里，以正坤仪。'"揭阳榕西棉浦清乾隆年间节孝坊明间上联有"婺焕耀九龙寿兹十德，闺壶饮冰雪学柏舟清掺随明月永远。"

相关语词如"柏操""栢节（松龄）"等。如清钱谦益《母旌表节妇常氏赠安人制》有："兰仪永谢，栢操有闻。"榕城区仙桥篮兜"天褒节孝"坊柱联有："栢节怀远传后代，纶音焕彩流千秋。"

2. 拜亭

潮汕传统祠堂祭厅前檐廊伸出天井的四柱方形敞开式建筑，又称抱印亭。相传源自古代神坛，随着祭祀礼俗的发展，单一的神坛再也无法满足需要，于是便由一而三，分化为神殿、拜亭（献殿、献台）、戏台。祭祀时，拜亭上主要祭献牺牲（祭品）。在潮汕祠堂文化中，祠堂的厅堂必须阔大。然而，按照"小堂宜团聚，中堂略阔而方正，大堂宜阔大亦忌疏野"（清吴鼒《阳宅撮要》）的原则，太过阔大的厅堂就不免"疏野"而不聚气，"过白"大则阳气太盛，而祖宗的神灵属阴，从后厅祖宗神位前向天井所仰望到的天空（风水学称为"过白"）不宜太多。因此，为抑制过盛的阳气，人们就常在祠堂后厅与其前面的天井之间再建一拜亭，从而实现了既可抑制祖宗灵前过多的阳气，使祖宗能安享祭祀，可以增加摆放祭品的地方、为参加祭拜活动的子孙遮日挡雨，同时又增加了祠堂建筑的气势。因此，拜亭的设置被认为是潮汕人重视宗法文化的见证。

3. 拜公嬷

潮汕地区祭祀祖先的俗称，又称"拜公祖"，常作为祠祭和家祭的泛称，如果是纪念某个祖先忌日，一般俗称"做忌"。如果是男性祖先的则称"公忌"，女性祖先的则称"嬷忌"。"公忌"在潮汕民间又有"拜（老）公"（老公，潮汕方言词，义同曾祖父）这一说法。如果是祠祭，也可用这一词语代替，字面上未涉及女性祖先，因为旧时祠祭是"妣以嫡配"，只有嫡系女性祖先享有随夫配祀的地位，所以这种"拜（老）公"的说法带有一定的宗法社会男权为中心的色彩倾向，"拜公嬷"的说法在当代渐渐多用了，才显得平等、适宜。

4. 傍妻

旧时称妾为傍妻。傍，侧也。傍妻，即侧室。汉班固《汉书·元后传》："禁有大志，不修廉隅，好酒色，多取傍妻，凡有四女八男。"

5. 北堂

（1）古代居室东房的后部。本为妇女盥洗之所。《仪礼·士昏礼》："妇洗在北堂。"汉郑玄注："北堂，房中半以北。"唐贾公彦疏："房与室相连为之，房无北壁，故得北堂之名。"后因以"北堂"指主妇居处。

（2）指母亲的居室。语本《诗经·卫风·伯兮》："焉得谖草，言树之背"，《毛传》："背，北堂也。"后因以代称母亲（又作萱堂）。唐李白《赠历阳褚司马》诗："北堂千万寿，侍奉有光辉。"潮汕女祠中的婆祠有的坐向朝北，或传与此（第二义）有关。

6. 别人家神（别人鬼）

这是旧时潮汕地区对女性的一种贬称，指女儿一定要"成人"（出嫁）为夫家生儿育女并终老其中，成为女性祖先受到子孙奉祀。旧时与此相关又有"女生外向"，谓旧时女子出生时面朝外，有出嫁从夫之义。后指出嫁的女儿心思朝外，向着丈夫。汉班固《白虎通·封公侯》有："以男生内向，有留家之义；女生外向，有从夫之义。"礼俗所谓"男大当婚，女大当嫁。"女儿终归要出嫁并终老夫家，因旧时人去世后则要立神主奉祀，所以就有贬称女儿是"别人家神（别人鬼）"或"别人家神屎"之说。

7. 冰霜之操

古代常用以比喻妇女坚贞清白的操守。《明史·列女传二》"王氏"条有："父曰：'其一从夫地下为烈，次则冰霜以事翁姑为节，三则恒人事也。'"清陈端生《再生缘》第四十六回："住在伊家深不便，只惟立志守冰霜。"清乾隆《揭阳县志·列女》"林氏"条有："……冰霜之操弥励，绅士钦其节孝，邑令陈鼎新旌之，子乔春员于庠。"普宁里湖乌石村清代百岁坊"贞寿之门"次间右联有"励七纪之冰操，更闻百岁余一筹首唱，允矣，婺星随日月。"

8. 冰蘖

冰蘖，喻寒苦而有操守。宋苏轼《次韵王定国南迁回见寄》："十年冰蘖战膏粱，万里烟波濯纨绮。"明宋濂《徐贞妇郑氏传》："尔居官宜冰蘖自守。禄或不给，则售此用之。"清乾隆《揭阳县志·列女》"郑氏"条有："年二十五失偶，冰蘖自矢，仰事俯育能兼致之。"

9. 不祧

古代帝王的宗庙分家庙和远祖庙，远祖庙称祧（庙）。家庙中的神主，除始祖外，凡辈分远的要依次迁入祧庙中合祭；永不迁移的叫做"不祧"。不祧之祖指不迁入祧庙（远祖庙）的祖先。此语常用以比喻创立某种事业永远受到尊崇的祖先。如清乾隆《揭阳县志·列女》"陈贞姑"条有：陈祀姑为不祧之祖，魏家亦感其义，岁并祀焉。

10. 不字

未许嫁。古代女子许嫁叫"字"，待嫁叫"待字闺中"。《周易》"屯卦"六二有"女子贞不字，十年乃字。"本书中祖姑祠祠主即"未嫁姑"，自誓"不字"，也可称为"未字姑"，参见本书第244页"大娘姑"条。

C

1. 侧室

妾，又称少室、偏房。在我国旧时"一夫多偶制"中，妻只能一个，可与"室"连用为"妻室"，妾为侧室，则可一个或一个以上。如清末民初姚秋园《觉庵丛稿·庶祖母林太恭人传》有"林太恭人，姓林氏……方太恭人归大父为侧室时"。

2. 慈黉爷起祠堂——好慢孬猛

这是清代末期澄海县的一个歇后语，也作"慈黉爷起厝——好慢孬猛"（猛，潮汕方言词，词义为快），是指清末澄海县华侨富商陈慈黉在家乡建造祠堂宅第时重视质量，不急于求成的做法。后来又有富而好施、慢工出细活的含义。

3. 祠堂大大，岂无零个赖哥糜烂

意指族众人多，难免会出现个别坏分子。零个，潮汕方言词，读同"兰个"，意义为个别。赖哥糜烂，原指麻疯病者，喻指道德品行差的人。此语多喻指别求全责备、追求完美。

4. 祠堂前种柚——手长摘去食

潮汕歇后语，祠堂前种的柚是族里的公产，手长的人（有本事者）可以摘去食用，比喻有能力、有权势者占有公物。

5. 祠堂十八样

这是旧时对潮汕宗族祠堂规模形制等存在差别的说法。其实祠堂最基本的形式有两进式和三进式两种，每一种又有是否"双背剑"（主体两侧带巷厝）或三山门之分，另有单进的"祠堂固"（一进一天井）。这几类建筑系统地运用木雕、石雕、嵌瓷这三大潮州建筑工艺，装饰豪华，再加上坐向和匾额也不一样，故有此说。

6. 潮州厝，皇宫起

厝，潮汕方言词，泛指祠宇等建筑。起，潮汕方言词，义为建造。整个词语指明代中期以后，随着社会经济的发展，当时潮州府民间建筑尤其是府第和祠堂建筑，大量采用石雕、木雕和嵌瓷等材料和工艺，富丽堂皇，从而产生了可以与皇宫建筑毗美的夸饰之辞，故有此说。

7. 潮州好婆房

旧时潮汕地区对婆房宗族中的庶系孝道、自强等进行褒扬的俗语。在宗法社会中，因嫡庶尊卑贵贱有别，婆房处于弱势，常受娘房的欺凌，但不乏自强向上和崇祖报德之举，尤其是自明代后期至民国期间建造不少婆祠（庶祖祠），以彰显孝道，挑战宗法礼制，故潮汕民间称赞庶系并概括为此俗语。

8. 赤脚

旧时对没缠足的婢妾的俗称，潮语中又称"走鬼""花仔"等。潮汕现代学者陈礼颂《一九四九前潮州宗族村落社区研究》"赤脚仔"后注："乡间背称妾为'赤脚'，称妾的子女为'赤脚仔''赤脚走仔'。"清乾隆《揭阳县志》卷七"方言"有："如谓婢女曰'灶鬼'"（潮语"走"与"灶"谐音）。清徐珂《清稗类钞·容止类》云："粤省妇女多天足，而潮州则以小足为贵，凡纳妾，惟缠足者入门即称'姨'，否则以'赤脚'呼之，必待生子娶妇，始得著袜拖屐，至大妇（注，指正妻）死，而后著屦，若无所出，则终身跣足而已。"

9. 赤脚大过阿娘

比喻本末（或主次）倒置，与另一潮汕俗语"粟挤输稗"同义。赤脚指旧时的婢妾，即赤脚婆，属于庶系，阿娘指正妻、大妇，属于嫡系。在宗法时代，嫡为尊，庶为卑，正妻与婢妾为主仆关系。大，此语指地位而言，故而语义为本末（或主次）倒置。

10. 赤脚个仔唔然人

指旧时赤脚婆等侍妾所生的子女不正统、比不上阿娘（正妻）所生的。个，潮汕方言词，作定语义为的，表领属。唔，潮汕方言否定副词，义同"不"。然人，潮汕方言词语，义为像人。这一俗语是旧时嫡庶贵贱有别的形象写照。

11. 赤脚掼猪肉——看有食无（或"生见熟不见"）

这是一个旧时潮汕的歇后语，指旧时富贵人家中的"赤脚"（婢女侍妾）只有干活的份却得不到一点享受，即俗语"做（哩）有，食（哩）无"。掼，潮汕方言词，义同"提、拿"。"赤脚"这类女性尤其是侍婢，是受奴役的对象，做完煮饭等活后，主人吃饭时，她们要站着侍候，很难吃到主人家中的稀有或好的食物。因此，赤脚上市买来的猪肉等食物当然很难有机会吃到，所以说"看有食无（或'生见熟不见'）"。这一潮汕熟语后来也常用于抨击社会上的不公平、不平等现象。

12. 赤脚（阿婆）孬入祠

指旧时身份为侍妾的女性死后，因封建礼俗有"妣以嫡配"等规定，这类嫡庶等级有别，庶系女性祖先神主不能像嫡系一样可以进入宗祠随夫主共祀，只能置于子孙所居住的厅室之中进行祭祀（这类厅室在潮汕地区称为"婆厅"），而其子孙（俗称"婆房"）如果显达，有的就建造专祠奉祀庶祖，分庭受礼，这类祠堂在明代始称"庶祖祠"（泛称"婆祠"）。孬，潮汕方言词，读音为[mo² 毛²]用同"莫"，意为不可。

13. 赤脚生仔阿娘个

赤脚，旧时富贵人家买来的婢妾即赤脚婆，赤脚被男主人收房作为侍妾，与"阿娘"即正妻（正室、大妇）相对称为"侧室"，在家中并没有什么地位，所生的子女要称呼正妻为"娘"，称自己生母则呼名或称"阿婆"而已，故有"赤脚生仔阿娘个"之说。仔，用同"囝"，指子女。"个"，潮语用同"的"，用作定语，表领属。另有"赤脚饲久变阿奶"，则是反映赤脚婢被男主人收纳为妾（又称阿奶）的旧俗。

14. 村人家神，唔别'糖米方'

潮汕旧时詈语。旧时的"农村人"（又作"阿农"）一语常常被用作见识浅陋的代称。别，认识、辨别（潮语读同"北"）。糖米方，潮汕旧时由爆米花做成的方糖，可用作祭祀用品。这个俗语借讽刺"村人家神"见识浅陋不识这类方糖以泛称讥讽同类的对象。

15. 床裙

潮汕地区指专用于厅堂祭祖且绣有图案的案几布质围裙，多为红底，一般罩在香几上，用以美饰。潮汕有俗语"后巷买床裙——骗恁公（你的祖先）欢喜"。后巷，在潮州市区西马路，旧时并无卖床裙的店铺，这一俗语借以讽刺那些空有许诺、讨别人一时欢喜之人或做法。

16. 厝角头

潮汕民居山墙墙尖部分——脊头，俗称厝角头。厝，潮汕方言词，普通话读cuò，潮汕方言读同"处"，指房屋。脊头常见有"金""木""水""火""土"五种格局，本来是沿海地区用于房屋两侧顶端为防御风雨而增重以起加固作用的构件，后来则赋予了相关风水学内涵而成为固定的五种格局。祠堂建筑中前厅中间的两个脊头，一般采用"火局"翘脊，以喻指香火兴旺，子孙发达。其他房屋的脊头则因势制宜而定，不划一，各有同有异，但"火局"形制与其他的差别最明显。

D

1. 打个冷颤起祠堂

喻指无意间的动作却因此发了大财。相传潮州市浮洋镇高堎村"贤可公祠"的建造是缘起于祠主的妻子在与一商家谈生意时因有尿意而打了个冷颤，头部不自主地摇了两三下后，就出去上厕所，商家因急需所谈货品便误以为对方在价格上仍不满意，等到她（女货主）如厕回来，买方就追加了商品价钱，使卖方（货主）意外中赚上一大笔钱。这笔钱后来用于建造货主丈夫的"贤可公祠"，因而有此俗语。起，潮汕方言词，义为建造。

2. 大家

潮汕地区已婚妇女对婆婆的背称，是一个今用古语。"家"本通"姑"（"姑"与"舅"相对，合称家公家婆）。《晋书·列女传·孟昶妻周氏》载："君父母在堂，欲建非常之谋，岂妇人所建！事之不成，当于奚官中奉养大家，义男无归也。"潮汕方言中往往"大家"与"新妇"（特指儿媳）对并举用，如俗语"大家无话新妇傢"（傢，义为聪明、贤惠，潮语读同［ghao⁵］），又有"教师先生，守寡大家"（此语喻指旧时这两类人生活清贫艰辛）等。

3. 大娘姑

指大姑母或未嫁姑。此语出自潮州市凤塘祖姑祠盛户祖祠（报德堂）女祠主的墓碑文和神位文"明资淑苏大娘墓"和"明资淑苏大娘姑神位"。在现代潮汕话中，未见

"大娘姑"这一称谓语,它在古代究竟有何特别含义?据苏氏族人介绍,这或许指苏资淑在双亲去世后,肩负起抚养幼弟的重任,恩德宛如娘亲一样,故其胞弟裔孙尊称其为"娘姑";"大"字既表示苏资淑是长女、是苏氏祖先苏孝德之姐,也表示尊敬或祖辈义("大"字古代可用同"太",用在称谓词前面表示尊称或祖辈)。所以,"大娘姑"一词可以理解为"像娘亲一样值得敬重的姑母"(但其族史对此未有所载)。另据清初学者屈大均《广东新语》(卷十一)载:"东莞女子,未字者称'大娘',已字称'小娘',众中有已字、未字则合称'大小娘'"("字"指出嫁)。清关涵《岭南随笔·大娘小娘》载:"东莞称女未字者为大娘,已字者为小娘。广州通称夫娘,犹言有夫之娘也。韶州人统称婆娘……《集韵》云:'娘者,少女之谓。孃者,母之称。'今人混而一之,失考者也。"潮州与东莞同为粤省郡县,历史人文多有相同之处,或许其时潮州也有"未字者称'大娘'"的习俗。苏资淑是一位未嫁姑,其身份与屈氏文中所说"未字者"相合,大娘姑或可作"不嫁姑"的委婉称谓或另一表述。

4. 嫡母

旧时庶妾的子女对父亲正妻的背称(面称为"阿娘")。这一词语与"庶母"(正妻之子女称呼父之妾有子女者)相对。如潮汕俗语"赤脚生仔阿娘个"中的"赤脚"等侍妾所生的子女要称"阿娘"为嫡母。

5. 点主

旧时指人去世后,裔孙为其准备牌位晋主于祠厅祭祀的程式之一:常常是在逝者的灵前或祠堂神龛前,将刚准备妥当的先人牌位上所刻写的"神主"的"主"字,首笔一点暂缺成"王"字,随后由有福长者用朱砂笔点上成"主"。点主时还要念诸如"点'王'为主,子孙长久;福禄寿全,儿孙满堂"之类的吉祥语。接着依照昭穆次序晋主入龛或入椟,进行"虞祭"(既葬之后的祭祀)。

6. 东畔洋祭祖——害祠(事)

这是一个源自潮州府城东面乡村东畔洋祭祖活动的俗语,意思是把事情弄糟了。"祠"与"事"在潮汕方言中读音相近,前者为阳平调(潮语第5声),后者为阳去调(潮语第7声)。相传,旧时东畔洋某族姓宗祠祭祖时,很难选到一个既有文化,又声音响亮能"读祝"(宣读祷文)族老,于是决定由两个族老演双簧来完成:一个嗓子好的在前台"读祝",一个文化高的在其后带读。不料那一次前者在"读祝"时,祷文中一个字看错读错了,后者觉察而感叹"害事"(坏了)。但前者以为这是下一祷文的内容,也跟着大声朗读"害事"。因潮汕方言中"害事"与"害祠"两字声韵相同,读音相近,故而这个传说演绎成此歇后语并流传下来,用以指在生活中,人们好心想办一件事,却不慎把事情弄糟了,或碰到一个问题,出了差错,就常说"害祠(事)"。

E

1. 荋过百丈埔

这是一个与宋末抗元女寓贤许夫人有关的潮汕俗语。荋，潮汕方言词，读音同"而"，普通话读ér，义为混乱。相传宋末，宋帝及其官军不敌元兵，向南撤退至潮州，其时从福建护跸入潮州的许夫人所率义兵，在今饶平境内的百丈埔顽强抵抗元军，全部阵亡，场面惨烈。俗语原指混战场面杂乱，后泛指混乱不堪。同义的俗语还有"荋过会乡""荋过狗數""薛刚反唐——大荋"等。

2. 二祥

古时丧礼大祥和小祥的合称。古代父、母丧后一周年（即第十三个月）举行的祭礼叫"小祥"（潮汕地区俗称"拜晬年"。晬，潮语读同"对"），如宋祥兴二年（1279年）九月七日，右丞相文天祥被元兵捕获押往北方至邳州（今江苏睢阳）时，刚好是其母去世一周年的忌日，于是写下《邳州哭母小祥》一诗；人去世两周年（即第二十五个月）举行的祭礼，叫"大祥"（潮汕地区俗称"拜三年"）。如《仪礼·士虞礼》："又朞而大祥，曰荐此祥事。"东汉郑玄注："又，复也。"

3. 二适

亦作"二嫡"，指两个正妻。"适"，（即繁体"適"），用作"嫡"的通假字。《春秋·隐公五年》载："考仲子之宫"，晋杜预注："诸侯无二嫡。"孔颖达疏："诸侯不再娶，于法无二适。"按潮汕礼俗和"一妻多偶"制，婚姻制度中没有同时二嫡存在的现象。已婚男子只有在妻子去世后才可再娶，已逝者称元配（潮俗称"草头"），再娶者称继室（潮俗称"接枝"），在祠祭两者均可随夫入祀祖祠。

4. 二庙

指父和祖父之庙。《礼记·祭法》载："适士二身一坛，曰考身，曰王考庙。"孔颖达疏："考庙者，父庙也。王考庙者，祖庙也。"在旧时潮汕地区祠堂文化丰富的乡村，如果"二庙"俱存，按照宗族祠堂的分类，一般情况下，父庙为家祠（房祠），祖父庙往往是支祠（小宗祠），祀始祖的祠堂则是大宗祠（总祠），如澄海区上华镇渡头村婆祠曾氏宗祠（滋德堂）是宗族祠堂中的房祠（家祠），其上有祀婆祠建造者祖辈的小宗祠及祀始祖的大宗祠（总祠）。

5. 饿死事小，失节事大

这是宋明理学家反对妇女改嫁的封建说教用语，其影响遍及明清乃至民国时期的全国各地。在旧时代，封建礼教谓贫困饿死是小事，再嫁而失去节操才是大事，强调妇女要"从一而终"。与婚俗有关的潮汕俗语"囊团坐槛一次定"（定，潮汕方言句末副词，词意为才）所指的正是这种男权时代的僵化思想的表现。

F

1. 放下裙裾是阿娘，折起罗裙是梅香

这一潮汕俗语喻指做人不计身份能上能下，或能屈能伸，是多能手。在旧时富贵人家中，阿娘是一家中的女主人（也可指男主人的正妻），梅香是供使唤的婢女、丫头（也可指赤脚婢）。

2. 夫人

古代命妇的封号。相传西汉末期王莽封崔篆之母师氏为义成夫人，为命妇有"夫人"封号之始。至唐代，文武官一品及国公之母或妻为国夫人，三品以上官员之母或妻为郡夫人。宋代执政以上官员之妻封夫人。明代一品、二品官员之妻皆封夫人。清代并封宗室贝勒至辅国将军之妻为夫人。后来这一封号在民间广泛用于对富贵人家或有一定身份地位的已婚女性的称谓，如宋末抗元护宋的潮州女寓贤许夫人、明末揭阳县"扬州才女"黄月容夫人，清末揭阳榕城东门婆祠郭氏祖祠（重光堂）的建祠者称祠主（丈夫为州同和）为"林太夫人"等。在"一夫多偶"的婚姻制度中，俗称正妻为"夫人"，侍妾为"如夫人"。

3. 府城人摆床裙——骗"老公"欢喜

这个歇后语的意思是行为类似祭祖，使祖先受欺骗而空欢喜一场。"摆床裙"，潮俗常指在祠堂等厅堂上摆上方桌，挂上床裙（桌围），烧香上供品，祭拜祖先（"老公"，潮汕方言词，本指曾祖父，在祭祀中泛指祖先）。民俗讲究"祭如在，祭神如神在。"而旧时潮州府城人在平时也有这样的摆设，在人们看来这就会使祖先（灵魂）误以为子孙将设香案供品来祭拜他们，事实上却空欢喜一场。这个歇后语意在提醒人们别被一些形式主义的做法所迷惑，别把"误会"当作"机会"。

4. 副室

即侧室，指侍妾。夫以妇为室，如《礼记·曲礼》有："三十曰壮，有室。"《礼记·内则》有："聘则为妻，奔则为妾。"旧时"一夫多偶"婚姻制度中，称嫡妻为正室，称侍妾为副室或少室。如清蒲松龄《聊斋志异·神女》："数年不育，劝纳副室，生不肯。"

5. 富家梅香赢过硗家阿娘

这一潮汕俗语指富贵人家中的奴婢也有一定的身份。梅香，指婢女、丫头。旧时婢女被男主人收房而生下子女，则称赤脚婆，也即侍妾。硗家阿娘，泛指贫穷人家的妻子。硗，潮汕方言今用古语，普通话读qiāo，潮汕方言读同"敲"，义同贫穷。这一俗语与通语中的俗语"宰相家人七品官"相类似。

G

1. 盖棺论定

指一个人的是非功过到死后才能做出结论。在民间，祭祀文化中墓碑、女祠祠匾和神主中的谥号就属于这种方式所评定的最终称谓。如揭阳渔湖港口村宋代祠堂士耸公祠中的"士耸"、清代揭阳县（1965年析出西部为揭西县）凤江凤湖婆祠清德祖祠中的"清德"、明代揭阳砲台镇桃山村谢氏第四世谢清溪之妾赖氏宜烈的"宜烈"等。潮汕地区至少在明代中期，身份为侍妾的女性如果子孙显达也可母以子贵，去世后也可以得到这种盖棺定论——谥号，不过多属"私谥"，即族众或民间人士的评定。

2. 格仔

潮汕传统民居名称用语，指传统民居"四点金"建筑中前后厅房与厢房之间半封闭的通道部分（又称深巷，与厢房同深）。在祠堂建筑中，因厢房所在部分改易为通廊，祭厅三间敞开，原来"四点金"建筑中相应的"格仔"就不复存在，而成为与天井前后相连的前檐廊和后檐廊部分。

3. 恭人

古时命妇封号之一。宋政和三年（1113年）定制，中散大夫至中大夫之妻封恭人，至元代亦为六品、明清时四品官员之妻的封号。如系赠封官员之母或祖母的，则称"太恭人"。又清制："宗室之奉恩将军妻亦封恭人。"如揭阳先贤姚秋园《觉庵丛稿·庶祖母林太恭人传》有"林太恭人，姓林氏。"也用作对官员妻子的尊称。如《水浒传》第三十二回："我看这娘子说来，是个朝廷命官的恭人。"

4. 宫前祠后孬起厝

潮汕民间称神庙（俗称老爷宫）的前面、祠堂的后面建造宅居不吉利。孬，潮汕方言词，读音[mo^2 $么^2$]，词义为不可，用同"莫"。起，潮汕方言词，建造。厝，潮汕方言词，读同"处"，普通话读cuò，词义为房屋。

5. 古溪祠堂潮林宫，城隍水棉北滘榕

这是流传于旧时潮汕（揭阳）民间的一句顺口溜，特指旧时揭阳知名的事物。古溪祠堂陈氏家庙（思成堂）位于今揭阳榕城区仙桥街道办事处古溪村，为该村陈氏的宗祠，创建于明嘉靖二十二年（1543年），距今已有470多年的历史。现存概貌及主体结构（五开间三山门）为清雍正十一年（1733年）重建时的建筑形制。古溪祠堂是潮汕著名的传统祠堂之一，现为广东省文物保护单位。潮林宫则是揭阳磐东镇乔林村最为著名的文化旅游景点双忠庙，创建于明正统年间（1436—1449年），祀奉张巡、许远两位唐朝忠义名将,为两进式庙宇建筑。明嘉靖十八年(1539年),该庙的规模得到扩大,清康熙五十二年(1713年)重修,庙中有不少珍贵历史文物,如门匾相传为明嘉靖年间潮州状元林大钦手书等,是潮汕地区一座建造时间较早的双忠庙。后一句则指榕城的城隍庙的水棉和北滘的榕树非常神奇。

6. 寡母是桶箍

潮俗对丈夫去世而矢志守寡抚育幼小子女长大成立的女性的形象说明和赞许,以喻指母亲对于家庭的凝聚作用(一说是"母亲是桶箍")。对于夫妇而言,传统观念是"男主外,女主内",旧时对女性在青年至壮年时丈夫不幸先逝的现象,潮汕俗称"半路折批(扁)担",而女性守寡不再嫁,坚持侍奉公婆和抚养子女长大成立,能继续维系家庭,则被喻为桶箍。桶箍是用竹篾或金属做成圆圈,套在圆桶外围,使圆桶板片之间紧固而不渗水。如果没有桶箍或是它们崩断了,木桶就会松散不可用,潮俗称"散作一把板"。故寡母若改嫁不在,所在家庭这只"桶"就没有了"桶箍",往往难以为继。故潮俗以桶箍为喻,形象说明已婚女性对家庭的重要性,这一说法对旧时的节孝观念存在着深远的影响。

7. 过白

指从祠堂祭堂内侧望向前面天井的上空所能看到的空间。"过白"的观测起点,一般是祭堂的神龛、香炉安放的位置,"过白"的天空光线属"阳",祭堂内的空间属"阴"。祭堂是祖先的寝室,又是享堂,所以,"过白"讲究适宜恰当,"过白"太多是"阳气太盛",不宜祖先安享,故不少祠堂的祭堂前建有拜亭,既避免"过白"太多,又增加祭祀场所空间和祠堂形制,一举多得。又"过白"具有宗教学的意义,在中国传统礼俗文化中,祠堂中的神龛、香炉被视为裔孙与祖先的联系物,而"过白"则是裔孙与祖先对话的空间通道。

8. 过纸诐做风水,食桌诐起祠堂

这一潮汕俗语有二义:一指话题因时而异,处事随机应变;一指因时而高谈阔论。"过纸"为潮汕方言"扫墓"之意,为"挂纸"的音讹。诐,潮汕方言词,读音为[puêh⁸ 皮⁸],义为谈论。风水,潮汕方言指坟墓(又泛指地理特征)。食桌,潮汕方言词语,义为赴酒席(宴饮)。起,潮汕方言词,义为建造。

H

1. 桁

桁,普通话读héng,潮汕地区指架在房柁或山墙上的横木,即檩,潮汕话读同"楹",俗语有"做桁做柱""钱银孜到压折楼桁"(孜,潮汕方言词,读音同[zoi³ 截³],义为多)、"孬做桁,好做桷;孬做屐桃,好做樽塞"等。

2. 好香烧一支,好粉抹一滴

喻指好货不用多,义同潮汕俗语"好物免用加(多,潮汕音读同"家")"。《论语·八佾》有:"祭如在,祭神如神在。"民俗认为在祭祖或拜神时,祝祷祖先或神灵保佑,重在心诚,而不在多烧香礼拜,也即"好香烧一支",重在诚心。

3. 壶德

壶德,指妇女的德行,即女德。亦同"壶范","壶"为"妇"的通假字。清雍正《惠来县志·节烈》卷十五有:"前令嘉其壶德,有'节孝流徽'之赠。"榕城区仙桥街道办事处篮兜居委建于清乾隆年间的"天褒节孝坊"柱联有:"壶德克全,当年苦节砥榕泽。""壶范"一语,如乾隆《揭阳县志·列女》"黄氏,杨钟利妻"条有:"……教子课女,壶范严肃,能全贞保孤于流离之际"。

4. 祜记祠堂——无人

这是一个产生于清末揭阳榕城的俗语,原指清代后期榕城林氏祜记商行所建的林氏家庙中石雕壁画祠只有花鸟草木和文字训语,并无人物,故而在俗间形成的这样一个歇后语。祜记商行所建的林氏家庙,在榕城俗称"祜记祠堂"。又祜记商行林氏一族后来多外迁发展,故其家族后来在榕城人丁稀少,俗间戏称为"无人"。

5. 荤血

古代杀牲取血以祭,故有荤血之称,又作"血食"(多雅称"庙食")。用同"荤腥",指有辛味的菜和鱼肉等食物。后专指鱼肉等食物。唐刘恂《岭表录异》卷上:"陵州刺史周遇,不茹荤血。"清侯方域《沈季宣墓志铭》:"誉天性淡泊,不茹荤血,力学颖悟,有文章名。"清雍正《揭阳县志·节烈》卷六"宋翁道真姑"有:"今翁门子孙追祭,屏去荤血,用表事生之意。"《水浒传》第五回:"太公道:'师父请吃些晚饭。不知肯吃荤腥也不?'"

6. 魂宫

民俗指人去世后魂魄、魂灵的归宿之所。潮汕地区口语中常单用"魂"(或与"心"连用)指人的精神,如"做事无心魂""惊到魂无""条魂收唔转"等。《易·系辞上》:"精气为物,游魂为变。"晋潘岳《马汧督诔》:"死而有灵,庶慰冤魂。"魂,指神。揭阳榕城明万历年间先贤谢詠墓志铭有:"神升于天,魄降于地。系兹佳城,是凭是依。"古人认为人死后其神(魂)升而归于天,魄落则归于地,而设神主依附之。潮俗又常常将魂和魄混同,认为人之鬼魄所在的地方为阴间的"魂宫",所以有"暗过魂宫""惹(引)鬼入魂宫"等俗语。

7. 火巷

潮汕民居名称之一，又称子孙巷，位于主体建筑与从屋（排屉）之间，主要作用是通道和防火。两进（或三进）式祠堂如果带二火巷，则称"双背剑"两进（或三进）式，比较多见。另有只带一火巷的祠堂，称"单背剑"，如汕头市澄海区隆都镇后溪村墓祠——金氏宗祠（谷贻堂）、揭阳市榕城区登岗镇沟内村杨族清代婆祠蕰叶腾青（绥福堂）均为带右巷屉的"单背剑"两进式祠堂。

J

1. 箕裘

比喻祖业。《礼记·学记》："良冶之子，必学为裘；良弓之子，必学为箕。"孔颖达疏："积世善冶之家，其子弟见其父兄世业陶铸金铁，使之柔合以补治破器，皆令全好，故此子弟仍能学为袍裘，补续兽皮，片片相合，以至完全也……善为弓之家，使干角挠屈调和成其弓，故其子弟亦睹其父兄世业，仍学取柳和软挠之成箕也。"良冶、良弓，指善于冶金、造弓的人。意谓子弟由于耳濡目染，往往能继承父兄之业。后因以"箕裘"比喻祖业。《晋书·陈寿司马彪等传论》："咸能综缉遗文，垂诸不朽，岂必克传门业，方擅箕裘者哉！"明代杨柔胜《玉环记·童儿暗毒》："愿爹爹百岁寿高，养童儿箕裘承绍。"潮州市凤塘祖姑祠盛户祖祠（报德堂）为（单进式开左右侧门形制）右门内匾为"奕世箕裘"。与其相关词语如"箕业""箕引裘随"（比喻子弟能继承父兄之业）等。

2. 继室

古代诸侯的夫人（正妻）称元妃，元妃死后，次妃代理内事，叫"继室"，后用作泛称用同"继配"，指续娶之妻，相对元配（潮汕俗称"草头"）而言。在潮汕地区，继室有"接枝"等俗称。

3. 忌日

指逝者的纪念日，旧时在这样的日子里因要禁忌饮酒、作乐等事，故称忌日。《礼记·祭义》："君子有终身之丧，忌日之谓也。"东汉郑玄注："忌日，亲亡之日。"潮汕民间在这一天对先祖进行祭祀称"做忌"［忌，潮汕方言读（ki^7 起^7）］，叫"家祭"（与"祠祭""墓祭"合称为民间三种祭祖形式），人去世后原来的生日则称"免忌"（冥忌）。普宁市流沙和美邻村冯氏婆祠（继述堂）以祠主黄月容（明末揭阳知县冯元飚之妾）的忌日为该祠堂的祭祀日，这类祭祀则称为"祠祭"。

4. 家神跋落龛

这一潮汕俗语形容为人处事倒霉、错乱。家神是人去世后供奉在祠堂或厅堂神龛（或神楼）里的牌位，跋落龛即从神龛里掉下来，有难堪、不吉利之义。跋，潮汕方言词，掉落。

5. 家神食过楼

这个潮汕俗语喻指做事越位或为人贪婪。家神是祖先的神主，即牌位，供奉在祠堂（或祖厅）的神龛或家居正屋的神楼中，一般是一楼供奉一个神主（神龛则可供奉多个进行合祀），以供子孙后代祭拜。所以，神主应享用本楼（龛）所在祠堂（或祖厅）裔孙供奉的祭品，否则，就是越位和贪婪，有失廉耻。后借比喻指为人处事越位出格或贪婪过分。

6. 家祠

本为宋代"家祠堂"的省称，后指宗族祠堂中"宗祠"的下类，用同"房祠"（己祠）。如揭阳市榕城区渔湖港口村（南港）林氏建于宋嘉定六年的士耸公祠（世德堂）就属于早期的家祠堂，而惠来县惠城镇方氏建于清康熙年间的婆祠方氏家祠（继承堂）、揭东区云路镇中厦（坎下）村的婆祠林氏家祠（淑贤堂）则属于后来的房祠。又泛称祖庙、宗祠。清俞樾《春在堂随笔》卷三："今家祠有屋宇十八区。清明大祭，十八派皆有至者。"此义应指潮汕早期的民间祠堂（宗祠），如上述的士耸公祠。

7. 加个家神加个鬼，加尊菩萨加个炉

比喻人多未必是好事，因为人多事杂，负担增加。加，潮汕方言读同"家"，词义为多。加个，即多一个。家神是祖先的神位，旧时人们认为人死而为鬼，本指祖先的灵魂。孔子说"非其鬼而祭之，谄也。"但在这一俗语中的"鬼"带有贬义。寺庙中的神佛，一般也是一尊一香炉，故俗语前后句并提，含义相同。

8. 椒实

指椒的子实。唐杜甫《遣闷奉呈严公二十韵》："竹皮寒旧翠，椒实雨新红。"椒，木名。芸香科，落叶灌木或小乔木，具有香气。单数羽状复叶。果实可做调味的香料，也可供药用。其种子亦用以和泥涂壁。《诗经·唐风·椒聊》有："椒聊之实，蕃衍盈升。"毛传："椒聊，椒也。"朱熹集传："聊，语助也。"由于椒的子实繁多，与石榴相类，故而就多用来比喻子孙蕃衍，千子万孙。如潮州市龙湖寨婆祠（阔嘴祠）匾额为"椒实蕃枝"，即出典于此。旧时与"椒"相关的词语有"椒房兰室"（指后妃居住的宫室）、"椒德"（后妃的美德）、"椒闱"（宫内后妃居处）等。

9. 教书先生,守寡大家

这是一个潮汕俗语,语义指生活艰难(而过于计较讲究)。旧时当教师因工资偏低,常受到歧视。后一句中的"大家",是潮汕方言今用古语,是儿媳对家婆的背称。守寡大家,在潮汕地区泛指失偶女性,这类女性失偶之后矢志守节,又要操持家务、抚养儿女,当妈又当爹,生活艰辛,当儿子成家立业后又经常要与新妇(潮汕方言词,读音[sêng¹辛¹ bu⁶富⁶],特指儿媳)维持微妙的婆媳关系,的确要面对一本又一本"难念的经"。自古及今,守节的女性的确经历很多生活的艰辛和精神的痛苦,故民间将上述两者并提作喻指。

10. 节神节祖无香烧,节公节嬷无米粮

意指不诚心敬奉神灵祖先、不尊重长者的人不会有什么好结果。节,动词,义为简化、缩减,引申为吝啬。潮汕有俗语"加钱加功德,减(少)钱照块节。"嬷,潮汕方言词,与"公"相对,词义同祖母。潮俗尊祖敬神,这一俗语也有讽刺懒惰行为之意。

K

1. 客厅吊草蓆——唔是画(话)

这是一个潮汕歇后语,泛指对方不合作、不讲理,话语悖逆不投机。客厅,即宅第中的正屋,一般在其正面墙上挂有吉祥意义的字画以作祈福和装饰之用。"吊草蓆"而没挂画,即不是画。在潮汕方言中,"画"与"话"读音相同,"唔"用作潮汕方言否定副词,义为不是,这一俗语正是利用"画"与"话"的谐音而巧取其义,一语双关。

2. 跍宫歇庙

意为居无定所,漂泊不定,随便找个公所如神庙等地方借宿过夜。跍,普通话读kū,潮汕方言词,词义为蹲,也作暂时歇息。宫、庙,均指神庙,不指祠宇,潮汕民间宗族祠堂忌讳被用来当作外人临时住所,尤其是安顿戏班(如此则有"歇戏"——由戏曲终了,衍生出祠堂所在的宗族不发展、停歇等的不吉利联想)。

3. 阃范

妇女的榜样、楷模,又称"闺范"。阃,古代妇女居住的内室,在此代指女性。《后汉书·皇后纪序》:"明帝聿遵先旨,宫教颇修,登建嫔后,必先令德,内无出阃之言,权无私溺之授,可谓矫其敝矣。"清乾隆《揭阳县志·列女》"吴氏"条有"……县详请旌,有'姑病而肝可割,茔成而泪已红;阃范允昭,妇德无愧'之语。"《镜花缘》第八十九回有:"昔阃能臻是,今闱或过之。"揭阳市区榕城陈泰兴居祀型婆祠(延庆第)前厅内匾为"钱塘阃范"(钱塘,杭州市的古称,指女祠主翁氏娘家的郡望)。

相关词语如"阃内"(旧指家庭、内室)、"阃业"(指妇女的德业)、"阃教"(指后妃或妻妾的训戒)、"阃闱"(古时妇女所居内室)、"阃仪"(妇女的容止)、"阃内之德"(简称"阃德",妇女的德行),如"脩阃内之德而立于不朽之林"。(清雍正《惠来县志·艺文上·赠林母黄氏贞节序》)

4. 坤芳

同"坤道""坤贞",指妇女的懿德美誉。如揭阳市榕城区登岗镇西淇村的婆祠匾额为"坤芳鼎峙",同区的砲台镇下陇村有旧时婆房(庶系)所建的传统民居坤芳第。用于节妇的有"坤贞",如清乾隆《揭阳县志·坊表》有:"坤贞宠锡坊,在蓝田都,为林美哲妻谢氏立。"

5. 坤仪

犹母仪,天下母亲之表率。用同"坤范"(见上第3条"阃范")。清乾隆《揭阳县志·列女》有:"刘氏,海阳人,广西布政司刘子兴女,光禄署丞林士登妻……宜表宅里,以正坤仪。"

L

1. 老人点主——愈拭愈绝

语义指事情越来越差。拭,涂擦。绝,义同死、糟糕。潮汕地区民间祠祭有"升龛点主"的习俗:人去世后神主牌上的"主"字先欠写首笔一点,等最后一次旬祭时请来族长等合适的族老为神主点主升龛,并念"一点是主,神灵归府。福荫子孙,富贵长久"之类的祝祷语,有的点主族老因年迈手颤,老是点不好,需用手涂拭,甚至越弄越糟。因点主升龛也意味着族中有人去世,此举越多,则于族不利,所以这一方面的意义更被人忌讳。

2. 老秀才点主——一年一年害

比喻一年比一年差,一年不如一年。老秀才往往年迈眼花手颤,在旧时的"升龛点主"礼俗中,往往是一年比一年难以胜任,一年比一年糟糕(害)。

3. 立祠觅鬼——生事

"鬼",在此指祖先(的神主)。建造祖祠的宗旨是祭祀列祖列宗,祠堂建成后"入主"(晋主)是最重要的程序。但在神主入祀方面,因为存在封建礼制和科第功德等因素的限制和要求，并非所在宗族的各个支系的祖先均可有资格设主入祠奉祀，所以有"甄别"的程序。有的支系因自己祖先的神主没有资格不能入祀宗祠而愤愤不平，甚至出现纷争，导致家族不和，所以说"生事"（惹事）。

4. 凉州府祠堂——雅龛（空）

潮汕歇后语，指虚空的摆设或炫耀。清雍正二年设凉州府，辖我国西北，其时我国正处于祠堂文化繁荣期，神龛之设作为祠堂建设的一部分也颇受人们的重视。相传，清代凉州府祠堂以神龛木雕工艺精致而出名，而潮汕木雕大约在乾隆年间开始兴盛，遂引起人们对凉州府祠堂神龛的注意，故而有此俗语。另，潮汕方言中，"龛"与"空"谐音，"雅龛"与"拉空"（吹牛）意义相近，也可用于讽刺或指事物不是什么好东西，不值得炫耀或吹牛。所以，这一歇后语也有一语双关的用法。

5. 莲阳祠堂外砂宫

在潮汕地区，昔年澄海的莲阳以祠堂建筑规模大而出名，而同县的外砂则以妈祖宫规模大而显誉潮州府。莲阳，当地人读同"南洋"。

6. 灵前交椅——坐死（人）

此俗语义同活该。灵前交椅指祭祀死者专用坐具；"坐死"，本指坐着受祭者尸（代表逝者），与俗语"挨尸倚懒"中的"尸"用法相同。《论语》有"祭如在，祭神如神在。"但潮汕地区的"坐死"却另有"活该"的意思，所以这个歇后语虽一语双关，但常指此意（活该）的用法。

M

1. 茅房里扎牌坊——好大的架子

此歇后语意在讽刺做事好夸饰又不合礼仪。牌坊是旧时门洞式纪念性建筑，一般为四柱三门，高度约6米，多属表彰功勋、科第、德政以及忠孝节义所建的建筑物。现在为搞庆典活动而搭建的拱门式临时建筑也叫"牌坊"。"茅房"即厕所，在潮汕地区俗称"东司"，旧时多设于户外，围墙一般高度在2米左右，且多为露天的简陋建筑。茅房里不可能设牌坊这样的高大的礼制建筑，但俗语以此假设简陋又低矮的茅房里竟搭建纪念性的牌坊建筑来说明"架子"好大、有失礼仪，又可指人的行为过分失度，极为形象生动。

2. 棉湖厕缸，下桥祠堂

这是一个美称棉湖厕缸之大、下桥祠堂之恢宏的俗语。下桥祠堂指潮阳峡山华桥（旧称下桥）建于明代的"胡氏祖祠"，即位于今汕头市潮南区峡山街道华桥乡寨内的建潮胡氏"二世祖祠"，五间阔三山门三进式，俗谓"宫廷式官祠"，是潮汕地区规模最大的传统祠堂之一。

3. 庙食

用同"血食"，旧时指人死后被立庙，受人奉祀，享受祭飨。《史记·滑稽列传》："庙食太牢，奉以万户之邑。"宋代苏轼《潮州韩文公庙碑》："能信于南海之民，庙食百世，而不能使其身一日安于朝廷之上。"元代傅若金《题张齐公祠》诗："自古英雄须庙食，精灵何待《楚词》招？"揭阳市榕城区登岗镇沟内村杨氏婆祠蘦叶腾青（绥福堂）的祠记有"盛年二十有余矣，窃思历代考妣神灵各有所栖，而生母陈氏今日既未栽名以顾其身，后日复无专庙以安其主。"其中的"无专庙以安其主"即指"庙食"问题。

4. 命妇封号

历代封建王朝赐给官宦人家妇人的封号，其高低依据丈夫的爵位而定。唐代命妇定制一品为国夫人，三品以上为郡夫人，四品为郡君，五品为县君，其下又有乡君。宋徽宗改定封号，有淑人、恭人等称号。清制，凡命妇封号，一二品称夫人，三品称淑人，四品称恭人，五品称宜人，六品称安人，七品以下称孺人。不分正从，文武皆同。但后来"孺人"这一封号在潮汕地区被广泛用于平民女性。

5. 木主

指人去世后所立的木制的神位——祠堂里或寝室神龛（楼）上安列的祖宗牌位，上面写着先人的字号以及生卒年等信息，以供祭祀。又称神主，又称灵位。《礼记》云："木主者，神所凭依，孝子所以继初心也。"按古例，神主要用栗木做成，由于潮汕地区不产栗木，便多用一种叫"水侧柏"木材代替。《史记·周本纪》："（武王）为文王木主，载以车，中军。"清康熙《饶平县志·祀典》卷三（第5页）载："国朝雍正二年，诏封孔子先世王爵，合祀五代，更名为崇圣祠，仍用木主，正位。"建于清乾隆二年的揭阳榕城私立节孝祠"曾母陈氏节孝祠坊"祭厅的神主（今存），则是石刻的，并非传统的木制样式。

6. 墓祭

在墓前祭祀，扫墓。潮汕民间俗称"巡山""过纸"（"挂纸"一语之讹读），一般分春秋二祭：清明和冬至进行墓祭，在这两个时节墓祭分别俗称"过春纸"和"过冬纸"。墓祭与祠祭、家祭为中国传统祭祀祖先的三种形式。

N

1. 男祠

即男性祠堂的省称，与"女祠"相对而言。我国宗法社会中，男性祠堂长期占据一统天下的局面，在宗族祠堂中，祠匾为"××公祠"的祠堂都是男祠，几乎所有的宗祠（总祠）都是男祠。潮汕地区最早的祠堂为宋咸平二年建于潮州府治的韩文公祠，是一座名宦祠，属于男祠。

2. 囊仔坐槛一次定

这是一个反映古代婚俗的潮汕俗语。"囊仔"指旧时女性出嫁时嫁妆中的梳妆盒，常与"三桶"（脚桶、腰桶和粗桶）合称为"三桶一囊"；"槛"，潮音读同[城7]，是明清时期潮汕民间喜庆活动中常见的一种木制（或竹制）大礼盒（作为嫁妆的"囊仔"通常装在槛里，故称"坐槛"）；"定"是潮语的一个句末副词，意义为"只、才"。这个俗语借物喻人，暗指婚姻大事对女性来说一辈子只有一次，实际上成了婚姻上要求女性"从一而终"的另一种形象表达。这个俗语还与古代节孝文化关系密切，是从男权社会角度对女性的婚姻进行歧视性规范。其实，旧时妇女改嫁的现象不乏其例，潮汕俗语"再嫁着赶头毛乌"（着赶：应该趁着；头毛乌：头发黑，指年纪轻）就可以佐证。

3. 廿九夜觅无家神

比喻空余之物难以找到。廿九夜，除夕。潮汕地区有廿九夜祭祖的民俗，旧时各家各户要将供奉在祖祠或公厅中自家祖先神主用礼盒请到自家中来祭拜，称家祭。所以在这一夜里祖祠或公厅神龛里的神主会空荡荡，故有此俗语。

4. 宁作庶民妻，不作富家姬

这是一句潮汕俗语，意思是有自尊的女性宁愿嫁作贫民百姓的妻子，不愿作富家男人的侍妾。姬：亦称"姬人""姬妾""姬媵""侍姬"，是旧时对别人的侍妾（侧室）的美称。旧时代婚姻上存在一妻多偶，有的富贵人家妻妾成群，但嫡庶贵贱分明，侍妾虽衣食无忧，地位只是略高于婢女，常常会受到嫡妻的欺凌，而贫民百姓家则一夫一妻，夫妻恩爱相待。如潮汕俗语"嫁着种田翁，日双夜也双。"指农家贫贱夫妻，却相亲相爱，朝夕相随。《史记·秦始皇本纪》："庄襄王为秦质子于赵，见吕不韦姬，悦而取之，生始皇。"明末揭阳先贤郭之奇《侣云庵记》有："邑令冯侯及姬月容聿来兹土甫四週，而姬已觅朝云之游。"清雍正《揭阳县志·丘墓》（卷八）："黄月容墓，扬州人，知县冯元飚侍姬也。"其中的"姬"，均为婢妾义。

5. 女祠

女性祠堂的省称，与"男祠"相对而言。商代帝王配偶墓地上的"宗"（享堂）可能是我国女祠的雏形，潮汕地区目前发现最早建造的女祠（女贤祠）为建于明嘉靖之前的饶平县百丈埔的许夫人祠（娘娘庙）。潮汕女祠包括女贤祠、节孝祠、祖姑祠和婆祠（庶祖祠）和祖嫲祠等，除公立节孝祠和女贤祠外，其他的女祠属于宗族祠堂中的次类，即支祠（小宗祠）或家祠（房祠）。

6. 女德

此语用同妇德（"壶德"）。旧时常指妇女应具备的品德。如《左传·僖公二十四年》："女德无极，妇怨无终。"南朝齐代王融《永嘉长公主墓志铭》："肃穆妇容，静恭女德。"清雍正《惠来县志·艺文上·林节妇序》："……妇德性幽闲，处不踰阀，既归姚门，克修妇道。"

7. 女宗

女宗，女性的楷模。汉刘向《列女传·宋鲍女宗》："女宗者，宋鲍苏之妻也。养姑甚谨……宋公闻之，表其闾，号曰'女宗'。"清钱谦益《母蒋氏赠孺人制》："庶几释孝子之悲，亦以章女宗之德。"清乾隆《揭阳县志·列女》"陈氏"条有："敬事翁姑得其欢心……性情温静，善书绣，工机织，时称'女宗'。"

8. 女表

妇女的表率，义同"女宗"。唐李延寿《南史·孝义传上·羊佩任》："（羊佩任）随母还舅氏，母亡，昼夜号哭，不饮食三日而亡，乡里号曰'女表'。"

P

1. 爬狮

潮汕地区传统民居中"四点金"建筑的简化样式——"三合院"建筑，又写作"扒狮"，为后座三间与前二横屋夹一天井组成，其前开墙门式大门。如果开凹肚门楼，则俗称"下山虎"。潮汕女祠中的小形制（俗称"祠堂囝"）婆祠和祖姑祠就是这种格局拆去二横屋改成通廊而成的变体。如潮州凤塘后陇祖姑祠盛户祖祠（报德堂）等。

2. 牌坊

旧时为表彰某人的德行而设立的一种纪念性建筑物，潮汕地区俗称为"亭"。潮汕地区今存明清两代的古牌坊主要包括科第功德坊、墓茔标志坊、节孝坊和百岁坊等四类。牌坊多为四柱三间三层，少数为二柱单门二层建筑，明间上部为横向匾额，题有文字。如揭阳市榕城区砲台镇桃山村谢氏家庙前两侧分别有建于明正德年间的科第功名坊"跃禹门"和清代乾隆年间的"百岁坊"（升平人瑞坊），潮汕地区有多座节孝坊，均为清代建筑，潮俗称为"节妇亭"。

3. 偏房

即妾，俗称小老婆，与"正室"（正妻、正房）相对而言。汉刘向《列女传·晋赵衰妻颂》："生虽尊贵，不妒偏房。"明王世贞《鸣凤记·夏公命将》："前在扬州娶一女苏赛琼，用作偏房，以图后胤。"明冯梦龙《喻世明言》第一卷："婆子道：'只一个儿子，完婚过了。女儿到有四个，这是我第四个了，嫁与徽州朱八朝奉做偏房，就在这北门外开盐店的。'"潮俗常称偏房为赤脚（婆），称其裔孙为"婆房"。

Q

1. 妻情不如妾情，妾情不如爬墙棱

这是一个反映偷情情结和喜新厌旧的潮汕俗语，与中原性文化的有名俗话"妻不如妾，妾不如偷"相似。"爬墙棱"指偷情——翻越围墙幽会。另有潮汕俗语"赤脚雅过阿娘"，"赤脚"指婢妾，"阿娘"指正妻，可这一俗语（前句）也互参。

2. 嵌瓷

潮汕民居祠第屋脊或外墙上的一种传统装饰工艺方法，即在屋脊或外墙上选用贝灰等做好花鸟人物的图案坯形，然后在其表面贴上各种颜色的碎瓷片构成色彩斑斓的图案。因旧时潮汕地区早期瓷器多从江西饶州景德镇购得，故又称此工艺为压饶（压，潮音又读"跌"）。嵌瓷与木雕、石雕是潮汕地区传统祠宅建筑的三大工艺。

3. 妾

旧时可指男子在正妻以外所纳娶的女子，在"一夫多偶制"中，妾属于庶系，潮汕地区俗称阿婆，裔孙为"婆房"。《易·鼎》："得妾以其子，无咎。"唐孔颖达疏："妾者侧媵，非正室也。"《吕氏春秋·慎势》："妻妾不分则家室乱。"妾在家庭中地位低，常受大妇（正妻）的欺凌。清蒲松龄《聊斋志异·邵女》："柴廷宾，太平人。妻金氏不育，又奇妒。柴百金买妾，金暴遇之，经岁而死。"揭阳明末"扬州才女"黄月容为邑令冯元飚侍妾，亦遭大妇苏氏妒杀身亡，可知旧时妻妾在家庭中的地位尊卑悬殊。

4. 亲帮亲，邻帮邻，土地帮家神。

指潮汕人重视亲缘、乡缘关系的乡土情结。潮汕先民多为自闽移民入潮者，昔日为了生存，形成团结互助的传统，共同发展。土地，指土地神。家神，这里泛指家里所供奉的灶神等神明，并非通常所说的祖先牌位（神主），这正如民俗所说的"神鬼有别"，可参考另一潮汕俗语"无好家神通外鬼"。

5. 亲庙

指祖庙。东汉班固《白虎通·姓名》："《礼服传》曰：'子生三月则父名之于祖庙。'于祖庙者，谓之亲庙也。"潮汕民间泛称"祖祠"，有宗祠、支祠和家祠（房祠）三种，不少乡村人家如果嫁娶，则要在这类"亲庙"大门门楣上竖着贴上一张上面写着"麒麟至此"（表娶亲）或"凤凰于归"（表出嫁）的红纸条，生育男孩则在正月某日挂彩旗于祖祠大门前报庆。

6. 寝庙

古代宗庙的正殿称庙，后殿或祠堂祭堂称寝，合称寝庙。《诗经·小雅·巧言》："奕奕寝庙，君子作之。"《礼记·月令》："寝庙毕备。"郑玄注："凡庙，前曰庙，后曰寝。" 孔颖达疏："庙是接神之处，其处尊，故在前；寝，衣冠所藏之处，对庙为卑，故在后。但庙制有东西厢，有序墙，寝制唯室而已。故《释宫》云'室有东西厢曰庙，无东西厢有室曰寝'是也。"有时亦泛指住宅即寝室。《诗·大雅·崧高》："有俶其城，寝庙既成。"孔颖达疏："寝，人所处，庙神亦有寝，但此宜揔据人神，不应独言庙事，故以为人寝也。"《左传·襄公四年》："经起九道，民有寝庙，兽有茂草，各有攸处，德用不扰。"《左传·襄公二十三年》："夫鼠昼伏夜动，不穴于寝庙，畏人故也。"王引之《经义述闻·春秋左传》："经言寝庙，多指宗庙言之，此寝庙则指人之寝室言之，寝室为人之所居，故鼠不敢穴。"潮汕传统祠堂形制的"寝"即堂、祭厅，乃祖先神主所居之所，且有匾额（堂号），只有个别神庙才两者分开。揭阳玉湖祖姑祠匾额为"贞义姑寝室"，这里的"寝室"表面上是寝堂，但实际上应作祠堂理解。

7. 清明念修山，做忌粉神主

这个潮汕俗语的意思与"临急抱佛脚""临渴掘井""临嫁正来穿耳"相类，或作理所当然解。在潮汕地区有清明（和冬至）上山扫墓（俗称"过纸"）的民俗，扫墓时要求把祖坟修缮一新，故有"清明修山"的说法。每逢祖先忌日都要备办物品祭拜纪念，称"做忌"，而旧时人们在祖先忌日到来之前有对祖宗神主油漆一新的做法，因此有"做忌粉神主"的说法。因清明和做忌祭祀追思有"祈福"色彩，又是固定的礼俗，所以这一俗语又可指理所当然。

8. 雀替

雀替是中国建筑中构件名称之一，是安置于梁或阑额与柱交接处起承托梁枋作用的木构件,可以缩短梁枋的净跨距离。也用在柱间的挂落下,或为纯装饰性构件。在一定程度上,增加梁头抗剪能力或减少梁枋间的跨距。宋代称"角替",清代称为"雀替",又称为"插角"或"托木"。在潮汕地区的祠堂等传统建筑中比较常见,三角形的叫"雀替",偏长形的俗称"牛腿"。

R

1. 人丁稀微,家神成寻

这一潮汕俗语指姓氏或家族的后代人数稀少、不兴旺而祖先的牌位却很多,泛指处境差。成寻:寻,古代长度单位,量词,古制八尺为寻、倍寻为常(16尺)。《诗经·鲁颂·閟宫》:"是断是度,是寻是尺。"东汉郑玄笺:"八尺曰寻。或云七尺、六尺。"杜甫《曲江二首》(其二)有:"酒债寻常行处有,人生七十古来稀。"一联对仗,就是利用"寻""常"可用作量词,字面上分别与"七"和"十"对仗(诗中词义则为经常)。"成寻"的"成",潮音白读为[zian⁵正⁵],意义为接近、差不多。在此比喻数量多。

2. 孺人

古代本称大夫的妻子,唐代称王的妾,宋代用为通直郎等官员的母亲或妻子的封号,明清时为七品官的母亲或妻子的封号,后亦通用为妇人的尊称。《礼记·曲礼下》:"天子之妃曰后,诸侯曰夫人,大夫曰孺人,士曰妇人,庶人曰妻。"《旧唐书·后妃传下·睿宗肃明皇后刘氏》:"仪凤中,睿宗居藩,纳后为孺人,寻立为妃。"《资治通鉴·唐玄宗天宝十一载》:"棣王琰有二孺人,争宠。"胡三省注:"唐制,县王有孺人二人,视正五品。"清冯桂芬《陈君传》:"陈君讳埸,字子璿,江宁人……母邹孺人,生母汪孺人。"明清时期潮汕地区常用于尊称普通妇人。

S

1. 三山门

这里特指潮汕传统祠堂建筑的凹肚式大门的形制之一。三山门即祠堂的正门和左右侧门的合称,具有这样结构的祠堂一般规模较大,有的面阔五间,适用于两进式或三进式。揭阳榕城西门许氏宗祠(源远堂,三进式)前厅外截不仅为凹肚式三山门格局,其前厅与前天井之间又设有"内三山门"(又称内仪门),为潮汕传统祠堂所少见。揭西县钱坑建于清末的婆祠仁怀副妣祠(毓德堂,两进式)也是三山门形制,为潮汕女祠所少见。

2. 三牲

旧时指牛、羊、猪，俗谓大三牲，古礼称"太牢"。《孝经·纪孝行》："虽日用三牲之养，犹不为孝也。"宗邢昺疏："三牲，牛、羊、豕也。"晋葛洪《抱朴子·道意》："太牢三牲，曷能济焉！"宋代司马光《送巢县崔尉》诗："何必羞三牲，然后称甘旨。"明代无名氏《寻亲记·劝勉》："问寝承颜，难效三牲之养。"潮汕地区熟语"有动静，正有三牲"中的"三牲"可指"鸡（或鹅、鸭）、鱼、猪肉"等祭品，后泛指物品。另有潮汕俗语"三牲敢食，钉球敢掼"（本指同乩主持祭神等庙会的职责，后借喻做人翘楚，敢做敢当）。

3. 三载五木瓜

潮汕传统祠第厅堂梁架结构名称之一。大约定型于清雍乾年间，即由三根横梁（潮汕地区俗称"载"）自下而上渐次缩短，在最下一根横梁之上，分别有两根童柱（短柱），古称"棁"，如《论语·公冶长》："子曰：'臧文仲居蔡，山节藻棁，何如其知也？'"短柱用于支撑上梁，最后一根横梁上有一根童柱支撑栋梁的结构。因为大约在清雍乾时期，这些童柱多做成多棱南瓜造型，故俗称为"木瓜"。因此，潮汕民间把这个由三根横梁和五段雕饰成"木瓜"的短柱组成的梁架结构称为"三载五木瓜"。这个结构是潮式厅堂区别于同类结构的关键所在，是潮式乡土建筑的特色之一。

4. 神主

即木主、家神、牌位。参见本书第256页"木主"条。

5. 生祠

古代为健在者建立的祠庙，即生祠堂的省称，普通祠堂中立神主，生祠中则立祠主的长生禄位。立生祠是东亚的信俗文化，肇创于汉代。如《汉书·于定国传》载："其父于公为县狱史，郡决曹，决狱平。罗文法者于公所决皆不恨。郡中为之立生祠，号曰'于公祠'。"清代赵翼《陔余丛考·生祠》："《庄子》庚桑子所居，人皆尸祝之。盖已开其端。《史记》栾布为燕相，燕齐之间皆为立社，号曰栾公社；石庆为齐相，齐人为立石相祠，此生祠之始也。"揭阳市榕城区砲台镇桃山村谢氏于清乾隆元年为感恩当时的潮阳知县吴廷翰所建的吴公祠就是一座民间男性生祠堂，榕城区西门建于明崇祯十年的许氏庶祖祠（追远堂）和登岗镇沟内村杨氏建于清嘉庆年间的婆祠蕳叶腾青（绥福堂）以及揭西县钱坑村建于清末的婆祠仁怀副妣祠（毓德堂）均为女性生祠堂。

6. 升龛点主

"龛"即神龛；"主"即神主、牌位。清代文献《皇朝经文编·先祠记》有：

"祠堂者，敬宗者也；义田者，收族者也。祖宗之神依于主，主则依于祠堂，无祠堂则无以安亡者。"此俗语指旧俗人去世前夕，多已先制备神主牌（俗称"家神牌"）置宗祠（公厅）神龛中，罩着红布，上写"长生禄位"。若是父母，一方已亡则揭去红布，露出已亡一方的名字，未亡一方则用红纸封住。神主牌（男左女右）用金粉和榕树胶写着：祖考×××（姓）公、妣×××（姓）氏神主位。在男女均未亡时，"主"字缺写一点，为"王"字。一方亡后，在做最后一次旬祭时，请来族长或有地位的族老为神主"点主"升龛。点主者用毛笔醮榕树胶在"王"字加上一点，扫上金粉，并念吉祥韵语，如："一点是主，神灵归府。福荫子孙，富贵长久。"（"主""府""久"三字在潮语中同韵相押）点主毕，宴请宾客，丧事至此完结。

7. 祀典

旧时官方记载祭祀仪礼的典籍。《国语·鲁语上》："凡禘、郊、祖、宗、报，此五者国之典祀也……非是，不在祀典。"明嘉靖三年，广东学政副使魏校以"淫祠"将饶平县百丈埔许夫人祠（俗称娘娘庙）拆去，就是因为许夫人祠未列入地方政府的"祀典"。明清两代各府县的志书中有相关"祠庙"一项即指此义。

8. 祀田

以田租收入供祭祀用的田地。清代姚鼐《陈谨斋家传》："在里，则岁以米平粜，建陈氏宗祠，置祀田。"亦作"祭田"。如清乾隆《揭阳县志·列女》有："陈贞姑，霖田人，永乐间适魏谦家三载矣，其母弟庠生陈寄早卒，遗腹一孤，甫周岁而母又卒，陈族利孤产，谋乳母危之。贞姑觉，涕泣请辞归抚孤，即出赀为谦更娶，仍捐陈遗租五十石为魏舅姑祀田，孤得成立渐大。"

9. 祀外祖

潮汕民俗之一，通常指外孙男出继给没有子嗣的外祖父为嗣孙以承继外祖"香火"的民俗现象，这在旧时其他地方也并不少见。在潮汕地区，旧时另有外曾孙男在家乡建造祠堂专祀对自己父祖辈及家族有功的外曾祖母的现象，称"祀外老嬷"（祀外曾祖母。"嬷"为潮汕方言词，义同祖母），这则是另类的"祀外祖"现象，在我国祠祭文化中极为罕见。

10. 尸祝

古代祭祀时对神主掌祝的人；主祭人。也可指祭祀。《庄子·逍遥游》："庖人虽不治庖，尸祝不越樽俎而代之矣。""尸"，本指古代祭祀时代死者受祭的人。这样的人在祭祀仪式上需静坐不动，潮汕俗语"挨尸倚懒"中的"尸"即与此有关。清代蒲松龄《聊斋志异·褚遂良》："娘子何人？祈告姓氏，以便尸祝。"用为祭祀义。

11. 时年八节

即逢年过节。这一俗语中所指的中国传统节日,除春节外,八节按时间依次是上元、清明、立夏、端午、中元、中秋、冬至和除夕。一般在这些节日里各家各户都会进行家祭,有的家族会在清明或冬至进行墓祭("过春纸"和"过冬纸")中秋(前后)常安排祠祭活动。

12. 食桌起祠堂——有人好

这一潮汕俗语多指对某些做法的不满或对相关人物的怀疑。起祠堂,即建造祠堂。起,潮汕方言今用古语,词义为建造。建造祠堂是大工程,常常是族人共同出资合力而建,工期又长,竣工晋主之日又要办酒席庆祝——食桌,在这个过程中有的族人可能会乘机从中谋取私利,于是有人就不平则鸣,会埋怨说"有人好!"

13. 淑人

古代命妇封号之一。宋代凡尚书以上职官未至执政者,其母、妻封为淑人,明代为三品官员的祖母、母、妻封号。清因明制,又增宗室奉国将军之妻为淑人。宋蔡绦《铁围山丛谈》(卷一)有:"(政和中)改郡、县君号为七等:郡君者为淑人、硕人、令人、恭人;县君者为室人、安人、孺人。"明陶宗仪《说郛》卷三四引宋代无名氏《趋朝事类·外命妇品》:"尚书以上封淑人。"《永乐大典》卷二九七二引《国朝诸司职掌》:"凡文官正从三品,祖母、母、妻各封赠淑人。"今揭阳市揭东区玉滘镇山美村清代先贤郑大进的"大夫第"中有清乾隆年间揭阳县令萧应植赠贺郑大进母亲江氏的"瑞凝天姆"木匾,上有"诰封淑人郑老太太江太夫人"题字,时先贤郑大进任两淮盐使,从三品其母诰封为淑人。

14. 庶母

即父之妾,旧时正妻的子女称呼父亲的侍妾中有子女者。此语与嫡母(庶妾的子女对父亲的正妻的称谓)相对。《仪礼·士昏礼》:"庶母及门内施鞶,申之以父母之命。"郑玄注:"庶母,父之妾也。"《尔雅·释亲》:"父之妾为庶母。"揭阳市榕城区砲台镇谢氏《桃山梅叟公旧谱序》有:"五世及予,生于元至正八年戊子,甫四阅月而严父见背,依母黄氏逃难,未几母氏继亡,鞠于庶母石氏。"在旧时宗祠祭祀中有"妣以嫡配"的规定,庶母的牌位不能入祀宗祠,这一礼俗被人们概括为潮汕俗语"阿婆孬入祠"("孬"用同"莫")。

15. 四点金

潮汕传统独特的民居建筑类型,因其四角上各有一间山墙形如"金"字的房间压角而得名。这类建筑后部的大厅常设为祭祀祖先的地方,称为"寝"。后厅两边的"大房"是长辈或主人居住的卧室。门厅正前面外截常设为"凹肚门楼",两侧的

"下房"（库房）是晚辈或仆人的居室。中间天井左右有两间小房，常作厨房或柴房之用，称"厢房"。"厢房"与"大房"之间有一与厢房等长的小通道，称"深巷"（格仔），深巷左右各开通往外面的侧门，称"子孙门"（意为"多子多孙出入之门"）。"四点金"的大门开在中轴线上，居于整座建筑的正前端。四间房一般对外不开窗，窗只开向内庭（以"凡屋以天井为财禄，以面前屋为案山"为据），取聚财之义。潮汕祠堂正是以"四点金"为基础进行改易而成两进式、三进式等形制。

16. 驷马拖车

又称"三落二火巷一后包"，是"四点金"的拓展式传统建筑。"落"是潮汕方言词，即"进"的意思。第一进有凹形门厅，俗称"门楼肚"。一进与二进间，有天井及左右两道通廊。过了天井便是二进，二进有面阔三间的大厅，两边各有一房间称为"大房"。二进和三进中间也有天井，三进的结构与二进相似，只是三进的大厅后面隔开一块狭长的暗间，称作"后库"。后包指三进后面的一列房子。整个建筑格局就像一驾由四匹马拉着的车子，故名"驷马拖车"。"驷马拖车"不但建筑结构严密，装饰也精细雕琢，一般为大官宦、大富豪人家所建。由"驷马拖车"简化而来的"双背剑"四点金、"下山虎"（爬狮）等则多见于潮汕农村传统民居。而不论是"四点金"还是"驷马拖车"，它的建筑布局无不体现了潮汕文化中"礼"的秩序，在开间宽度相同的情况下，上厅的屋顶一定高于下厅（前低后高），上房纵深的长度也大大地超过了下房（前短后长）。这既是一种礼制秩序的体现，也以此（前低后高）喻指事业人丁兴旺发达。

17. 松筠

指松树和竹子。《礼记·礼器》："其在人也，如竹箭之有筠也，如松柏之有心也。二者居天下之大端矣，故贯四时而不改柯易叶。"后因以"松筠"喻节操坚贞。唐杜甫《赠王二十四侍御契四十韵》："浪迹同生死，无心耻贱贫。偶然存蔗芋，幸各对松筠。"清乾隆《揭阳县志·列女》"蔡氏"条有："乾隆四年佥呈督学张灏，旌之曰'松筠比操'。"

T

1. 踏着衫裾——未好兴

此歇后语来自旧时潮汕祠堂祭祀活动，泛指事有阻隔或准备不足，未可行动。旧时民俗祠祭时，族老要穿长袍礼服，循例要行"一跪三叩首"之礼，并由司仪唱礼。

相传有一次某祠堂祭祀活动中，最后环节司仪唱喊"兴"（"兴"即起立，与"跪拜"相对）时，可是有一族老动作缓慢，又将其前排一族老的长衫踏压着，于是前排族老慌忙说"未好兴！未好兴！"（如果起立则会因年纪大而跌倒）"兴"又有兴旺义。于是，"好事不出门，坏事传千里"就演绎成这个潮汕歇后语，用来表示事情尚未准备妥切，不可贸然行动。

2. 太公分猪肉——人人有份

旧时指祠堂祭祖活动结束后，族里的成员人人都可以分到"胙肉"——猪肉等祭品。太公，义同潮汕方言词"老公"——曾祖父，太公的子孙几乎涵盖整个家族成员。"太公"一语也可指主持祠祭活动的族长或其他年长的族老，所以用这一歇后语比喻事情与每个人都有关系。

3. 堂榜

厅堂上的题额，又作堂颜，即堂匾。宋陆游《入蜀记》（二）有："旧有'德庆堂'，在法堂前，堂榜乃南唐后主撮襟书。"旧时祠堂或居祀型民居的后堂（厅）中间横梁上均有题写堂号的木质堂榜，作为这类建筑物的特定的称谓，多表示姓氏渊源或传统伦理规范等内容。

4. 彤管

古代常指女史记事用的杆身漆朱的笔，后世泛指史志中记载女性的传记。《诗·邶风·静女》有："静女其娈，贻我彤管。"《毛传》："古者后夫人必有女史彤管之法，史不记过，其罪杀之。" 郑玄笺："彤管，笔赤管也。"清陈奂传疏引董仲舒曰："彤者，赤漆耳。"《后汉书·皇后纪序》："女史彤管，记功书过。"李贤注："彤管，赤管笔也。"借指先秦时期女史执笔所记之史。到了汉代，刘向撰《列女传》开启了专门为女性记史的先河。揭阳市榕西棉浦清乾隆年间节孝坊左次间左联有："彤管播徽音，四十载怀义守清，允矣，争光日月。"这一词语指明清两代各府县志书中的"列女"传。

W

1. 亡日

指忌日，先人去世的日子。潮汕地区一般称"忌日"，在这一天祭祀先祖称"做忌"（忌，潮汕方言读［ki^7 起^7］），一周年则专称"晬年"。

2. 亡化

指人去世。元王实甫《西厢记》第一本第四折有："惟愿存在的人间寿高，亡化的天上逍遥。"潮汕地区婉称人去世的常用语有"老去""仙游""归仙""过身"等。

3. 微妾

即贱妾,也作小妾,旧时对侍妾的贬称。《汉书·毋将隆传》有:"今贤等便僻弄臣,私恩微妾,而以天下公用给其私门。"

4. 未烧香,先点烛

比喻办事不按规则,前后次序倒置,乱了套。旧时祭祀过程中,讲究先烧香然后点燃蜡烛,故有此说。

5. 文祠掼猪肉

这一潮汕俗语指旧时文庙祭祀,有科第功名以及参与祭祀者均可分得一份胙肉——祭祀的肉品。文庙,即孔子庙,潮汕地区俗称文祠(又作"文昌帝君祠"的简称)。唐开元二十七年(739年)封孔子为文宣王,于是又称孔庙为文宣王庙,明代以后又因为有"武庙"(关、岳二庙),故省称文宣王庙为文庙。掼,普通话读guàn,潮汕方言词,读音[guang⁶官⁶],义同提、拿。如潮语"掼物件""掼槛脚"(拿礼物)等。

6. 无主家神——过责哩有,保呵哩无

无主家神本指没有子孙后代的鬼魂,用以喻指只知道批评指责、不知道关心爱护别人的人。保呵,潮汕方言词,义同保佑。如民间礼俗常用语"祖公保呵""老爷(神明)保呵"等。

X

1. 溪头宫老爷——唔一样面

据说,揭阳市揭西县棉湖溪头村沈氏家庙(俗称"溪头宫")最大的特色是庙中的神像,即沈氏始祖武德侯沈彪的神像与别处供奉的造型不一样,为文武一身二面。沈彪,为唐代河南尧州始县人,早年随陈政起兵,到福建广东交界一带平"啸乱"。陈政死后,他扶助陈政之子陈元光,啸乱平定后,封护国右将军,赐名勇。到了宋代,沈勇被封为武德侯,供奉于神庙。棉湖镇沈氏家庙龛殿上供奉的沈氏始祖武德侯神像,与他处武德侯祠(沈氏家庙)供奉的造型不同,即为文武一身二面像。武像在前,为泥塑大花脸,形态甚凶;后面为木雕文身像,容貌端庄,温文尔雅,和前面武像判若两人。因此,便有了这句俗语。此俗语流传甚广,妇孺皆知,于是有人不合心事之时,要挖苦对方,便会说:"溪头宫老爷唔一样面。"唔,潮汕方言词,语义为不。唔一样面,即不一样的面孔。

2. 下妻

谓妾，也叫小妻。《汉书·王莽传中》有："今月癸酉，不知何一男子遮臣建车前，自称：'汉氏刘子舆，成帝下妻子也。'"《后汉书·光武帝纪》有："诏益州民自八年以来被略为奴婢者，皆一切免为庶人；或依托为人下妻，欲去者，恣听之。"清代俞正燮《癸巳类稿·释小补楚语笄内则总角义》有："小妻曰妾，曰嬬……曰下妻。"

3. 下山虎

下山虎是潮汕城乡较为普遍的传统建筑类型之一，又俗称"爬狮"。顾名思义，"下山虎"的前头有点像下山的老虎和爬行的狮子：以大门为嘴、二前房为两只前爪，称为"伸手房"，以后厅为肚，厅两旁两间大房为后爪，整座格局前低后高，故名。其建筑格局比"四点金"稍为简单，少了两间前房，其余的基本一样。但潮汕民间有建筑工匠认为，这种一厅二房带两"伸手房"的建筑，其正门若与所在墙面齐平的（俗称"墙门"），称为"爬狮"；如果前门设为"凹肚门楼"的，则称为"下山虎"。如果后三间敞开又拆去两间"伸手房"则成为潮汕民间传统的一进一天井的小型祠堂（俗称"祠堂囝"），这种祠堂有的开一小正门，如澄海上华渡头村的"外老嬷祠"；也有在天井两侧各开一边门的（左右边门俗称"龙虎门"），如普宁流沙平湖的黄氏副妣祠和潮州凤塘后陇祖姑祠盛户祖祠。

4. 下九陇读祝——害祠

参见本书第245页"东畔洋祭祖——害祠（事）"条，词义相类。

5. 香几接唔着鼓亭

意谓做事前后脱节，不顺利。香几，指神庙、祠堂里的香案。鼓亭是游神赛会时用来抬锣鼓的像亭子状的架子，这两样东西常见于庙会游神活动中，一前一后，前后要相随。接唔着，即接不上。此俗语以两者在游行队伍中不能前后相随为喻，形容办事脱节，形象通俗。

6. 向西厝，焙过火；向北厝，食（喝）西北风

这两句俗语是潮汕地区人们对宅居祠第坐向选择避忌的说法。我国地处北半球，潮汕地区又处于北半球亚热带地区，夏季天气"焙过火"（焙，普通话念bì，潮汕方言词，读同"迫"，义为烘干，引申为炎热），所以为避暑厝宅不宜朝西。朝北的厝宅夏天吹不到凉爽的东南风，冬天又直面西北风，寒冷难受，所以包括祠堂在内的建筑一般选择朝南或朝东方向为宜。另外，"食（喝）西北风"又可指没东西吃，喻指宅居坐向不吉利。

7. 炀过封尘院家神

比喻东西非常干燥。炀，普通话读xiāo，潮语中的今用古语，读音为[dɑ¹ 打¹]，义为干燥，与"湆"[dān，潮音读（dɑm⁵，耽⁵），意义为湿]相对。封尘院，相传为今潮安某村一祠堂的俗称，该祠堂由于大门朝西，下午阳光能直照到神龛上的牌位，龛里的神主被晒得很干燥（炀），故有此说。

8. 小星

指小妾。语出《诗经·国风·召南·小星》有："嘒彼小星，三五在东。肃肃宵征，夙夜在公，寔命不同。嘒彼小星，维参与昴。肃肃宵征，抱衾与裯，寔命不犹。"此诗本是描写一个小吏夜间远行公干、不堪劳苦怨叹之诗。《毛诗》从"衾裯"二字出发进行解读，认为是小妾御于主君的诗，后世遂相用成俗，用"小星"指称侍妾。如明季揭阳先贤郭之奇《月容传》一文中载黄月容有："妾思命实不犹，故降心相就，终恐主母无樛木小星之德，虞人羕之及于妾也。"揭阳学者郭笃士《重修侣云寺及月容墓即事并序》有："明末冯元飚来官我县。其小星月容，喜翰墨，精案牍，主冯怜慕。"萧虎生《孽海花本事》（1921年）中有"原来命妇是小星。"

9. 新娘落祠堂

旧时潮汕地区元宵夜传统习俗之一，即上一年完婚的新娘，无论贫富，第二年元宵节的晚上，都要梳妆打扮一番，在亲人的陪同下，到"家前"（夫族）的祠堂里看灯。新娘在祠堂里，要烧香跪拜祖先，并祈求早生贵子。然后绕祠堂一周，慢行看灯，最后才可走出祠堂和大家一块自由看戏赏元宵灯。每当这时，都有很多本村青年男子故意结伴推拥"闹事"，争看新娘，评头品足。而新娘一般例行"公事"——按要求完成此事之后，就会马上离开。这一传统习俗，潮汕地区俗称"新娘落祠堂"。落，潮汕方言词，义为进入、到。与另一俗语"棚上戏团落嚣猪"中的"落"同义。

10. 熊丸燕翼

熊丸，指用熊胆制成的药丸。唐代柳仲郢幼嗜学，其母曾和熊胆丸，使夜咀咽，以苦志提神（见《新唐书·柳仲郢传》）。后用作贤母教子的典故。燕翼，《诗经·大雅·文王有声》有："武王岂不仕，诒厥孙谋，以燕翼子。"《毛传》："燕，安；翼，敬也。"孔颖达疏："思得泽及后人，故遗传其所以顺天下之谋，以安敬事之子孙。"后以"燕翼"谓善为子孙后代谋划。如清乾隆《揭阳县志·列女》"侯氏霖田监生陈士璜妻"条有："太史韦谦恒赐匾'熊丸燕翼'。"

11. 萱萼

指母德。古称母亲居室为"萱堂"，也作北堂。萼，花萼、萼片的总称，泛指花。后因以"萱"为母亲或母亲居处的代称。"萱萼"亦作"萱花"，有"萱花椿树"一语，用以指父母（"椿树"指父亲）。明代汤显祖《牡丹亭·训女》："祝萱花椿树，虽则是子生迟暮，守得见这蟠桃熟。"清乾隆《揭阳县志·坊表》有："萱萼凌霜坊，在攀龙坊，为庠生李衍淳妻林氏立。"

Y

1. 燕诒

又作"燕贻"，是"燕翼诒谋"的省称。语出《诗·大雅·文王有声》："诒厥孙谋，以燕翼子。"《毛传》："燕，安也。"朱熹集传："诒，遗；燕，安……谋及其孙，则子可以无事矣。"后以"燕诒"谓使子孙后代安吉。如清乾隆《揭阳县志·列女》"黄氏渔湖人林德妻"条有："备极祗事之艰，更笃燕诒之业。"

2. 野鬼孬见家神

这一俗语指客死外地者，按民俗不能运尸进入家门（家乡）。潮汕地区与此相关的礼俗还有"未至半百孬企厅"（指人去世时不满50岁则不能在本族公厅停柩待葬）。另，野鬼，也可指无人祭祀的鬼魂。清洪昇《长生殿·冥追》："只落得伴冥途野鬼多。"孬，潮汕方言词，用同"莫"，义为不好。

3. 一条牛索激死（走）三个师父

此俗语相传出自清代潮州彩塘从熙公祠营建过程中对石雕工艺的精细要求。在潮汕地区，从熙公祠这座祠堂素以石雕精美细致见称。相传，其前厅凹肚门楼左墙壁上的石雕"渔樵耕读"图，人物栩栩如生。其中有一条"石牛索（绳）"相当细小，大小与旧时所用火柴枝相当，长约0.05米。为了完成这项精致的工艺，历经三年，失败了三次，"激走"（换）了三位工匠才得以告竣。此俗语后来多指工艺精细，难以完成。

4. 宜人

指封建时代妇女因丈夫或子孙而得的一种封号。宋政和年间（1111—1118年）始有此制。文官自朝奉大夫以上至朝议大夫，其妻封宜人、母获封赠则称太宜人；武官官阶相当者同此。元代七品官妻、母封宜人，明清时五品官妻、母封宜人。宋代蔡绦《铁围山丛谈》卷一："是后因又改郡县号为七等：郡君者，为淑人、硕人、令人、恭人；县君者，室人、安人、孺人。俄又避太室人之目，因又改曰宜人。其制今犹存。"明代《寻亲记·完聚》："周瑞龙升苏州府知府，父周羽封封丘县尹，母郭氏封贞洁宜人，各加褒异，以厉风俗。"

5. 姨

本指妻的姐妹，后可指侍妾，即姨娘（姨太太）。如《诗·卫风·硕人》："东宫之妹，邢侯之姨。"《毛传》："妻之姊妹曰姨。"在古代宗法制度下，可用作子女对庶母的称呼。如《南史·萧钧传》载："所生区贵人病……不肯食，曰：'须待姨差。'"清翟灏《通俗编·称谓》有："其父之侧庶，亦称姨者。姨，本姊妹俱事一夫之称，后世无从媵之礼，而侧庶实与媵比，故虽非母姊妹，而得借此称之。"同时，奴仆对主人的妾也可称姨或姨太太。

6. 淫祠

不合礼义而设置的祠庙，或没有列入官方祀典的祠庙，又作"邪祠"。《宋书·武帝纪下》："淫祠惑民费财，前典所绝，可并下在所除诸房庙。"清代俞正燮《癸巳类稿·非无鬼》："北有野祭，南或淫祠，是天之下、地之上，皆明鬼者也。"清代康有为《上清帝第二书》："并令乡落淫祠，悉改为孔子庙。"清乾隆《揭阳县志》载："嘉靖元年壬午，提学魏校尽毁广东淫祠。"明嘉靖三年，位于潮州府饶平县百丈埔的女贤祠许夫人祠（娘娘庙）就因属"淫祠"而被拆毁。

Z

1. 在生孬企向北厝，死后孬葬向北坟

这一俗语的意思是指人活着时不要居住在朝向北方的房屋，死后则不要下葬向北的坟墓。这一俗语尤其是前半句反映了潮汕地区位于北半球又南临南海的地理位置，宅居坐北朝南，冬天可以避开寒冷的北风，夏天则可以迎纳凉爽的南风，阳居这样讲究，阴宅（坟墓）也然。孬，潮汕方言词，义为不可。企，义同"跂"，居住。

2. 簉室

旧时称妾。簉，普通话读zào，义为副、附属。《左传·昭公十一年》："僖子使助薳氏之簉。"晋杜预注："簉，副倅也。薳氏之女为僖子副妾。"清俞正燮《癸巳类稿·释小补楚语笄内则总角义》："小妻曰妾，曰嬬，曰姬，曰侧室，曰簉室。"清关涵等《岭南随笔（外五种）》载："揭阳黄岐山有明季女史黄月容墓。女史，江南人，年十五归冯元飚为簉室。"又清乾隆《揭阳县志·列女》（卷六）载"林氏，渔湖人，给谏薛宗铠簉室。"揭阳榕城东门清季婆祠郭氏祖祠内匾"祠记"："是祠也，先祖妣林太夫人之专祠也。太夫人为先祖、貤赠通奉大夫创垂公簉室。"

3. 招个孬入祠

我国宗法时代，有的宗族规定不许入赘者死后神主进入本族祠堂奉祀。这类祠堂民间称为"净祖祠"，即入祀的男性均为同宗一本的祠堂。招个，潮汕方言词，义为入赘的人。个，潮汕方言词，用同"的"。另有俗语"后生乞人招，食老转回乡。"（转，潮汕方言读［deng² 当²］）可与这一俗语互参。

4. 照壁

在潮汕传统民居中，祠堂、府第、寺庙等大型建筑物都会在大门正对面设立一堵高屏画墙——照壁。旧时人们认为住宅中会不断有鬼煞来访，修上一堵墙，可起到阻挡外魔，驱逐内邪的作用。另外，民间风水讲究导气，但气不能直冲厅堂或卧室，否则不吉利。避免"气冲"的方法，便是在房屋大门前面通巷或阳埕的外侧置一堵墙。为了保持"气畅"，这堵墙不能封闭，因此形成了照壁这种建筑形式。潮汕祠堂的照壁一般长度要超过中间（门楼肚），面对祠堂的墙壁上多画麒麟祥兽，而揭西凤湖婆祠清德祖祠（兆兰堂）的照壁则与祠堂面阔等宽且开一小中门，甚为奇特。与照壁有关的潮汕俗语有"麒麟照壁——悦（热）单爿"等。

5. 照壁麒麟——悦（热）单爿

这一歇后语喻指一相情愿、单相思。照壁是我国传统建筑特有的部分，又叫"影壁"或"屏风墙"，一般只在与主体建筑相对的一面立有雕塑图案。麒麟是民间传说的瑞兽，认为"天地诞生之初，飞禽以凤凰为首，走兽以麒麟为尊。"旧时官宦人家的祠堂照壁上面向祠堂正门的立面（正面）多立麒麟雕塑，另一立面（背面）则留空，故有此语。悦单爿，即一厢情愿、单相思。又潮汕话中"热"与"悦"同音。爿潮音［bian⁵，办⁵］，词义为东西的一半。另有潮汕歇后语"棉湖豆干——热单爿"（只有一边是热的），也有此意。

6. 蒸尝

本指秋冬二祭。后泛指祭祀。《国语·楚语下》："国于是乎蒸尝。"《后汉书·冯衍传下》："春秋蒸尝，昭穆无列。"明代朱鼎《玉镜台记·成婚》："于以采藻，于以采苹，克谨蒸尝之荐。""蒸"同"烝"，古代祭祀时以牲体置于俎上。《吕氏春秋·孟冬》："是月也，大饮烝，天子乃祈来年于天宗。"高诱注："烝，俎实也；体解节折谓肴烝也。"《国语·鲁语上》："夏父弗忌为宗，烝将跻僖公。"韦昭注："凡祭祀，秋曰尝，冬曰烝。"故"蒸祭"即冬祭。"尝"为古代秋祭名，后泛指祭祀。《诗·小雅·天保》："礿祠烝尝，于公先王。"《尔雅·释天》："秋祭曰尝。"汉董仲舒《春秋繁露·四祭》："四祭者，因四时之所生，孰而祭其先祖父母也。故春曰祠，夏曰礿，秋曰尝，冬曰蒸……尝者，以七月尝黍稷也。"

7. 支婆

旧时对庶祖母或庶母的称谓，简称祖婆或阿婆。支，义为旁支，与"正"相对。婆，指母亲。宋代陆游《家世旧闻》有："八月，祖母生先君；九月，杜支婆生叔父。"自注:"先世以来,庶母皆称支婆。"旧时潮汕地区俗称正妻为"阿娘"、庶母为"阿婆"。阿娘的子息为嫡系,俗称为"娘房";支婆的子息为庶系,俗称"婆房"。潮汕女祠中的婆祠,如揭阳市揭东区白塔镇桐坑村的"克成婆祠"、普宁市流沙平湖的"黄氏祖婆祠"祠匾中的"婆""祖婆"均为此义类。

8. 主

主,这里指旧时为死者立的牌位,又称"神主""牌位"。《礼记·曲礼下》:"如丧,曰天王登假,措之庙,立之主,曰帝。"郑玄注:"《春秋传》曰:'凡君卒,哭而祔,祔而作主。'"周代从天子、诸侯至有封地的卿大夫对先祖敬设神主,立祖庙藏神主而祭祀。相传神主的形制原为正方中空(后改为长条形无孔)的木板,正面刻写死者的名号等信息,背面刻写生卒时辰等,在合祭时分别以昭穆。古代礼俗认为主是神(包括祖宗灵魂)的代表。如《论衡·乱龙》:"宗庙之主,以木为之,长尺二寸,以象先祖,孝子入庙,主心事之,虽主木主非亲,亦当尽敬有所主事。"古装潮剧《苏六娘》末场,苏六娘与郭继春双双逃走,在榕江边留下投江自尽假象。杨子良怕吃官司,想溜之大吉,其乳娘则喊道:"秀才,人死么着娶神主!"这反映了旧时"娶家神"的习俗。清乾隆《揭阳县志·学校》"忠义孝弟祠"条有:"堂庑门楼牌坊如制,阖邑已故忠义孝弟之人,设其主并将姓名表揭牌坊之上。"神主除了木制之外,还有土主、石主等形式,入祀祠堂或公厅中的神龛或神椟中。如揭阳榕城清代乾隆年间女祠"曾母陈氏节孝祠坊"(俗称曾厝祠)用石制神椟神主。

9. 主父

古代婢妾称男主人为主父(称女主人为主母),即夫主。《战国策·燕策一》:"妻使妾奉卮酒进之。妾知其药酒也,进之则杀主父,言之则逐主母,乃阳僵弃酒。"唐代元稹《将进酒》诗:"将进酒,将进酒,酒中有毒酖主父,言之主父伤主母。"旧时潮汕地区个别人家因特殊的家族原因,将"主父"一义引申为"父",并用于子女面称父亲。

10. 祖姑

①丈夫的祖母。《礼记·丧服小记》:"妇祔于祖姑。祖姑有三人,则祔于亲者。"郑玄注:"谓舅之母死,而又有继母二人也。亲者,谓舅所生。"祔,附祭也。舅,丈夫的父亲。清乾隆《揭阳县志·列女》"黄氏"条有:"……越六载而寡,时翁姑已逝,祖姑在堂,色养备至。"②祖父的姐妹,潮汕地区俗称"老姑"或"姑婆"。《后汉书·来歙传》:"父仲,哀帝时为谏大夫,娶光武祖姑,生歙。"明代瞿佑《剪灯新话·秋香亭记》:"商氏,即生之祖姑也。"本书中所述祖姑祠中的祠主"祖姑"即为此义。如陈礼颂《一九四九前潮州宗族村落社区的研究》:"于

是本族女性中,凡是与父同辈的概称为'姑',祖辈的则称为'老姑'。"清刘世馨《粤屑·龙母》:"德庆悦城水口有龙母庙,邑人祀之甚谨。母氏温,晋康程水人也……今德庆温姓呼母为祖姑。"揭阳玉湖祖姑祠(贞义姑寝室)当地客家人俗称祖姑为"姑婆"、祖姑祠为"姑婆祠"、拜祖姑为"拜姑婆"。

11. 俎豆

①俎和豆。古代祭祀、宴飨时盛食物用的两种礼器。俎,置肉的几;豆,盛干肉一类食物的器皿。亦泛指各种礼器。东汉班固《东都赋》:"献酬交错,俎豆莘莘。下舞上歌,蹈德咏仁。"清代阮葵生《茶余客话·张英死后之荣》:"又赐文端祠联云:'风度犹存,典礼焕千秋俎豆;师模如在,忠忱垂奕叶箕裘。'"②谓祭祀,奉祀。《论语·卫灵公》:"俎豆之事则尝闻之矣,军旅之事未之学也。"《庄子·庚桑楚》:"今以畏垒之细民,而窃窃焉欲俎豆予于贤人之间,我其杓之人邪!"唐代柳宗元《游黄溪记》:"以为有道,死乃俎豆之,为立祠。"③引申指崇奉。《永乐大典》卷五三四三"潮字"《祠庙》有:"于是邦人祠之,亦畏垒之,民俎豆尸祝,庚桑楚之意。"潮州凤塘祖姑祠(盛户祖祠)左门内匾有"千秋俎豆"。相关词语如"俎味""俎实"(祭祀用的食品)等。

12. 邹堂后壁,西淇面堂

这一潮汕俗语形容揭阳市榕城区地都镇邹堂村村后的桑浦山风景如画,是好后壁,而榕城区登岗镇西淇村(婆祠坤芳鼎峙所在地)则是面对美丽的桑浦山,村前又有中离西溪,美不胜收。潮汕地区旧时创村立籍、建造祠堂讲究有好"后壁"、好"面堂",西淇村建于清雍正年间的陈氏宗祠(永思堂)及其右侧建于清道光年间的姚公生祠就在该村南端,南临中离西溪,朝向桑浦山,坐拥好"面堂"(而建于乾隆年间的婆祠坤芳鼎峙则与姚公祠相背向)。

13. 晬年

潮汕地区指人去世一周年忌日的俗称。晬,东汉许慎《说文解字》释:"周年也。"普通话读zuì,潮汕方言读同"对"(小孩一周岁,潮俗则称"晬岁""着晬")。人去世后晬年第一天(忌日)的祭祀,潮俗称"拜晬年",古称"小祥"。

14. 做忌无做粿,衰家尾

指后人在祭祀上如果妄顾必要的规矩和应有的礼节,是不行的,是败落之象。做忌,潮汕地区指在祖先的忌日当天进行追思和祭拜活动。粿,是一种用米粉或面粉等制成的食品,旧时祭祖时必备的物品之一。衰,衰落、衰败义,与"家尾"(末代、末世)为定中关系。"尾"与"粿"两字潮汕方言同韵([uê]),俗语中前后句相押。

15. 做生意人孬入忠信庙

这个潮汕俗语本指奸商欺诈不仁、不可列为信用之属，警示作用明显。孬，潮汕方言词，用同"莫"，语义为"不可"。忠信，即忠诚信实。《易·乾》："君子进德修业，忠信所以进德也。"忠信庙（口语中误作"忠臣庙"），祠庙文化中所虚设。清末潮汕地区有个别富商将赢利所得部分用于宗族祠堂建设，丰富了地方祠堂文化。虽然如此，潮汕另有俗语"做生意人三分贼"，民间或以假设存在奉祀诚信商贾人士的忠信庙以警示和讽刺奸商。俗语"无商不奸"虽有失夸妄，但"忠信"为古代"八德"（孝悌忠信礼义谦耻）之属，为立身处世之本，与商贾阶层并非风马牛不相及，故人们借此俗语讽刺奸商欺诈买家，诟骂其缺乏诚信者。

跋

Postscript

当潮汕女祠课题书稿完成之际，回想起田野调查过程中经常遇到的温馨难忘的经历，点点滴滴的片段汇聚起来，对于生长于农村却已久居城镇，长期逗留徜徉于紧张与压力、于世故与人情中本性过于朴拙的笔者，无疑是阵阵清风和滴滴甘露，涤荡着中年人已有点疲惫的心灵，滋养着寂寞的灵魂，这是女祠调研过程中得到的意外又美好的收获。

女祠研究是从2014年初开始的，那时百度地图、高德地图等导航软件还没有现在这么精准方便，课题个案调研时我们驾车外出也只能找到目的地的大概位置，常常要在路上停下来一次次地探问。记得2017年夏天调查揭东玉湖镇祖姑祠贞义姑寝室时，我们还是请了一名踩三轮车的工友在汽车前面带路，走了近一公里路才顺利到达目的地。后来，随着导航软件、手机定位技术的提高和普及，我们到实地调研才能够在手机上查到目的地（所在乡镇），通过导航指引直接到达，这样就方便多了。女祠一般都是建在乡村的老寨中，每次进入乡道，我们都可领略到城镇没有的风景，乡道蜿蜒，绿树繁荫，花果飘香，田田绿绿，空气清新，让人心旷神怡，精神舒爽。虽然常常想驻足好好享受一下乡村美景，但因不知道接下来的调查是否顺利、能否准确找到知情人、获得有用资料不枉费行程而不敢驻足欣赏风景，只希望尽快到达调查点开始调研。每一次调研，我们经常是利用双休日和节假日进行，一般都是上午出发，开车到达目的地时基本都已接近正午。每次，我们都是直接朝着村里的旧寨寻去，因为传统祠堂一般都是建在村落的旧寨，女祠也如此，因数量极少而更难寻找。我们所调研的女祠，有的是修缮过的，有的是"文革"期间被征用过的，有的是因没人管理至今已破落不堪的。每次调研，我们都会选择所在地一些上了年纪的男性老人来问路，也真的很巧，好几次我们询问的对象也恰好就是我们要调研的祠堂的所在族众。有一次到普宁流沙和美邻冯氏祖祠调研时，在祠堂附近有一位正在自家门前干农活的大叔，大叔有70多岁，我们向他说明来意之后，他一听是揭阳职业技术学院的老师要来调查祠堂，就放下手中的"工课"（工作），顶着炎炎烈日，非常热情地帮忙找保管祠堂钥匙的族人，并主动当我们的向导，一路上不厌其烦地把自己知道的族史一五一十地详细认真地介绍给我们。虽然素不相识，但乡下老人那种淳朴和热情真是让我们如沐春风、宾至如归，调研工作热情倍增。

在调研中，这样的例子还很多，常常让我们收获到感动和温馨。每次出门，有时虽然未能找到调查对象——女祠，但在精神上却没有空手而归，有时还是"双丰收"，满载而归。2015年4月某一天，笔者与楼下邻居、老中医杨诗德先生在闲聊中，听到老医师说揭西凤江镇凤湖村有一座婆祠叫"清德祖祠"，是他父亲杨益清当堪舆师（俗称地师）为当地杨氏营建的。偶然所获，喜出望外，遂有凤湖之行。在揭西凤江凤湖村婆祠清德祖祠的调研中，又与笔者原来的工作单位揭阳师范学校97级（2）班揭西籍个别学生相聚，浓浓的师生情谊依旧，如喜生、锦龙、晓琴等几位学生，他们家住揭西，但都不是凤江镇的，听说笔者要去凤湖村，他们却都个个争当凤湖东道主。这几位学生现在都是40多岁的中小学行政或骨干教师，平时工作都很忙，有的周末还经常加班，闻知此事，都非常高兴，积极预先帮助联系寻找相关祠堂的族老，忙前忙后，什么都主动做，整个调研过程常常听到他们说："老师，让我来！让我来！"虽然他们已毕业二十多年，但在笔者面前，依然像当年在师范学校时一样，亲切如故，让人感觉仿佛又回到了当年在学校的学习和生活情景，温暖而亲切！凤湖村清德祖祠是一座照壁有特色的婆祠，在他们的帮助下，笔者还"加班加量"调查了这座女祠祠主丈夫杨昌舜的专祠——舜祖公祠及与其相关的伯公宫（内有匾额"梦兰叶吉"，与清德祖祠祠主有关）等地方人文，这次调查可谓满载而归。

2017年7月某日，我们来到云路镇中夏（坎下）村考察婆祠——林氏家祠。依然是笔者原来的揭阳师范97（2）班的学生作向导打先锋。这次帮忙的是婆祠所在村落的林武旭和林炜申。这两位老学生一位现在是小学校长、一位是县级政府部门工作人员，平时很忙，一听到我们要去他们家乡"看"祠堂，马上就"拼团"，挤出时间带路当"导游"，带我们进村"观光"。到达调研目的地后，他们两个不顾烈日，借来梯子，武旭撸起衣袖取水用布将本来被厚厚尘土封得严严实实的祠匾"林氏家祠"四字擦得干净清亮，让我们可以清晰地拍照。笔者一上梯子选取角度拍照，他俩就赶紧贴心地过来按稳梯子，在两位热心学生的协助下，我们顺利地完成这座独特居祀型婆祠的采访活动。后来，他们两位还主动帮忙了解和补充了这座婆祠的堂号和祠主名字等信息，真感谢这两位"导游"的热心帮助！

女祠调研过程，发现有的祠堂年久破烂不堪，平时无人问津，默默无闻，而我们的到来，却引起了"闹热"和关注。如榕城区登岗镇西淇村的婆祠坤芳鼎峙。这座祠堂非常有特点——不以"祠"题额，而是间接表达婆祠信息并赞颂母德，极为少见，但因为它现在的裔孙并非"有力之家",因经济原因,尚未重修,我们到达时看到的是一座陈旧残破的建筑,"双背剑"已失去其一(左巷厝已倒塌),其墙体也残破不堪,只有祠匾有得一观,堂号等均已失考。调研这座祠堂时,就得尽量扩大访谈对象,获取更多口耳相传的"族史"资料。真巧,首位找到的访谈对象竟是一位与笔者有亲戚关系的族老。他虽然不是这座婆祠的裔孙,当他听说需要对祠匾进行清理时,二话没说,很快就借来梯子,还"反客为主",登上爬下,用铁丝、刷子、抹布加水擦拭,直到把祠匾清理得干干净净露出了非常漂亮的"坤芳鼎峙"四个大字时才愿意停下来休息。与此同时,一位笔者所在单位揭阳职业技术学院已毕业几年的女学生,闻知笔者正在调研她们村这座婆祠,也放下手中的"工课"赶来,在烈日下帮忙。那天开始"看"婆祠时是夏天中午11点多,刚下完雨又露出了炎阳,天气闷热得很,祠堂破旧,地面泥泞,空气异常闷湿。在这样的环境下工作,的确感觉很不舒服,笔者都有点要放弃"重游"的念头,但看到当地族老和亲友们如此令人感动的举措而深受鼓舞。于是一鼓作气,到中午12点多终于完成了这座婆祠的清理、拍照和访谈等相关工作。每次调研虽然都很艰辛,却亲历了一幕幕温馨的场景,让我们收获了不少喜悦和感动。

在这几年的女祠课题调研中,笔者像一个不知疲倦的"赣团"(傻子),如痴如醉,游走于潮汕三市的广大乡镇村落中,人虽"赣傻"却赣人有赣福,收获比预期还多的调查对象和地方历史人文,又收获了调研工作"超值"的东西——美好的乡土人情,让笔者对地方文化调研更加充满信心,并且这条路子越走越顺畅、宽广。

▲ 2018年6月,在揭阳职业技术学院学术报告厅举办潮汕祠堂匾额文化讲座

▲ 2018年秋,召开揭阳职业技术学院语文教育专业2018级部分学生调研月容夫人信俗总结会

这类研究，得到不少相关部门、热心人士和朋友的关心和支持，如笔者所在单位的领导和同事的大力支持。课题从选题、立项申请到调研等环节，揭阳市社会科学界联合会领导是我们全程勉力前行的点赞者、推荐者和支持者，地方学界同行学长、朋友的帮助等，都是女祠调研工作的有力助推者。本课题在与俗语文化相结合的研究方面，笔者还要特别感谢暨南大学汉语方言研究中心主任、博士生导师甘于恩教授的指点和启发。笔者在2005—2008年就读暨南大学广东省高校教师硕士班（在职研究生）时与甘老师结缘相识，随后在汉语方言科研上常常得到甘老师的帮助和提携。2014年上半年，笔者在帮忙完成甘老师主持的国家社科重点课题《粤、闽、客诸方言地理信息系统的建设与研究》（项目号13AYY001）"汕尾点"方言录音基础工作过程中，甘老师多次前来所在方言点指导，获悉笔者在开展潮汕女祠的研究之后，提出了可以结合方言文化进行研究的尝试，笔者通过努力取得了成果（本书第三、四章相关内容），也成为本书内容的亮点之一。知名文史学者、书画家胡天民先生得知笔者在进行潮汕女祠调研，不仅关注课题调研的进展，当女祠书稿完成拟出版之际，还特意给予特别的支持——题写隶书书名"潮汕女祠文化"。

五年多来，令人感动的故事还有很多很多，恕不能在此一一介绍，在此一并衷心致敬致谢！

谢若秋

2021年8月